A BUSCA DA LÍNGUA PERFEITA NA CULTURA EUROPEIA

FUNDAÇÃO EDITORA DA UNESP

Presidente do Conselho Curador
Mário Sérgio Vasconcelos

Diretor-Presidente
Jézio Hernani Bomfim Gutierre

Superintendente Administrativo e Financeiro
William de Souza Agostinho

Conselho Editorial Acadêmico
Danilo Rothberg
João Luís Cardoso Tápias Ceccantini
Luiz Fernando Ayerbe
Marcelo Takeshi Yamashita
Maria Cristina Pereira Lima
Milton Terumitsu Sogabe
Newton La Scala Júnior
Pedro Angelo Pagni
Renata Junqueira de Souza
Rosa Maria Feiteiro Cavalari

Editores-Adjuntos
Anderson Nobara
Leandro Rodrigues

Umberto Eco

A busca da língua perfeita
na cultura europeia

TRADUÇÃO
Antonio Angonese

© 1993 Gius. Laterza & Figli, todos os direitos reservados
© 2018 Editora Unesp

Título original: *La ricerca della lingua perfetta nella cultura europea*

Direitos de publicação reservados à:
Fundação Editora da Unesp (FEU)
Praça da Sé, 108
01001-900 – São Paulo – SP
Tel.: (0xx11) 3242-7171
Fax: (0xx11) 3242-7172
www.editoraunesp.com.br
www.livrariaunesp.com.br
feu@editora.unesp.br

Dados Internacionais de Catalogação na Publicação (CIP) de acordo com ISBD
Elaborado por Vagner Rodolfo da Silva – CRB-8/9410

E19b
    Eco, Umberto
        A busca da língua perfeita na cultura europeia / Umberto Eco; traduzido por Antonio Angonese. – São Paulo: Editora Unesp, 2018.

        Tradução de: *La ricerca della lingua perfetta nella cultura europea*
        Inclui bibliografia.
        ISBN 978-85-393-0763-0

        1. Linguística. 2. Filosofia da linguagem. 3. Europa. 4. Eco, Humberto. I. Angonese, Antônio. II. Título.
    2018-1438   CDD 410
                                                                                                        CDDU 81'1

Editora afiliada:

Asociación de Editoriales Universitarias
de América Latina y el Caribe

Associação Brasileira de
Editoras Universitárias

Sumário

Introdução 11

1. DESDE ADÃO ATÉ A *CONFUSIO LINGUARUM* 19
   Gênesis 2; 10; 11 19
   Antes e depois da Europa 22
   Efeitos colaterais 31
   Um modelo semiótico de língua natural 32

2. A PANSEMIÓTICA CABALÍSTICA 37
   A leitura da Torá 37
   A combinatória cósmica e a cabala dos nomes 40
   A língua-mãe 43

3. A LÍNGUA PERFEITA DE DANTE 47
   O latim e o vernáculo 48
   Línguas e atos de palavra 51
   O primeiro dom de Adão 53
   Dante e a gramática universal 56
   O vernáculo ilustre 58
   Dante e Abulafia 59

4. A *ARS MAGNA* DE RAIMUNDO LÚLIO 67
   Elementos de arte combinatória 68

O alfabeto e as quatro figuras............................ 70
A *arbor scientiarum* (A árvore das ciências)............... 79
A concórdia universal em Nicolau de Cusa............... 84

5. A HIPÓTESE MONOGENÉTICA E AS LÍNGUAS-MÃES......... 89
O retorno ao hebraico.................................. 90
A utopia universalista de Postel......................... 91
Fúria etimológica...................................... 96
Convencionalismo, epicurismo, poligenismo............. 101
A língua pré-hebraica.................................. 107
As hipóteses nacionalistas.............................. 111
A hipótese indo-europeia..,............................ 119
Os filósofos contra o monogenetismo................... 123
Um sonho duro de morrer.............................. 127
Novas perspectivas monogenéticas...................... 131

6. CABALISMO E LULISMO NA CULTURA MODERNA.......... 135
Os nomes mágicos e o hebraico cabalístico.............. 137
Cabalismo e lulismo nas esteganografias................. 144
O cabalismo luliano.................................... 147
Bruno: combinatória e mundos infinitos................. 151
Cantos e dicções infinitos.............................. 158

7. A LÍNGUA PERFEITA DAS IMAGENS..................... 163
Os *Hieroglyphica* de Horápollon....................... 164
O alfabeto egípcio..................................... 165
A egiptologia de Kircher............................... 174
O chinês de Kircher.................................... 177
A ideologia de Kircher................................. 181
A crítica posterior..................................... 185
O caminho egípcio e o caminho chinês................. 188
Imagens para os alienígenas............................ 196

8. A LÍNGUA MÁGICA 199
Algumas hipóteses 203
A língua mágica de Dee 206
Perfeição e segredo 211

9. AS POLIGRAFIAS 215
A poligrafia de Kircher 217
Beck e Becher 221
Primeiros acenos a uma organização do conteúdo 224

10. AS LÍNGUAS FILOSÓFICAS *A PRIORI* 229
Bacon 213
Comenius 234
Descartes e Mersenne 236
O debate inglês sobre o caráter e os traços 239
Conceitos primitivos e organização do conteúdo 242

11. JORGE DALGARNO 251

12. JOHN WILKINS 261
As tábuas e a gramática 263
Os caracteres reais 265
O dicionário: sinônimos, perífrases, metáforas 267
Uma classificação aberta? 271
Os limites da classificação 273
O hipertexto de Wilkins 282

13. FRANCIS LODWICK 283

14. DESDE LEIBNIZ ATÉ A *ENCYCLOPÉDIE* 293
A característica e o cálculo 296
O problema dos nomes primitivos 299

A enciclopédia e o alfabeto do pensamento 302
O pensamento cego 303
O *I Ching* e a numeração binária 309
Efeitos colaterais 312
A "biblioteca" de Leibniz e a *Encyclopédie* 313

15. As línguas filosóficas do Iluminismo até hoje 319
Os projetos do século XVIII 319
A estação tardia das línguas filosóficas 328
Linguagens espaciais 334
Inteligência artificial 337
Alguns fantasmas da língua perfeita 338

16. As línguas internacionais auxiliares 345
Os sistemas mistos 347
A Babel das línguas *a posteriori* 350
O Esperanto 352
Uma gramática otimizada 355
Objeções e contraobjeções teóricas 358
Possibilidades "políticas" de uma LIA 361
Limites e *efabilidade* de uma LIA 364

17. Conclusões 367
A reavaliação de Babel 368
A tradução 374
O dom de Adão 381

Referências bibliográficas 385
Índice onomástico 403

Jamais poderei aconselhá-los a apoiar a ideia extravagante, que lhes surgiu, de sonhar a respeito de uma língua universal.

Francesco Soave, *Reflexões em torno da instituição de uma língua universal*, 1774

Introdução

Psamético deu a um pastor dois bebês recém-nascidos, filhos de um casal escolhido por acaso; o pastor devia levá-los para junto do seu rebanho de ovelhas e criá-los de tal maneira que jamais na presença deles fosse pronunciada sequer uma palavra [...]. Desse modo, ele queria ouvir qual palavra as crianças iriam pronunciar primeiro [...]. Depois que se passaram dois anos em que o pastor se comportava daquela forma, certo dia, enquanto abria a porta e entrava, as crianças se lançaram aos seus pés e, estendendo as mãos para ele, pronunciaram a palavra bekos [...] [Psamético] descobriu que os frisos chamavam bekos o pão. Dessa maneira, os egípcios [...] admitiram que os frisos eram mais antigos do que eles.

HERÓDOTO, *Histórias*, II, 1

[Frederico II] quis experimentar que língua e idioma usavam as crianças que chegassem à adolescência sem jamais ter podido falar com ninguém. Por isso deu ordem às babás e às amas de leite de alimentar os bebês [...], com a proibição de falar com eles. Ele pretendia descobrir se falariam a língua hebraica, se foi a primeira, ou a grega, ou a latina, ou a arábica; ou se continuariam a falar a língua dos próprios pais, dos quais eles nasceram. Mas o seu esforço não deu qualquer resultado, porque todas as crianças ou bebês acabavam morrendo.

SALIMBENE DE PARMA, *Cronaca*, n. 1664

Se Deus inspirasse ainda em Vossa Alteza Sereníssima a ideia de conceder-me apenas que os 1.200 escudos que teve a bondade de fixar se tornassem uma renda perene, eu seria feliz como Raimundo Lúlio, e talvez com maior merecimento... Pois a minha invenção contém não só o emprego total da razão, mas se tornaria um juiz para as controvérsias, um intérprete dos conceitos, uma balança para as probabilidades, uma bússola que nos poderá guiar pelo oceano das experiências, um inventário das coisas, um quadro dos pensamentos, um microscópio para analisar as coisas presentes, um telescópio para enxergar as distâncias, um Cálculo geral, uma magia inocente, uma cabala não quimérica, uma escrita que qualquer um poderá ler na própria língua; e até mesmo uma língua que é possível aprender em poucas semanas, e que seria logo usada em todo o mundo. E que conduziria à verdadeira religião por toda a parte onde passasse.

LEIBNIZ, *Carta*, 1679

Considerando que as palavras são apenas nomes de coisas, seria bem mais cômodo que cada qual trouxesse consigo as coisas que lhe servem para exprimir os assuntos em torno dos quais pretende falar [...]. Muitos entre os mais cultos e sábios adotaram o novo sistema de se expressar por meio das coisas, cujo único inconveniente é que, se for preciso tratar de negócios complexos e de gênero diversos, somos forçados a trazer nas costas uma grande carga de objetos, a menos que não seja possível dispor de dois robustos servidores [...]. Outra grande vantagem da invenção é que pode servir como linguagem universal que pode ser entendida em todas as nações civilizadas [...]. Dessa maneira, os embaixadores poderiam tratar com os príncipes ou ministros estrangeiros sem conhecer a língua deles.

JONATHAN SWIFT, *As viagens de Guliver*, III, 5

No mais, toda palavra sendo uma ideia, virá o tempo de uma linguagem universal! [...]. Essa linguagem será de alma para alma, reunindo tudo, perfumes, sons, cores [...].

RIMBAUD, *Carta a Paul Demery*, 15 de maio de 1871

1

A utopia de uma língua perfeita não constituiu uma obsessão apenas para a cultura europeia. O tema da confusão das línguas, bem como a tentativa de remediá-la mediante a descoberta ou invenção de uma língua comum a todo o gênero humano, perpassa a história de todas as culturas (cf. Borst, 1957-1963). Entretanto, o título deste livro estabelece um primeiro limite, e por isso as referências a civilizações pré ou extraeuropeias serão esporádicas e restritas.

Mas há, além disso, um segundo limite, quantitativo. Enquanto escrevia este livro, chegaram à minha mesa pelo menos cinco projetos recentes que, a meu ver, estão relacionados basicamente aos vários projetos fundamentais de que irei tratar. E só tratarei dos projetos fundamentais porque, para falar apenas da discussão histórica sobre a confusão das línguas, Borst deu-nos seis volumes; e enquanto estava terminando esta introdução, chegou-me a obra de Demonet, que dedica quase setecentas densíssimas páginas ao debate que ocorreu entre 1480 e 1580 acerca da natureza e da origem da linguagem. Couturat e Leau analisam com bastante profundidade dezenove modelos de línguas *a priori* e cinquenta entre línguas mistas e línguas *a posteriori*; Monnerot-Dumaine registra 360 projetos de línguas internacionais; Knowlson apresenta uma lista de 83 obras relativas aos modelos de línguas universais, entre os séculos XVII e XVIII, e Porset, limitando-se aos projetos do século XIX, oferece 173 títulos.

Mas não é tudo. Os poucos anos que dediquei ao assunto permitiram-me descobrir nos catálogos antigos um grande número de obras ausentes das bibliotecas precedentes, algumas das quais inteiramente dedicadas ao problema glotogônico, e outras de autores conhecidos por diversos motivos que, porém, dedicaram consistentes capítulos ao tema da língua perfeita. Tudo isso nos faz supor que o repertório esteja bastante incompleto ou que, parafraseando

A busca da língua perfeita na cultura europeia   13

Macedônio Fernandez, ainda faltem às bibliografias um número tão grande de coisas que, se faltasse apenas mais uma, deixariam de existir.

Daí a decisão de proceder a uma ponderada dizimação: fixando a atenção sobre alguns projetos que me pareceram exemplares (tanto pelas virtudes como também pelos defeitos) e, quanto ao resto, remetendo às obras dedicadas a períodos ou a autores específicos.

2

Por outro lado, decidi levar em conta somente os projetos de línguas propriamente ditas. Quer dizer que, com certo alívio amargurado, levei em consideração apenas o seguinte:

I   A redescoberta de línguas históricas, consideradas originárias ou misticamente perfeitas, como o hebraico, o egípcio e o chinês.

II A reconstrução de línguas supostas como originárias, ou seja, línguas-mães mais ou menos fantasmáticas, incluindo o modelo de laboratório que foi o indo-europeu.

III Línguas construídas artificialmente, que podem ter três finalidades: a) perfeição em virtude da função ou da estrutura, como as línguas filosóficas *a priori* dos séculos XVII e XVIII, que deviam servir para exprimir perfeitamente as ideias e para eventualmente descobrir novas conexões entre os aspectos da realidade; b) perfeição pela universalidade, como as línguas internacionais *a posteriori* do século XIX; c) perfeição pela praticidade, embora apenas suposta, como as poligrafias.

IV Línguas mais ou menos mágicas, sejam elas redescobertas ou reconstruídas, que aspiram à perfeição tanto pela expressividade místico-simbólica como pelo mistério iniciático.

Ao contrário, tratarei apenas de perfil:

a) Línguas oníricas, inventadas não intencionalmente, como as línguas dos alienados, as línguas expressas em estado de transe, as línguas das revelações místicas, como a Língua Desconhecida de Santa Hildegarde de Bingen, os casos de glossolalia e xenoglossia (cf. Samarin, 1972; Goodman, 1972).

b) Línguas romanescas e poéticas, isto é, línguas de ficção, ideadas para fins satíricos (de Rabelais até Foigny e o Newspeak de Orwell) ou poéticos, como a linguagem transmental de Chlebnikov, ou as línguas de populações fantásticas em Tolkien. Tais casos apresentam na sua maioria apenas exemplos de linguagem que, no entanto, pressupõem uma língua da qual não é dado por extenso nem o léxico nem a sintaxe (cf. Pons, 1939, 1931, 1932, 1979; Yaguello, 1984).

c) Línguas de *bricolage*, quer dizer, línguas que nascem espontaneamente do encontro de duas civilizações de língua diferente. São típicos os *pidgin* que surgiram nas regiões coloniais. Embora supranacionais, tais línguas não são universais, e sim parciais e imperfeitas, porque possuem léxico e sintaxe muito elementares para exprimir algumas atividades igualmente elementares, como as transações comerciais, mas sem riqueza e flexibilidade suficientes para expressar experiências de ordem superior (cf. Waldman, 1977).

d) Línguas veiculares, quer se trate de línguas naturais, quer de jargões mais ou menos limitados, que servem como substitutos das línguas naturais em regiões onde há pluralidade de linguagens; nesse sentido, são línguas veiculares: o *swahili*, que se difundiu em uma ampla parte da África oriental, o inglês, que também atualmente é uma língua veicular, assim como o foi outrora o francês, considerando-se que, ainda sob o regime da Convenção, o Abbé Gregoire enfatizava que quinze milhões em vinte milhões de franceses ainda falavam linguagens diferentes da língua de Paris (Calvet, 1981, p.110).

e) Línguas formais cujo uso fica restrito ao âmbito profissional, como as línguas da química, da álgebra ou da lógica (que serão levadas em consideração somente na medida em que derivam de projetos da categoria (III, a).

f) A categoria imensa e saborosíssima dos assim denominados "loucos da linguagem" (ver, por exemplo, Blavier, 1982, e Yaguello, 1984). É verdade que nessa história é difícil distinguir entre "o louco autêntico", o santo ou possuído, o glotomaníaco, e muitos dos meus personagens que exibem algum traço de loucura. Um traço discriminante é possível, entretanto, e consiste em não considerar os glotomaníacos como retardados. Algumas vezes, cedi à tentação de exibir o meu gosto pela semiologia lunática, quando o retardamento talvez não fosse justificável, mas a loucura era fragorosa, e teve alguma influência historicamente verificável, ou documentava a longevidade de um sonho.

Não pretenderei da mesma forma examinar as buscas de uma *gramática universal*, que se iriam cruzar repetidas vezes com a pesquisa da língua perfeita, e às quais teremos de voltar com frequência, embora constituam um capítulo à parte da história da linguística. Além disso quero esclarecer, também e sobretudo, que este livro não fala (a não ser quando esbarra no problema da língua perfeita) a respeito da discussão secular, aliás milenar, em torno das origens da linguagem. Na verdade, já ocorreram infinitos casos de discussões sérias e apaixonadas em torno das origens da linguagem, nas quais estava totalmente ausente a pretensão de remontar à linguagem das origens, frequentemente considerada muito imperfeita.

Por fim, se fosse obrigado a decidir com que rubrica fichar este livro para uma biblioteca (e, na opinião de Leibniz, esse tipo de questão tinha algo a ver com o problema da língua perfeita), eu não pensaria na linguística ou na semiótica (muito embora, nestas páginas, se use um instrumento semiótico e se exija do leitor voluntarioso certo interesse semiótico), mas na história das ideias. Isto explica a decisão de não tentar construir uma rigorosa tipologia semiótica dos vários tipos de línguas *a priori* ou *a posteriori*, que geram no seu interior famílias do ponto de vista lexical e sintaticamente diferentes (uma tipologia já tentada por outros estudiosos de uma ciência que já é chamada de "interlinguística geral"). O fato, porém, teria exigido o exame detalhado de todos os projetos, e, em vez disso, este livro quer apenas seguir em grandes trechos, e por amostragens, a história de uma utopia ao longo de quase dois mil anos. Julgamos, portanto, mais útil limitarmo-nos a traçar algumas divisões temáticas, que mostrem o sentido dos fluxos de tendências e das orientações ideológicas.

3

Estabelecidos os limites do meu discurso, passamos agora para as dívidas. Devo os meus primeiros interesses por essa história aos estudos de Paolo Rossi sobre as mnemotécnicas, as pansofias e os teatros do mundo, bem como à apaixonante resenha de Alexandre Bausani referente às línguas inventadas, ao livro de Lia Formigari acerca dos problemas linguísticos do empirismo inglês, e a muitos outros autores aos quais infelizmente não posso fazer referência todas as vezes em que colhi algo dos seus trabalhos, esperando tê-los citado na bibliografia e nos pontos cruciais da minha exposição. Lamento apenas que o título mais apropriado para este livro, *Depois de Babel*, George Steiner o tenha adjudicado a si, e com quase vinte anos de antecipação. *Chapeau.*

Agradeço àquele jornalista da BBC que em 4 de outubro de 1983, em Londres, perguntou-me o que era a semiótica, e respondeu-lhe que deveria sabê-lo porque, justamente no seu país, essa matéria fora definida por Locke em 1690, e em 1668 fora publicado um verdadeiro e próprio tratado de semiótica, embora com referência a uma língua artificial, o *Essay toward a Real Character*, do bispo Wilkins. Em seguida, ao sair, vi uma livraria antiquária e entrei por mera curiosidade. Nela, encontrei o *Essay* de Wilkins e, considerando tal evento um sinal do céu, acabei por adquirir o livro. Começou daí a minha paixão de colecionador de livros antigos sobre linguagens imaginárias, artificiais, loucas e ocultas, dando origem à minha "Biblioteca Semiótica Estranha, Lunática, Mágica e Pneumática", em que me inspirei amplamente.

Um incentivo para me ocupar de línguas perfeitas chegou-me em 1987 com um primeiro trabalho de Roberto Pellerey, que a seguir me sugeriu não poucas ideias, e a cujo volume sobre as línguas perfeitas no século da utopia, editado em 1992, referir-me-ei com frequência. Acerca desse tema, dei dois cursos na Universidade de Bolonha e um no Collège de France, elaborando um número de páginas duas vezes maior do que este livro pode dispor. No decorrer do trabalho, muitos dos meus alunos contribuíram com o estudo de temas e autores particulares; obviamente, as suas contribuições constam, com datações anteriores à data deste livro, na revista *Versus*, n.61-3 de 1992, dedicado às línguas perfeitas.

Um último agradecimento aos livreiros antiquários de pelo menos dois continentes, que me indicaram textos raros e desconhecidos. Infelizmente, algumas das *trouvailles* mais excitantes, sendo gratificantes mas marginais, só podem encontrar neste trabalho uma menção fugaz, e outras, nenhuma. Paciência, sobra-me material para algum ensaio erudito, quem sabe, no futuro.

Espero que o leitor me seja grato pelo sacrifício que celebrei para seu alívio, e que os peritos queiram perdoar-me pela tomada panorâmica e elíptica da minha história.

U. E.

Bolonha, Milão, Paris – 1990-1993

CAPÍTULO 1

Desde Adão até a *confusio linguarum*

GÊNESIS 2; 10; 11

A nossa história, em comparação com numerosíssimas outras histórias, tem a vantagem de poder começar desde o Início.

Antes de mais nada, quem fala é Deus, que, ao criar o céu e a terra, diz: "Haja luz". E logo a seguir dessa palavra divina, "houve luz" (Gênesis 1,3-4). A criação aconteceu por um ato de palavra, e somente nomeando as coisas que via, cria Deus sucessivamente, conferindo-lhes um estatuto ontológico: "E Deus chamou à luz 'dia' e às trevas 'noite' [...] (e) Deus chamou ao firmamento 'céu'".

No capítulo 2, 16-7, o Senhor fala pela primeira vez ao homem, colocando à sua disposição todos os bens do paraíso terrestre e ordenando-lhe que não comesse o fruto da árvore do bem e do mal. Não se sabe ao certo em que língua Deus fala a Adão; grande parte da tradição pensaria em uma espécie de língua inspirada por iluminação interior com a qual, como aliás ocorre também em outras páginas da Bíblia, Deus se expressa por meio de fenômenos atmosféricos, trovoadas e relâmpagos. Mas, se assim se deve entender, está aqui esboçada a primeira possibilidade de uma língua que, embora não seja possível traduzir com termos de idiomas conhecidos, é, porém, entendida por quem a ouve, em virtude de um dom ou do estado de graça particular.

Neste ponto, e somente neste ponto (2,19s.), se diz que Deus "modelou então, do solo, todas as feras selvagens e todas as aves do céu e as conduziu ao homem para ver como ele as chamaria: cada qual deveria levar o nome que o homem lhe desse". A interpretação desse trecho é extremamente delicada. Com efeito, propõe-se aqui, com certeza, o tema do Nomoteta, comum a outras religiões e mitologias, isto é, o do primeiro criador da linguagem. Mas não está claro em que bases teria Adão nomeado os animais, e, em todo o caso, nem a versão da Vulgata, em que se formou a cultura europeia, em alguma coisa ajuda para esclarecer tal ambiguidade, pois prossegue dizendo que Adão chamou os vários animais por *nominibus suis*, que, traduzindo "pelos seus nomes" nada resolve. De fato, será que tal expressão significa que Adão os designou com nomes que lhes cabiam por algum direito extralinguístico, ou com os nomes que nós (com base na convenção adâmica) agora lhes atribuímos? Cada nome dado ao animal por Adão seria talvez o nome que aquele animal devia ter por causa da sua natureza ou o nome que o Nomoteta decidiu arbitrariamente determinar-lhe, *ad placitum*, instaurando desse modo uma convenção?

Passamos agora ao Gênesis 2,23, em que Adão vê Eva pela primeira vez. Aqui Adão diz (e é a primeira vez que é citado um seu discurso): "Esta, sim, é osso de meus ossos e carne de minha carne! Ela será chamada 'virago'" [assim a Vulgata traduz *ishshà*, feminino de *ish*, "homem"]. Se considerarmos que em Gênesis 3,20, Adão chama a sua mulher Eva, que significa "vida", de mãe dos viventes, estaríamos diante de duas denominações não totalmente arbitrárias, mas de nomes "corretos".

Onde o Gênesis retoma, e de forma mais explícita, o tema linguístico é no capítulo 11, versículos 1s. Depois do dilúvio, "Todo o mundo se servia de uma mesma língua e das mesmas palavras", mas a soberba induz os homens a querer competir com o Senhor e a querer construir uma torre cujo cimo chegue ao céu. O Senhor, então, para punir o seu orgulho, e impedir a construção da torre, decide: "'Vinde! Desçamos! Confundamos sua linguagem para que não mais se entendam uns aos outros' [...]. Deu-se-lhe por isso o nome de Babel, pois foi lá que Iahveh confundiu a linguagem de todos os habitantes da terra e foi lá que ele os dispersou sobre toda a face da terra". O fato de vários autores árabes (cf. Borst ,1957-1963, I, II, p.9) sustentarem que a confusão acontecera por motivos traumáticos ao ver o desmoronamento certamente pavoroso da torre, não muda nada, quer nessa narração, quer em outras narrações mitológicas, que sancionam, de maneiras parcialmente variadas, o fato de existirem no mundo línguas diferentes.

A nossa história, porém, narrada dessa forma, fica incompleta. Deixamos de falar do Gênesis 10 quando, na narração da difusão dos filhos de Noé depois do Dilúvio, referindo-se à estirpe de Jafé, diz-se o seguinte: "Esses foram os filhos de Jafé, segundo suas terras e cada qual segundo sua língua, segundo seus clãs e segundo suas nações" (10,5), e com palavras quase iguais se reafirma tal ideia com relação aos filhos de Cam (10,20) e de Sem (10,31). Como entender tal pluralidade de línguas antes de Babel? Mas o Gênesis 11 é dramático e ao mesmo tempo forte do ponto de vista iconológico: prova disso é a riqueza das representações que a Torre vem inspirando ao longo dos séculos. Os acenos do Gênesis 10, no entanto, são quase parentéticos e com certeza exibem uma teatralidade menor. É óbvio que, no decorrer da tradição, a atenção fosse dirigida especialmente ao episódio da confusão babélica e que a pluralidade das línguas fosse sentida como o efeito trágico de uma maldição divina. Na verdade, quando o Gênesis 10 não foi menosprezado, foi e por certo, durante muito tempo, reduzido ao nível de um episódio provinciano: nesse sentido, portanto, não se tratou de uma multiplicação das línguas, mas sim de uma diversificação de dialetos tribais.

Mas se o Gênesis 11 é de fácil interpretação (antes havia somente uma língua, e em seguida, como iria determinar a tradição, passa-

A busca da língua perfeita na cultura europeia   21

ram a ser 70 ou 72), constituindo, portanto, o ponto de partida para qualquer sonho de "restauração" da língua adâmica, o Gênesis 10 continha virtualidades explosivas. Se as línguas já se tinham diferenciado depois de Noé, por que não podiam ter se diferenciado também antes? Eis aí um rasgo na malha do mito babélico. Se as línguas não se diferenciaram por castigo, mas por tendência natural, por que entender a confusão como uma desgraça?

No decorrer da nossa história, de vez em quando alguém irá opor o Gênesis 10 ao Gênesis 11, e com resultados mais ou menos chocantes, conforme os tempos e as posições teológico-filosóficas.

ANTES E DEPOIS DA EUROPA

Uma narrativa que explica a multiplicidade das línguas aparece em várias mitologias e teogonias (Borst, 1957-1963, I, p.1). Uma coisa, entretanto, é saber que existem muitas línguas, e outra é achar que tal ferida possa ser sarada descobrindo uma língua perfeita. Para buscar uma língua perfeita é preciso pensar na possibilidade de que ela própria não o seja.

Como foi decidido, vamos limitar-nos somente à Europa. Os gregos do período clássico conheciam povos que falavam línguas diferentes da sua, mas os chamavam de *bàrbaroi*, ou seja, seres que balbuciavam falando de forma incompreensível. Os estoicos, na sua semiótica articulada, sabiam muito bem que se em grego um determinado som correspondia a uma ideia, aquela ideia, com certeza, estava presente também na mente de um bárbaro, mas este não conhecia a relação entre o som grego e a própria ideia, e, portanto, do ponto de vista linguístico, a sua história era irrelevante.

Os filósofos gregos identificavam na língua grega a língua da razão, e Aristóteles constrói a listagem das suas categorias com base nas categorias gramaticais do grego. Não que isso constituísse uma afirmação explícita da prioridade do grego: simplesmente se iden-

22 *Umberto Eco*

tificava o pensamento com o próprio veículo natural, pois *Logos* era pensamento, *Logos* era o discurso, e a respeito dos discursos dos bárbaros pouco se sabia; por conseguinte, com tais discursos não se podia pensar, apesar de se admitir, por exemplo, que os egípcios haviam elaborado uma sabedoria própria e antiquíssima, da qual se tinha notícia por meio dos discursos transmitidos em grego.

Com a expansão da civilização grega, o grego, além de tudo, assume um outro e mais forte estatuto. Se antes existiam quase tantas variedades de grego quantos eram os textos (Meillet, 1930, p.100), na época sucessiva às conquistas de Alexandre Magno, difundiu-se um grego comum, precisamente a língua *koinè*. Esta não só se tornaria a língua em que seriam escritas as obras de Políbio, Estrabão, Plutarco e Aristóteles, mas a língua transmitida pelas escolas de gramática e que progressivamente se torna a língua oficial de toda a área mediterrânea e oriental atingida pela conquista de Alexandre, sobrevivendo durante a dominação romana como língua cultural. Falada pelos próprios patrícios e intelectuais romanos e por quem estava interessado nas atividades do comércio, do tráfico, da diplomacia, bem como na discussão científica e filosófica na ecumene conhecida, torna-se a língua em que são transmitidos os primeiros textos do cristianismo (os Evangelhos e a tradução da Bíblia dos Setenta, século III d.C.) e as discussões teológicas dos primeiros padres da Igreja.

Uma civilização dotada de uma língua internacional não sofre por causa da multiplicidade das línguas. Mesmo assim, a cultura grega, mediante a obra *Crátilo*, de Platão, colocara-se o mesmo problema linguístico com que se defronta o leitor da narração bíblica: isto é, indagar se o Nomoteta escolhera palavras que nomeiam as coisas conforme a natureza de cada uma (*physis*) – esta é a tese de *Crátilo* –, ou se determinou tais palavras por lei ou por convenção humana (*nomos*), como sustenta a tese de Hermógenes. Nessa disputa, Sócrates mantém uma postura de aparente ambiguidade, como

A busca da língua perfeita na cultura europeia 23

se assumisse ora uma, ora outra tese. De fato, após tratar cada uma das posições com evidente ironia, arriscando etimologias em que nem mesmo ele (ou Platão) acredita, Sócrates apresenta a própria tese, pela qual o conhecimento, em definitivo, não depende da nossa relação com os nomes, mas do nosso relacionamento com as coisas, ou melhor, com as ideias. Veremos como também para as culturas que não conheceram o *Crátilo* qualquer debate em torno da natureza de uma língua perfeita seguira um dos três caminhos traçados pelo texto platônico, que, no entanto, discute as condições de perfeição de uma língua sem colocar o problema de uma língua perfeita.

Na época em que a língua grega *koinè* ainda domina a bacia mediterrânea, impõe-se o latim, que, por ser a língua do Império, serve como língua universal para toda a Europa alcançada pelas legiões romanas, e se tornaria também a língua da cultura cristã no Império do Ocidente. Mais uma vez, uma cultura que usa uma língua falada por todos não percebe o escândalo da pluralidade das línguas. As pessoas cultas poderão falar também o grego, mas, para o resto do mundo, falar com os bárbaros é trabalho para alguns intérpretes, e somente até quando os bárbaros, conquistados, não tivessem começado a aprender o latim.

A suspeita, entretanto, de que tanto o latim quanto o grego não sejam as únicas línguas pelas quais se possa exprimir uma totalidade harmoniosa da experiência aparece cada vez mais em torno do século II d.C., quando se divulgam no mundo greco-romano revelações obscuras atribuídas aos magos persas, ou a uma divindade egípcia (Theuth, ou Thoth Hermes), bem como a oráculos provenientes da Caldeia, ou à própria tradição pitagórica e órfica, nascida em território grego, mas durante longo tempo dominada pela grande tradição racionalista.

Agora, com relação à herança do racionalismo clássico, que se desenvolve e se reelabora, manifesta-se uma síndrome de cansaço. Igualmente estão em crise as religiões tradicionais. A religião imperial era meramente formal, expressão de lealdade, permitindo que cada povo conservasse os próprios deuses, aceitos pelo panteão latino sem prestar atenção a contradições, sinonímias ou anonímias. Para definir essa tolerância niveladora a respeito de qualquer religião (como aliás a respeito de qualquer filosofia e saber) existe um termo: *sincretismo*.

Manifesta-se então, no interior das almas mais sensíveis, uma espécie de religiosidade difusa, chegando-se a pensar em uma alma universal do mundo, que subsiste tanto nos astros como nas coisas terrestres, e da qual a nossa alma individual é uma parcela. Considerando que os filósofos não podiam oferecer nenhuma verdade sustentada pela razão a respeito dos problemas mais importantes, não restava senão procurar uma revelação além da razão, que alcançasse a verdade por visão direta e por revelação da própria divindade.

Nesse clima renasce o pitagorismo. Desde o início, a doutrina de Pitágoras se apresentara como conhecimento místico, induzindo os pitagóricos à prática de ritos iniciáticos. O seu próprio conhecimento das leis matemáticas e musicais apresentava-se como fruto de uma revelação recebida dos egípcios – e, especialmente na época da qual estamos falando, a cultura egípcia, já dominada pela fala dos seus conquistadores gregos e latinos, está se tornando um "hieróglifo" incompreensível e enigmático. Não há nada mais fascinante do que uma sabedoria secreta: sabe-se que existe, mas não é conhecida e, portanto, supõe-se ser profundíssima.

Mas se existe e permaneceu oculta, oculta deve ser a língua em que tal sabedoria foi expressa. E é por isso que, como diria Diógenes Laércio no século III (*Vidas dos filósofos*, I), "alguns pretendem que a filosofia tenha começado com os bárbaros: com efeito, existiram os magos entre os persas, os caldeus, os babilônios e os assírios, como também os gimnosofistas da Índia, os druidas entre os celtas e os gálatas". Se os gregos do período clássico identificavam os bárbaros como aqueles que não sabiam articular sequer uma palavra, agora é

A busca da língua perfeita na cultura europeia

justamente o suposto balbuciar dos estrangeiros que se torna língua sagrada, cheia de promessas e de revelações ocultas (cf. Festugière, 1944-1954, I).

Reconstruímos sumariamente essa atmosfera cultural porque ela teria, embora mais tarde, uma influência fundamental na nossa história. Ninguém nessa época tenta reconstruir uma língua perfeita, mas há vagamente uma aspiração e um anseio por ela. Veremos como essas sugestões surgirão de novo, uns doze séculos mais tarde, na cultura humanística e da Renascença (e além disso), indo alimentar um veio central da história que estamos tentando reconstruir.

Nesse meio-tempo, o cristianismo se tornou religião de Estado, falou o grego da patrística oriental e no Ocidente fala o latim. Aliás, fala somente o latim.

Embora São Jerônimo, ainda no século IV, conseguisse traduzir o Antigo Testamento do hebraico, o conhecimento dessa língua sagrada enfraquecia-se cada vez mais, semelhantemente ao grego. Basta pensar que Santo Agostinho, um homem de cultura amplíssima e representante máximo do pensamento cristão na própria época da dissolução do Império, testemunha uma situação linguística paradoxal (cf. Marrou, 1958). O pensamento cristão baseia-se no Antigo Testamento, escrito em hebraico, e no Novo Testamento, escrito na sua maior parte em grego. Santo Agostinho não conhece o hebraico e tem conhecimento um tanto vago do grego. O seu problema, como intérprete das Escrituras, é entender o que o texto divino queria realmente dizer, e do texto divino conhece somente traduções latinas. A ideia de que se pudesse recorrer ao hebraico original passa apenas de leve pela sua mente, mas a rejeita porque não confia nos judeus, que poderiam ter corrompido as fontes para apagar as suas referências ao Cristo vindouro. O único recurso que aconselha é a comparação de várias traduções, a fim de conjeturar a leitura mais confiável (Santo Agostinho se torna pai da hermenêutica, mas com certeza não da filologia).

Em certo sentido, ele pensa em uma língua perfeita, comum a todos os povos, cujos sinais não sejam as palavras, mas as próprias coisas, de modo que o mundo pudesse aparecer, segundo diria mais tarde, como um livro escrito pelo dedo de Deus. É compreendendo tal língua que será possível interpretar as passagens alegóricas das Escrituras, em que elas se exprimem nomeando elementos da decoração mundana (ervas, pedras, animais) que adquirem um significado simbólico. Mas a língua do mundo, instituída pelo seu criador, pode ser somente interpretada. Essa ideia daria logo origem a uma produção, que iria continuar ao longo de toda a Idade Média, de bestiários, lapidários, enciclopédias e *imagines mundi*. Voltaremos a encontrar essa tradição também no decorrer da nossa história, quando a cultura europeia se voltará para os hieróglifos egípcios e para outros ideogramas exóticos, acreditando que a verdade não possa ser expressa a não ser mediante emblemas, impressões, símbolos e selos. Santo Agostinho, porém, não manifesta nenhuma saudade de uma língua perdida que alguém possa ou necessite falar.

Na sua opinião, como em geral para a tradição patrística, o hebraico, antes da confusão, fora com certeza a língua primordial da humanidade e depois do incidente da *confusio linguarum* foi preservado pelo povo eleito. Mas Agostinho não percebe qualquer exigência de descobri-lo de novo. Acha-se muito à vontade com o seu latim, que já se tornou teológico e eclesiástico. Após alguns séculos, Isidoro de Sevilha (*Etymologiarum*, IX, 1) não teria mais dificuldade em afirmar que, em todo o caso, existem três línguas sagradas, o hebraico, o grego e o latim, porque trilíngue era a escrita que estava sobre a cruz; e que língua o Senhor teria falado quando enunciou o seu "Fiat lux" é difícil, a esta altura, apurar.

De qualquer modo, a tradição patrística preocupa-se com um outro problema: a Bíblia afirma que Deus conduzira diante de Adão todos os animais da terra e todas as aves do céu, mas não fala dos peixes (e a rigor de lógica e de biologia não teria sido fácil arrastá-

A busca da língua perfeita na cultura europeia 27

-los todos da profundeza dos abismos para o jardim do Éden). Será que Adão deu um nome também aos peixes? A questão talvez tenha pouca relevância, mas o último vestígio dela se encontra em 1763, na obra *Origins and Progress of Letters*, de Massey (cf. White, 1917, II, p.196), e não nos consta que tenha sido resolvida – muito embora Agostinho (*De Genesi ad litteram libri duodecim*, XII, 20) arriscasse a hipótese de que às espécies dos peixes o nome tivesse sido imposto à medida que eram conhecidos.

Entre a queda do Império Romano e o fim da Alta Idade Média, a Europa não existia ainda, mas já se agitam os seus pressentimentos. Novas línguas formam-se lentamente, e calculou-se que em torno do fim do século V o povo já não falará mais o latim, mas o gaulês--romano, o ítalo-romano, o hispano-romano ou o romano-bálcã. Os intelectuais continuam a escrever um latim que se vai abastardando cada vez mais, e ouvem falar ao seu redor dialetos locais em que se entrelaçam lembranças das linguagens anteriores à civilização romana e novas raízes introduzidas pelos bárbaros.

E eis que, mesmo antes que apareçam os primeiros documentos escritos em línguas românicas e germânicas, no século VII, encontramos um primeiro vestígio do nosso tema. Trata-se de uma tentativa, realizada por gramáticos irlandeses, de definir as vantagens do vernáculo gaélico em comparação com a gramática latina. Em uma obra intitulada *Auraceipt na n-Éces* (*Os preceitos dos poetas*), o autor faz referência às estruturas compositivas da Torre de Babel: "Outros afirmam que na torre havia somente nove materiais, ou seja, argila e água, lã e sangue, madeira e cal, piche, linho e betume [...], quer dizer, nome, pronome, verbo, advérbio, particípio, conjugação, preposição, exclamações". Deixando a diferença entre as nove partes da torre e as oito partes do discurso, compreende-se que a estrutura da língua é comparada com a construção da torre porque se considera que a língua gaélica constitua o primeiro e único exemplo de superação da confusão das línguas. Os 72 sábios da escola de Fenius programam a primeira língua codificada depois da dispersão, e o texto canônico dos *Preceitos*

> descreve a ação de fundação da língua [...] à guisa de uma operação de "recorte", realizado nas outras línguas que os 72 discípulos aprenderam depois da dispersão [...]. Foi então que tal língua foi regulamentada. Assim, o que havia de melhor em cada língua e o que havia de mais amplo e mais belo foi recortado pelo irlandês [...] para cada elemento do qual não havia nomeação nas outras línguas, foram encontrados nomes apropriados em irlandês. (Poli, 1989, p.187-9)

Tal língua primigênia e, portanto, sobrenatural conserva sinais do isomorfismo com o ordenamento natural da criação e estabelece uma espécie de ligação icônica entre gênero gramatical e referente, quando fosse respeitada a ordem correta dos elementos.

Por que razão esse documento sobre os direitos e as qualidades de uma língua melhor do que muitas línguas existentes aparece somente nesta virada de milênio? Uma olhada na história da iconografia aumenta a nossa surpresa. Não se encontram representações da Torre de Babel até a *Bíblia Cotton* (século V ou VI), depois da qual segue um manuscrito talvez do final do século X, e mais tarde um relevo na catedral de Salerno, do século XI. Em seguida haveria um dilúvio de torres (Minkowski, 1983). Em correspondência a tal dilúvio de torres ilustradas haveria uma ampla especulação teórica, e somente a partir desse ponto em diante o episódio da confusão seria meditado não como exemplo de um ato de orgulho punido pela justiça divina, mas como início de uma ferida histórica (ou meta-histórica) que de qualquer forma devia ser curada.

O fato é que nesses séculos, denominados obscuros, assistimos como que a uma repetição da catástrofe babélica: ignorados pela cultura oficial, bárbaros hirsutos, camponeses, artesãos e "europeus" analfabetos começam a falar uma multiplicidade de novos vernáculos, dos quais a cultura oficial aparentemente não sabe ainda nada: estão nascendo as línguas que nós falamos hoje, e cujos primeiros documentos conhecidos seriam fatalmente posteriores, como os *Serments de Strasbourg* (842) ou a *Carta Capuana* (960). Diante de textos como *Sao ke kelle terre, per kelle fini ke ki contene, trenta anni le possette parte Sancti Benedicti*, ou diante de *Pro Deo amur et pro Christian poblo et nostro commun salvament*, a cultura europeia reflete sobre a *confusio linguarum*.

Mas antes dessa reflexão não existia cultura europeia e, portanto, não existia ainda a Europa. O que é a Europa? É um continente que dificilmente se distingue da Ásia, que existia antes mesmo que os homens o chamassem desse modo, pelo menos desde quando a Pangea originou uma deriva que ainda não terminou. Mas, para falar da Europa no sentido em que é entendida pelo mundo moderno, é preciso esperar a dissolução do Império Romano e o nascimento dos reinos romano-bárbaros. E talvez não seja ainda suficiente, como não é suficiente o projeto da unificação carolíngia. Onde encontraremos uma data satisfatória para estabelecer o início da história europeia? Se os grandes eventos políticos e militares não são suficientes, bastam-nos, porém, os eventos linguísticos. Diante da unidade maciça do Império Romano (que interessava igualmente à Ásia e à África), a Europa apresenta-se antes como uma Babel de línguas novas, e só em seguida como um mosaico de nações.

A Europa inicia-se com o nascimento das suas línguas vernáculas, e a cultura crítica da Europa se inicia pela reação, às vezes alarmada, à irrupção dessas línguas. A Europa enfrenta o drama da fragmentação das línguas e começa a refletir sobre o próprio destino de civilização multilíngue. Embora sofrendo com o impacto, procura encontrar um remédio: quer refazendo o seu caminho para trás, em busca da língua falada por Adão, quer para a frente, tentando construir uma língua da razão que possua a perfeição perdida da língua de Adão.

Efeitos colaterais

A história das línguas perfeitas é a história de uma utopia e de uma série de fracassos. Com isso não se quer afirmar que a história de uma série de fracassos resulte numa falência. E ainda que fosse a história da invencível obstinação em perseguir um sonho impossível, mesmo assim não deixaria de ser interessante conhecer – desse mesmo sonho – as origens e as motivações que o mantiveram acordado ao longo dos séculos.

Nessa perspectiva, a nossa história representa um capítulo da história da cultura europeia, e os seus capítulos adquirem um destaque particular hoje, quando os povos da Europa – no mesmo momento em que discutem as formas de uma possível união política e comercial – não só falam ainda línguas diferentes, mas falam mais línguas do que falavam há dez anos: e em certos lugares, sob o emblema da diferença étnico-linguística, armam-se uns contra os outros.

Mas veremos que o sonho de uma língua perfeita ou universal sempre se apresentou como uma resposta ao drama das divisões religiosas e políticas, ou somente às dificuldades das relações econômicas; aliás, a história da alternância sucessiva dessas motivações, ao longo dos séculos, constituiria uma contribuição para a compreensão de muitos aspectos da cultura do continente europeu.

Além disso, se esta for a história de uma série de fracassos, veremos como a cada fracasso seguiu-se um "efeito colateral"; de fato, se por um lado os vários projetos não vingaram, por outro, deixaram um rastro de consequências benéficas. Cada projeto poderá ser visto como um exemplo de *felix culpa*: pois muitas das teorias que hoje colocamos em prática, ou muitas entre as práticas que teorizamos (desde as taxonomias das ciências naturais até a linguística comparada, desde as linguagens formalizadas até os projetos de inteligência artificial e as pesquisas das ciências cognitivas) nasceram como efeitos colaterais de uma pesquisa em torno da língua perfeita. Daí,

A busca da língua perfeita na cultura europeia 31

é justo reconhecer a alguns pioneiros o mérito de nos ter dado algo, embora não aquilo que nos prometeram.

Por fim, analisando os vícios das línguas perfeitas, nascidas para eliminar os vícios das línguas naturais, poderemos descobrir que essas línguas naturais possuem não poucas virtudes. O que seria a maneira de nos reconciliarmos com a maldição babélica.

UM MODELO SEMIÓTICO DE LÍNGUA NATURAL

Ao examinar as estruturas das diferentes línguas que se originaram natural ou artificialmente com as quais nos vamos deparar, será necessário compará-las com uma noção teoricamente rigorosa da estrutura de uma língua natural. Para esse fim nos ateremos ao modelo hjelmsleviano (Hjelmslev, 1943), ao qual faremos referência para cada língua que tomaremos em exame.

Uma língua natural (e em geral qualquer sistema semiótico) é composto por um plano de expressão (para uma língua natural diríamos que consiste de um léxico, uma fonologia e uma sintaxe), e por um plano de conteúdo, que representa o universo dos conceitos que podemos exprimir. Cada um desses planos é composto de forma e substância e ambos resultam da organização de uma matéria ou de um *continuum*.

Em uma língua natural, *a forma de expressão* é constituída pelo seu sistema fonológico, por um repertório lexical e pelas suas regras sintáticas. Por meio dessa forma podemos gerar várias *substâncias de expressão*, como as palavras que pronunciamos diariamente, ou o texto que vocês estão lendo. Para elaborar uma forma de expressão, uma língua recorta (do *continuum* dos sons que uma voz humana pode emitir) uma série de sons, excluindo outros, que existem e podem ser produzidos, mas não pertencem à língua em questão.

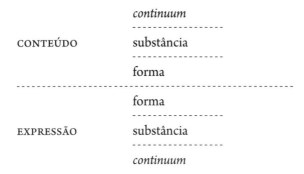

Para que os sons de uma língua sejam compreensíveis é preciso associar-lhes significados, ou seja, conteúdos. O *continuum* do conteúdo é o conjunto de tudo aquilo que se poderia pensar e dizer, isto é, o universo inteiro, físico e mental (na medida em que podemos falar a seu respeito). Porém, cada língua organiza o universo daquilo que pode ser dito e pensado em uma forma do conteúdo. Pertencem à *forma do conteúdo* (só para dar alguns exemplos) o sistema das cores, a organização do universo zoológico em gêneros, famílias e espécies, a oposição entre alto e baixo ou a oposição entre o amor e o ódio.

As várias maneiras de organizar o conteúdo mudam de uma língua para outra e, por vezes, conforme a maneira em que consideramos o uso comum de uma língua ou o seu uso científico. Desse modo, um perito em cores conhece e nomeia milhares de cores, ao passo que um homem da rua conhece e exprime só algumas cores e somente uma série reduzida; por sua vez, certos povos conhecem e nomeiam várias cores que não correspondem às nossas, porque não são divididas conforme os comprimentos de onda do espectro cromático, mas de acordo com outros critérios. Um locutor comum reconhece uma série muito reduzida de "insetos", ao passo que um zoologista distingue vários milhares deles. Para dar um exemplo muito diferente (mas as maneiras de organização do conteúdo são múltiplas): em uma sociedade de religião animista, um termo que nós traduziríamos como vida poderia ser aplicado também a vários aspectos do reino mineral.

Em função dessas características, uma língua natural pode ser vista como um sistema *holístico*, pois, enquanto estrutura, implica, de certo modo, uma visão do mundo. Segundo algumas teorias (ver, por exemplo, Whorf, 1956, e Quine, 1960), uma língua natural seria apta para exprimir determinada experiência da realidade, mas não as experiências realizadas em outras línguas naturais. Apesar de representar uma posição extremista, nós nos encontraremos repetidas vezes com essa objeção, à medida que examinarmos sucessivamente as críticas dirigidas aos diversos projetos de língua perfeita.

No que diz respeito à *substância do conteúdo*, ela representa o sentido de cada enunciado particular que produzimos como substância da expressão.

Por ser apta para a significação, uma língua natural estabelece certas correlações entre elementos da forma da expressão e elementos da forma do conteúdo. Um elemento do plano de expressão como o lexema *nav-* é correlacionado com determinada unidade do conteúdo (digamos, tentando dar uma definição grosseira, "artefato", "flutuante", "móvel", "apto para o transporte"); morfemas como *e/i* determinam se se trata de um ou mais desses artefatos.[1]

Nas línguas naturais, tal correlação entre expressão e conteúdo ocorre somente no nível daquelas unidades maiores que são os itens lexicais (unidades de primeira articulação, que se articulam justamente para formar sintagmas dotados de sentido). Porém não ocorre correlação significante no nível das unidades de segunda articulação, os fonemas. Os fonemas pertencem a um inventário delimitado de sons desprovidos de significado que se articulam para formar unidades providas de significados. Os sons que compõem a palavra *nave* não são componentes da ideia de *"nave"* (nem é porque

---

1. O equivalente em português seria *o(a)/os(as)*. [N.E.]

n signifique trabalho e *a* signifique nascimento, e assim por diante). Na verdade, os próprios sons podem ser articulados de modo diferente para compor uma outra unidade de primeira articulação com um significado totalmente diferente, por exemplo, *vena*.[2]

Esse princípio da *dupla articulação* deve ser considerado com atenção porque veremos como muitas línguas filosóficas tentam eliminá-lo.

Em termos hjelmslevianos, uma língua é *biplanar*, mas *não conforme*: a forma da expressão é estruturada de maneira diferente da forma do conteúdo, a relação entre as duas formas é arbitrária e as variações da expressão não correspondem especularmente a variações do conteúdo. Se em lugar de *nave* se pronunciasse *cave*, a simples substituição de um som implicaria uma mudança radical de significado. Todavia, existem sistemas que Hjelmslev chama de *conformes*: por exemplo, pensemos no mostrador de um relógio, no qual cada posição dos ponteiros corresponde, milímetro por milímetro, a uma variação cronológica, ou seja, a uma diferente posição da Terra no curso da sua volta ao redor do Sol. Como veremos, muitas línguas perfeitas aspiram a essa correspondência entre signos e realidade ou entre signos e conceitos correspondentes.

Mas uma língua natural não vive apenas baseando-se em uma sintática e uma semântica. Vive também com base em uma *pragmática*, ou seja, baseando-se em regras de praxe, que levam em consideração as circunstâncias e os contextos de emissão, e essas mesmas regras de praxe estabelecem a possibilidade dos usos retóricos da língua, graças aos quais palavras e construções sintáticas podem adquirir significados múltiplos (como ocorre, por exemplo, com as

---

2. Nesta edição, optamos por não adaptar as formas escolhidas por Eco. Neste caso, uma equivalência possível do jogo sonoro que se dá em italiano com *nave* (navio) e *vena* (veia) seria "parto" e "rapto", que possuem as mesmas letras, mas nenhuma correlação semântica. [N.E.]

A busca da língua perfeita na cultura europeia 35

metáforas). Veremos que alguns projetos identificaram a perfeição com a eliminação desses aspectos pragmáticos, enquanto outros, ao contrário, pretenderam que uma língua perfeita fosse capaz também de reproduzir essas características das línguas naturais.

Finalmente – e isso justifica as exclusões de que falamos na Introdução –, pretende-se que uma língua natural seja *omniefável*, isto é, capaz de exprimir toda a nossa experiência, física e mental, e portanto de poder expressar sensações, percepções, abstrações e responder até mesmo à indagação por que há o Ser em lugar do Nada. É bem verdade que a língua verbal não é totalmente *efável* (experimente-se descrever em palavras a diferença entre o perfume da verbena e o do alecrim), e por isso deve servir-se de indicações, gestos, inflexões tonêmicas. Mas, mesmo assim, entre todos os sistemas semióticos, ela aparece como aquela que dispõe de um raio mais amplo e satisfatório de *efabilidade*,[3] e é por isso que os projetos de língua perfeita se referiram quase todos ao modelo da língua verbal.

---

3. Em italiano, *omnieffabile, effabile, effabilità*. Em português, traduzidos por neologismos dentro do campo semântico de "inefável". [N.E.]

CAPÍTULO 2

A pansemiótica cabalística

Na Europa, a história da língua perfeita começa em torno de um texto de origens orientais, a Bíblia, mas a patrística tardia e a Idade Média esqueceram a língua em que o texto fora escrito, de modo que, para seguirmos o início da nossa história, foi preciso ler esse texto a partir da Vulgata latina. O Ocidente cristão iria acertar as contas com o hebraico a partir da Renascença em diante. Todavia, enquanto nos séculos da Idade Média a língua hebraica é esquecida pelo pensamento cristão, na Europa instaura-se e floresce uma corrente do misticismo judaico que seria destinada a uma influência fundamental nas pesquisas da língua perfeita, pelo fato de basear-se na ideia da criação do mundo como fenômeno linguístico: a cabala.

A LEITURA DA TORÁ

A cabala (*qabbalah* poderia ser traduzido por "tradição") insere-se na tradição do comentário à Torá, isto é, os livros do Pentateuco; junto com a tradição interpretativa rabínica representada pelo Talmud, apresenta-se eminentemente como uma técnica de leitura e interpretação do texto sagrado. Mas o rolo da Torá escrita em que o cabalista trabalha representa apenas um ponto de partida: trata-se de descobrir de novo, sob a leitura da Torá escrita, a Torá eterna, preexistente à criação e confiada por Deus aos anjos.

A busca da língua perfeita na cultura europeia 37

Escrita, segundo alguns cabalistas, primordialmente em forma de fogo preto sobre fogo branco, no momento da criação, a Torá estava diante da presença de Deus como uma série de letras ainda não unidas em palavras. Se não tivesse acontecido o pecado de Adão, as letras se teriam juntado para formar uma outra história. Por isso o rolo da Torá não contém nenhuma vogal, nenhuma interpontuação e nenhum acento, porque a Torá formava originariamente um montão de letras não ordenadas. Após a vinda do Messias, Deus eliminaria a combinação atual das letras, ou nos ensinaria a ler o texto atual segundo uma outra disposição.

Uma das versões da tradição cabalística, que nos estudos mais recentes é caracterizada como cabala teosófica, visa a identificar, debaixo da letra do texto sagrado, acenos à década das Sefirot como dez hipóstases da divindade. A teosofia das Sefirot pode ser comparada com as várias teorias das correntes cósmicas que surgem também na tradição hermética, gnóstica e neoplatônica. As dez Sefirot podem ser vistas como hipóstases da divindade no processo de emanação e, portanto, como entidades intermediárias entre Deus e o mundo, ou mesmo como aspectos interiores da própria divindade: nos dois sentidos, sendo a riqueza das formas em que, de fato ou potencialmente, Deus se expande para formar a multiplicidade do universo, constituem outros tantos canais ou degraus pelos quais a alma pode realizar o caminho de volta para Deus.

O texto da Torá, pois, é abordado pelo cabalista como um aparato simbólico que (por baixo da letra e dos eventos que narra ou dos preceitos que impõe) fala dessas realidades místicas e metafísicas; por conseguinte, deve ser lido visando a descobrir nele quatro sentidos (literal, alegórico-filosófico, hermenêutico e místico). Esse aspecto lembra a teoria dos quatro sentidos da Escritura na exegese cristã, mas nesse ponto a analogia deixa lugar a uma diferença radical.

Conforme a exegese cristã, os sentidos ocultos devem ser descobertos mediante um trabalho de interpretação (a fim de identificar algo mais além do conteúdo conhecido), mas sem alterar a expressão, isto é, a disposição material do texto, aliás, fazendo todo o esforço para restabelecer a leitura exata do texto. Ao contrário, para algumas correntes cabalísticas, a leitura anatomiza, por assim dizer, a própria substância da expressão por meio de três técnicas fundamentais: o *notariqon*, a gematria e a *temurah*.

O *notariqon* é a técnica do acróstico (as iniciais de uma série de palavras formam uma outra palavra) como forma de codificação e decodificação de um texto. Aliás, tal técnica era comum, inclusive como artifício poético em toda a literatura da Antiguidade tardia e medieval, e a partir da Idade Média se difundem práticas mágicas que se apresentam sob o nome de *ars notoria*. Para os cabalistas, o acróstico deve revelar parentescos místicos: por exemplo, Mosheh de Leon toma as iniciais dos quatro sentidos da Escritura (*peshat, remets, derash* e *sod*) extraindo deles PRDS, isto é (considerando que no alfabeto hebraico não há vogais), Pardes, ou Paraíso. Lendo a Torá descobre-se que as iniciais das palavras que compõem a pergunta de Moisés (Deuteronômio 30,12) "Quem subirá por nós ao céu" resultam MYLH, "circuncisão", enquanto as finais formam YHVH: a resposta, portanto, é "o circunciso alcançará Deus". Para Abulafia, é significativo que a última letra de MVH (cérebro) seja a primeira letra de *Hokmah* (ou *Khokmah*, a primeira Sefirot, a Sabedoria); ao passo que a última letra de LB (coração) é a primeira de *Binah* (a inteligência).

A gematria é possível porque em hebraico os números são representados por letras do alfabeto. Portanto, cada palavra tem um valor numérico que deriva da soma dos números representados por cada letra. Trata-se de achar palavras com sentido diferente mas com o mesmo valor numérico, investigando desse modo as analogias que ocorrem entre as coisas ou ideias designadas. Por exemplo, somando o valor de YHVH se obtém 72, e a tradição cabalística irá procurar constantemente os 72 nomes de Deus. A serpente de Moisés é prefiguração do Messias porque as duas palavras têm como valor 358.

A *temurah*, finalmente, é a arte da permutação das letras, quer dizer, do anagrama. Em uma língua em que as vogais podem ser interpoladas, o anagrama apresenta maiores possibilidades de permutação do que outros idiomas. Por exemplo, Moshe Cordovero pergunta-se por que no Deuteronômio aparece a proibição de usar roupas feitas com a mistura de lã e linho, deduzindo daí que, na versão original, as mesmas letras se combinavam para dar lugar a uma outra expressão que alertava Adão para não substituir a sua veste originária, feita de luz, pela roupa feita com pele de cobra, que representa o poder demoníaco.

Em Abulafia encontramos páginas em que o tetragrama YHVH, em virtude da vocalização de qualquer modo possível das suas quatro letras, produz quatro tabuadas, cada uma de cinquenta combinações. Eleazar Ben Yudah de Worms vocaliza cada letra do tetragrama com duas vogais, mas, usando-se seis vogais, o número de combinações aumenta (cf. Idel, 1988c, p.22-3).

A COMBINATÓRIA CÓSMICA E A CABALA DOS NOMES

O cabalista pode permitir-se usar os infinitos recursos da *temurah* porque esta não é apenas uma técnica de leitura, mas o mesmo procedimento com que Deus criou o mundo. O princípio já está explícito no *Sefer Yetsirah*, ou Livro da Criação. Segundo esse pequeno tratado (escrito em data incerta entre os séculos II e VI), os materiais e as pedras, ou os 32 caminhos da sabedoria com que Iahveh criou o mundo, são as 10 Sefirot e as 22 letras do alfabeto (I, 1):

> As 22 letras fundamentais foram gravadas, plasmadas, avaliadas e permutadas, formando com elas toda a criação e tudo aquilo que se irá formar no futuro (II, 2). Ele colocou as 22 letras fundamentais em uma

roda como se fossem muralhas (I, 4) [...]. De que forma elas foram combinadas e permutadas? Colocando Alef com todos os Alef, Bet com todos os Bet [...] descobre-se que cada criatura e cada frase saem de um único Nome (II, 5) [...]. Duas pedras constroem duas casas, três pedras constroem seis casas, quatro pedras constroem 24 casas, cinco pedras constroem 120 casas, seis pedras constroem 720 casas, sete pedras constroem 5.040 casas. Siga, daqui em diante, e pense naquilo que a boca não pode dizer e o ouvido não pode ouvir. (IV, 16)

Com efeito, não só a boca e o ouvido, mas também um computador moderno se acharia em dificuldade para exprimir o que acontece à medida que o número das pedras (ou das letras) aumenta. O livro da Criação está falando do cálculo fatorial, do qual trataremos no capítulo sobre a combinação luliana.

A cabala sugere, por conseguinte, a possibilidade de se construir um alfabeto finito que produz um número vertiginoso de combinações. Quem levou ao máximo desenvolvimento a arte combinatória foi Abraham Abulafia (século XIII) com a sua cabala dos nomes (cf. Idel, 1988b, 1988c, 1988d, 1989).

A cabala dos nomes, ou cabala estática, é praticada pronunciando os nomes divinos que o texto da Torá oculta, jogando com as várias combinações das letras do alfabeto hebraico. A cabala teosófica, embora arriscando práticas de leitura numerológica mediante acróstico ou por meio de anagrama, no fundo tinha ainda respeito pelo texto sagrado. A cabala dos nomes, porém, altera, descombina, decompõe e recompõe a superfície textual e a sua própria estrutura sintagmática, até aqueles átomos linguísticos que são cada letra do alfabeto, em um processo de recriação linguística contínua. Se para a cabala teosófica entre Deus e o intérprete está ainda o texto, para a cabala estática, o intérprete está entre Deus e o texto.

Tal fato é possível porque, para Abulafia, os elementos atômicos do texto, quer dizer, as letras, têm um significado em si, independen-

A busca da língua perfeita na cultura europeia 41

temente dos sintagmas em que ocorrem. Cada leitura é já um nome divino: "assim, se para as letras do Nome cada letra é um Nome em si, saiba que o Yod é um nome, e YH é um nome" (*Perush havdalah de-Rabbi Aqiba*).

A prática da leitura mediante a permutação tende a provocar efeitos estáticos:

> Começa então a combinar este nome, YHVH, de início sozinho, e examina todas as suas combinações, movendo-o e fazendo-o girar como uma roda, para a frente e para trás, como um rolo, sem deixá-lo descansar, mas quando perceberes que a sua matéria adquire força por causa do grande movimento, e por causa do pavor de confusão da tua imaginação e do turbilhar dos teus pensamentos, e quando deixares que pare, dirige-te a ele e interroga-o, sem deixá-lo até obteres dele uma palavra de sabedoria. E em seguida passa para o segundo nome, Adonai, e pergunta-lhe a respeito do seu fundamento, e revelar-te-á o seu segredo [...]. A seguir combina ambos os nomes, e estuda-os, e depois combina Elohim, e ele também assegurar-te-á sabedoria (khayye hanefesh).

Se a isso se acrescentarem técnicas respiratórias que devem acompanhar o soletrar dos nomes, compreende-se como, a partir dessa soletração, se passe para o êxtase e deste para a aquisição de poderes mágicos, porque as letras que o místico combina são os próprios nomes pelos quais Deus criou o mundo. Esse aspecto se tornaria mais evidente no século XV. Idel (1988b, p.204-5) diria a respeito de Yohanan Alemanno, amigo e inspirador de Pico della Mirandola, que, para ele, "a carga simbólica da linguagem estava se transformando em um tipo de ordem quase matemática. Desse modo, o simbolismo cabalístico transformava-se – ou talvez reformulava-se – em uma linguagem mágica encantatória".

Para a cabala estática, a linguagem é um universo em si própria, e a estrutura da linguagem representa a estrutura da realidade. Já nos escritos de Filo de Alexandria, tentou-se comparar a essência íntima da Torá com o Logos, isto é, o mundo das Ideias, e as concepções platônicas tinham penetrado também na literatura hagádico-midráxica, em que a Torá era vista como o esquema que Deus usou para criar o mundo. A Torá eterna, portanto, identificava-se com a Sabedoria e em muitas passagens com o mundo das formas, ou seja, um universo de arquétipos. No século XIII, e em uma linha decididamente averroísta, Abulafia colocaria uma equação entre Torá e Intelecto Ativo, "a forma de todas as formas dos intelectos separados" (*Sefer mafteakh há-tokhahot*).

De modo diferente, portanto, do que ocorre na tradição filosófica ocidental (desde Aristóteles até os estoicos e o pensamento medieval) como também nas filosofias árabe e judaica, a linguagem na cabala não representa o mundo no sentido em que o significante representa o significado ou o referente. Se Deus criou o mundo mediante a emissão de vozes linguísticas ou de letras alfabéticas, tais elementos semióticos não são representações de algo preexistente a eles, mas são formas em que se modelam os elementos com que o mundo é constituído. A importância dessa constatação para o nosso tema é evidente: aqui está esboçada uma língua que é perfeita porque não só reflete exemplarmente a estrutura do universo, mas, ao produzi-la, coincide com ela como o molde coincide com o objeto formado.

A LÍNGUA-MÃE

Para Abulafia, todavia, essa matriz de todas as línguas (que constitui uma realidade única com a Torá eterna, mas não necessariamente com a Torá escrita) não coincide ainda com o hebraico. Parece que Abulafia faz uma distinção entre as 22 letras (e a Torá eterna) como matriz e o hebraico como língua-mãe do gênero humano. As 22 letras do alfabeto hebraico representam os sons ideais que devem

A busca da língua perfeita na cultura europeia 43

presidir à criação de cada uma das outras 72 línguas existentes. O fato de que outras línguas tenham um número maior de vocábulos depende de variações de pronúncia das 22 letras fundamentais (os outros sons estrangeiros seriam, em termos modernos, alófonos dos fonemas fundamentais).

Outros cabalistas destacam que os cristãos carecem da letra *Khet*, os árabes desconhecem a *Peh* e, na Renascença, Yohanan Alemanno afirmaria que as variações de pronúncia das 22 letras hebraicas devem ser comparadas com os sons dos animais (alguns se parecem com o grunhido dos porcos, outros com o coaxo das rãs, outros ao grito da grou), de modo que o próprio fato de pronunciar outros sons revela como as outras línguas são próprias de povos que abandonaram a conduta correta da vida. Nesse sentido, a multiplicação das letras é um dos resultados da confusão babélica. Alemanno tem consciência do fato de que outros povos reconheceram a própria língua como a melhor do mundo, e cita Galeno, que considerava a língua grega a mais agradável e a mais adequada às leis da razão. Ele, no entanto, não ousando contradizê-lo, sustenta que isso decorre das afinidades que existem entre o grego, o hebraico, o árabe e o assírio.

Na opinião de Abulafia, as 22 letras representam todos os sons produzidos naturalmente pelos órgãos da fonação: é a forma de combinar as letras que permite dar vida às diversas línguas. As palavras *tseruf* (combinação) e *lashon* (língua) têm o mesmo valor numérico (386): conhecer as leis da combinatória significa conhecer a chave para a formação de cada linguagem. Abulafia admite que a opção de representar esses sons, por meio de determinados sinais gráficos, é matéria de convenção, porém fala de uma convenção estabelecida entre Deus e os profetas. Ele conhece muito bem as teorias correntes da linguagem segundo as quais os sons relativos a algumas coisas ou conceitos são convencionais (pois encontrava essa ideia aristotélico-estoica em autores como Maimônides), e parece sair da dificuldade com uma solução um tanto moderna, distinguindo implicitamente convencionalidade e arbitrariedade. O hebraico nasceu por convenção como todas as línguas (e Abulafia rejeita a ideia, sustentada por outros, inclusive no mundo cristão, de que uma criança, se fosse abandonada a si própria após o nascimento, teria falado automaticamente hebraico), mas é a língua-mãe e santa, uma vez que os nomes dados por Adão estavam *de acordo com a natureza,* e não escolhidos ao alvitre. Nesse sentido, o hebraico foi a *protolinguagem,* e enquanto tal foi necessária para criar todas as outras línguas, porque, "se não houvesse esta primeira linguagem, não teria havido um consenso mútuo para dar a um objeto um nome diferente daquele que tinha antes, porque a segunda pessoa não teria entendido o segundo nome se não tivesse conhecido o nome original, de modo a poder concordar a respeito da troca" (*Sefer or hasehel,* cf. Idel, 1989, p.13-4).

Abulafia lamenta o fato de que o seu povo, no decorrer do exílio, esquecera a própria língua originária, e obviamente entende que o cabalista seja aquele que trabalha para descobrir de novo a verdadeira matriz de todas as setenta línguas. Quem irá revelar definitivamente os segredos da cabala será o Messias, e a diferença entre as línguas acabará no fim dos tempos, quando cada língua que existe será absorvida pela língua sagrada.

CAPÍTULO 3

A língua perfeita de Dante

-

O primeiro texto em que o mundo cristão da Idade Média aborda organicamente um projeto de língua perfeita é o *De vulgari eloquentia*, de Dante Alighieri, escrito provavelmente entre 1303 e 1305.

O tratado *De vulgari eloquentia* parte de uma constatação óbvia, mas fundamental para o nosso assunto: existe uma pluralidade de línguas vernáculas, e o vernáculo se opõe, enquanto língua natural, ao latim como modelo de gramática universal, mas artificial.

Antes da construção blasfema da Torre de Babel, existia uma língua perfeita, com a qual Adão falara com Deus, e com a qual falara com os seus descendentes, mas com a *confusio linguarum* nasce a pluralidade das línguas. Demonstrando um conhecimento de linguística comparada excepcional para a sua época, Dante mostra como as várias línguas nascidas da confusão se multiplicaram de modo ternário, primeiro seguindo uma divisão entre as várias regiões do mundo, e depois no interior da região que hoje denominamos românica, distinguindo-se entre a língua d'*oc*, d'*oïl* e do *si*. Esta se fragmentou em uma pluralidade de dialetos que, como em Bolonha, variam por vezes de uma área para outra da cidade. Isso porque o homem é um animal instável e mutável, por costumes, hábitos e linguagem, tanto no tempo como no espaço.

Se queremos encontrar uma língua mais decorosa e ilustre, é preciso proceder a uma crítica analítica e severa dos vários vernáculos

A busca da língua perfeita na cultura europeia 47

regionais, levando em consideração que os melhores poetas, cada um à própria maneira, afastaram-se do vernáculo da sua cidade, visando a alcançar um vernáculo *ilustre* (radiante de luz), *cardeal* (que funcione como base e regra), *real* (digno de tomar lugar no palácio de um reino nacional, supondo que os italianos o conseguissem) e *curial* (linguagem do governo, da justiça e da sabedoria). Esse vernáculo pertence a cada cidade italiana e a nenhuma delas, porque representa uma espécie de regra ideal que é usada pelos melhores poetas, e, com base nela, todos os vernáculos existentes devem ser julgados.

A segunda parte (incompleta) do tratado *De vulgari eloquentia* esboça as regras de composição do único e verdadeiro vernáculo ilustre, a língua poética da qual Dante se considera orgulhosamente o fundador, e que opõe às línguas da confusão, seria, segundo ele, a língua que reencontra a afinidade primordial com as coisas que foram próprias da língua adâmica.

O latim e o vernáculo

Apesar de ser uma apologia da língua vernácula, o tratado *De vulgari eloquentia* foi escrito em latim. Enquanto poeta, Dante escreve em vernáculo, mas, enquanto pensador, alimentado de filosofia escolástica, e homem político que almeja o retorno de um império supranacional, conhece e pratica a língua comum tanto da filosofia quanto da política e do direito internacional.

O *De vulgari eloquentia* define o vernáculo como a língua que as crianças aprendem a falar quando começam a articular os sons que recebem, imitando a babá, sem necessidade de nenhuma regra, e o opõe a uma *locutio secundaria*, que os romanos chamaram de gramática, uma língua governada por regras que são aprendidas mediante longo estudo e da qual se adquire o *habitus*. Considerando que na linguagem escolástica um hábito é uma virtude, uma capacidade de agir, o leitor contemporâneo poderia enxergar aqui a simples opo-

48 *Umberto Eco*

sição entre capacidade instintiva de execução (*performance*) e competência gramatical. Dante, porém, ao falar de gramática, entende ainda o latim escolástico – a única língua que naquela época era ensinada gramaticalmente nas escolas (cf. também Viscardi, 1942) – como um idioma artificial, "perpétuo e não corruptível", língua internacional da Igreja e da universidade, fixada em um sistema de regras pelos gramáticos que (como Sérvio entre os séculos IV e V, ou Prisciano entre os séculos V e VI) legislavam quando o latim já não era mais a língua viva de Roma.

Em face dessa distinção entre língua primária e secundária, Dante afirma categoricamente que o vernáculo é uma língua mais nobre: em primeiro lugar, porque foi usada de início pelo gênero humano, em segundo, porque é utilizada pelo mundo inteiro, "apesar de estar dividida em diferentes vocábulos e pronúncias" (I, 1, 4) e, finalmente, porque é natural, enquanto a outra é artificial.

Essa passagem é bastante delicada. Por um lado, se afirma que a língua mais nobre deve ter os requisitos da naturalidade, enquanto a reconhecida diversidade dos vernáculos confirma a sua convencionalidade. Por outro lado, fala-se do vernáculo como de uma língua comum a todos, embora diferenciada em vocábulos e pronúncias diferentes. Assim, se o tratado inteiro *De vulgari eloquentia* insiste a respeito da variedade das línguas, como conciliar a ideia de que existem muitas línguas com o fato de que o vernáculo (língua natural) é comum a todo o gênero humano? Certamente é comum a todos o fato de se aprender em primeiro lugar uma língua natural sem conhecer as suas regras, mas será que é o bastante para se dizer que todos falamos a mesma língua? Seria possível dizer no máximo, como também hoje o diríamos, que todos os homens possuem uma disposição natural para a linguagem, isto é, uma natural *faculdade da linguagem*, que depois se encarna em substâncias e formas linguísticas diferentes, ou seja, em diversas línguas naturais (ver também Marigo, 1938, Comentário 9, nota 23; Dragonetti, 1961, p.32).

Dante tem uma clara noção acerca de faculdade da linguagem: como afirma em I, I, I, existe uma faculdade de aprender a linguagem materna que é natural, e tal faculdade é comum a todos os povos, apesar da diversidade das pronúncias e dos vocábulos. Que tal faculdade se manifeste, na opinião de Dante, no uso do vernáculo que ele conhece, é óbvio; mas não se trata de uma língua específica, e sim de uma faculdade geral, comum à espécie humana: "somente ao homem é dado o dom de falar" (I, II, I). A capacidade de falar é própria somente do homem: os anjos não possuem tal faculdade, tampouco os animais, nem os demônios. Falar significa externar os pensamentos da nossa mente, enquanto os anjos têm uma "capacidade intelectual inefável" pela qual cada um compreende o pensamento do outro, ou seja, todos leem os pensamentos de todos na mente divina. Os demônios, por outro lado, já conhecem reciprocamente o grau da própria perfídia; e os animais não têm paixões individuais, mas específicas, e, por isso, conhecendo as próprias, conhecem também aquelas dos animais de outra espécie. Dante não sabia ainda que na *Comédia* iria fazer falar os demônios. Mas os demônios de fato falam também uma linguagem que não é a humana: e, curiosamente, uma expressão diabólica como o célebre *"Pape satan, pape satan aleppe"*[1] relembra uma outra expressão, dessa vez pronunciada por Nimrod, responsável pela catástrofe babélica ("Raphèl maì amècche zabì almi",[2] *Inferno*, XXXI, 67). Os diabos falam a língua da confusão (cf. Hollander 1980).

O homem, porém, é guiado pela razão, que em cada indivíduo particular assume formas diferentes de discernimento e de juízo, e

1. Expressão sem possibilidade de tradução precisa, expressando raiva na "língua dos demônios". [N.E.]
2. No livro de Dante, verso proferido por Nimrod, um dos gigantes que guardam o Nono Círculo do Inferno. De significado literal incerto, o verso geralmente aparece sem tradução. É comumente interpretado como sinal da confusão das línguas causada pela queda da Torre de Babel. [N.E.]

necessita de uma faculdade que lhe permita manifestar, mediante um sinal sensível, um conteúdo intelectual. Daí se percebe que, na opinião de Dante, a faculdade da linguagem define-se como disposição de associar significados racionais com significantes percebíveis pelos sentidos. Com efeito, seguindo a tradição aristotélica, Dante admite que a relação entre significante e significado, consequência da faculdade de linguagem, é estabelecida por convenção, ou seja, *ad placitum*.

Do mesmo modo, Dante esclareceu o conceito de que, enquanto a faculdade da linguagem é permanente e imutável para todos os membros da espécie humana, as línguas naturais são historicamente mutáveis, isto é, são capazes de se desenvolver no decorrer do tempo e de se enriquecer independentemente da vontade dos indivíduos que as falam. Ele sabe que uma língua natural pode ser enriquecida pela criatividade individual, e entende como produto de criatividade precisamente o vernáculo ilustre que se propõe a forjar. Mas parece que entre a faculdade da linguagem e a língua natural Dante pretende colocar uma instância intermediária, segundo se pode deduzir da maneira como considera a história de Adão.

Línguas e atos de palavra

Dante, no capítulo de abertura do tratado, referindo-se ao seu conceito de vernáculo, fala de uma *vulgaris eloquentia*, uma *locutio vulgarium gentium*, uma *vulgaris locutio*, usando a expressão *locutio secundaria* para indicar a gramática. Poderíamos traduzir o termo *eloquentia* em sentido genérico, quer como "eloquência", quer como "expressão" ou "fala". Entretanto, no interior do texto surge uma distinção entre várias opções lexicais que provavelmente não são casuais. Em determinados casos, Dante fala de *locutio*, em outros de *ydioma*, de *língua* e de *loquela*. Fala de *ydioma* quando se refere, por exemplo, à língua hebraica (I, IV, 1; I, VI, 1; I, VI, 7) e para se referir à floração das línguas do mundo e das românicas em particular. Em I, VI, 6-7, quando se refere à *confusio linguarum* babélica, Dante fala de *loquela*, mas no mesmo contexto usa também *ydioma*, tanto para as línguas que se corromperam quanto para a língua hebraica que ficou intacta. Desse modo, fala da *loquela* dos genoveses ou dos toscanos, porém usa igualmente *língua* para o hebraico ou para os dialetos do vernáculo itálico. Por conseguinte, parece que tanto o termo *ydioma* quanto os termos *língua* e *loquela* devem ser entendidos no sentido moderno de "língua", ou *langue* no sentido saussuriano.

Parece que no mesmo sentido está usando também o termo *locutio*: por exemplo, ainda no texto sobre a confusão babélica (I, VI, 6-8), para dizer que depois da confusão os operários da torre falam línguas imperfeitas, diz que "tanto rudius nunc barbariusque locuntur", e poucas linhas adiante para referir-se à língua hebraica originária, fala de "antiquissima locutione".

Enquanto, todavia, *ydioma*, *língua* e *loquela* são termos determinados, isto é, são usados somente quando se quer falar a respeito de uma *langue*, *locutio* parece possuir um âmbito de emprego mais genérico, o mesmo ocorrendo também quando o contexto parece sugerir a atividade da *palavra*, isto é, o processo, ou a própria faculdade da linguagem. Com frequência, Dante fala em *locutio* como de um ato de palavra: por exemplo, a propósito de certas vozes de animais, afirma que um ato desse tipo não pode ser chamado de *locutio*, porque não é atividade linguística verdadeira e própria (I, II, 6-7), enquanto *locutio* é sempre usada para os atos de palavra que Adão dirige a Deus.

Essas distinções aparecem claras no trecho (I, IV, 1) em que Dante indaga "qual o primeiro homem a quem foi dada a faculdade da palavra [*locutio*], e o que ele falou no início [*quod primitus locutus fuerit*], e a quem, e onde, e quando, e em qual língua [*sub quo ydiomate*] foi emitido o primeiro ato da linguagem (*primiloquium*)" – assim, julgo que se possa traduzir *primiloquium* em analogia com

52 *Umberto Eco*

tristiloquium e turpiloquium (I, X, 2; I, XIII, 3) que se referem à maneira ruim de falar tanto dos romanos quanto dos florentinos.

O PRIMEIRO DOM DE ADÃO

Nas páginas sucessivas, Dante afirma que no Gênesis se diz que quem falou primeiro foi Eva ("mulierem invenitur ante omnes fuisse locutam") no diálogo com a serpente, achando "inconveniente não pensar que um ato tão nobre do gênero humano seja brotado primeiro dos lábios de um homem do que dos lábios de uma mulher". Como sabemos, no Gênesis, o primeiro a falar, em todo o caso, é Deus para criar o mundo, em seguida, Adão é levado a nomear os animais e, portanto, provavelmente emite sons (mas o episódio inteiro do Gênesis 2,19, que concerne à *nominatio rerum*, curiosamente é ignorado por Dante), e por fim Adão fala para manifestar a sua satisfação pelo aparecimento de Eva. Mengaldo (1979, p.42) sugere que, se para Dante falamos para externar os pensamentos da nossa mente, sendo, portanto, a fala um fato dialógico, talvez quisesse dizer que com Eva e a serpente ocorre o primeiro diálogo e, portanto, o primeiro ato de *linguagem* (e isso estaria de acordo com o estatuto ambíguo que detectamos no termo *locutio*). Ou deveríamos pensar que Adão se alegrava em seu coração pelo nascimento de Eva, e que, quando nomeava os animais, em lugar de efetuar atos de linguagem, estabelecia as regras de uma língua e, portanto, praticava uma forma de metalinguagem?

Em todo o caso, Dante se serve desse parêntese referente a Eva para sustentar que é mais razoável pensar que foi Adão quem falou primeiro; e enquanto a primeira voz que emitem os seres humanos é um vagido de dor, a primeira voz emitida por Adão não podia ser senão um som de alegria e ao mesmo tempo de homenagem ao seu criador. Por isso, Adão teria pronunciado em primeiro lugar o nome de Deus, *El* (aliás, a tradição patrística atestava que El foi o primeiro

A busca da língua perfeita na cultura europeia 53

nome hebraico de Deus). Provavelmente Dante queria pôr em destaque o fato de que Adão fala com Deus antes de dar um nome às coisas, e que, portanto, *Deus lhe dera a faculdade da linguagem antes de construir uma língua.*

Adão falou com Deus em forma de resposta. Portanto, Deus deve-lhe ter falado primeiro. Mas não é necessário que o Senhor tenha usado uma língua. Aqui, Dante retoma uma tradição que remetia ao Salmo 148,8 segundo a qual Deus se exprime por meio de fenômenos naturais (fogo, granizo, neve, espírito das tempestades), mas a corrige sugerindo que Deus poderia ter movido o ar de tal forma a fazer ressoar palavras propriamente ditas. Por que Dante chega a imaginar essa ideia curiosa, afirmando que Deus fez ressoar o ar de tal modo que Adão ouvisse sons de natureza linguística? Obviamente porque Adão, por ser o primeiro indivíduo da única espécie de animais que falam, pode receber ideias somente por meio da voz. E também porque, como Dante especifica em I, V, 2, Deus quis que também Adão falasse, para que no exercício dessa faculdade fosse glorificado Aquele que dera um dom tão grande.

Nesse ponto, Dante indaga em que idioma Adão falara. A esse respeito, critica aqueles que, a começar pelos florentinos, julgam a sua língua nativa a melhor, enquanto existem outras línguas, muitas das quais são melhores do que o vernáculo italiano. Portanto (I, VI, 4), afirma que juntamente com a primeira alma fora concretizada por Deus *certam formam locutionis.* Se traduzirmos essa expressão por "uma forma bem definida de linguagem" (ver, por exemplo, Mengaldo, 1979, p.55), não se explicaria por que, em I, VI, 7, Dante afirma que, "portanto, foi a língua hebraica [*ydioma*] aquela que os lábios do primeiro ser falante forjaram [*fabricarunt*]".

É bem verdade que Dante especifica referir-se à *forma* "tanto em relação aos vocábulos que indicam as coisas, como em relação à construção dos vocábulos, e das desinências da construção", induzindo a pensar que, com a expressão *forma locutionis*, designava um léxico e uma morfologia e, portanto, uma língua. Mas, se essa expressão fosse traduzida no sentido de "língua", resultaria difícil explicar o trecho seguinte:

> *qua quidem forma omnis língua loquentium uteretur, nisi culpa presump-*
> *tionis humanae dissipata fuisset, ut inferius ostenderetur. Hac forma locu-*
> *tionis locutus est Adam: hac forma locutionis locuti sunt homines posteri*
> *eius usque ad edificationem turris Babel, quae "turris confusionis" interpre-*
> *tatur: hanc formam locutionis hereditati sunt filii Heber, que ab eo sunt dicti*
> *Hebrei. Hiis solis post confusionem remansit, ut Redemptor noster, qui ex*
> *illis oritus erat secundum humanitatem, non lingua confusionis sed gratie*
> *frueretur. Fuit ergo hebraicum ydiomam ilud quod primi loquentis labia*
> *fabricarunt.* (I, VI, 5)

Se a expressão *forma locutionis* fosse entendida no sentido de língua forjada, por que, para dizer que Jesus falou hebraico, se usa uma vez *língua* e outra *ydioma* (e logo depois em I, VII, narrando o episódio da confusão das línguas, usa-se *loquela*), enquanto somente para o dom divino inicial se fala de *forma locutionis*? Por outro lado, se admitirmos que a *forma locutionis* é somente a faculdade da linguagem, não se compreende por que os pecadores de Babel a teriam perdido enquanto os hebreus a conservaram, considerando que todo o *De vulgari eloquentia* reconhece a existência de uma pluralidade de línguas que (em virtude de alguma faculdade natural) foram produzidas depois de Babel.

Tentemos, então, traduzir a expressão do modo seguinte:

> e é precisamente de tal forma que fariam uso todos aqueles que falam
> na própria língua, se ela não tivesse sido desmembrada por culpa da
> presunção humana, como será mostrado mais adiante. Com essa *forma*
> *linguística* falou Adão: graças a essa forma falaram todos os seus descen-
> dentes até a construção da Torre de Babel – que é interpretada como

A busca da língua perfeita na cultura europeia 55

"torre da confusão": essa *forma linguística* foi a que herdaram os filhos de Heber, que a partir dele foram chamados hebreus. A eles somente ficou reservada essa língua após a confusão, a fim de que o nosso Redentor, que pelo lado humano da sua natureza devia nascer deles, fruisse não de uma língua da confusão, mas de uma língua da graça. Portanto, foi a língua hebraico aquela *que os lábios do primeiro ser falante forjaram.*

Mas o que seria afinal essa forma linguística que não é a língua hebraica nem tampouco a faculdade geral da linguagem; que pertenceu por dom divino a Adão, mas foi perdida depois de Babel, e que – como veremos – Dante procura descobrir com a sua teoria do vernáculo ilustre?

DANTE E A GRAMÁTICA UNIVERSAL

Maria Corti (1981, p.46s.) propôs uma solução do problema. Já está fora de discussão o fato de que Dante não pode ser compreendido se o virmos apenas como um seguidor ortodoxo do pensamento tomista. Na verdade, ele se refere, conforme as circunstâncias, a várias fontes filosóficas e teológicas, e não resta dúvida de que foi influenciado por várias correntes do aristotelismo denominado radical, cujo maior expoente foi Siger de Brabante. Mas também Boécio de Dácia se referia a ambientes do aristotelismo radical (e junto com Siger sofreu a condenação emanada do bispo de Paris em 1277): Boécio era um dos maiores representantes dos gramáticos chamados modistas, por cujo tratado *De modis significandi* Dante teria sido influenciado. Maria Corti vê de modo particular no ambiente de Bolonha da época o centro de onde, por presença direta, ou por contatos entre o ambiente bolonhês e o florentino, Dante teria recebido tais influências.

A partir daí ficaria claro o que Dante entendia por *forma locutionis*, considerando que eram justamente os modistas que sustentavam a existência de categorias linguísticas universais, isto é, de algumas regras subjacentes à formação de qualquer língua natural. No tratado *De modis*, Boécio de Dácia lembra que, a partir de cada idioma existente, é possível deduzir as regras de uma gramática universal que seria distinta tanto do grego quanto do latim (*Quaestio 6*). A "gramática especulativa" dos modistas sustentava uma relação de especularidade entre linguagem, pensamento e natureza das coisas, posto que para eles era dos *modi essendi* que dependiam os *modi inteligendi* e, por conseguinte, os *modi significandi*.

O dom, portanto, que Deus dá a Adão não é apenas a faculdade da linguagem nem é ainda uma língua natural: são os princípios de uma gramática universal, a causa formal, "o princípio geral estruturante da língua, quer no que diz respeito ao léxico, quer no que se referirá aos fenômenos morfossintáticos da língua que Adão lentamente fabricará, vivendo e nomeando as coisas" (Corti, 1981, p.47).

A tese de Maria Corti foi contestada com veemência (cf. em particular Pagani, 1982, e Maierù, 1983), objetando-se que não há provas evidentes de que Dante conhecia o texto de Boécio de Dácia; que, em vários casos, Maria Corti estabelece entre os dois textos analogias insustentáveis, e que as ideias linguísticas que podem ser encontradas em Dante circulavam em outros filósofos e gramáticos mesmo antes do século XIII. Por isso, mesmo que se admitam os dois primeiros pontos, permanece o terceiro, isto é, a ideia de que uma gramática universal já circulava amplamente na cultura medieval e que, como nenhum dos críticos da Corti põe em dúvida, Dante tinha conhecimento de tais discussões. Afirmar, porém, como diz Maierù, que não era preciso conhecer o texto de Boécio para saber que "a gramática é uma e a mesma, substancialmente, em todas as línguas, embora variada na superfície", porque tal afirmação ocorre também em Roger Bacon, é em todo o caso uma prova convincente de que Dante podia pensar em uma gramática universal. Por conseguinte, podia pensar em uma *forma locutionis* dada por Deus como

A busca da língua perfeita na cultura europeia 57

uma espécie de mecanismo inato que a nós, contemporâneos, lembra exatamente os princípios universais de que se ocupa a gramática generativa de Chomsky (a qual, por outro lado, se inspira nos ideais racionalistas de Descartes e dos gramáticos de Port-Royal do século XVII, que retomavam a tradição modista da Idade Média).

Se for assim, que acontece no caso de Babel? É provável que Dante pensasse que, juntamente com Babel, tivesse desaparecido a *forma locutionis* perfeita, a única que possibilitaria a criação de línguas capazes de refletir a própria essência das coisas (identidade entre *modi essendi* e *modi significandi*), e das quais o hebraico adâmico era o resultado inalcançável e perfeito. O que restou então? Sobreviveram *formae locutionis* desarticuladas e imperfeitas – assim como são imperfeitas as línguas vernáculas italianas que Dante analisa impiedosamente nos seus defeitos e na sua incapacidade para exprimir pensamentos elevados e profundos.

O VERNÁCULO ILUSTRE

Agora é possível entender o que é aquele vernáculo ilustre do qual Dante vai à caça como de uma pantera perfumada (I, XVI, 1). A partir dos textos dos poetas que Dante considera maiores, essa linguagem parece por vezes imperceptível, não formada ainda, nem regulada e explicitada em seus princípios gramaticais. Em face dos vernáculos existentes, naturais mas não universais, e diante de uma gramática universal, porém artificial, Dante persegue o sonho de uma restauração da *forma locutionis* do Éden, natural e universal. Mas – ao contrário do que fariam os renascentistas, à procura de uma língua hebraica devolvida ao seu poder revelativo e mágico – Dante visa a recriar a condição originária com um ato de invenção moderna. O vernáculo ilustre, cujo exemplo máximo seria a sua língua poética, é a forma com que um poeta moderno cura a ferida pós-babélica. Todo o segundo livro do *De vulgari eloquentia* não deve ser entendido como um mero e simples tratado de estilística, mas como esforço para fixar as condições, as regras e a *forma locutionis* da única língua perfeita concebível, o italiano da poesia dantesca (Corti, 1981, p.70). Esse vernáculo ilustre teria a *necessidade* (oposta à convencionalidade) da língua perfeita porque, como a *forma locutionis* perfeita permitia a Adão falar com Deus, o vernáculo ilustre é a língua que permite ao poeta tornar as palavras adequadas àquilo que devem exprimir, e que de outro modo não seria possível exprimir.

Depende dessa ousada concepção do próprio papel de restaurador da língua perfeita o fato de que Dante, em lugar de criticar a multiplicidade das línguas, põe em relevo a sua força quase biológica, bem como a sua capacidade de renovar-se e de mudar no tempo. Pois é justamente com base nessa proclamada criatividade linguística que ele pode formular o projeto de inventar uma língua perfeita moderna e natural, sem andar à caça de modelos perdidos. Se um homem do quilate de Dante tivesse pensado verdadeiramente que o hebraico inventado por Adão era a única língua perfeita, teria aprendido o hebraico e em hebraico teria escrito o seu poema. Mas não fez isso, porque pensava que o vernáculo que devia inventar teria correspondido aos princípios da forma universal doada por Deus, melhor do que poderia fazer o hebraico adâmico. Dante se candidata a ser um novo (e mais perfeito) Adão.

DANTE E ABULAFIA

No entanto, desde a data em que escreveu o *De vulgari eloquentia* até a composição do *Paraíso* (e passaram-se alguns anos), Dante parece ter mudado de ideia. No pequeno tratado afirmava sem qualquer ambiguidade que da *forma locutionis* dada por Deus nasce o hebraico como língua perfeita, e é já nessa linha que Adão se dirige a Deus chamando-o *El*. No *Paraíso* (XXVI, 124-38), porém, Adão diz:

A busca da língua perfeita na cultura europeia 59

La lingua ch'io parlai fu tutta spenta
innanzi che al'ovra inconsummabile
fosse la gente de Nembròt attenta:
ché nullo effetto mais razionabile,
per lo piacer human che rinnovella
seguendo il cielo, sempre fu durabile.
Opera naturale è ch'uom favella;
ma così o così, natura lascia
poi fare a voi secondo che v'abbella.
Pria ch'i' scendessi all'infernale ambascia,
I s'appellava in terra il sommo bene
onde vien la letizia che mi fascia;
e *El* si chiamò poi: e ciò convene,
ché l'uso d'i mortali è come fronda
in ramo, que sen va e altra vene.

Adão diz que as línguas, depois de nascer de uma disposição natural para a palavra, em seguida diferenciam-se, desenvolvem-se e mudam por iniciativa humana, a tal ponto que o próprio hebraico, falado antes da construção da torre, já não era mais aquele que ele falara no paraíso terrestre (onde ele chamava Deus de *I* e depois o chamou de *El*).

Aqui Dante parece oscilar entre o Gênesis 10 e o Gênesis 11, dois textos que já antes estavam à sua disposição. Então, o que induziu Dante a tal correção de rota? Uma brecha interessante é a ideia estranha de que Deus possa ser chamado de *I*, opção que nenhum comentarista de Dante conseguiu explicar de maneira satisfatória.

Se voltarmos um instante ao capítulo precedente, acharemos que, na opinião de Abulafia, os elementos atômicos do texto, isto é, as letras, têm um significado em si, de forma que cada letra do nome YHVH já é um nome divino, e, portanto, também a letra *Yod* sozinha é o nome de Deus. Agora, vamos transliterar, como Dante costumava fazer, a letra *Yod* como I, e eis que temos uma fonte possível de sua mudança de opinião. Mas tal ideia do nome divino não é a única que Dante parece ter em comum com Abulafia.

Havíamos visto, no capítulo anterior, que Abulafia colocava uma equação entre Torá e Intelecto Ativo, e que o esquema com que Deus criara o mundo coincidia com o dom linguístico que ele dera a Adão, uma espécie de matriz gerativa de todas as línguas que não coincidia ainda com o hebraico. São, por conseguinte, influências averroístas em Abulafia que o levam a crer em um Intelecto Ativo único e comum a toda a espécie humana, bem como indiscutíveis e demonstradas simpatias averroístas em Dante, sobretudo em sua concepção avicenista-agostiniana do Intelecto Ativo (identificado com a Sabedoria divina), que oferece as formas ao intelecto possível (cf. em particular Nardi, 1942, p.XI-XII). Ao veio averroísta também não eram alheios os modistas e outros defensores de uma gramática universal. Eis, portanto, uma posição filosófica comum que, mesmo sem querer demonstrar influências diretas, podia induzir ambos a considerar o dom das línguas como a consignação de uma *forma locutionis*, matriz gerativa semelhante ao Intelecto Ativo.

Mas há algo mais. Para Abulafia, o hebraico, historicamente, fora a *protolinguagem*, mas o povo eleito, no decorrer do exílio, esquecera aquela língua originária. E é por isso que, como diria Dante no *Paraíso*, na época da confusão babélica, a língua de Adão estava "inteiramente apagada". Idel (1989, p.17) cita um manuscrito inédito de um discípulo de Abulafia, em que se diz:

> Qualquer um que acredita na criação do mundo, se achar que as línguas são convencionais, deve também pensar que existem dois tipos de língua: a primeira é divina, nascida de uma aliança entre Deus e Adão, e a segunda natural, baseada em uma aliança entre Adão, Eva e os seus filhos. A segunda é derivada da primeira, e a primeira foi conhecida somente por Adão e não foi transmitida a nenhum dos seus descen-

A busca da língua perfeita na cultura europeia 61

dentes, exceto Set [...]. E desse modo a tradição chegou até Noé. E a confusão das línguas no tempo da dispersão ocorreu somente para o segundo tipo de língua, a natural.

Se nos lembrarmos de que o termo "tradição" se refere à cabala, poderemos entender, então, que o trecho citado alude novamente a uma sabedoria linguística, isto é, a uma *forma locutionis* como conjunto de regras para a construção de línguas diferentes. Se a forma originária não é a língua, e sim a matriz universal das línguas, disso resulta confirmada não só a própria mutabilidade histórica do hebraico, mas também a esperança de que a forma originária possa ser encontrada e novamente explorada (de formas diversas, obviamente, tanto por Dante como também por Abulafia).

Podia Dante conhecer o pensamento de Abulafia?

Abulafia foi à Itália em várias ocasiões: encontra-se em Roma em 1260, permanecendo na península até 1271, quando retorna a Barcelona, mas ei-lo de novo em Roma em 1280, movido pela ideia de converter o papa. Em seguida passou pela Sicília, onde os seus vestígios se perdem no fim da década de 1290. Suas ideias influenciaram, sem dúvida, o ambiente judaico italiano. Pouco tempo depois, em 1290, assistimos a um debate entre Hillel de Verona (que provavelmente encontrara Abulafia vinte anos antes) e Zerakhya de Barcelona, que chegara à Itália no começo da década de 1270 (cf. Genot-Bismuth, 1975; 1988, II).

Hillel, que nessa época frequenta os ambientes bolonheses, escreve a Zerakhya, retomando a questão aberta por Heródoto, para indagar em que língua se expressaria uma criança criada sem ser exposta a estímulos linguísticos. Na opinião de Hillel, a criança se exprimiria em hebraico, porque se trata da língua dada originariamente por natureza ao homem. Hillel mostra desconhecer, ou menospreza, o fato de que Abulafia era de opinião diferente. Zerakhya, porém, não pensava dessa maneira: ele responde acusando sarcasticamente Hillel de ter cedido às sereias dos "incircuncisos" bolonheses. Os sons emitidos por uma criança desprovida de educação linguística, ele objeta, seriam semelhantes ao latir dos cachorros, e é loucura sustentar que a língua sagrada fora dada ao homem por natureza.

O homem possui em potência a aptidão para a linguagem, mas essa potência passa para o ato somente por meio de uma educação dos órgãos fonadores, que se estabelece pela aprendizagem. E aqui Zerakhya usa uma prova que encontraremos de novo após a Renascença em muitos autores cristãos (por exemplo, no tratado *In Biblia polyglotta prolegomena*, de Walton, 1632, ou no *De sacra philosophia*, 1652, de Vallésio): se tivesse existido o dom primigênio de uma língua sagrada originária, cada homem, seja qual fosse a sua língua materna, deveria igualmente conhecer a língua sagrada por dom inato.

Sem discorrer sobre um eventual encontro entre Dante e Abulafia, bastaria essa discussão para mostrar como a temática abulafiana foi debatida na península, e precisamente no ambiente bolonhês pelo qual Dante teria sido influenciado (e pelo qual, segundo Maria Corti, teria assimilado tantas ideias sobre a *forma locutionis*). O episódio do debate bolonhês, por outro lado, não constitui um evento isolado em uma história das relações entre Dante e o pensamento judaico.

Genot-Bismuth oferece-nos um panorama apaixonante daquele fim de século, em que mais tarde vamos encontrar um Yehuda Romano que daria lições sobre a *Divina comédia* para os seus correligionários, ou um Lionello de Ser Daniele que faria o mesmo, usando uma *Divina Comédia* transliterada em hebraico, para não falar de um personagem como Immanuel de Roma que, nas suas composições poéticas, parece brincar pegando em contrapé os temas dantescos, como se aspirasse a compor uma contra-*Comédia* hebraica.

Obviamente isso documentaria somente uma influência de Dante sobre o ambiente judaico italiano e não vice-versa. Mas Genot-Bismuth também prova influências opostas, sugerindo até

A busca da língua perfeita na cultura europeia 63

uma origem judaica da teoria dos quatro sentidos da Escritura que surge na epístola XIII de Dante (cf. Eco, 1985) – uma tese talvez ousada, se pensarmos na abundância de fontes cristãs de que Dante podia dispor a respeito daquele tema. Mas muito menos ousada, e por muitos aspectos convincente, parece ser a tese de que Dante possa ter captado justamente em Bolonha, nos anos que se seguiram à polêmica Hillel-Zerakhya, ecos daquele debate judaico.

Poder-se-ia quase dizer que, no *De vulgari eloquentia*, Dante se aproxima da tese de Hillel (ou dos seus inspiradores cristãos, como Zerakhya repreendia a Hillel), ao passo que, no Canto XXVI do *Paraíso* se converte à tese de Zerekhya, que era a de Abulafia – não fosse o fato de que, na época em que Dante escreve o *De vulgari*, já teria tido a possibilidade de conhecer as opiniões de ambos.

Mas não se trata aqui de documentar influências diretas (embora Genot-Bimuth tente documentar algumas contribuições historiográficas judaicas que mostrariam um jogo de sugestões e retomadas mediante o *De regimine principum*, de Egidio Romano) quanto à existência de um clima em que as ideias circulavam no interior de uma polêmica constante, feita de debates quer escritos quer orais, entre a Igreja e a Sinagoga (cf. Calimani, 1987, p.VIII). Por outro lado, se antes da Renascença um pensador cristão tivesse se aproximado da doutrina dos judeus, com certeza não teria admitido publicamente tal fato. A comunidade judaica pertencia àquela categoria de rejeitados, como os hereges, que – como diz de modo eficaz Le Goff (1964, p.373) – a Idade Média oficial parecia detestar e admirar ao mesmo tempo, com um misto de atração e medo, mantendo-os a distância, mas determinando essa distância de maneira bastante próxima a fim de mantê-los ao alcance da mão, de modo que "o que se chama de caridade com relação a eles se assemelha à atitude do gato quando brinca com os ratos".

Antes da sua reavaliação no âmbito humanístico havia noções imprecisas da cabala, que era confundida com a magia negra *tout court.* Aliás, também nesse aspecto foi insinuado (Gorni, 1990, p.VII) que Dante cita com demasiada insistência várias artes adivinhatórias e mágicas na *Comédia* (astrologia, quiromancia, fisiognomia, geomancia, piromancia, hidromancia e, obviamente, os mágicos): de qualquer maneira, ele estava a par de uma cultura subterrânea e marginalizada da qual o cabalismo fazia confusamente parte, pelo menos conforme uma corrente difusa.

Desse modo, a interpretação da *forma locutionis* não como língua, mas como matriz universal das línguas, mesmo sem se referir diretamente aos modistas, torna-se sucessivamente aceitável.

CAPÍTULO 4

A *Ars magna* de Raimundo Lúlio

Quase contemporâneo de Dante, Ramón Llull (latinizado com o nome de Lullus e em italiano Raimondo Lullo) era um catalão nascido em Maiorca, que viveu provavelmente entre 1232 (ou 1235) e 1316. É importante enfatizar o seu lugar de nascimento, encruzilhada – na época – de três culturas: cristã, islâmica e hebraica, tanto assim que as suas 280 obras reconhecidamente autênticas foram escritas inicialmente em árabe e em catalão (cf. Ottaviano, 1930); é também por essa razão que Lúlio, após a juventude mundana e uma crise mística, resolveu entrar como terceiro na Ordem franciscana.

É nesse contexto que nasce o projeto da sua *Ars magna* como sistema de língua filosófica perfeita mediante a qual seria possível converter os infiéis. Essa língua deveria ser universal porque universal era a combinação matemática que articulava o seu plano de expressão, e universal o sistema de ideias comuns a todos os povos que Lúlio elaborou no nível de conteúdo.

São Francisco já fora tentar converter o sultão de Babilônia, de tal modo que a utopia de uma concórdia universal entre os povos de raça e religião diferentes é uma constante do pensamento franciscano. Contemporâneo de Lúlio era também um outro franciscano, Roger Bacon que estabelecia uma relação estrita entre o estudo das línguas e o contato com os infiéis (não só os árabes, mas também os tártaros). O problema de Bacon não é tanto inventar uma lín-

A busca da língua perfeita na cultura europeia 67

gua nova quanto divulgar o conhecimento das línguas dos outros, quer a fim de convertê-los à fé cristã, quer para que o mundo cristão ocidental se pudesse enriquecer com o conhecimento dos infiéis, tirando deles tesouros de sabedoria que não tinham direito de possuir (*tamquam ab iniustis possessoribus*). A finalidade e o método são diferentes, mas a exigência universalista é a mesma, animando o mesmo ambiente espiritual. Debaixo do irresistível fervor missionário e do apelo para uma cruzada baseada no diálogo e não na força militar, agita-se uma utopia universalista e irenista, em que o problema linguístico assume um papel central (cf. Alessio, 1957). Diz a lenda que Lúlio acabou morrendo martirizado pelos sarracenos, aos quais se apresentara provido apenas da sua *Ars* como de um meio de persuasão infalível.

Lúlio é o primeiro filósofo que escreve obras doutrinais em língua vernácula – e algumas em rima, com cadências muito populares, "per tal que hom puscha mostrar – logica e philosophar – a cels qui nin saben lati – ni arabichi" (*Compendium*, 6-9). A *Ars* é universal não só porque deve servir a todos os povos, mas também porque se serviria de letras alfabéticas e de figuras, ficando, portanto, aberta aos analfabetos de qualquer cultura.

ELEMENTOS DE ARTE COMBINATÓRIA

A permutação ocorre quando, dados n elementos diferentes, o número de permutações que eles possibilitam, em qualquer ordem, é dado pelo seu fatorial, que se representa como $n!$ e se calcula como $1^*2^*3^* ... {}^*n$. Trata-se da arte do anagrama e da *temurah* cabalística. Assim, se o fatorial de 5, como lembra o *Sefer Yetsirah*, resulta 120, à medida que o número dos elementos aumenta, as permutações aumentam também; por exemplo, as permutações permitidas por 36 elementos seriam: 371.993.326.789.901.217.467.999.448.150.835. 200.000.000. Imaginemos o resto.

Um caso extremo de permutação é aquele em que as faixas aumentam também as repetições. As 21 letras do nosso alfabeto podem dar lugar a mais de 51 bilhões de bilhões de sequências de 21 letras (cada uma diferente da outra), mas, admitindo-se que algumas letras são repetidas, então a fórmula geral para n elementos tomados de t a t com repetições é n^t, e o número de faixas resultaria em 5 bilhões de bilhões de bilhões.

Suponhamos que o nosso problema seja diferente. Dadas quatro pessoas A, B, C e D, como posso colocá-las em duplas a bordo de um avião que possua somente lugares dispostos de dois em dois? Estamos diante de um problema de disposição, isto é, como dispor n elementos de t a t, mas de tal maneira que tenha valor diferencial também a ordem (no sentido de se relevar também quem está do lado da janela e quem está do lado do corredor). A fórmula é $n!/(n-t)!$ e as nossas pessoas poderão ser colocadas da seguinte maneira:

$$\begin{array}{ccc} AB & AC & AD \\ BA & CA & DA \\ BC & BD & CD \\ CB & DB & DC \end{array}$$

Entretanto, há *combinação* quando, por exemplo, havendo quatro soldados A, B, C e D, queremos saber de quantas maneiras é possível combiná-los para enviá-los em patrulha. Nesse caso, a ordem não é levada em consideração, porque a patrulha formada por A e B é a mesma daquela formada por B e A. Cada dupla se distingue somente pela diferença de um membro. A fórmula no caso é $n!/t(n-t)!$ e os pares se reduziriam a

$$\begin{array}{ccc} AB & AC & AD \\ BC & BD & CD \end{array}$$

O cálculo tanto das permutações, como também das disposições e das combinações, pode servir para resolver numerosos problemas técnicos, mas poderia ser usado também para procedimentos de investigação, isto é, para esboçar "cenários" possíveis. Em termos semióticos, achamo-nos diante de um sistema de expressão (justamente composto de símbolos) e de regras sintáticas (n elementos podem combinar-se de t a t, onde t pode coincidir com n) capaz de revelar automaticamente possíveis sistemas do conteúdo.

Entretanto, para que a combinatória funcione a regime máximo, é preciso admitir que não existem restrições em pensar todos os universos possíveis. Se começarmos a afirmar que alguns universos não são possíveis porque são improváveis com relação aos dados da nossa experiência passada ou não correspondem àquelas leis que consideramos próprias da razão, então entram em jogo critérios externos, não só para discriminar entre os resultados da combinatória, mas também para introduzir restrições no interior da própria combinatória.

Dadas, por exemplo, quatro pessoas A, B, C e D, há seis modos de combiná-las de duas em duas. Mas tratando-se de uma combinatória matrimonial, se A e B são caracterizados como machos e C e D como fêmeas, então as combinações possíveis se reduzem a quatro; se, no entanto, A e C fossem irmão e irmã e devêssemos levar em conta o tabu do incesto, as possibilidades se reduziriam a três. Obviamente, critérios como sexo ou consanguinidade, e as proibições que disso decorrem, não dizem respeito à combinatória: tais critérios são introduzidos do exterior para limitar as suas possibilidades.

O ALFABETO E AS QUATRO FIGURAS[1]

A *Ars* serve-se de um alfabeto de nove letras, de B a K, e de quatro figuras (ver Figura 4.1). Em uma *tabula generalis* que consta em várias

---

1. Vamo-nos referir à edição dos escritos lulianos publicada em 1598 em Estrasburgo, à qual

Figura 4.1. As dignidades e as rótulas lulianas

	PRINCIPIA ABSOLUTA	PRINCIPIA RELATIVA	QUESTIONES	SUBJECTA	VIRTUTES	VITIA
B	Bonitas	Differentia	Utrum?	Deus	Iustitia	Avaritia
C	Magnitudo	Concordantia	Quid?	Angelus	Prudentia	Gula
D	Aeternitas	Contrarietas	De quo?	Coelum	Fortitudo	Luxuria
E	Potestas	Principium	Quare?	Homo	Temperantia	Superbia
F	Sapientia	Medium	Quantum	Imaginatio	Fides	Acidia
G	Voluntas	Finis	Quale?	Sensitiva	Spes	Invidia
H	Virtus	Majoritas	Quando?	Vegetativa	Charitas	Ira
I	Veritas	Aequalitas	Ubi?	Elementativa	Patientia	Mendacium
K	Gloria	Minoritas	Quomodo? Cum quo?	Instrumentativa	Pietas	Inconstantia

Primeira figura 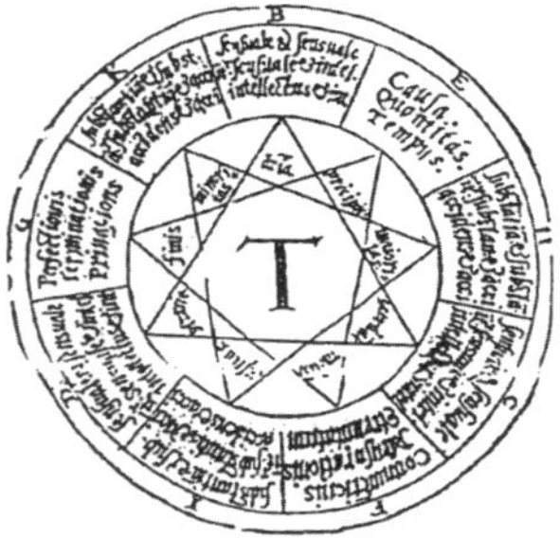 · Segunda figura  · Terceira figura 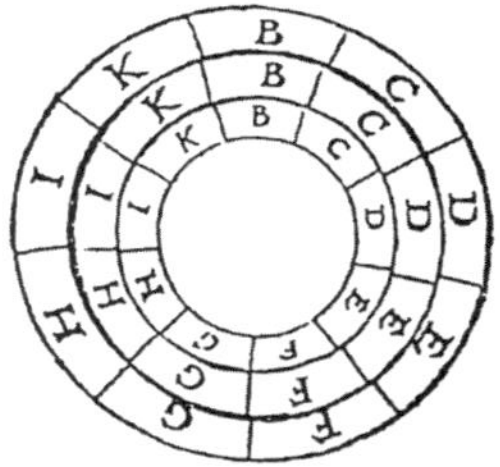 · Quarta figura

das suas obras, Lúlio estabelece uma lista de seis conjuntos de nove entidades cada um, que representam os conteúdos que podem ser atribuídos, na ordem, às nove letras. Desse modo, o alfabeto luliano pode falar de nove Princípios Absolutos (chamados também Dignidades Divinas) em virtude dos quais as Dignidades comunicam mutuamente a sua natureza e se espalham na criação, nove Princípios Relativos, nove tipos de Questões, nove Sujeitos, nove Virtudes e nove Vícios. Lúlio especifica, com referência óbvia à lista aristotélica das categorias, que as nove dignidades são sujeitos do predicado, enquanto as outras seis são predicados. Isso explicaria por que na combinatória, embora o sujeito e o predicado troquem a própria função, em outras vezes são frequentemente excluídas variações de ordem.

Primeira figura. Atribuídos às letras os nove Princípios Absolutos, ou Dignidades (junto com os adjetivos que deles decorrem), Lúlio traça todas as combinações possíveis que podem unir tais princípios para predicados do tipo "A Bondade [*Bonitas*] é grande", "A Grandeza [*Magnitudo*] é gloriosa" etc. Uma vez que os princípios aparecem em forma substantival quando são sujeito e em forma adjetival quando são predicado, cada linha dos polígonos inscritos no círculo da primeira figura deve ser lida em duas direções (pode-se ler "A Bondade é grande" e "A Grandeza é boa"). Isso explica por que as linhas são 36, mas as combinações são de fato 72.

A figura deveria permitir silogismos regulares. Para mostrar que a Bondade poderia ser grande seria necessário raciocinar da seguinte forma: "tudo aquilo que é exaltado pela grandeza é grande – a bondade é exaltada pela grandeza – logo, a bondade é grande". Dessa primeira tábua são excluídas combinações autopredicatórias, como

se referirá a tradição luliana, ao menos até Leibniz. Portanto, quando se faz alguma referência à *Ars generalis*, última de 1303, falar-se-á de *Ars magna* porque, nessa edição, o texto se intitula *Ars magna et ultima*.

BB ou CC, sendo que, para Lúlio, a premissa "A Bondade é boa" não permite encontrar um termo médio (na tradição aristotélica a fórmula "todos os A são B – C é um A – logo C é um B" constitui um silogismo válido porque o termo médio A é disposto corretamente conforme as regras, em virtude do qual se opera, por assim dizer, a solda entre B e C).

Segunda figura. Serve para definir os princípios relativos em conexão com um trio de definições. As relações servem para pôr em conexão as Dignidades Divinas com o cosmos. Essa figura não visa a nenhuma combinação, e é simplesmente um artifício mnemônico-visual que permite lembrar as relações fixas entre os vários tipos de relação e vários tipos de entidades. Por exemplo, tanto a diferença quanto a concordância e a oposição podem ser consideradas em referência a: I) duas entidades sensíveis, como pedra e planta; II) uma entidade sensível e uma intelectual, como alma e corpo; III) duas entidades intelectuais, como alma e anjo.

Terceira figura. Lúlio considera aqui todas as combinações possíveis entre as letras. Parece, porém, excluir as inversões de ordem, considerando que o resultado é de 36 pares, inseridos em espaços que ele chama de 36 câmaras. Na verdade, as inversões de ordem são contempladas (e as câmaras são virtualmente 72), porque cada letra pode tornar-se, de modo indiferente, sujeito e predicado ("A Bondade é grande" dá também "A Grandeza é boa": *Ars magna*, VI, 2). Uma vez feita a combinatória, procede-se a uma operação que Lúlio chama de *esvaziamento* das câmaras. Por exemplo, com relação à câmara BC, primeiro lê-se a câmara BC conforme a primeira figura, obtendo-se *Bonitas* e *Magnitudo* (Bondade e Grandeza), em seguida, é lida conforme a segunda figura, obtendo-se *Differentia* e *Concordantia* (*Ars magna*, II, 3). Desse modo são obtidas 12 proposições: "a Bondade é grande", "a Diferença é grande", "a Bondade é diferente", "a Diferença é boa", "a Bondade é concorde", "a Diferença é concorde", "a Grandeza é boa", a Concórdia é boa", "a Grandeza é diferente", "a Concórdia é diferente", "a Grandeza é concorde", "a Concórdia é grande".

Voltando à *tabula generalis* e atribuindo a B e a C as questões correspondentes (*utrum* e *quid*) com as relativas respostas, das 12 proposições são deduzidas 24 questões (do tipo "Se a Bondade é grande" e "O que é uma Bondade grande") (VI, 1). Por conseguinte, a terceira figura permite 432 proposições e 864 questões, pelo menos em teoria. De fato, as várias questões devem ser resolvidas levando em conta 10 regras (expostas, por exemplo, na *Ars magna*, IV) e para a câmara BC as regras serão as regras B e C. Tanto essas regras como todas as outras dependem das definições dos termos (que são de natureza teológica), bem como de algumas modalidades de argumentação que as regras estabelecem, alheias às leis da combinatória.

Quarta figura. É a mais famosa e aquela que teria mais sucesso no decorrer da tradição. Aqui são consideradas em linha de princípio tripletas geradas por nove elementos. O mecanismo agora é *móvel*, no sentido de que se trata de três círculos concêntricos de dimensão decrescente, aplicados um sobre o outro e mantidos fixos ao centro, amarrados por uma pequena corda. Lembremos que no *Sefer Yetsirah* se fala da combinatória divina em termos de roda, e lembremos também que Lúlio, vivendo na Península Ibérica, com certeza tinha conhecimento da tradição cabalística.

Nove elementos em grupos de três possibilitam 84 combinações (do tipo BCD, BCE, CDE). Se na *Ars breu*, e em outros lugares, Lúlio fala de 252 combinações, é porque a cada tripleta podem ser atribuídas as três questões designadas pelas letras que aparecem na tripleta (ver também Kircher, *Ars magna sciendi*, p.14). Cada tripleta gera uma coluna de vinte combinações (por 84 colunas!), assim como Lúlio transforma as tripletas em quádruplas, inserindo a letra T.

Desse modo são obtidas combinações como BCDT, BCTB, BTBC etc. (ver exemplo na Figura 4.2).

Figura 4.2. *Uma página de combinações da edição de Strasburgo de 1598*

b dkt	beft	begt	beht	beft	bekt	b fgt	bfhd	b ift	b fkt	bght	b git
bd tb	betb	betb	betb	betb	beib	bftb	b'ftb	b ftb	b ftb	bgtb	bgtb
bdtd	bete	bete	bete	bete	bete	b ftf	bft f	bfef	bftf	bgtg	bgtg
bdtk	betf	betg	beth	beti	betk	bftg	bfth	b fti	bftk	bgth	bgti
bktb	bftb	bgtb	bhtb	bitb	bktb	bgtb	bhth	bitb	bktb	bhtb	b itg
bktd	bfte	bgte	bhte	bite	bkte	bgtf	bhtf	bitf	bktf	bhtg	b itg
bktk	bftf	bgtg	bhth	biti	bktk	bgtg	bhth	biti	bktk	bhth	biti
btbd	btbe	btbe	btbe	btbe	btbe	btbf	b tbf	b tbf	btbf	btbg	btbg
btbk	btbf	bteg	btbh	btbi	btbk	btbg	btbh	btbi	btbk	btbh	btbi
btdk	btef	betg	bteh	btei	btek	btfg	btfh	btfi	btfk	btgh	btgi
dktb	eftb	egtb	ehtb	eitb	ektb	fgtb	fhtb	fitb	fktb	ghtb	g itb
dktd	efte	egte	ehte	eite	ekte	fgtf	fhtf	fitf	fktf	ghtg	gitg
dktk	eftf	egtg	ehth	eiti	ektk	fgtg	fhth	fiti	fktk	ghth	gitti
dtbd	etbe	etbe	etbe	etbe	etbe	ftbf	ftbf	ftbf	ftbf	gtbg	gtbg
dtbk	etbf	etbg	etbh	etbi	etbk	ftbg	ftbh	ftbi	ftbk	gtbh	gtbi
dtdk	etef	eteg	eteh	etei	etek	ftfg	ftfh	ftfi	ftfk	gtgh	gtgi
ktbd	ftbe	gtbe	htbe	itbe	ktbe	gtbf	htbf	itbf	ktbf	htbg	itbg
ktbk	ftbg	gtbg	htbh	itbi	ktbk	gtbg	htbh	itbi	ktbk	htbh	itbi
ktdk	ftef	gteg	hteh	itei	ktek	gtfg	htfh	itfi	ktfk	htgh	itgi
tbdk	fbef	tbeg	tbeh	tbei	tbek	tbfg	tbfh	tbfi	tbgk	tbgh	ibgi

A letra T, porém, não faz parte da combinatória, mas é um artifício mnemônico: ela significa que as letras que a precedem devem ser lidas como princípios ou dignidades da primeira figura, ao passo que aquelas que seguem a T devem ser lidas como princípios relativos definidos na segunda figura. Por exemplo, a quádrupla BCTC deve ser lida da seguinte forma: B = *bonitas*, C = *magnitudo*, e, portanto (como T muda a referência com a figura), C = *concordantia*.

Com base na tábua I, as figuras que começam por B correspondem à primeira questão (*utrum*), aquelas que começam por C correspondem à segunda questão (*quid*), e assim por diante. Portanto, BCTC deve ser lida como "Se a Bondade for grande enquanto contém em si coisas concordes".

À primeira vista, essas séries de quádruplas são embaraçosas porque parecem conter repetições de letras. Mas se tais repetições fossem admitidas, as tripletas não deveriam ser 84, mas sim 729.

A solução mais clara é aquela oferecida por Platzeck (1954, p.141). Assim como, conforme o caso, se as letras seguem ou precedem T, elas podem significar dignidades ou relações, pois cada letra tem dois valores e, portanto, em cada uma das 84 colunas, Lúlio não combina grupos de três, mas de seis letras. É como se tivéssemos a ver com o caso, suponhamos, em que BCD se referissem a dignidades, e bcd se referissem a relações (as letras que seguem a T deveriam ser lidas como se fossem minúsculas). Portanto, tudo resultaria mais claro se, por exemplo, lêssemos não BCTB, mas sim BCb, e assim por diante. De fato, seis elementos diferentes tomados de três em três dão justamente vinte combinações, isto é, tantas combinações quantas aparecem em cada coluna.

Oitenta e quatro colunas de 20 quádruplas cada uma perfazem 1.689 combinações. Esse número é alcançado na medida em que a regra exclui as inversões de ordem.

A primeira indagação que surge é se todas as 1.680 quádruplas levam a uma argumentação válida. E aqui surge logo o primeiro limite da *Ars*: ela pode gerar combinações que a razão atenta deve rejeitar. Kircher, no seu tratado *Ars magna discendi*, diria que com a *Ars* se procede como se faz quando de modo combinatório se procuram anagramas de uma palavra: uma vez obtida a lista são excluídas todas aquelas permutações que não correspondem a alguma palavra existente. Em outros termos, a palavra ROMA possibilita 24 permutações, mas enquanto AMOR, MORA, ARMO e RAMO têm um sentido e podem ser mantidas, permutações como AOMR, OAMR ou MRAO são, por assim dizer, jogadas fora.

Lúlio parece aderir a esse critério, por exemplo, quando, a propósito dos vários modos em que se pode usar a primeira figura (cf. *Ars magna, Secunda pars principalis*), afirma que certamente o sujeito pode ser transformado em predicado e vice-versa (por exemplo, a Bondade é grande e a Grandeza é boa), mas não é permitido permutar Bondade e Anjo (todo anjo participa da bondade, mas nem todo aquele que participa da bondade participa do anjo), como também não se pode certamente aceitar uma combinação afirmando, por exemplo, que a avareza é boa. O artista, afirma Lúlio, deve conhecer aquilo que é conversível e aquilo que não é.

Em consequência, não só a combinatória luliana está vinculada às leis do silogismo (pois só pode gerar conclusões se for encontrado o termo médio), como está vinculada ainda mais à arte do silogismo; assim também as conversões não são reguladas de maneira formal, mas conforme à possibilidade de ser realmente predicado de uma outra coisa qualquer. Ou seja, a arte do silogismo permitiria dizer algo como "A avareza é diferente da bondade, Deus é avarento, logo Deus é diferente da bondade", ao passo que, para Lúlio, da combinatória devem ser deduzidas somente aquelas fórmulas cujas premissas e conclusões correspondem à disposição real do cosmos. A combinatória possibilita formular a premissa "Toda lei é duradoura", mas Lúlio a rejeita porque, "quando uma injúria atinge o sujeito, a justiça e a lei se corrompem" (*Ars brevis, quae est de inventione mediorum iuris*, 4.3a). Uma vez dadas as proposições, Lúlio aceita algumas conversões das mesmas, mas não outras, que também seriam formalmente corretas (cf. Johnston 1987, p.229).

Há, porém, algo mais. As quádruplas derivadas da quarta figura apresentam repetições. Por exemplo, a quádrupla BCTB (que na *Ars magna*, V, 1 é expressa com a indagação "se há alguma bondade tão grande que seja diferente" e em XI, 1 pela regra de observação, indagando "se a bondade pode ser grande sem diferença" – possibilitando, obviamente, no primeiro caso uma resposta positiva, e no segundo caso uma resposta negativa) aparece sete vezes em cada uma das primeiras sete colunas. Entretanto, o fato de um mesmo esquema demonstrativo ocorrer mais vezes não parece preocupar Lúlio, e isso por uma razão muito simples. Ele admite que uma mesma questão possa ser resolvida tanto a partir de cada uma das quádruplas de cada coluna que a gera, como também por todas as outras colunas!

Essa característica, que na opinião de Lúlio surge como uma das virtudes da arte, determina de fato o seu segundo limite: as 1.680 quádruplas não geram questões inéditas nem oferecem outras provas, a não ser a reformulação de argumentações já experimentadas. Aliás, em princípio, a *Ars* possibilita responder em 1.680 formas diferentes a uma questão cuja resposta já é conhecida – e, portanto, a *Ars* não é um instrumento lógico, mas um instrumento dialético, isto é, uma maneira de identificar e relembrar todas as formas válidas para argumentar a favor de uma tese pré-constituída. E isso de tal maneira que não há quádrupla que, devidamente interpretada, não possa resolver a questão à qual é aplicada.

Veja-se, por exemplo, a questão "se o mundo seria eterno" (*utrum mundus sit aeternus*). Trata-se de uma questão da qual Lúlio já conhece a resposta, que é negativa, caso contrário, cairia no erro averroísta. É preciso notar, porém, que nesse caso a questão não é gerada pela *Ars*, porque nenhuma das letras se refere ao mundo: a questão vem de outro lugar, salvo se nela surja como "explicado" o termo *eternidade*, permitindo relacioná-la com a letra D. Todavia, em virtude da segunda figura, a D remete para a oposição que ocorre entre sensível e sensível, intelectual e sensível, e intelectual e intelectual. Se observarmos a segunda figura, veremos que a D está unida pelo mesmo triângulo a B e a C. Por outro lado, a pergunta começa com *utrum*, e, com base na *tabula generalis*, sabemos que a pergunta *utrum* remete à letra B. Portanto, foi encontrada a coluna onde procurar as argumentações, ou seja, aquela em que aparecem B, C e D.

Isso permite a Lúlio dizer que "a solução de tal questão é dada pela primeira coluna da tábua", mas obviamente "pode ser dada também por outras colunas, porque as colunas são interligadas". Nesse ponto, tudo depende das definições, e também das regras e de certa habilidade retórica ao interpretar as letras. Trabalhando com base na câmara BCDT pode-se deduzir que, se o mundo fosse eterno, considerando que já foi visto que a bondade é tão grande que é eterna, deveria produzir uma bondade eterna e, portanto, não deveria haver nenhum mal no mundo. "Mas o mal existe no mundo, como demonstrado pela experiência. Logo se conclui que o mundo não é eterno." A resposta, por conseguinte, é negativa não com base na forma lógica da quádrupla (que de fato não tem nenhuma forma lógica), mas com base em notícias derivadas da experiência. A *Ars* é concebida para convencer os averroístas muçulmanos, fundamentada na razão universal, mas é evidente que dessa sã razão deve já fazer parte a persuasão de que, se o mundo fosse eterno, não poderia ser bom.

A *ARBOR SCIENTIARUM* (A ÁRVORE DAS CIÊNCIAS)

A *Ars* de Raimundo Lúlio fascinou as sucessivas gerações como se fosse um mecanismo para investigar as numerosíssimas conexões possíveis entre ente e ente, bem como entre ente e princípios, ente e questões e entre vícios e virtudes (e por que não conceber uma combinação blasfema que fale de uma Bondade (*Bonitas*) que seja Deus Vicioso ou uma Eternidade que seja Contrariedade Inconstante?). Mas uma combinatória incontrolada produziria os princípios de qualquer teologia possível, ao passo que os princípios da fé e uma cosmologia corretamente ordenada devem moderar a incontinência da combinatória.

A lógica luliana se apresenta como lógica das primeiras e não das segundas intenções, ou seja, a lógica da nossa apreensão imediata das coisas e não dos nossos conceitos das coisas. Lúlio repete em várias obras que, se a metafísica considera as coisas fora da mente e a lógica considera o ser mental delas, a *Ars* as considera de dois pontos de vista. Nesse sentido, a *Ars* leva a conclusões mais seguras do que as da lógica, "e, portanto, o artista dessa arte pode aprender mais

A busca da língua perfeita na cultura europeia 79

em um mês do que um lógico poderia aprender em um ano" (*Ars magna, Decima pars*, cap. 101). E com essa categórica afirmação final, Lúlio lembra-nos que o seu modo de pensar não consiste naquele método formal que muitos lhe atribuíram.

A combinatória deve refletir o próprio movimento da realidade, e se baseia em um conceito de verdade que não dispõe da *Ars* conforme as formas do raciocínio lógico, mas pela forma em que as coisas são na realidade. Lúlio é um realista e acredita na existência dos universais fora da mente. Por um lado, isso permite à sua combinatória manipular não somente gêneros e espécies, mas também virtudes e vícios e qualquer *differentia*; todavia, tais acidentes não ocorrem livremente; são determinados por uma férrea hierarquia dos seres (cf. Rossi, 1960, p.68).

Na sua *Dissertatio de arte combinatoria* (publicada em 1666), Leibniz se indagava por que razão Lúlio tinha se limitado a um número tão restrito de elementos. De fato, em várias obras, Lúlio propusera, uma primeira vez, dez princípios, uma segunda dezesseis, e uma terceira, doze, chegando a admitir vinte, para em seguida baixar para nove; todavia, o problema não consiste em saber quantos são os princípios, mas sim por que o seu número não fica aberto. O motivo é que Lúlio não pensava, de modo algum, em uma combinatória livre de elementos da expressão não vinculados a um conteúdo específico, caso contrário, não consideraria a sua arte como uma língua perfeita, capaz de exprimir uma realidade divina que ele assume, desde o início, como autoevidente e revelada. Ele concebia a sua *Ars* como um instrumento para converter os infiéis, e para tanto estudara durante longo tempo as doutrinas tanto dos judeus quanto dos muçulmanos. No *Compendium artis demonstrativae* (*De fine huius libri*), Lúlio afirma explicitamente ter mudado os termos da *Ars* por causa dos árabes. Lúlio, de fato, buscava as noções elementares e primárias que fossem comuns também aos infiéis, e isso explica por que os seus princípios absolutos acabam sendo reduzidos a nove, ficando o décimo (marcado com a letra A) excluído da combinatória, enquanto representava a Perfeição e a Unidade divina. Alguém poderia se sentir tentado a reconhecer nessa série as dez Sefirot cabalísticas, mas Platzeck (1953, p.583) observa que uma lista análoga das dignidades também poderia ser encontrada no Corão. Yates (1960) julgou que seria possível identificar uma fonte direta no pensamento de João Escoto Erígena, mas Lúlio podia encontrar listas análogas em outros textos do neoplatonismo medieval, como nos comentários ao pseudo-Dionísio, na tradição agostiniana, e na doutrina medieval das propriedades transcendentes do ser (cf. Eco, 1956).

Por isso, na opinião de Lúlio, tais princípios elementares se inserem em um sistema fechado e predefinido, ou seja, um sistema já rigidamente hierarquizado, o sistema das Árvores da Ciência. Em outros termos, com base nas regras da arte aristotélica do silogismo, se alguém raciocinar: "todas as flores são vegetais, x é uma flor, logo x é um vegetal", o silogismo é formalmente válido, e o que seja x é irrelevante de um ponto de vista lógico. Lúlio, porém, quer saber se x é uma rosa ou um cavalo, e se é um cavalo o silogismo deve ser rejeitado, porque o cavalo não é um vegetal. Talvez o exemplo seja um pouco grosseiro, mas responde corretamente à ideia daquela grande Corrente do Ser (cf. Lovejov, 1936) em que se apoia a teoria luliana da *Arbor Scientiae* (1296).

Entre as primeiras e as últimas versões da *Ars*, Lúlio percorreu um longo caminho (descrito por Carreras y Artau; Carreras y Artau, 1939, I, p.394) para tornar o próprio dispositivo capaz de tratar não apenas problemas de teologia e metafísica, mas igualmente de cosmologia, direito, medicina, astronomia, geometria e psicologia. A *Ars* torna-se cada vez mais um instrumento capaz de enfrentar toda a enciclopédia do saber, retomando as sugestões das numerosíssimas enciclopédias medievais e antecipando a utopia enciclopédica da cultura renascentista e barroca. E esse saber é organizado segundo uma estrutura hierárquica. As dignidades são definidas de modo circular por serem determinações da *causa prima*: mas a partir das dignidades em diante, inicia a escala do Ser. E a *Ars* deveria poder oferecer a possibilidade de raciocinar sobre qualquer elemento dessa escala.

A Árvore da Ciência, cujas raízes são as nove dignidades e as nove relações, subdivide-se em seguida em dezesseis ramos, e a cada um deles corresponde uma árvore à parte. Cada uma dessas dezesseis árvores, à qual é dedicada uma representação específica, subdivide-se em sete partes (raízes, tronco, ramos, galhos, folhas, flores e frutos). Oito árvores correspondem obviamente a oito sujeitos da *tabula generalis*, e são a *Arbor Elementalis* (que representa os *elementa*, quer dizer, os objetos do mundo sublunar compostos pelos quatro elementos, pedras, árvores, animais), a *Arbor Vegetalis*, a *Arbor Sensualis*, a *Arbor Imaginalis* (as imagens mentais que são as figuras similares das coisas representadas nas outras árvores), a *Arbor Humanalis et Moralis* (que concerne à memória, ao intelecto, à vontade, e abrange as várias ciências e artes inventadas pelo homem), a *Arbor Cœlestialis* (astronomia e astrologia), a *Arbor Angelicalis* e a *Arbor Divinalis* (as dignidades divinas). A essa lista são acrescentadas também a *Arbor Moralis* (as virtudes e os vícios), a *Arvor Eviternalis* (os reinos do além-túmulo), a *Arvor Maternalis* (Mariologia), a *Arbor Christianalis* (Cristologia), a *Arbor Imperialis* (governo), a *Arbor Apostolicalis* (a Igreja), a *Arbor Exemplificalis* (os conteúdos do saber) e a *Arbor Quaestionalis* (quatro mil quesitos sobre as várias artes).

Para compreender a estrutura dessas árvores é suficiente considerar uma delas, por exemplo, a *Arbor Elementalis*. As raízes são as nove dignidades e as nove relações; o tronco representa a conjunção de todos esses princípios, dos quais resulta o corpo confuso que é o caos primordial, a encher o espaço, e onde se encontram as espécies das coisas e as suas disposições; os ramos principais representam os quatro elementos (água, fogo, ar e terra), que se ramificam nas quatro massas que eles compõem (como os mares e os continentes), as folhas são os acidentes, as flores são os instrumentos (como a mão, o pé e o olho) e os frutos são as coisas individuais, como pedra, ouro, maçã e ave.

Seria uma metáfora arbitrária falar de uma floresta de árvores: elas se sobrepõem uma à outra para constituir uma hierarquia, como se se tratasse dos andares e das coberturas de um pagode. As árvores inferiores participam das superiores; a árvore vegetal, por exemplo, participa da árvore dos elementos, a árvore sensual participa de ambos, enquanto a árvore da imaginação é construída sobre as três precedentes, permitindo ao mesmo tempo compreender a árvore seguinte, ou seja, a humana (Llinares, 1963, p.211-2).

O sistema das árvores representa a organização da realidade, e justamente por isso constitui um sistema do saber "verdadeiro", ou seja, representa a corrente do ser tal como ela é e deve ser metafisicamente. Compreende-se então por que Lúlio prepara, por um lado, a *Ars* para procurar, em cada raciocínio possível, o termo médio que lhe possibilite um silogismo demonstrativo, mas, por outro lado, exclua silogismos, embora corretos, e mesmo se existisse formalmente o termo médio. O seu termo médio não é aquele da lógica formal escolástica, é um termo médio que liga os elementos da corrente do ser, um termo médio substancial e não formal.

Se a *Ars* é língua perfeita, é na medida em que pode falar de uma realidade metafísica e de uma estrutura do ser a que deve se referir, e que existe independentemente dela. Como Lúlio diz na versão catalã da sua *Logica Algazelis*: "*De la logica parlam tot breu – car a parler avem de Deu*".[2] A *Ars* não é um mecanismo que possa indicar estruturas do cosmos ainda desconhecidas.

Falou-se muito a respeito de uma analogia entre a combinatória luliana e a combinatória cabalística. Mas o que diferencia o

---

2. Estamos falando brevemente da lógica – porque temos de falar de Deus.

pensamento cabalístico do luliano é que, na cabala, a combinatória das letras produz realidade, em lugar de refleti-la. A realidade que o místico cabalista deve descobrir não é ainda conhecida e poderá revelar-se apenas por meio da silabação das letras que se permutam vertiginosamente. A combinatória luliana, ao contrário, é um instrumento retórico mediante o qual se quer demonstrar o que é já conhecido, isto é, aquilo que a estrutura férrea da floresta das várias árvores já fixou, de uma vez para sempre, e que nenhuma combinatória jamais poderá subverter.

De qualquer forma, a *Ars* poderia aspirar a ser língua perfeita se o já conhecido que visava comunicar tivesse pertencido realmente a um universo de conteúdo igual para todos os povos. Na realidade, apesar do esforço para captar sugestões das religiões não cristãs e não europeias, o empreendimento desesperado de Lúlio fracassa (e a lenda do seu suplício sela o seu fracasso) em razão do seu etnocentrismo inconsciente: porque o universo do conteúdo de que quer falar é o produto de uma organização do mundo realizado pela tradição cristã ocidental. E assim continuou com certeza, ainda que Lúlio traduzisse os resultados da sua *Ars* em árabe ou hebraico.

A concórdia universal em Nicolau de Cusa

A extensão do fascínio, todavia, exercido pelo apelo à concordância de Lúlio pode ser vista na retomada realizada, cerca de dois séculos mais tarde, por Nicolau de Cusa, renovador do platonismo no período que vai da crise da Escolástica até o início da Renascença. No pensamento de De Cusa é traçada a imagem de um universo infinitamente aberto cujo centro está em toda a parte e a circunferência em lugar nenhum. Deus, enquanto infinito, supera toda limitação e toda oposição. À medida que se aumenta o diâmetro de um círculo, diminui a sua curvatura e, no limite, uma circunferência infinita torna-se uma reta infinita: em Deus há a coincidência dos opostos. Se o universo tivesse um centro, seria limitado por um outro universo. Mas, no universo, Deus é o centro e a circunferência. A Terra não pode ser o centro do universo. Daí a concepção de uma pluralidade dos mundos, de uma realidade continuamente investigável e fundada em uma concepção matemática, segundo a qual o mundo, mesmo não sendo possível considerá-lo infinito, certamente pode assumir uma infinidade de vultos possíveis. O pensamento de De Cusa é rico em metáforas, ou modelos cosmológicos que se fundam na imagem do círculo e da roda (*De docta ignorantia*, II, 11), em que os nomes dos atributos divinos (explicitamente tirados de Lúlio) confirmam-se recíproca e circularmente entre si (*De docta ignorantia*, I, 21).

Mas a influência luliana faz-se sentir de um modo ainda mais explícito quando De Cusa observa como os nomes com que tanto os gregos e latinos quanto os alemães, turcos, sarracenos, e assim por diante, designam a divindade coincidem fundamentalmente, ou seja, podem ser remetidos ao tetragrama hebraico (ver o sermão *Dies sanctificatus*).

De Cusa provavelmente entrou em contato com o pensamento luliano em Pádua, pois é registrada uma difusão do lulismo[3] na região do Vêneto em torno do fim do século XIV, por um lado, como elemento de polêmica com relação a um aristotelismo já em crise e, por outro, por um clima de intensas relações entre Oriente e Ocidente, entre a república vêneta, o mundo bizantino e países muçulmanos (além disso, com a Catalunha e Maiorca, que por sua vez foram territórios de contato entre a cultura cristã, islâmica e hebraica). O novo humanismo vêneto é inspirado também nesses elementos de curiosidade e respeito por culturas diferentes (cf. Lohr, 1988).

Por conseguinte, é de grande importância que nesse clima se descubra o pensamento de um homem que fizera não só da própria pregação, mas ainda da própria reflexão teológica, e da própria

---

3. Doutrina de Raimundo Lúlio, teólogo catalão. [N.E.]

investigação de uma língua universal, um meio para lançar uma ponte intelectual e religiosa entre Ocidente europeu e Oriente, e que julgava que a verdadeira autoridade não se devia basear em uma unidade inflexível, mas em uma tensão entre vários centros – de forma que a lei de Moisés, a revelação de Cristo e a pregação de Maomé pudessem levar a um resultado unitário. O lulismo é acolhido como estímulo místico e filosófico, e como alternativa imaginária e poética para a enciclopédia do aristotelismo escolástico, mas também como inspiração política. A obra de um escritor que ousou escrever em vernáculo resulta apropriada a um humanismo que justamente está celebrando a dignidade das línguas vernáculas e da sua pluralidade; entretanto, ao mesmo tempo coloca-se o problema de como é possível instaurar um discurso supranacional da razão, da fé e da filosofia que saiba, porém, introduzir no corpo da enciclopédia escolástica os fermentos, em fase de desenvolvimento, de novas doutrinas exóticas, expressas em línguas ainda amplamente desconhecidas.

No seu tratado *De pace fidei*, Nicolau de Cusa tenta uma polêmica e um diálogo com os muçulmanos e se coloca o problema (luliano) de como demonstrar aos representantes das outras duas religiões monoteístas que eles devem concordar com a verdade cristã. Talvez, afirma De Cusa, no que se refere à Trindade, não foram escolhidos corretamente os nomes como Pai, Filho, Espírito, valendo a pena traduzi-los, para os próprios antagonistas, em termos filosóficos (que mais uma vez lembram as dignidades lulianas). E, no seu fervor ecumênico, De Cusa avança a ponto de propor tanto aos judeus como aos muçulmanos, se eles aceitassem o Evangelho, fazer circuncidar todos os cristãos, apesar de admitir, no fim, que a realização prática dessa ideia apresenta algumas dificuldades (*De pace fidei*, XVI, 60).

Mesmo assim, ele passa adiante o espírito irenista e a visão metafísica de Lúlio. Mas para que o arrepio cusaniano da infinidade dos mundos se traduza realmente em uma diferente prática da arte combinatória, teremos de aguardar que o mundo humanista e renascentista seja fecundado por outras correntes de ideias: a redescoberta do hebraico, o cabalismo cristão, a afirmação do hermetismo e o positivo reconhecimento da magia.

CAPÍTULO 5

A hipótese monogenética e as línguas-mães

Na sua versão mais antiga, a investigação da língua perfeita assume a forma da hipótese monogenética, ou seja, da origem de todas as línguas de uma única língua-mãe. Todavia, ao seguir a história das teorias monogenéticas, é preciso lembrar que na maioria dessas investigações se manifesta uma série de confusões constantes entre diferentes opções teóricas:

1. Não se distingue suficientemente entre *língua perfeita* e *língua universal*. Uma coisa é procurar uma língua que seja capaz de refletir a própria natureza das coisas e outra é buscar uma língua que todos possam e devam falar. Nada exclui que uma língua perfeita seja somente acessível a poucos indivíduos, e que uma língua de uso universal seja imperfeita.

2. Não se distingue (cf. Formigari, 1970, p.15) entre a contraposição platônica da *natureza* vs. *convenção* (é possível pensar em uma língua que exprima a natureza das coisas e, no entanto, não seja original, mas fruto de uma nova invenção), e o *problema da origem da linguagem*. É possível discutir se a linguagem nasceu como imitação da natureza (hipótese *mimológica*, cf. Genette, 1976) ou como resultado de uma convenção sem, no entanto, colocar-se necessariamente o problema do privilégio de uma língua sobre as outras. Por conseguinte, frequentemente se faz confusão entre legitimação etimológica (adotada como sinal de uma filiação a uma língua mais

antiga) e legitimação mimológica (a onomatopeia pode ser vista como indicador de perfeição, mas não necessariamente de filiação a uma língua perfeita originária).

3. Em numerosíssimos autores (e embora a distinção fosse já evidente em Aristóteles) não se distingue entre um som e a letra alfabética que o exprime.

4. Quase todas as pesquisas que precedem o início da linguística comparada do século XIX (como observa repetidas vezes Genette, 1976) privilegiam uma investigação do tipo semântico, procurando famílias de *nomenclaturas* afins, efetuando certos equilibrismos etimológicos de que falaremos mais adiante, em lugar de fixar a atenção sobre as estruturas fonológicas e gramaticais.

5. Com frequência não se distingue entre *língua primigênia* e *gramática universal*. É possível procurar princípios gramaticais comuns a todas as línguas sem, por isso, querer tornar uma língua primitiva.

O RETORNO AO HEBRAICO

Os Padres da Igreja, a partir de Orígenes até Agostinho, admitiram como um dado incontestável que o hebraico, antes da confusão babélica, fora a língua primordial da humanidade. A exceção mais relevante foi Gregório de Nissa (*Contra Eunomium*), que sustentara a ideia de que Deus não falava hebraico e ironizou a imagem de um Deus mestre-escola que ensinava o alfabeto aos nossos pais (cf. Borst, 1957-1963, I, 2; II/1, 3.1). A ideia do hebraico como língua divina continuou sobrevivendo ao longo de toda a Idade Média (cf. De Lubac, 1959, II, 3.3).

Mas entre os séculos XVI e XVII essa ideia não se limita mais a sustentar apenas que o hebraico fora a protolíngua (afinal de contas, o que se sabia a respeito era bem pouco): o que, na realidade, se pretende nessa época é promover não só o estudo dessa língua, mas, quando possível, também a sua difusão. Estamos em uma situa-

90 *Umberto Eco*

ção diferente daquela de Agostinho: agora não somente se pretende voltar ao texto original, mas retorna-se a ele com a convicção de que fora escrito na única língua sagrada apta a exprimir a verdade da qual tal texto é o veículo. Nesse período, ocorrera a Reforma protestante: com a sua recusa à mediação interpretativa da Igreja (da qual fazem parte as traduções latinas canônicas) e remetendo à leitura direta das Escrituras, a Reforma dera impulso às pesquisas em torno do texto sagrado e sobre a sua formulação original. A exposição mais abrangente dos vários debates da época talvez se encontre em Brian Walton, *In Biblia polyglotta prolegomena* (1637, em particular 1-3), mas a história do debate renascentista em torno do hebraico é tão variada e complexa (cf. Demonet, 1992) que devemos limitar-nos a oferecer apenas um "retrato" exemplar.

A UTOPIA UNIVERSALISTA DE POSTEL

Um lugar especial na história do renascimento do hebraico é ocupado pela figura de um erudito utopista que foi Guillaume Postel (1510-1581). Conselheiro do rei da França, e em contato com as maiores personalidades religiosas, políticas e científicas do seu tempo, Postel foi influenciado profundamente pelas viagens ao Oriente realizadas em várias missões diplomáticas, durante as quais teve oportunidade de estudar o árabe e o hebraico, e fazer contatos com a sabedoria cabalística. Excelente também na filosofia grega, em torno de 1539 foi nomeado *mathematicorum et peregrinarum linguarum regius interpres* na escola que mais tarde se chamaria Collège des Trois Langues e, em seguida, Collège de France.

No tratado *De originibus seu de Hebraicae linguae et gentis antiquitate* (1538) afirma que a língua hebraica é proveniente da descendência de Noé, e dela derivaram o árabe, o caldeu, o hindu e, só indiretamente, o grego. No ensaio *Linguarum duodecim characteribus differentium alphabetum, Introductio*, 1538, que é um estudo de

A busca da língua perfeita na cultura europeia   91

doze alfabetos diferentes, afirma a derivação de todas as línguas do hebraico e a importância dessa língua como instrumento de fusão entre os povos.

A sua ideia a respeito do hebraico como protolinguagem baseia-se em um critério de economia divina. Segundo escreveria no tratado *De Foenicum litteris* (1550), assim como existe um único gênero humano, um único mundo, um único Deus, do mesmo modo deve ter existido uma única língua, uma "língua santa, divinamente inspirada ao primeiro homem". Do mesmo modo, como não só a fé, mas a própria língua materna se aprende mediante a voz, era necessário que Deus educasse Adão infundindo-lhe a capacidade de dar o nome apropriado às coisas (*De originibus, seu, de varia et potissimum orbi Latino ad hanc diem incognita aut inconsyderata historia*, 1553).

Não parece que Postel pensasse em uma faculdade inata de linguagem ou em uma gramática universal, como fez Dante, mas em muitos dos seus escritos surge uma noção de Intelecto Ativo de molde averroísta, e é certamente nesse depósito de formas comum a todos os homens que se deve encontrar a raiz da nossa faculdade linguística (*Les très merveilleuses victoires des femmes du Nouveau Monde* e *La docrine du siècle doré*, dois ensaios de 1553).

Para Postel, também a atenção para as línguas junta-se a uma utopia religiosa: o seu sonho é a paz universal. No tratado *De orbis terrae concordia* (1544, I), ele afirma categoricamente que o conhecimento dos problemas linguísticos é necessário à instauração de uma concórdia universal entre todos os povos. A comunhão da língua é necessária para demonstrar aos seguidores das outras crenças que a mensagem cristã interpreta e realiza também as suas crenças religiosas, porque se trata de descobrir os princípios de uma religião natural, uma série de ideias inatas comuns a todos os povos (*De orbis* III).

É o mesmo espírito que animava Lúlio e De Cusa, mas em Postel esse espírito é acompanhado pela convicção de que a concórdia universal deveria realizar-se sob a proteção do rei da França, que pode aspirar legitimamente ao título de rei do mundo porque é descendente em linha direta de Noé, e visto que Gomer, filho de Jafé, seria o fundador da estirpe celta e gaulesa (cf., em particular, *Les raisons de la monarquie, ca.* 1551). Com base nisso, Postel (*Trésor des prophéties de l'univers*, 1556) aceita uma etimologia tradicional (ver, por exemplo, Jean Lemaire de Belges, *Illustrations de Gaule et singularitez de Troye*, 1512-1513, fol.64r), pela qual *gallus* significaria em hebraico "aquele que superou as ondas" e que, portanto, se salvou das águas do Dilúvio (cf. Stephens 1989, 4).

Postel, antes de mais nada, tenta convencer das suas ideias Francisco I, que acaba por considerá-lo um exaltado; em seguida, após perder o favor da corte, dirige-se a Roma com o propósito de conquistar para a sua utopia Inácio de Loyola, cujo ideal de reforma ele considera semelhante ao seu (e durante muito tempo consideraria os jesuítas como o instrumento divino para a realização da concórdia do mundo). É óbvio que Inácio percebeu logo que o objetivo de Postel era diferente daquele dos jesuítas (a proposta de Postel colocava em questão o voto de obediência ao papa, e, além do mais, Inácio era espanhol e a ideia do rei da França como rei do mundo devia agradar-lhe bem pouco). No prazo de um ano e meio, Postel foi obrigado a deixar a Companhia.

Após várias peripécias, em 1547, dirige-se a Veneza, onde se torna capelão do Hospital dos Santos João e Paulo (chamado Ospedaletto) e censor dos livros de língua hebraica, publicados naquela cidade. No período em que passou naquele hospital, torna-se o confessor de Johanna, ou Madre Zuana, uma religiosa de uns 50 anos de idade, fundadora do Ospedaletto, dedicada à assistência aos pobres. Aos poucos, Postel se convence de estar diante de uma pessoa dotada de espírito profético e concebe uma paixão mística por essa mulher que define como a Mãe do Mundo, destinada a resgatar a humanidade do pecado original.

Relendo o *Zohar*, Postel identifica Johanna tanto com a Shekinah como também com o Papa Angélico de que falaram as profecias joaquimitas e, em seguida, com o segundo Messias. Na concepção de Postel, a parte feminina da humanidade, condenada pelo pecado de Eva, não fora redimida por Cristo e precisava de um segundo Messias que redimisse as filhas de Eva (a respeito do "feminismo" de Postel, cf. Sottile, 1984).

Que Johanna tivesse sido uma mística com características especiais, ou que Postel tivesse superestimado o seu encontro com ela, não faz diferença: esteabelece-se evidentemente uma intensa comunhão de almas. Johanna, a cabala, a concórdia universal e a última era joaquimita fundem-se em um único plexo, e Johanna, no mundo da utopia posteliana, toma o lugar de Inácio de Loyola. A "imaculada concepção" de Johanna torna Postel um novo Elias (Kuntz, 1981, p.91).

Sentindo-se derrotado pelas inevitáveis murmurações relativas à sua sociedade singular, em 1549, Postel deixa Veneza para retomar as suas peregrinações no Oriente, mas, sendo informado da morte de Johanna, retorna logo no ano seguinte. Diz a tradição que ele cai então em um profundo estado de prostração, com momentos de êxtase; afirmava-se que nesse estado era capaz de fixar ininterruptamente o Sol durante uma hora, e que aos poucos se sentia invadido pelo espírito de Johanna: Kuntz (1981, p.104) fala em crença na metempsicose.

Após voltar a Paris, retoma o ensino com grande sucesso de público e anuncia o início da era da Restituição, do século áureo, sob o signo de Johanna. Mais uma vez, o ambiente filosófico e religioso entra em tumulto, o rei o obriga a deixar o ensino; Postel viaja ainda por várias cidades europeias, voltando novamente a Veneza para impedir que os seus escritos fossem colocados no Índex; sofre os rigores da Inquisição, que tenta induzi-lo à abjuração e, levando em consideração os seus méritos científicos e políticos, limita-se, em

1555, a defini-lo *non malus sed amens*, não mau mas demente, poupando-lhe, portanto, a vida mas aprisionando-o em Ravena e, mais tarde, em Roma.

Novamente de volta a Paris, em 1564 (sob pressão das autoridades religiosas) retira-se ao mosteiro de Saint Martin des Champs, onde passa a viver em branda reclusão até 1587, ano em que faleceu; nesse meio-tempo, escreveu uma retratação das próprias doutrinas heréticas referentes à madre Johanna.

Mas, não obstante esse último gesto de submissão, Postel surge-nos sempre como um defensor inflexível das próprias posições, que, para aquela época, eram estranhas. Não há dúvida de que não se pode considerar a sua utopia fora do quadro da cultura da época, e Demonet (1992, p.337s.) ressalta que Postel quer certamente a "restituição" do hebraico como língua da concórdia universal, pensando, no entanto, que os infiéis deviam reconhecer o seu erro e aceitar as verdades cristãs. Kuntz, porém, (1981, p.49) observa que Postel não podia ser considerado nem católico, nem protestante ortodoxo, e as suas posições irenistas moderadas irritavam os extremistas de ambas as partes. Com certeza era ambígua a sua pretensão de que, por um lado, o cristianismo fosse a única religião verdadeira a realizar a mensagem judaica, e, por outro, que para ser bom cristão não fosse necessário pertencer a uma seita religiosa (inclusive à Igreja), mas perceber no próprio espírito a presença do divino. Portanto, o verdadeiro cristão podia e devia seguir também a lei judaica, e os muçulmanos podiam ser considerados meio-cristãos. Em várias ocasiões, Postel condena as perseguições contra os judeus, e prefere falar da "judaicidade" de todos os homens; por isso fala de cristãos-judeus em lugar de judeu-cristãos (Kuntz, 1981, p.130), dizendo que a verdadeira tradição cristã é o judaísmo com apenas os nomes trocados, e lamentando que a cristandade tivesse perdido as próprias raízes e tradições judaicas. A ambiguidade da sua posição pode parecer mais provocadora ao se considerar que, no mundo pré-renascentista, o

A busca da língua perfeita na cultura europeia 95

cristianismo era considerado a correção e a própria aniquilação da tradiçao judaica.

Para poder estabelecer, como pretendia Postel no tratado *De orbis*, uma harmonia entre as crenças, era preciso praticar a tolerância inclusive a respeito de muitos detalhes teológicos, pelo que, com relação a Postel, houve quem falasse de teísmo universalista (Radetti, 1936).

FÚRIA ETIMOLÓGICA

Com Postel temos uma chamada forte e exemplar para a restituição do hebraico ao nível de língua única. Para outros, o projeto não seria tão radical e, antes de mais nada, seria preciso mostrar que a perfeição do hebraico consiste no fato de que dele derivaram todas as outras línguas.

Veja-se, por exemplo, o livro *Mithridates*, de Konrad Gessner, de 1555, que traça um paralelo entre 55 línguas. Após deter-se sobre a condição invejável de alguns seres lendários dotados de língua dupla, uma para a fala humana e a outra para falar a linguagem dos pássaros, Gessner passa logo a afirmar que, entre todas as línguas existentes, "não há nenhuma que não possua vocábulos de origem hebraica, embora corruptos" (ed. 1610, p.3). Outros, para mostrar o parentesco, entregar-se-iam a uma furiosa caça às etimologias.

Esse furor etimológico não era uma novidade. Já entre os séculos VI e VII, Isidoro de Sevilha (*Etymologiarum*), empenhando-se em uma fantástica recensão das 72 línguas existentes no mundo, elaborou aquelas etimologias que depois foram alvo de chacotas no decorrer dos séculos: *corpus* é contração de *corruptus perit*, enquanto *homo* provém de *humus*, porque o homem nasceu do barro; *iumenta*, porém, deriva de *iuvat*, porque o equino ajuda o homem, e *agnus* é chamado assim porque *agnoscit*, reconhece a própria mãe etc. São exemplos do que denominamos mimologismo de origem cratileia, e que é retomado tal qual pelos defensores do hebraico.

Claude Duret, em 1613, publica uma obra monumental, *Thrésor de l'histoire des langues de cet univers*, na qual se encontram novamente todas as especulações anteriores do cabalismo cristão, em um programa que vai desde a origem das línguas até o exame de todas as línguas conhecidas, incluindo aquelas do Novo Mundo, até o capítulo final sobre a linguagem dos animais. Considerando que Duret sustenta que a língua hebraica foi a língua universal do gênero humano, é óbvio que o nome hebraico dos animais contenha toda a sua "história natural". E é por isso que

a águia se chama *nesher*, nome que está de acordo com *shor* e *isachar*, um dos quais significa olhar e o outro estar ereto, porque essa ave possui sobre todos a vista firme e sempre voltada na direção do sol [...]. O leão tem três nomes, isto é, *aryeh*, *labi*, *laysh*. O primeiro deriva de um outro que significa arrancar, dilacerar; o segundo se refere à palavra *leb*, que significa coração, e *laab*, ou seja, estar na solidão. O terceiro significa normalmente um leão grande e furioso, e tem analogia com o verbo *yosh*, que significa pisar [...] porque esse animal pisoteia e maltrata a própria presa. (p. 40)

O hebraico conservou essa proximidade com as coisas porque jamais se deixou poluir por outras línguas (cap. x), e essa suposição de naturalidade é suficiente para justificar a sua natureza mágica. Duret lembra que Eusébio e São Jerônimo caçoavam dos gregos que exaltavam a sua língua, mas não eram capazes de descobrir nenhuma significação mística nas letras do seu alfabeto, enquanto basta perguntar a uma criança judia o que significa *alef*, e ela saberá que significa disciplina, e assim com relação a todas as outras letras e relativas combinações (p.194).

A busca da língua perfeita na cultura europeia   97

Mas enquanto Duret buscava uma etimologia indo *para trás*, a fim de mostrar como a língua-mãe estava em harmonia com as coisas, outros buscariam uma etimologia indo *para a frente*, para mostrar como todas as outras línguas foram derivadas do hebraico. Em 1606, Estienne Guichard escreveu *L'harmonie étymologique des langues*, em que demonstra como todas as línguas existentes podem ser reconduzidas a raízes hebraicas. Partindo da afirmação de que o hebraico é a língua mais simples, porque nele "todas as palavras são simples, e a sua substância consiste somente em três radicais", elabora um critério que lhe permite jogar com os radicais para fazer inversões, anagramas, permutações, conforme a melhor tradição cabalística.

Batar em hebraico significa "dividir". De que maneira se justifica que de *batar* tenha derivado o latino *dividere*? Por inversão se produz *tarab, de tarab* se chega ao latino *tribus*, e em seguida a *distribuo*, e a *dividere* (p.147). *Zaqen* significa "velho"; transpondo os radicais obtém-se *xaneq*, e daí *senex* em latim; mas, com uma permutação sucessiva de letras, obtém-se *cazen*, do qual deriva *casnar* em osco, de onde derivaria o termo latim *canus*, que significa precisamente "idoso" (p.247). Com esse critério seria possível demonstrar que o termo *testa* do latim tardio produziu o inglês *head*, passando pelo anagrama de *testa* em *eatts*.

Em mil páginas de incursão por todas as línguas mortas e vivas, Guichard acerta até mesmo algumas relações etimológicas confiáveis, mas certamente não consegue fixar critérios científicos. Podemos, porém, afirmar que tais contribuições para a hipótese monogenética, se, por um lado, divulgam um conhecimento menos "mágico" do hebraico, por outro, representam previamente o esboço de um procedimento do tipo comparativo (cf. Simone, 1990, p.328-9).

Mas, nesse período, fantasia e hipóteses científicas se entrelaçam de maneira confusa. Veja-se, por exemplo, o caso de Mercurius van Helmont, que em 1667 publica um esboço sobre *Alphabeti veri naturalis Hebraici brevissima delineatio*, em que se propõe estudar

Figura 5.1. Da obra Alphabeti veri naturalis Hebraici brevissima delineatio, *de Mercurius van Helmont, 1667*

um método para ensinar os surdos-mudos a falar. No século seguinte, e em um ambiente iluminista, projetos desse tipo produziriam reflexões interessantes sobre a natureza da linguagem, mas Van Helmont imagina a existência de uma língua primitiva que pudesse parecer como a mais natural, inclusive para quem jamais aprendeu quaisquer línguas. Essa língua não poderia ser senão o hebraico, e Van Helmont pretende mostrar que o hebraico é a língua cujos sons podem ser produzidos mais facilmente pelos órgãos fonadores humanos. E eis que 33 gravuras mostram como a língua, o céu da boca, a úvula ou glote, para formar um determinado som, articulam-se (fisicamente) de maneira a reproduzir a forma das letras hebraicas correspondentes. É claro que essa posição exprime uma teoria motivacionista e mimológica exasperada: não somente as palavras do hebraico refletem a natureza verdadeira das coisas, mas o poder divino que deu a Adão uma linguagem perfeita, escrita e falada, é a mesma que esculpiu no barro uma estrutura fisiológica adequada a produzi-lo (ver Figura 5.1).

A obra *Turris Babel*, 1679, de Athanasius Kircher, representa uma boa síntese de todas as discussões que acabamos de expor sumariamente. Após ter examinado a história do mundo desde a criação até o Dilúvio, e daí até a confusão babélica, Kircher traça o seu desenvolvimento histórico e antropológico por meio de uma análise das várias línguas.

Que o hebraico seja a *lingua sancta* e primordial, Kircher não levanta qualquer dúvida, por ser matéria da revelação bíblica, assim como julga evidente que Adão compreendeu a natureza de qualquer animal e o denominou segundo ela; e acrescenta que, "ora juntando, ora separando ou permutando as letras dos vários nomes, combinou as mesmas de várias formas com a natureza e as propriedades dos animais" (III, 1, 8). Tratando-se de uma citação cabalística (extraída do rabino R. Becchai), é certo que Adão interveio para definir as propriedades dos seres, permutando as letras do respectivo nome. Ou seja, em primeiro lugar, nomeia imitando uma propriedade da coisa, como no caso do leão, que em hebraico se escreve ARYH, e para Kircher as letras AHY significam a sua respiração veemente: no entanto, depois, Adão procede segundo a arte cabalística das *temurah*, sem contudo limitar-se a proceder por meio de anagrama, mas inserindo outras letras, construindo frases em que cada palavra contenha algumas das letras do nome do leão. Derivam daí expressões que afirmam que o leão é *monstrans*, isto é, capaz de incutir medo com apenas o seu aspecto, luminoso como se uma luz se difundisse do seu rosto, que além do mais aparece semelhante a um espelho... Como é possível perceber, joga-se aqui com muitas técnicas etimológicas já sugeridas pela obra platônica *Crátilo* e os nomes são dobrados para exprimir noções mais ou menos tradicionais concernentes ao animal ou à pessoa em questão.

A seguir, Kircher mostra como, depois da confusão, se foram formando cinco dialetos do hebraico, isto é, o caldeu, o samaritano (do qual seria proveniente o fenício), o siríaco, o aramaico e o etíope, e com várias argumentações etimológicas deduz desses dialetos (explicando até mesmo a derivação sucessiva dos alfabetos) o nascimento das várias outras línguas até as línguas europeias do seu tempo. Exprime também, com certa razão, as causas da transformação das línguas, que atribui à diversidade e à mistura dos povos (captando o princípio de uma crioulização de línguas diferentes vindas por contato), bem como às imposições políticas causadas pela mudança dos impérios, às migrações provocadas por guerras e epidemias, às colonizações e à influência climática. Da multiplicação e da evolução das línguas deriva também o nascimento de diferentes religiões idolátricas e a multiplicação tanto do número como dos nomes dos deuses (III, I, 2).

Convencionalismo, epicurismo, poligenismo

Kircher, entretanto, e junto com ele outros estudiosos do século XVII, comparece em atraso. A crise do hebraico como língua santa já tinha se iniciado na Renascença, mediante uma série densíssima de argumentações que poderíamos colocar, emblematicamente, sob o signo de Gênesis 10. A atenção já havia sido deslocada não tanto sobre uma língua primordial quanto sobre uma série de *línguas matrizes*, ou – usando uma expressão forjada por Giuseppe Giusto Scaligero (*Diatriba de europaeorum linguis*, 1599) – línguas-mães, com que identificara onze famílias de línguas, quatro maiores e sete menores, espalhadas por todo o continente europeu. Em cada família, as línguas estavam geneticamente ligadas entre si por parentesco, mas entre elas não era possível estabelecer parentescos evidentes.

Reflete-se sobre o fato de a Bíblia, na verdade, não ter se pronunciado explicitamente a respeito da natureza da língua primor-

A busca da língua perfeita na cultura europeia 101

dial, induzindo muitos a sustentarem que a divisão das línguas não começou aos pés da torre, mas muito tempo antes, enxergando o fenômeno da *confusio* como um processo natural. Por isso, muitos estão interessados, antes de mais nada, em procurar uma gramática comum: "não se trata mais de 'reduzir', mas de classificar, a fim de descobrir o sistema latente das línguas que respeite ao mesmo tempo as suas diferenças" (Demonet, 1992, p.341, e II, 5 passim).

Richard Simon, que é considerado o renovador da crítica testamentária, na sua *Histoire critique du Vieux Testament* (1678), a essa altura já descartava a hipótese das origens divinas do hebraico, retomando os argumentos irônicos de Gregório de Nisa. A língua é uma invenção humana, e considerando que a razão não é igual em todos os povos, isso explica a diferença das línguas. O próprio Deus quis que os homens falassem línguas diferentes, e que "cada um se explicasse à própria maneira".

Méric Casaubon (*De quatuor linguis commentatio*, 1650) aceita a ideia de Grócio, afirmando que a língua primordial – se é que existiu – de qualquer modo se teria perdido. Se Deus foi o inspirador das palavras pronunciadas por Adão, depois a humanidade desenvolveu automaticamente a linguagem, e o hebraico não é senão uma das línguas-mães pós-diluvianas.

Leibniz também afirmaria que a língua de Adão é absolutamente irrecuperável no nível histórico e que, apesar de todos os esforços que queiramos fazer, *nobis ignota est*. Por isso, mesmo que tivesse existido, ela ou desapareceu totalmente, ou sobrevive apenas em algumas relíquias (fragmento sem data, editado por Gensini, 1990, p.197).

Nesse clima cultural, o mito de uma língua apta para exprimir a natureza das coisas é revisto à luz do princípio da arbitrariedade do sinal que, por outro lado, o pensamento filosófico jamais abandonara, permanecendo fiel ao ditado aristotélico. Justamente nesse período, Spinoza, com postura fundamentalmente nominalista, começava a se perguntar como um termo geral como "homem" poderia exprimir a verdadeira natureza do ser humano, considerando que nem todos formam as noções do mesmo modo:

> por exemplo, aqueles que contemplaram mais frequentemente com admiração a estatura dos homens, sob o nome *homem*, entenderiam um animal de estatura ereta; aqueles, porém, que tiveram o costume de contemplar outra coisa, formariam uma outra imagem comum dos homens, ou seja, que o homem é um animal que ri, bípede, sem plumas, racional; e assim a respeito das outras coisas cada qual formaria imagens universais conforme a disposição do próprio corpo. (*Ética*, 1677, Proposição XL, Escólio 1)

Se o hebraico foi a língua em que as palavras correspondiam à própria natureza das coisas, para Locke as palavras são usadas pelos homens como sinais das suas ideias, "não por alguma conexão natural que exista entre sons especiais articulados e determinadas ideias, pois nesse caso haveria entre os homens somente uma linguagem, mas por uma imposição voluntária" (*Essay Concerning Human Understanding*, 1690, III, II, 1). E se considerarmos que as próprias ideias são "ideias nominais", e não entidades platônicas e inatas, a linguagem perde toda a aura de sacralidade para se tornar instrumento de interação, isto é, uma construção humana.

Hobbes, por sua vez (*Leviathan*, 1651, I, 4, "Sobre a linguagem"), mesmo admitindo que o primeiro autor da linguagem tivesse sido o próprio Deus, que ensinara a Adão como denominar as criaturas, abandona logo o texto bíblico como referência segura, admitindo que Adão tenha continuado, em seguida, livremente, a acrescentar novos nomes "à medida que a experiência e o convívio com as criaturas lhe forneciam ocasião para isso". Em outras palavras, Hobbes deixa Adão sozinho diante da própria experiência e das suas necessidades, e a partir da necessidade ("a mãe de todas as invenções"), faz nascer as várias línguas que surgem após a confusão babélica.

A busca da língua perfeita na cultura europeia 103

Nesse período é repensada de novo a carta de Epicuro a Heródoto, na qual se afirmava que também os nomes das coisas não foram colocados originariamente por convenção, tendo sido criados pela própria natureza dos homens, que, conforme as várias estirpes, experimentando emoções peculiares e recebendo particulares percepções de uma forma igualmente particular, emitiam o ar marcado pelo estado de espírito de cada indivíduo e pela percepção particular (Carta a Heródoto, em Diógenes Laércio, *Vidas dos filósofos*, x, 75).

Com efeito, Epicuro acrescentava que, "sucessivamente", os vários povos buscaram um acordo em dar os nomes às coisas, a fim de eliminar a ambiguidade e por critérios de economia, sem declarar de modo definitivo se essa escolha foi feita por instinto ou "por raciocínio" (cf. Formigari, 1970, p.17-28; Gensini, 1991, p.92; Manetti, 1987, p.7-9). Mas a primeira parte da sua tese (que insistia a respeito da gênese natural e não convencional da linguagem) deriva de Lucrécio: foi a natureza que levou os homens a emitir os sons da linguagem, e foi a necessidade que fez nascer os nomes das coisas.

> Na verdade, é loucura pensar que um homem pudesse dar o nome a cada coisa e que os outros aprendessem dele os primeiros vocábulos. Pois se ele foi capaz de identificar cada coisa com uma palavra e emitir sons mediante a língua, por que não pensar que também os outros pudessem fazê-lo ao mesmo tempo? [...] É tão estranho assim que o gênero humano, de posse da voz e da língua, tenha designado as coisas com a voz conforme as impressões sensoriais? [...] Por isso, se as várias sensações orientam os animais para emitir vários sons, embora sejam mudos, seria bem mais correto pensar que os mortais puderam indicar objetos diferentes com sons diversos. (*De rerum natura*, v, 1028-90)

A essa altura abre caminho uma teoria que poderíamos chamar de materialístico-biológica das origens da linguagem, como aptidão natural a transformar as sensações primárias em ideias e depois em sons para fins de convivência social. Mas, como sugeria Epicuro, se essa resposta à experiência é variada conforme as estirpes, ao clima e aos lugares diferentes, não seria ousado pensar que raças diversas tenham dado origem de formas e em tempos diferentes a várias famílias de línguas. E daí teria origem a teoria do *gênio* das várias línguas, que se desenvolveria no século XVIII.

A hipótese epicurista só podia seduzir o ambiente libertino francês do século XVII, onde assume a forma extremista da hipótese *poligenética*, misturando-se com várias formas de ceticismo religioso que iam desde o agnosticismo sarcástico até o ateísmo explícito. É nesse meio que aparece a proposta de Isaac de La Peyrère, calvinista, que no seu livro *Systema theologicum ex prae-adamitarum hypothesi*, de 1655, interpretando de forma certamente original o quinto capítulo da Carta de São Paulo aos Romanos, apresenta a ideia de uma poligênese dos povos e das raças. A sua obra representa a resposta leiga aos relatos de pesquisadores e missionários dando informes sobre civilizações extraeuropeias, como a China, tão antigas que a sua história remota não coincidia com as datações bíblicas, de modo especial no que diz respeito às narrações sobre as origens do mundo. Portanto, teria existido uma humanidade pré-adâmica, não tocada pelo pecado original, e tanto o pecado original quanto o Dilúvio se refeririam somente a Adão e aos seus descendentes na terra hebraica (cf. Zoli, 1991, p.70). Por outro lado, a hipótese já aparecera em ambiente muçulmano, quando, no século X, al-Maqdisi, ao elaborar o Corão (2.31), acenara a existência de outros homens sobre a terra antes de Adão (cf. Borst, 1957, I, II, 9).

Além das óbvias implicações teológicas do assunto (de fato, a obra de La Peyrère foi condenada a ser queimada), era óbvio que a civilização hebraica resultava destronizada e junto com ela, implicitamente, também a língua santa em que se expressara. Se as raças se desenvolveram em condições diferentes, e a capacidade linguística depende da evolução e da adaptação ao ambiente, então houve a poligênese.

A busca da língua perfeita na cultura europeia 105

Uma certa forma de poligenismo (certamente não de inspiração libertina) pode ser atribuída também a Giambattista Vico. Obviamente, Vico derruba, de algum modo, o discurso da própria época. Ele não vai à procura de uma origem cronológica, mas esboça os traços de uma história ideal eterna: nesse sentido, dando como que um pulo para fora da história, coloca-se paradoxalmente entre os inspiradores do historicismo moderno. O que ele quer descrever não é – ou não é apenas, a despeito do Quadro Cronológico que põe no início da sua *Scienza nuova seconda* (1744, II, 2.4) – um desenvolvimento histórico, mas as condições que decorrem constantemente de um nascimento e de uma evolução da linguagem em cada época e em cada país. Ele esboça uma espécie de sucessão genética da linguagem partindo da língua dos deuses bem como da língua dos heróis, para chegar finalmente à língua dos homens, pelo que a primeira língua devia ter sido *hieróglifa*, "isto é, sagrada, ou divina"; a segunda, *simbólica*, "por meio de sinais ou por feitos heróicos", e a terceira *epistolar*, "para os distantes comunicarem entre si as necessidades da sua vida" (par. 432).

Vico sustenta que, nas suas origens (ideais), a linguagem é motivada e metaforicamente congruente com a própria experiência que o homem tem da natureza, e só posteriormente se organiza em formas mais convencionais, mas afirma também que, "como os deuses, os heróis e os homens começaram ao mesmo tempo (porque também eram homens aqueles que fantasiaram os deuses e julgaram que sua natureza heroica era uma mistura da natureza dos deuses e a dos homens); assim começaram ao mesmo tempo as três línguas" (446). Portanto (em lugar de retomar a discussão do século XVII, indagando se uma fase natural cedera a passagem para uma fase de construção convencional e arbitrária), à questão em torno da razão de existirem tantas línguas naturais diferentes quantos são os povos, não se pode deixar de responder, afirmando "esta grande verdade", que, "como certamente os povos, pela diversidade dos climas, ad-

106 *Umberto Eco*

quiriram várias naturezas diferentes, onde surgiram tantos costumes diversos, assim, pelas suas diversas naturezas e pelos diversos costumes, nasceram outras tantas línguas diferentes" (445).

Quanto à ideia da primazia do hebraico, ela é liquidada por uma série de observações que visam demonstrar que, quando muito, as letras do alfabeto chegaram aos hebreus por meio dos gregos e não vice-versa. Além disso, Vico deixa de ceder às fantasias herméticas da Renascença, pelas quais toda a sabedoria provém dos egípcios. Segundo sua descrição resulta um tráfego complexo de influências tanto culturais quanto comerciais, pelo que os fenícios – impelidos por necessidades comerciais – levaram para o Egito e para a Grécia os seus caracteres, enquanto tomaram emprestado, e em seguida difundiram pela bacia mediterrânea, os caracteres hieroglíficos recebidos dos caldeus, adaptando-os às necessidades da numeração das mercadorias (441-3).

A LÍNGUA PRÉ-HEBRAICA

Mas, paralelamente a essas discussões filosóficas, mesmo dando por descontada a derrota do hebraico, outros glotólogos cheios de imaginação estão trilhando outros caminhos. Entre os séculos XVI e XVII, pesquisadores e missionários descobrem que existiam civilizações bem mais antigas do que a hebraica, com outras tradições tanto culturais quanto linguísticas. Em 1669, John Webb (*An Historical Essay Endeavouring the Probability that the Language of the Empire of China Is the Primitive Language*) apresenta a ideia de que Noé aportara com a arca na China, onde se estabeleceu depois do Dilúvio, e de onde se deduz a precedência da língua chinesa. Os chineses não teriam participado da construção da Torre de Babel, ficando, portanto, imunes da *confusio*; além disso, vivendo durante séculos protegidos das invasões estrangeiras, conservaram desse modo o seu patrimônio linguístico originário.

A nossa história processa-se através de muitos e estranhos anacronismos. Justamente quando o método comparativo estava para nascer, à margem de qualquer hipótese monogenética, ocorrem, no século XVIII, esforços deveras gigantescos para redescobrir uma língua primitiva. Em 1765, Charles de Brosses escreve um *Traité de la formation méchanique des langues,* em que sustenta uma hipótese naturalista (a articulação das palavras é determinada pela natureza das coisas, e para designar um objeto doce se escolhe sempre um som doce) e fundamentalmente materialista (redução da linguagem a operações físicas e atribuição da própria criação de entes sobrenaturais a jogos linguísticos, cf. Droixhe, 1978). Contudo, não renuncia à hipótese de uma língua primitiva, "orgânica, física e necessária, comum a todo o gênero humano, que nenhum povo do mundo conhece nem pratica na sua simplicidade primordial, e que, apesar disso, foi falada por todos os homens, constituindo o primeiro fundo da linguagem de cada país" (*Discours préliminaire,* XIV-XV).

O linguista deve analisar os mecanismos das várias línguas, tentando descobrir ali o que nelas decorre da necessidade natural. Assim, partindo de cada língua conhecida, não deixará de remontar a essa matriz originária desconhecida. Trata-se apenas de identificar um número reduzido de raízes primitivas, que nos poderia dar a nomenclatura universal de todas as línguas europeias e orientais.

Como tentativa comparatista, fundada em um cratilismo ou mimologismo radical (cf. Genette, 1976, p.85-118), o trabalho de Brosses vê as vogais como matéria-prima do *continuum* sonoro, sobre o qual as consoantes recortam entoações ou cesuras, que podem ser percebidas mais pela visão do que pelo ouvido (continua a não distinção entre som e letra alfabética); entretanto, definitivamente, o trabalho comparativo funda-se nas identidades consonânticas.

De acordo com uma ideia que encontramos também em Vico, Brosses sustenta que a invenção dos sons articulados se desenvolvera lado a lado com a invenção da escrita, como Fano sintetiza de modo eficaz (1962, p.231),

> ao que parece, Brosses imagina a coisa da seguinte maneira: como um mestre competente de escola usa o giz para tornar a sua aula didaticamente mais clara, assim o homem das cavernas entremeava os seus discursos com figurinhas explicativas. Por exemplo, se precisasse dizer: "um corvo foi embora voando e pousou sobre uma árvore", ele, antes de mais nada, imitava o grasnar da ave, exprimindo com um "frrr! frrr!" o voo, e, em seguida, pegava um tição e desenhava uma árvore com um pássaro em cima.

Um esforço ciclópico com orientação mimológica seria aquele de Antoine Court de Gébelin, que, entre 1773 e 1782, publica nove volumes de um quarto, com um conjunto de mais de cinco mil páginas, uma obra múltipla e emaranhada, mas não desprovida de observações interessantes, dando-lhe o título de *Le monde primitif analisé et comparé avec le monde moderne* (cf. Genette, 1976, p.119-48).

Court de Gébelin está a par das pesquisas comparativas precedentes, sabe, portanto, que a faculdade linguística é exercitada pelo homem por meio de um aparelho fonatório específico, do qual conhece tanto a anatomia como as leis fisiológicas; compartilha também das opiniões dos fisiocratas do seu tempo e procura, antes de mais nada, indagar as origens da linguagem mediante uma releitura dos mitos antigos, enxergando-os como expressão alegórica das relações do homem agricultor com a terra (v.I). Essa é a razão pela qual a própria escrita, apesar de ter nascido antes da separação dos povos, desenvolveu-se entre os Estados agrícolas, que precisavam da escrita para controlar a propriedade territorial e desenvolver o comércio e as leis (v.III, p.XI). Mas nesse empreendimento ele quer encontrar de novo a língua original de um mundo primitivo, origem e base de uma gramática universal, da qual têm origem todas as línguas existentes e mediante a qual são explicadas.

No discurso preliminar do v.III, dedicado à "história natural da palavra", ou seja, às origens da linguagem, afirma que as palavras não nasceram por acaso, e que "cada palavra tem a própria razão e que essa razão deriva da Natureza" (p.IX). Elabora uma teoria estritamente motivacionista da linguagem, à qual se junta uma teoria ideográfica da escrita, em vista do que até a própria escrita alfabética nada mais é do que uma escrita hieroglífica primitiva limitada a um pequeno grupo de caracteres radicais ou "chaves" (III, p.XII).

Certamente, a linguagem como faculdade, baseada em uma determinada estrutura anatômica, é um dom divino, mas a elaboração da língua primitiva é um fato histórico humano, a tal ponto que, se Deus originariamente falou ao homem, deve ter sido na linguagem que o homem já compreendia pelo fato de tê-la construído para si (III, p.69).

Para reencontrar a língua primitiva, o autor se envolve em uma impressionante análise etimológica do grego, do latim e do francês, sem se descuidar das investigações sobre brasões, moedas, jogos, viagens dos fenícios ao redor do mundo, línguas dos índios da América, medalhas, história civil e religiosa de calendários e almanaques. Mas, como base dessa língua primordial, reconstrói uma gramática universal fundada em princípios necessários, próprios para cada época e para cada lugar, de modo que, quando são identificados como imanentes em uma língua natural dada, sirvam para todas as outras línguas.

Afinal de contas, Court parece demasiado voraz: quer ao mesmo tempo a *gramática universal*, a redescoberta da língua-mãe, a demonstração das *origens biológicas e sociais da linguagem* e, como observa Yaguello (1984, p.19), acaba confundindo tudo sob a mesma rubrica. E além do mais, mesmo com bastante atraso, não resiste sequer às sereias da hipótese nacionalista-céltica, a respeito da qual falaremos no próximo parágrafo: o céltico é a língua que falaram os primeiros habitantes da Europa, "nas suas origens a mesma língua dos orientais", e dela derivam o grego, o latim, o etrusco, o trácio, o alemão, o cantábrico dos antigos espanhóis e o rúnico dos países do Norte (v.v).

AS HIPÓTESES NACIONALISTAS

Alguns autores não negavam de fato que o hebraico fosse a língua primordial, mas sustentavam que, depois de Babel, se originaram outras línguas do hebraico, às quais foi passado o emblema da perfeição. A primeira fonte que incentiva tais teorias "nacionalistas" são os *Comentaria super opera diversorum auctorum de antiquitatibus loquentium* (1498), de Giovanni Nanni, ou Annio, em que se narra como a Etrúria, antes mesmo que pelos gregos, fora colonizada por Noé e pelos seus descendentes. Medita-se, então, sobre o fato de que o capítulo 10 do Gênesis parece contradizer o capítulo 11, o da *confusio*. Com efeito, ao descrever a descendência de Noé, no capítulo 10,5 diz-se o seguinte: "estes foram os filhos de Jafé nos seus territórios, *cada qual segundo a sua língua*" (cf. Stephens, 1989, 3).

A ideia da derivação do dialeto toscano da língua etrusca, e desta do aramaico de Noé, é desenvolvida em Florença por Giovan Battista Gelli (*Dell'origine di Firenze*, 1542-1544) e por Pier Francesco Giambullari (*Il gello*, 1546). A tese fundamentalmente anti-humanista aceita a ideia de que a multiplicação natural das línguas acontecera antes do evento babélico (conectando-se com a ideia de Dante já exposta no *Paraíso*, XXVI).

A ideia apaixona Guillaume Postel, que já tinha sustentado que os celtas descendiam de Noé. No ensaio *De Etruriae regionis* (1551), aceita a posição de Gelli, por isso Giambullari procura a relação Noé--etruscos, sem contudo afirmar que o hebraico adâmico tivesse ficado incorrupto durante os séculos, pelo menos como língua hierática.

Mais moderado parece ser o ambiente espanhol renascentista, onde se afirma que o castelhano deriva de Tubal, filho de Jafé, mas admitindo que o mesmo seria somente uma das 72 línguas pós-babélicas. A moderação é só aparente porque, como consequência, a qualificação de "língua babélica" na Espanha torna-se brasão de antiguidade e de nobreza (a respeito do debate italiano e espanhol, cf. Tavoni, 1990).

Entretanto, uma coisa é demonstrar que a própria língua nacional possui títulos de nobreza por derivar de uma língua originária, seja ela de Adão ou de Noé, e outra coisa é sustentar que, justamente por tais razões, ela se apresenta como a única língua perfeita. A tal extremo, no passado, só chegaram os gramáticos irlandeses citados no Capítulo 1 e o próprio Dante – que também aspirava à perfeição da própria língua vernácula poética, apesar de ter ironizado, anteriormente, aqueles que julgavam o próprio idioma acima de todos os outros, identificando-o com o idioma de Adão. Mesmo assim, o século XVII oferece-nos exemplos até hilariantes de nacionalismos linguísticos desse tipo.

Goropius Becanus (Jan van Gorp), em *Origines Antwerpainae* (1569), sustenta todas as teses correntes em torno da inspiração divina da língua primordial, bem como sobre a sua relação motivada entre palavras e coisas, e descobre essa relação, exibida exemplarmente pelo holandês, ou seja, pelo dialeto de Antuérpia. Os ancestrais dos antuerpienses, os címbricos, são descendentes diretos dos filhos de Jafé, os quais não estavam presentes na construção da Torre de Babel, escapando, portanto, da *confusio linguarum*. Por conseguinte, eles conservaram a língua adâmica, o que é provado por evidentes etimologias (o método etimológico de Becanus deu origem à qualificação de "becanismo" ou "goropismo" para indicar etimologias tão ousadas quanto as de Isidoro ou de Guichard); e o próprio fato de o holandês possuir o número mais elevado de palavras monossilábicas faz que supere todas as outras línguas em riqueza de sons, oferecendo ao mesmo tempo possibilidades excepcionais de gerar palavras compostas.

Mais tarde, o tema seria retomado por Abraham Mylius (*Lingua belgica*, 1612) e por Adrian Schrickius (*Adversariorum libri III*, 1620), com vista a demonstrar "como a língua hebraica é divina e primordial" e "como a língua teutônica vem logo em seguida"; aqui, por "teutônica" se entende sempre o neerlandês na forma então mais conhecida do dialeto de Antuérpia (seguem provas etimológicas não dissemelhantes daquelas de van Gorp).

A assim chamada tese flamenga parece difícil de morrer porque, alimentada por polêmicas nacionalistas, prolonga-se até o século XIX. Em um dos seus ensaios, *La province de Liege... Le flamand langue primordial, mère de toutes les langues*, de 1868, o barão De Ryckholt sustentaria ainda que "o flamengo é a única língua falada no berço da humanidade", e que só ele é uma língua, ao passo que todas as outras, mortas ou vivas, não passam de dialetos dessa mesma língua ou jargões mais ou menos mascarados" (cf. Droixhe, 1990, e a respeito dos delírios linguísticos de grandeza em geral, Poliakov, 1990).

Ao lado da tese holandês-flamenga não falta a tese "sueca" com Georg Stiernhielm (*De linguarum origine praefatio*, 1671) e – mas já entramos na paródia – Andreas Kempe (*Die Sprachen des Paradises*, 1688), que imagina uma Eva seduzida por uma serpente francófona, enquanto Deus fala sueco e Adão, dinamarquês (cf. Borst, 1957, e Olender ,1989, 1993). Não devemos esquecer que estamos em uma época em que a Suécia age no tabuleiro europeu como grande potência. Olaf Rudbeck, na sua *Atlantica sive Mannheim vera Japheti posterorum sedes ac patria* (1675), demonstra que a Suécia foi sede de Jafé e da sua descendência e que daquele tronco racial e linguístico nasceram todas as linguagens góticas. Além disso, Rudbeck identifica a Suécia com a Atlântida mítica e a descreve como o país ideal, a terra das Hespérides, cuja civilização se espalha pelo mundo inteiro.

A busca da língua perfeita na cultura europeia

Por outro lado, já em Isidoro (*Etymologiarum*, 1, IX, 2, 26) constava a ideia de que os godos tiveram origem em Magog, filho de Jafé. A respeito dessas pretensões, Vico (cf. *Scienza nuova seconda*, 1744, II, 2.4, 430) ironiza da seguinte forma:

> vamos dar um pequeno ensaio das muitas opiniões que foram inventadas, por vezes incertas, levianas ou mesmo indecentes e outras vezes bazófias ou ridículas, às quais, por serem demasiado numerosas e dessa espécie, é forçoso desistirmos de nos referir. O exemplo é o seguinte: alguns, referindo-se aos tempos bárbaros, afirmaram que a Escandinávia, ou a Suécia, por orgulho entre as nações, foi denominada *vagina gentium*, julgando-se a mãe de todas as outras nações do mundo, como também por bazófia os eruditos Giovanni e Olao Magni foram da opinião que os seus godos tivessem conservado as letras desde o começo do mundo, divinamente descobertas por Adão; é claro que todos os eruditos riram daquele sonho. Mas nem por isso Giovanni Goropio Becano deixou de seguir e divulgar essa ideia, a ponto de fazer derivar a sua língua címbrica, que não se afasta muito da saxônica, do paraíso terrestre, e afirmar que ela é a mãe de todas as outras [...]. E o ufanismo se foi inchando cada vez mais até romper naquele de Olao Rudbechio na sua obra intitulada *Atlântica*, querendo mostrar que as letras gregas nasceram das runas, e que estas eram as fenícias traduzidas, as quais Cadmo tornou semelhantes às hebraicas, tanto na ordem quanto no som, e os gregos as teriam finalmente endireitado e torneado mediante a regra e o compasso; e, pelo fato de o descobridor ser chamado entre eles Mercurouman, pretende que Mercúrio, que descobriu as letras para os egípcios, tivesse sido godo.

No que diz respeito ao alemão, várias e repetidas suspeitas relativas ao seu direito de primogenitura se agitam no mundo alemão desde o século XIV. Com efeito, na opinião de Lutero, o alemão é a língua que mais do que todas se aproxima de Deus; enquanto isso, em 1533, Konrad Pelicanus (*Commentaria bibliorum*) mostra as analogias evidentes entre o alemão e o hebraico sem se pronunciar sobre qual verdadeiramente é a *Ursprache* (a língua originária) (cf. Borst, 1957-1963, III/1, 2). No período barroco, Georg Philipp Harsdörffer (*Frauemzimmer Gesprächspiel*, 1641, rest. Niemeyer, Tübingen, 1968, p.12) diz o seguinte a respeito da língua alemã:

> ela fala com as línguas da natureza, exprimindo de maneira bem perceptível todos os sons [...]. Ela troveja com o céu, relampeja com as nuvens velozes, fulgura com o granizo, sibila com os ventos, espumeja com as ondas, faz barulho com as fechaduras, soa com o ar, detona com os canhões, ruge como o leão, muge como o boi, rosna como o urso, brame como o cervo, bale como a ovelha, grunhe como o porco, late como o cão, relincha como o cavalo, sibila como a serpente, mia como o gato, grita como o ganso, coaxa como o marreco, zumbe como o zangão, cacareja como a galinha, bate o bico como a cegonha, grasna como o corvo, garre como a andorinha, chilreia como o pássaro [...]. A natureza fala, em todas as coisas que produzem um som de si mesmas, a nossa linguagem alemã, e por isso muitos quiseram afirmar que o primeiro homem, Adão, não conseguiu denominar os pássaros e todos os animais da terra a não ser com as nossas palavras, porque ele exprimia de maneira conforme à natureza cada e qualquer propriedade inata e por si sonora; e, portanto, não é de admirar que todas as nossas palavras radicais, na sua grande maioria, coincidam com a linguagem sagrada.

O alemão permanecera perfeito porque a Alemanha nunca fora subjugada a um poder estrangeiro, ao passo que os derrotados (esta era também a opinião de Kircher) adotam costumes e língua do vencedor, como aconteceu com o francês, que se misturou com o céltico, o grego e o latim. O alemão é mais rico em termos do que o hebraico, mais maleável do que o grego, mais poderoso do que o

A busca da língua perfeita na cultura europeia 115

latim, mais magnífico na pronúncia do que o espanhol, mais charmoso do que o francês, mais correto do que o italiano.

Ideias semelhantes surgem em Schottel (*Teutsche Sprachkunst*, 1641), que celebra a língua alemã como a mais próxima, na pureza, da língua adâmica (insere-se aqui a ideia da língua como expressão do gênio de um povo). Na opinião de outros escritores, até o próprio hebraico deriva do alemão. Reaparece também a ideia de que (uma opinião que, conforme os autores, muda apenas no que diz respeito à localidade) Jafé se deslocara para a Alemanha e o seu neto Ascenas habitava no principado de Anhalt desde a primeira confusão babilônica, e dele descenderam Armínio e Carlos Magno.

Essas teses nascem também pelo fato de que no mundo protestante alemão é necessário defender a língua alemã como aquela em que foi traduzida a Bíblia de Lutero, e que "reivindicações desse tipo devem ser vistas no contexto da fragmentação política após a Guerra dos Trinta Anos. Levando-se em conta que a língua alemã era uma das forças máximas capazes de unir a nação, o seu valor devia ser enfatizado e a própria língua precisava ser libertada de influências estrangeiras" (Faust, 1981, p.366).

Leibniz ironizava essas e outras pretensões e, em uma carta de 7 de abril de 1699 (apud Gensini, 1991, p.113), fazia chacota daqueles que queriam trazer tudo a favor da própria língua, como Becano e Rudbeck, ou um tal de Ostroski, que remontava tudo ao húngaro, ou certo abade François que reivindicava o bretão, ou ainda Pretorius, partidário do polonês. Daí Leibniz concluía que, se um dia os turcos e os tártaros tivessem ficado sábios como os europeus, teriam facilmente encontrado a maneira de promover as próprias linguagens a línguas-mães de toda a humanidade.

Entretanto, nem mesmo Leibniz consegue ficar imune à tentação nacionalista. Nos *Nouveaux essais*, faz uma alusão bondosa a Gorópio Becano, usando o termo *goropiser* com referência às suas más etimologias, mas admite que não estava errado em reconhecer no címbrico, e, portanto, no alemão, uma língua mais primitiva do que o próprio hebraico. Na verdade, Leibniz compartilhou a "hipótese celto-cítica" (levantada desde a Renascença, cf. Borst, 1957-1963, III/1, 4.2; Droixhe, 1978). No seu trabalho de coleta de material linguístico, realizado ao longo de uma década, com o objetivo de estabelecer comparações minuciosas, ficou convencido de que nas origens de todo o tronco jafético houve uma língua céltica comum tanto aos alemães quanto aos gauleses, e de que "é possível conjecturar que esse tronco deriva da origem comum de todos esses povos descendentes dos citas, vindos do Mar Negro, atravessando o Danúbio e o Vístula; parte deles teria ido para a Grécia, e a outra parte, ocupado a Alemanha e as Gálias" (*Nouveaux essais*, III, 2). Além disso, ele percebe analogias até mesmo entre as línguas celto-cíticas e as que hoje chamamos de semitas, resultado de migrações sucessivas; pensa que "não há nada que se oponha ou, ao contrário, favoreça o sentimento da origem comum de todas as nações, e de uma língua radical e primitiva"; admite que o árabe e o hebraico se aproximam mais do que outras, apesar das numerosas alterações: mas, no fim, conclui que "parece que a língua teutônica conservara mais um aspecto natural ou (como também dizia Jacques Böhm [*sic*]) adâmico". E após ter examinado várias onomatopeias alemãs, conclui que a língua alemã poderia ser apresentada como a mais primitiva.

Ao traçar a difusão sucessiva desse tronco cítico no mundo mediterrâneo, e distinguindo um grupo de línguas meridionais ou aramaicas, Leibniz apresentava a hipótese de um atlas linguístico que, embora errado na sua maior parte, à luz daquilo que o comparatismo posterior teria descoberto, não era certamente desprovido de brilhantes intuições (cf. Gensini, ed., 1990, p.41).

Obviamente, no ambiente britânico, a defesa do céltico assumiria outras conotações, em oposição à tradição alemã. Assim, no século seguinte, Rowland Jones sustentará que a língua primordial foi o céltico e que "nenhuma linguagem, em comparação com o inglês, mostra-se tão próxima à primeira linguagem universal e à sua precisão e correspondência natural entre palavras e coisas, da forma e maneira em que a apresentamos como língua universal". Daí, a língua inglesa

> é a mãe de todos os dialetos ocidentais e do grego, irmã mais velha das línguas orientais, e, na sua forma concreta, a língua viva dos atlânticos e dos aborígenes da Itália, das Gálias e da Bretanha, que forneceu aos romanos muitos dos seus vocábulos que não são de origem grega, bem como os seus nomes gramaticais, e também muitos dos nomes principais de muitas partes do globo [...]. Os dialetos e a sabedoria celta derivam dos círculos de Trismegisto, Hermes, Mercúrio ou Gomer [...] e a língua inglesa conserva de forma mais peculiar as suas derivações desta que é a mais pura das fontes da linguagem. (*The Circles of Gomer*, Crowder, Londres, 1771, p.30-2)

Em seguida, vêm provas etimológicas.

As hipóteses nacionalistas são típicas dos séculos XVII e XVIII, quando tomam forma definitiva os grandes Estados europeus, levantando-se o problema de uma supremacia sobre o continente. Essas afirmações vigorosas de originalidade não nascem mais de uma tensão da concórdia religiosa, mas de uma bem mais concreta razão de Estado – quer os seus autores tivessem ou não consciência disso.

Apesar, contudo, dessas motivações nacionalistas, devido a uma daquelas artimanhas que Hegel chamaria de "astúcias da razão", a busca ansiosa de etimologias que provassem a descendência comum de cada língua viva leva a um trabalho cada vez mais intenso de comparação linguística. Por meio desse trabalho, o fantasma de uma língua originária dissolve-se aos poucos, sobrando no máximo a mera hipótese normativa; emerge, em compensação, a necessidade de uma tipologia dos troncos linguísticos fundamentais. A busca da língua-mãe dá origem a uma pesquisa em torno das origens, que, porém, muda radicalmente de sinal. A fim de documentar a língua primordial, foram realizados passos importantes quer na identificação e delimitação de algumas famílias linguísticas (como a semita e a alemã), quer na elaboração de um modelo segundo o qual uma língua poderia ser "mãe" de outras línguas ou dialetos que conservassem alguns traços em comum com ela, quer, finalmente, na construção embrionária de um método de comparação, prefigurado na produção de dicionários sinóticos (Simone, 1990, p.331).

A HIPÓTESE INDO-EUROPEIA

A essa altura, o hebraico já perdera a sua batalha. Entre os séculos XVIII e XIX começa a abrir caminho a ideia de que, no decorrer da diferenciação histórica das línguas, aconteceram tais fenômenos de variação e de corrupção que – mesmo com a existência de uma língua primitiva –, a essa altura, era impossível remontar a tal língua. Em lugar disso, seria mais conveniente traçar uma tipologia das línguas existentes, tentando descobrir famílias, gerações e descendências. Assim começa uma história que não tem mais nada a ver com a nossa.

Em 1786, no *Journal of the Asiatick Society* de Bombay, Sir William Jones anuncia que

a língua sânscrita, seja qual for a sua antiguidade, é de uma estrutura admirável, mais perfeita do que o grego, mais rica do que o latim e mais primorosamente refinada do que essas duas línguas, mostrando ter com as duas uma relação de afinidade, quer nas raízes dos verbos, quer nas formas gramaticais [...]. Nenhum filólogo poderia examinar as três línguas sem se convencer de que elas brotaram de uma raiz comum, que talvez não exista mais. ("On the Hindus", em *The Works of Sir William Jones*, v.III, Londres, 1807, p.34-5)

Jones apresentava a hipótese de que também o céltico e o godo, e a própria língua persa antiga, tivessem um parentesco com o sânscrito. É possível notar que ele não fala apenas de raízes dos verbos, mas também de estruturas gramaticais. Sai, portanto, da pesquisa de analogias nomenclatórias e começa a falar de semelhanças sintáticas e afinidades fonéticas.

John Wallis, por sua vez (*Grammatica linguae anglicanae*, 1653), já se pusera o problema de como seria possível estabelecer uma relação entre a série francesa *guerre –garant – gard – gardien – garderobe – guise* e a série inglesa *warre – warrant – ward – warden – wardrobe – wise*, identificando uma troca constante entre *g* e *w*. Mais tarde, no século XIX, estudiosos alemães como Friedrich e Wilhelm von Schlegel e Franz Bopp aprofundariam as relações entre sânscrito, grego, latim, persa e alemão. São descobertas correspondências entre os paradigmas do verbo "ser" em várias línguas, chegando-se gradativamente à hipótese de que não foi o sânscrito a língua originária, ou a *Ursprache*, mas toda uma família de línguas, inclusive o sânscrito, é que derivou de uma protolíngua não mais existente, que pode ser reconstruída idealmente. Foi esta a pesquisa que levou à hipótese do indo-europeu.

Esses critérios científicos são elaborados com base no trabalho de Jakob Grimm (*Deutsche Grammatik*, 1818). Agora a investigação parte à procura de "rotações de sons" (*Lautverschiebungen*) para descobrir, por exemplo, como de um [p] sânscrito são gerados o *pous-podos* grego, o *pes-pedis* latino, o *fotus* godo e o *foot* inglês.

O que mudou definitivamente a respeito da utopia da língua de Adão? Três coisas. Antes de mais nada, a cientificidade dos critérios. Em segundo lugar, a ideia de que a língua originária é um documento arqueológico a desenterrar: o indo-europeu permanece um parâmetro ideal. E, finalmente, não pretende ser a língua-mãe da humanidade, porém se apresenta como o primeiro ancestral de uma única família de línguas, as arianas.

Será que podemos realmente afirmar que, mediante o nascimento da ciência linguística moderna, o fantasma do hebraico, como língua santa, desaparece? Simplesmente torna a se configurar como um Outro inquietante e diverso.

A esse respeito, veja-se em Olender (1989, 1993) como se configura no século XIX uma troca de mitos. Não se trata mais do mito da precedência de uma língua, mas do mito da primazia de uma cultura, ou de uma raça: contra a imagem da civilização e da língua hebraica ergue-se o fantasma da civilização e das línguas do tronco ariano.

Colocada diante da presença (virtual, mas invasora) do indo-europeu, a cultura europeia coloca o hebraico em uma perspectiva meta-histórica. A investigação passa das celebrações de Herder, que em seu sentido fundamental do pluralismo cultural faz do hebraico uma língua fundamentalmente poética (mas, agindo desse modo, acaba sempre cavando, de qualquer maneira, um sulco entre uma cultura da intuição e uma cultura da racionalidade), para a frequentação ambígua de Renan, que, ao tentar opor o espírito da língua hebraica (língua do deserto e do monoteísmo) ao espírito das línguas indo-europeias (de vocação politeísta), chega a contraposições que, relidas à distância de tempo, soam decididamente cômicas: as línguas semitas são incapazes de pensar a multiplicidade e renitentes à abstração, pelo que a cultura hebraica seria alheia ao pensamento científico e ao sentido do humor.

Infelizmente não se trata apenas de ingenuidades científicas. O mito da cultura ariana – como bem sabemos – está urdindo desfechos políticos muito mais trágicos. Obviamente, não se pretende imputar aos honestos estudiosos do indo-europeu os campos de extermínio, até porque, no nível linguístico, eles tinham razão. Mas, no decorrer dessa nossa história, procuramos mostrar constantemente efeitos colaterais. E somos forçados a pensar em alguns desses "efeitos colaterais" quando Olender reproduz algumas passagens do grande linguista Adolphe Pictet, que, no ensaio *Les origines indo-*

A busca da língua perfeita na cultura europeia 121

-*européennes ou les Aryas primitifs* (1859-1863), canta o próprio hino
à cultura ariana:

> Em uma época anterior a qualquer testemunho histórico, que se perde
> na noite dos tempos, uma raça destinada pela providência a dominar
> um dia sobre o mundo inteiro crescia pouco a pouco no berço primi-
> tivo que era prelúdio do seu brilhante futuro. Privilegiada sobre todas
> pela beleza do sangue e pelos dons da inteligência, no seio de uma na-
> tureza grandiosa e severa, que cedia os seus tesouros sem fazer deles
> um dom fácil, essa raça foi desde o início chamada para a conquista
> [...]. Uma língua, em que vinham a refletir-se espontaneamente todas
> as suas impressões, os seus suaves afetos, as suas admirações ingênuas,
> mas também os seus impulsos para um mundo superior; uma língua
> cheia de imagens e ideias intuitivas, que carrega em germe todas as
> riquezas futuras de uma expansão magnífica da poesia mais elevada e
> do pensamento mais profundo (I, p.7-8) [...]. Não é talvez curioso ver
> os aryas da Europa, depois de uma separação de quatro mil ou cinco
> mil anos, alcançarem mediante um imenso circuito os seus irmãos des-
> conhecidos da Índia, dominá-los levando-lhes os elementos de uma
> civilização superior, e reencontrar junto deles os títulos antigos de uma
> origem comum? (III, p.537; apud Olender, 1989, p.130-9)

Ao término de uma viagem milenária ideal rumo ao Oriente para
descobrir ali as próprias raízes, a Europa encontra no fim da viagem as razões ideais para uma viagem real, não de descoberta, mas
de conquista, que Kipling celebraria falando do "fardo do homem
branco". Não há mais necessidade de uma língua perfeita para converter os irmãos mais ou menos desconhecidos. Bastará impor-lhes
uma língua indo-europeia, quem sabe, justificando a imposição com
a referência à origem comum.

Os filósofos contra o monogenetismo

Embora o século XVIII tivesse ainda presenciado as pesquisas glotogônicas de Brosses ou de Court de Gébelin, os pressupostos para uma liquidação definitiva do mito da língua-mãe ou de um estado linguístico ideal e pré-babélico já tinham penetrado na filosofia da linguagem dos iluministas. Como prova disso bastaria ver o *Essai sur l'origine des langues*, de Rousseau, publicado postumamente em 1781, mas com certeza anterior de algumas décadas. Um golpe de cena que já se prefigurava em Vico, para quem a língua das origens assume justamente aqueles caracteres negativos que os teóricos das línguas perfeitas atribuíam às línguas pós-babélicas.

Nessa língua, o nome não exprime de modo algum a essência da coisa, porque na época se falava por metáfora, obedecendo aos impulsos da paixão que obrigava a reagir por instinto diante de objetos desconhecidos, pelo que metafórica e erradamente se chamava de gigantes seres apenas maiores e mais fortes do que aqueles que falavam (Capítulo 3). Era uma língua mais próxima ao canto e menos articulada do que a língua verbal, povoada de muitos sinônimos para exprimir o mesmo ente nos seus diversos relacionamentos. Dotada de poucas palavras abstratas, descobrimos que a sua gramática era irregular e cheia de anomalias. Ela representava sem raciocinar (Capítulo 4).

Por outro lado, a mesma dispersão originária dos homens após o Dilúvio tornara inútil qualquer pesquisa monogenética (Capítulo 9). Já Du Bos (*Réflexions critiques sur la poèsie et sur la peinture* (ed.) 1764, I, 35) preferia falar não tanto de língua-mãe quanto de língua das origens, língua da era das cabanas. A língua, a essa altura, mais do que inatingível, surge imperfeita no máximo grau. Agora toca o sino da História: voltar atrás é impossível, e de qualquer forma não significa retornar à plenitude do saber.

A busca da língua perfeita na cultura europeia 123

A propósito da gênese da linguagem e das suas relações com o pensamento, o século XVIII se encontra dividido entre hipóteses racionalistas e hipóteses empírico-sensistas. Muitos pensadores do Iluminismo são certamente influenciados pelos princípios cartesianos que foram expressados, no nível semiótico, na *Grammaire* (1660) e na *Logique* (1662) de Port-Royal. Autores como Beauzée e Du Marsais (que constam como colaboradores da *Encyclopédie*) pretendem identificar um isomorfismo total entre língua, pensamento e realidade, e nessa direção procederiam muitas das discussões sobre a racionalização da gramática. Beauzée afirma (no verbete "Grammaire") que "a fala é uma espécie de quadro (*tableau*) cujo original é o pensamento" e, portanto, a linguagem deve ser uma imitação fiel do pensamento, e, além disso, "deve haver, portanto, princípios fundamentais comuns a todas as línguas, princípios cuja verdade indestrutível é anterior a todas as convenções arbitrárias ou fortuitas que deram à luz os diferentes idiomas que dividem o gênero humano".

No mesmo século, contudo, vemos florescer um tipo de investigação que Rosiello (1967) chamou de "linguística iluminista" e que prossegue através do sensismo de Condillac, do empirismo de Locke. Em nítida alternativa ao inatismo cartesiano, Locke descrevera a nossa mente como um papel em branco, desprovido de qualquer caráter, tirando todos os seus dados da sensação, que nos faz conhecer as coisas externas, e pela reflexão, que nos faz conhecer as operações internas da alma. Somente dessas atividades derivam aquelas ideias simples que em seguida a inteligência compara e compõe formando uma variedade infinita de ideias complexas.

Condillac, por sua vez (*Essai sur l'origine des connaissances humaines*, 1746), reduz o empirismo lockiano a um sensismo radical, porque não somente as percepções derivam dos sentidos, mas também as atividades da alma, desde a memória e a atenção até o raciocínio e, portanto, o juízo. Uma estátua interiormente organizada como o nosso corpo, mediante as primeiras sensações de prazer e de dor, elabora sucessivamente as várias operações do intelecto, derivando daí o nosso próprio patrimônio de ideias abstratas. Nessa gênese das ideias, os sinais intervêm de maneira imediata e ativa, antes de mais nada para exprimir as nossas primeiras sensações, em uma linguagem emotiva e passional de gritos e gestos, ou seja, como *linguagem de ação*, e, em seguida, como maneira de fixar o próprio crescimento do pensamento, enquanto linguagem de instituição.

Essa ideia da linguagem de ação já se apresentara com William Warburton (*The Divine Legation of Moses*, 1737-1741) e seria amplamente desenvolvida na senda da tradição sensista para ver como era possível passar da linguagem de ação para formas mais complexas, e como essa gênese, irreversível, podia colocar-se no leito de um percurso histórico. No fim do século XVIII, o grupo dos *Idéologues* deduziria dessa discussão uma série coerente e sistemática de conclusões dentro de uma ótica que é ao mesmo tempo materialista, historicista e atenta aos fatores sociais, desenvolvendo uma fenomenologia detalhada dos vários tipos de expressão, dos sinais pictográficos, das linguagens gestuais das pantomimas, dos mudos, dos oradores ou dos atores, das cifras e dos caracteres algébricos, dos jargões e sinais das associações secretas (assunto bastante vivo numa época em que nascem e florescem as confrarias maçônicas).

Em obras como os *Eléments d'idéologie*, de Antoine-Louis--Claude Destutt de Tracy (1801-1815, 4v.), e mais ainda em *Des signes*, de Joseph-Marie Degérando (1800, I, 5), desenvolve-se um afresco histórico em que os homens, em um primeiro momento, parecem ocupados em se entender mutuamente, comunicando-se mediante simples ações; em seguida, pouco a pouco passam para uma linguagem imitativa, uma linguagem da natureza, pela qual as ações são reproduzidas, em uma espécie de pantomima, para referir-se a ações análogas. Mas tal linguagem é ainda equívoca, pois não há certeza de que ambos os interlocutores associem ao mesmo tempo a

A busca da língua perfeita na cultura europeia 125

mesma ideia, circunstância, motivação e finalidade. Para nomear os objetos presentes basta um sinal que chamaríamos indical, um grito, um olhar dirigido para a coisa designada, um movimento do dedo. Quanto ao que se refere às coisas não diretamente indicáveis, ou elas são objetos físicos, porém distantes, ou estados interiores. No primeiro caso recorre-se ainda a uma linguagem imitativa, quando mais do que substâncias são reproduzidas ações. Para referir-se a estados interiores e a conceitos, recorre-se a uma linguagem figurada, por meio de metáforas, sinédoques ou metonímias: as mãos que sopesam dois corpos sugerem o juízo que pondera dois partidos, a chama remete a uma paixão ardente, e assim por diante. Até este ponto estamos falando de uma linguagem por analogias, que pode manifestar-se por meio de gestos, tons da voz (em grande parte onomatopeias primitivas) e escritas simbólicas ou pictográficas. Porém, pouco a pouco, os sinais de analogia tornar-se-ão sinais de costume, passar-se-á para uma codificação mais ou menos arbitrária, nascendo então as línguas propriamente ditas. Portanto, o arcabouço sígnico que a humanidade constrói é determinado por fatores históricos e ambientais.

Seria precisamente no pensamento dos *Idéologues* que se desenvolveria também a crítica mais acirrada a qualquer ideal de língua perfeita. Contudo, encerra-se aqui, na realidade, aquela polêmica que começou no século XVII com a hipótese epicurista, e mesmo antes com as reflexões sobre a variedade das culturas já presentes em Montaigne e em Locke, quando colocavam em relevo a diferença entre as crenças dos vários povos exóticos que os pesquisadores da sua época estavam revelando.

Desse modo, no verbete "Langue" da *Encyclopédie,* Jaucourt lembrava que, considerando que as diversas línguas nascem dos gênios diferentes dos povos, é possível decidir logo que jamais existirão línguas universais, levando-se em conta que jamais se poderá conferir a todas as nações os mesmos costumes e sentimentos, as mesmas ideias de vício e de virtude, ideias que procedem da diversidade dos climas, da educação e da forma de governo.

Perfila-se então a ideia de que as línguas elaboram um "gênio" que as torna mutuamente incomparáveis, capazes, portanto, de exprimir diferentes concepções do mundo. A ideia aparece em Condillac (*Essai sur l'origine des connaissances humaines*, II, I, 5), mas se encontra também em Herder (*Fragmente über die neuere deutsche Literatur*, 1766-1767) e retornaria de forma mais desenvolvida em Humboldt (*Ueber die Verschiedenheit des menschlischen Sprachbaues und ihren Einfluss auf die geistige Entwicklung des Menschengeschlechts*, de 1836), pelo que cada língua possui uma *innere Sprachform*, uma forma interna que exprime a visão do mundo própria do povo que fala tal língua.

Quando são reconhecidas relações orgânicas entre uma determinada língua e um determinado modo de pensar, essas relações colocam condicionamentos recíprocos que são sincrônicos (relação entre língua e pensamento em uma determinada época), e também diacrônicos (relação no tempo de uma determinada língua consigo mesma). Assim, tanto a maneira de pensar quanto a forma de falar são o produto de um desenvolvimento histórico (cf. De Mauro, 1965, p.47-63). E a essa altura seria um transvio remeter as linguagens humanas a uma suposta matriz unitária.

UM SONHO DIFÍCIL DE MORRER

As teorias monogenéticas, entretanto, não cedem nem mesmo diante das mais articuladas pesquisas de linguística comparada. A bibliografia dos monogenetistas tardios é imensa. Nela há alguns que parecem loucos, outros que se revelam espíritos bizarros, e outros que são estudiosos de absoluta seriedade.

A ideia iluminista, por exemplo, de uma linguagem de ação seria dirigida à monogenética, já em 1850, por J. Barrois (*Dactylologie et language primitif restitués d'après les monuments,* Paris 1850). Supondo que a fala primitiva da humanidade foi uma linguagem de ação, exclusivamente gestual, Barrois quer até mesmo provar que as expressões bíblicas que indicam como Deus dirige a palavra a Adão não fazem referência a um falar no sentido verbal, mas supõem uma linguagem mímica: "A designação dos diversos animais feita por Adão era composta de uma mímica especial que lembrava a forma, o instinto, o hábito ou as qualidades e, por fim, a característica das suas propriedades essenciais" (p.31). A primeira vez que na Bíblia aparece uma expressão que, sem ambiguidade, se refere a um falar fonético é quando Deus fala a Noé. Antes, as expressões são mais vagas: sinal que só lentamente, e só na era imediatamente antes do Dilúvio, acabou por impor-se definitivamente a linguagem fonética. A *confusio linguarum* nasceu do desacordo entre linguagem gestual e linguagem falada; o nascimento de uma língua primitiva vocal era acompanhada estritamente por gestos que ressaltavam as palavras mais importantes, tal como os negros e os comerciantes sírios fazem ainda hoje (p.36).

A linguagem datilológica, que se exprime por meio de movimentos dos dedos (Barrois encontra essa linguagem sempre igual analisando monumentos iconográficos de todos os tempos), nasce como abreviação de uma linguagem fonética, quando esta se ajusta, e como forma de ressaltá-la e especificá-la mediante tal transformação da linguagem primitiva de ação.

No que diz respeito à ideia de um hebraico primitivo, bastaria citar a figura de Fabre d'Olivet, que também escreve em 1815. O seu tratado *La langue hébraïque restituée* (ainda hoje fonte de inspiração para cabalistas tardios) fala-nos de uma língua primitiva que nenhum povo jamais falou, e da qual o hebraico é somente o mais ilustre dos seus rebentos, enquanto era nada mais do que o egípcio de Moisés. Portanto, ele vai em busca da língua-mãe em um hebraico que certamente estuda com cuidado, mas reinterpreta de modo fantástico, convencido de que nessa língua cada fonema e cada som particular tinha um sentido próprio. É inútil seguir Fabre na sua louca revisitação; basta a propósito dizer que as suas etimologias são ainda alinhadas com aquelas de Duret, de Guichard e de Kircher, e ainda menos convincentes.

Basta ver como ele, tentando descobrir vestígios do mimologismo hebraico nas línguas modernas, dá a etimologia do francês *emplacement* [localização]. *Place* deriva do latim *platea* e do alemão *Platz*: nessas palavras, o som AT significa proteção, L extensão, e, portanto, LAT significa extensão protegida. MENT deriva de *mens* e de *mind*; nessa sílaba, E é sinal de vida absoluta, N de existência reflexa, e juntas sugerem ENS, isto é, espírito corporal. M é sinal de existência em um ponto determinado. Portanto, *emplacement* significa "le mode propre d'après le quel une étendue fixe et determinée, comme *place*, est conçue, ou se présente au dehors"[1] (I, p.43); tal explicação de Fabre permitiu a um crítico dizer que, portanto, para Fabre, *emplacement* significa "localização"[2] (cf. Cellier, 1953, p.140; Pallotti, 1992).

Entretanto, justamente partindo de Fabre d'Olivet, Benjamin Lee Whorf começou a fantasiar pensando em uma "oligossíntese", refletindo "possíveis aplicações de uma ciência capaz de restaurar uma língua original comum à raça humana, ou aperfeiçoando uma língua natural, ideal, construída sobre a significação psicológica original dos sons, quem sabe uma língua comum futura, pela qual sejam moldadas todas as nossas várias línguas ou, para dizer isso de outra forma, a cujos termos possam ser reduzidos todos os outros" (Whorf, 1956, p.12; cf. também p.74-6). Esse não foi o primeiro nem

---

1. Em francês no original: "O próprio modo segundo o qual uma extensão fixa e determinada, como lugar, é concebida, ou externada". [N.T.]
2. No original, há aqui uma coincidência de palavras entre francês e italiano que se perde na tradução: "*che dunque per Fabre* emplacement *significa 'emplacement'*". [N.E.]

A busca da língua perfeita na cultura europeia   129

o último dos episódios paradoxais da nossa história, visto que, sob o nome de Whorf, vai a menos monogenética de todas as hipóteses glotológicas, e que justamente Whorf entregou à cultura contemporânea a ideia de que cada língua é um universo "holístico", apto para exprimir uma visão do mundo irredutível àquela expressa por outras línguas.

No que se refere à longevidade do mito do hebraico originário, veja-se a saborosa antologia que White faz a respeito (1917, II, p.189-208). Seria preciso que se passassem mais de cem anos entre a primeira e a nona edição (ou seja, de 1771 a 1885) para que o artigo "Filologia" da *Encyclopaedia Britannica* passasse de uma aceitação parcial da hipótese monogenética, tratando com muito respeito a teoria do hebraico como língua sagrada, introduzindo sucessivamente correções ulteriores, cada vez menos tímidas, até um artigo inspirado nos critérios glotológicos mais modernos. Mas, nesse mesmo período, e mesmo depois, continuaria, pelo menos nos ambientes teológicos "fundamentalistas", a defesa da hipótese tradicional, e ainda em 1804 a Manchester Philological Society excluía como membros aqueles que tivessem negado a revelação divina, falando de sânscrito ou de indo-europeu.

Entre os precursores da hipótese monogenética, no final do século XVIII, encontraríamos também um místico e teósofo como Louis-Claude de Saint-Martin, que, no ensaio *De l'esprit des choses* (1798-1799), dedicava numerosos capítulos da segunda parte às línguas primitivas, línguas-mães e hieróglifos, como também, no século XIX, legitimistas católicos, como De Maistre (*Soirées de Saint Petersbourg*, II), De Bonald (*Recherches philosophiques*, III, 2), Lamennais (*Essai sur l'indifference en matière de religion*). Entretanto, o que interessa a esses autores não é tanto afirmar que a primeira língua do mundo fora o hebraico, quanto opor-se a uma concepção poligenética materialista ou, pior ainda, convencionalista, conforme à ideia de Locke, das origens da linguagem. O problema do pensa-

130 *Umberto Eco*

mento "reacionário" – até os nossos dias – não é o fato de afirmar que Adão falou em hebraico, mas reconhecer na linguagem uma fonte de revelação, e isso é possível sustentar somente se afirmarmos que a linguagem, sem a mediação de qualquer pacto social ou de qualquer adaptação às necessidades materiais da existência, exprime a relação direta entre o homem e o sagrado.

De sinal aparentemente oposto foi, no nosso século, a hipótese poligenética do linguista georgiano Nikolaj Marr, mais conhecido por ter sustentado a dependência da língua das divisões de classe, e em seguida ter sido refutado por Stálin, no ensaio *O marxismo e a linguística*, de 1953. Marr chegara às suas últimas posições partindo de um ataque ao comparativismo como expressão da ideologia burguesa e sustentando uma hipótese rigidamente poligenética. Porém, curiosamente, o poligenetismo induzira Marr a recair em uma utopia da língua perfeita, imaginando uma humanidade sem classes e sem nacionalidade, capaz de falar uma língua única, nascida do cruzamento de todas as línguas (cf. Yaguello, 1984, 7, com amplos extratos antológicos).

Novas perspectivas monogenéticas

Duvidando da possibilidade de uma investigação realmente científica em torno de um assunto cujos documentos se perdem na noite dos tempos, não podendo deixar de ser apenas um objeto de conjetura, em 1866, a Société de Linguistique de Paris decidiu recusar qualquer comunicação tanto sobre as línguas universais quanto sobre as origens da linguagem. Entretanto (mesmo não assumindo mais a forma da reconstrução histórica mais ou menos imaginária, e da utopia da língua universal ou perfeita, e sim a forma de uma pesquisa comparativa em torno das línguas existentes), o debate ainda atual sobre os universais da linguagem (cf. Greenberg [ed.], 1963; Steiner, 1975, 1.3) é filho dessas antigas discussões. Do mesmo

A busca da língua perfeita na cultura europeia 131

modo, foi retomada em tempos bastante recentes uma pesquisa em torno das origens da linguagem (cf., por exemplo, Fano, 1962; Hewes, 1975, 1979).

Por outro lado, a pesquisa sobre a língua-mãe volta no nosso século com Vitalij Sevorskin (1989), que recentemente tornou a propor a "Nostratica" (uma teoria elaborada no ambiente cultural soviético da década de 1960 por Vladislav Il'ič-Svitych e Aron Dolgoposkij), sustentando a existência de uma linguagem protoindo--europeia que, por sua vez, teria sido um dos seis ramos de uma família linguística mais ampla que remonta ao Nostrático, e dali a um proto-Nostrático falado pelo menos há dez mil anos; os defensores dessa teoria reconstruíram um dicionário de algumas centenas de termos. Mas o proto-Nostrático derivaria de uma língua-mãe ainda mais antiga, falada talvez até 150 mil anos atrás, e divulgada a partir da África até o resto do globo (cf. Wright, 1991).

Em suma, tratar-se-ia de imaginar um casal humano originário da África (nada proíbe de chamá-lo Adão e Eva, falando-se de fato de uma "Eve's hypothesis"), que, a seguir, teriam migrado para o Oriente Próximo e cujos descendentes teriam se espalhado por toda a Eurásia e, possivelmente, pela Austrália e pela América (Ivanov, 1992, p.2). Reconstruir uma língua originária da qual não se possuem documentos escritos significa proceder como

> os biólogos moleculares na sua pesquisa para compreender a evolução da vida. O bioquímico identifica elementos moleculares que desenvolvem funções semelhantes em espécies amplamente divergentes, inferindo as suas características de células primordiais das quais supõem sejam derivadas. Do mesmo modo age o linguista, que busca correspondências gramaticais, sintáticas, lexicais e fonéticas entre as linguagens conhecidas para reconstruir os seus ancestrais imediatos e, por fim, a língua original. (Gamkrelidze; Ivanov, 1990, p.110)

A partir de uma vertente análoga, a pesquisa genética realizada por Cavalli-Sforza (cf., por exemplo, 1988, 1991) tende a demonstrar uma analogia estrita entre afinidades genéticas e afinidades linguísticas, e em definitivo visa ainda à hipótese de uma origem comum das línguas, dependente da origem evolutiva comum dos grupos humanos. Como o homem teria aparecido uma única vez sobre a face da Terra, de onde se teria espalhado por todo o globo, assim também teria acontecido à linguagem: monogênese biológica e monogênese linguística caminhariam juntas e poderiam ser deduzidas por inferência com base em dados comparáveis entre si. Por outro lado – e mesmo em um quadro geral muito diferente –, a pretensão de que existam quer um código genético, como também um código imunológico, analisáveis de algum modo em termos semióticos, aparece ainda como uma nova proposta, cientificamente bem mais motivada e cautelosa do que a necessidade de descobrir uma língua primitiva, dessa vez não em sentido histórico, mas em sentido biológico: uma proposta que se manifesta nas próprias raízes da evolução, tanto da filogênese como também da ontogênese, e não só na alvorada da humanidade (cf. Prodi, 1977).

CAPÍTULO 6

Cabalismo e lulismo na cultura moderna

O fascínio pelas sabedorias arcaicas não se manifestara apenas com relação ao hebraico na época do humanismo e da Renascença. Ao alvorecer do mundo moderno, os estudiosos partiram para a redescoberta do pensamento grego, da escrita hieroglífica egípcia (ver Capítulo 7) bem como de outros textos, que se acreditava ser mais antigos do que eram na realidade: os *Hinos órficos* (provavelmente escritos entre os séculos II e III d.C., mas logo atribuídos a Orfeu), os *Oráculos caldaicos* (eles também um produto do século II, mas atribuídos a Zoroastro), e sobretudo o *Corpus Hermeticum*, que chegou a Florença em 1460 e logo foi entregue por Cósimo de' Medici a Marsílio Ficino para que o traduzisse.

Essa última coletânea não era de modo algum antiquíssima, e mais tarde Isaac Casaubon, no tratado *De rebus sacris et ecclesiasticis* (1614), demonstraria que eloquentes indícios estilísticos, bem como as numerosas contradições que aparecem entre os vários textos, provam que se trata de uma coleção de escritos devidos a vários autores que viveram em épocas mais recentes e em um ambiente de cultura helenista tardia, alimentada de espiritualidade egípcia. Ficino, porém, ficou impressionado pelo fato de que a gênese do universo descrita por tal documento lembrava a gênese bíblica. Não nos devemos admirar que Mercúrio soubesse tanto – afirma Ficino –, pois ele não era senão o próprio Moisés (*Theologia platônica*, 8, 1): "este

A busca da língua perfeita na cultura europeia 135

enorme erro histórico era destinado a produzir resultados surpreendentes" (Yates, 1964, p.18-9).

Entre as sugestões que a tradução hermética podia oferecer, havia uma visão mágico-astrológica do cosmos. Os corpos celestes exercem energias e influxos sobre as coisas terrestres, e, conhecendo-se as leis planetárias, tais influxos podem ser não só previstos, mas também orientados. Existe uma relação de simpatia entre o Macrocosmos, o universo e o homem enquanto Microcosmos, e é possível agir nessa rede de forças mediante a magia astral.

Tais práticas mágicas se efetivam mediante palavras ou outras formas de sinais. Há uma língua com que é possível falar aos astros para comandá-los. O recurso para operar tal milagre são os talismãs, isto é, imagens que fazem que seja possível obter cura, saúde, força física; por isso, o tratado *De vita coelitus comparata*, de Ficino, está repleto de instruções a respeito de como usar os talismãs, como alimentar-se de plantas em simpatia com determinados astros, como celebrar cerimônias mágicas usando perfumes, roupas e cânticos adequados.

A magia talismânica pode agir porque a relação entre as forças ocultas das coisas e as entidades celestes que causam nelas tais virtudes é expressa pelas signaturas, ou seja, por aqueles aspectos formais das coisas, que correspondem por semelhança aos aspectos formais dos astros. A fim de tornar perceptível a simpatia entre as coisas, Deus imprimiu um sinal em cada objeto do mundo, uma espécie de traço que torna reconhecível a sua relação de simpatia com alguma outra coisa (cf. Thorndike, 1923-1958; Foucault, 1966; Couliano, 1984; Bianchi, 1987).

Em um texto que é considerado o próprio fundamento da doutrina das signaturas, Paracelso lembrava que

A *ars signata* ensina o modo como se deve atribuir a todas as coisas os nomes verdadeiros e genuínos que Adão, o Protoplasto, conheceu de forma completa e perfeita [...] e que indicam ao mesmo tempo a força, o poder e a propriedade desta ou daquela coisa [...]. Este é o *signator*, que marca os chifres do alce com tantas ramificações para que a partir delas se possa conhecer a sua idade: de fato, os anos do cervo correspondem ao número dos galhos dos seus chifres. [...] Este é o *signator* que enche de excrescências a língua da porca doente, pelo que é possível adivinhar a impureza: com efeito, do jeito que é impura a língua, do mesmo modo é impuro todo o corpo. Este é o *signator* que pinta as nuvens de diversas cores, mediante as quais é possível prever as mudanças celestes. (*De natura rerum*, 1, 10, "De signatura rerum")

A civilização medieval também estava ciente de que "habent corpora omnia ad invisibilia bona similitudinem" (todos os corpos têm uma significação referente a bens invisíveis) (Ricardo de São Victor, *Beniamin maior*, PL, 196, 90), e de que qualquer criatura do universo é como uma imagem, um espelho do nosso destino terreno e sobrenatural. Todavia, a Idade Média jamais pensara que a linguagem das coisas era uma língua perfeita: tanto isso é verdade que o homem medieval necessitava de interpretação, explicação e comentário, e o discurso didático-racional devia elucidar, decifrar e prover as chaves unívocas para compreender a relação misteriosa entre o símbolo e o simbolizado. Já para o platonismo renascentista, a relação entre as imagens e as ideias a que elas se referem é mais direta e intuitiva e "não só é abolida qualquer distinção entre simbolização e representação, mas se põe em dúvida também a distinção entre o símbolo e o que ele simboliza" (Gombrich, 1972, p.243-4).

Os nomes mágicos e o hebraico cabalístico

O ano de 1492 é uma data fundamental para a cultura europeia; com efeito, não se trata apenas do ano em que a Europa inicia a penetração no continente americano, nem porque é o ano em que, com a tomada de Granada, a Espanha (e, portanto, a Europa) ficou livre definitivamente da influência muçulmana. Depois do acontecimento, suas Majestades Cristianíssimas expulsam os judeus da Espanha: os judeus, entre os quais os cabalistas, espalham-se pela Europa, que começa a ser influenciada pela especulação cabalista.

Sob a influência da cabala dos nomes, descobre-se que os mesmos laços de simpatia que passam entre os objetos sublunares e o mundo celeste pode aplicar-se também aos nomes. Na opinião de Agripa, Adão impôs os nomes às coisas, levando em conta justamente os influxos e as propriedades das coisas celestes, e por isso "tais nomes contêm em si as forças admiráveis das coisas significadas" (*De occulta philosophia*, I, 70). Por conseguinte, a escrita dos judeus deve ser considerada a mais sagrada dentre todas, dada a correspondência perfeita que estabelece entre as letras, as coisas e os números (I, 74).

Giovanni Pico della Mirandola frequentara a Academia Platônica de Ficino e, conforme o espírito da cultura da época, começara a estudar as línguas da sabedoria cujo conhecimento havia sido ofuscado durante os séculos da Idade Média: o grego, o árabe, o hebraico e o caldeu. Pico rejeita a astrologia adivinhatória (*Disputatio adversos astrologos divinatores*), mas não recusa as práticas da magia astral, que representam uma maneira de livrar-se do determinismo das estrelas, sobrepondo-lhe a vontade iluminada do mago. Se o universo é construído de letras e de números, conhecendo a regra matemática do universo, é possível agir sobre ele, e, do ponto de vista de Garin (1937, p.162), a postura de domínio com relação à natureza é de alguma forma afim ao ideal galileano.

Em 1486, Pico encontra uma figura peculiar de judeu convertido, Flávio Mitridates (para cuja história veja-se Secret, 1964, p.25s.), com o qual inicia uma intensa colaboração. Pico preza-se por certo conhecimento do hebraico, contudo, para encontrar e ler a fundo os textos necessita das traduções que Mitridates realiza para esse fim e, entre as fontes que Pico consulta, encontramos muitas obras de Abulafia (Wirszubski, 1989). O fato de ler os cabalistas mediante as traduções de Mitridates certamente ajudou Pico, mas ao mesmo tempo contribuiu para desorientá-lo – e com ele todo o cabalismo cristão sucessivo. Para que seja possível pôr em ação todas as estratégias do *notariqon*, da gematria e da *temurah*, a leitura cabalística pressupõe que se leiam e compreendam os textos cruciais em hebraico, e fatalmente qualquer tradução faz perder muito do sabor original de várias descobertas. Mitridates insere frequentemente os termos originais, porém Pico, como ocorreria com determinados textos seus, volta a traduzi-los para o latim (até porque nem sempre os tipógrafos da época possuíam caracteres hebraicos), aumentando com frequência a sua ambiguidade e mistério. Em segundo lugar, Mitridates, seguindo um costume já comum aos primeiros cabalistas cristãos, interpola no texto hebraico especificações cujo objetivo era ajudar a fazer acreditar que o autor original reconhecia a divindade de Cristo. Em consequência, Pico poderá afirmar que "não há nenhuma controvérsia entre nós e os judeus a respeito da qual eles não possam ser refutados com base nos livros cabalísticos".

No decorrer das suas famosas *900 Conclusiones philosophicae, cabalisticae et theologicae*, das quais fazem parte 26 *Conclusiones magicae* (1486), Pico mostra como o tetragrama YHVH, com o nome sagrado de Deus, Iahveh, torna-se o nome de Jesus com a simples inserção da letra *shin*. A demonstração seria retomada por todos os cabalistas sucessivos e, desse modo, o hebraico, passível de todas as estratégias combinatórias a que a tradição cabalista o dobrara, apresenta-se como língua verdadeiramente perfeita.

Por exemplo, no Capítulo Sexto da Terceira Exposição (Do mundo angélico e invisível), Pico interpreta desse modo a primeira palavra do Gênesis, *bereshit* ("No Princípio"), lançando-se a uma das mais perigosas operações permutatórias e anagramáticas.

Vou dizer uma coisa maravilhosa, inaudita, incrível [...]. Se unirmos a terceira letra à primeira, resulta *ab*. Se à primeira dobrada se une a segunda, resulta *bebar*. Se lemos todas, exceto a primeira, obtém-se *resit*. Se unimos a quarta à primeira e à última, obtém-se *sciabat*. Se colocamos as três primeiras na ordem em que se encontram, resulta *bara*. Se, deixando a primeira, colocamos as três seguintes, resulta *rosc*. Se, deixando a primeira e a segunda, colocamos as duas seguintes, resulta *es*. Se, deixando as três primeiras, unimos a quarta à última, obtemos *seth*. Novamente, se unimos a segunda à primeira, torna-se *rab*. Se colocamos em seguida a terceira e a quarta e depois a quinta resulta *hisc*; se unimos as duas primeiras às duas últimas obtém-se *berith*. Se unimos a última à primeira, obtém-se a letra décima segunda e última que é *thob*, voltando o *thau* na letra *theth* com um procedimento muito comum em hebraico [...]. *Ab* significa pai; *bebar* no filho e através do filho (de fato a *beth* preposta quer dizer ambas as coisas); *resith* indica o princípio; *sciabath*, o repouso e o fim; *bara*, criou; *rosc*, cabeça; *es*, fogo; *seth*, fundamento; *rab*, do grande; *hisc*, do homem; *berith*, com aliança; *tob*, com o bem; e se reconstruímos de modo ordenado toda a frase, ela se apresentará da seguinte forma: "O pai no filho e pelo filho, princípio e fim, ou seja, repouso, criou a cabeça, o fogo e o fundamento do homem grande com a aliança boa". (Trad. Garin, p.378-9)

Quando Pico afirma que "nulla nomina ut significativa, et in quantum nomina sunt, singula et per se sumpta, in Magico opere virtutem habere possunt, nisi sint Hebraica, vel inde proxima derivata"[1] (Conclusão 22), nos leva a entender que, com base na suposta correspondência entre a língua adâmica e a estrutura do mundo, as palavras hebraicas aparecem como forças, como sons que, uma vez pronunciados, podem influenciar o curso dos eventos.

---

1. Em latim no original. "Nenhum nome, na medida em que tem um significado, e na medida em que é uma chama, singular e autossuficiente, pode ter uma virtude na Magia, a menos que esse nome esteja em hebraico ou derive diretamente dele."

A ideia do hebraico como língua dotada de uma "força" surgia na tradição cabalística, quer na cabala estática (da qual falamos no segundo capítulo deste livro), quer no *Zohar*, no qual (75b, *Noah*) se diz que o hebraico original não só exprimia, na oração, as intenções do coração, mas era a única língua compreendida pelos poderes celestes, e Deus, ao confundi-la na catástrofe babélica, impedira que os construtores rebeldes pudessem expressar e fazer ouvir no céu a própria vontade. E, logo a seguir, o texto alertava que, depois da confusão, o poder dos homens ficou enfraquecido, porque cada palavra que se pronuncia na língua santa fortalece os poderes do céu. Portanto, falava-se em uma língua que não só "dizia", mas "fazia", isto é, colocava em ação forças sobrenaturais.

Entretanto, se tal língua devia ser usada como força agente e não como meio de comunicação, não era necessário conhecê-la. Na opinião de alguns, o hebraico devia ser estudado na sua gramática para poder entender as revelações que transmitia, ao passo que outros julgavam isso relativo, e que seria eficaz justamente enquanto incompreensível, rodeado de um "maná" tanto mais sublime na medida em que era menos perspícuo aos seres humanos – mas claro e ineludível para agentes sobrenaturais.

A essa altura, não era mais necessário que tal língua fosse o hebraico autêntico, mas bastaria que se assemelhasse ao hebraico. E é assim que o mundo da magia renascentista, seja ela negra ou branca, natural ou sobrenatural, começa a povoar-se de sons mais ou menos vagamente semíticos, como certos nomes de anjos, que Pico passou para a cultura renascentista, não raro já abundantemente desfigurados, quer pela transliteração latina, quer pela arte ainda insegura do tipógrafo ocidental: Hasmalim, Aralis, Thesphsraim...

Na parte do seu tratado *De oculta philosophia* dedicada à magia cerimonial, Agripa leva em grande consideração a pronúncia dos nomes, quer divinos, quer diabólicos, partindo do princípio de que, "embora todos os demônios ou inteligências falem a língua da nação que presidem, em todo o caso, eles fazem uso exclusivo do hebraico quando interagem com aqueles que compreendem essa língua-mãe" (*De oculta philosophia*, III, 23). Os nomes naturais dos espíritos, quando pronunciados corretamente, podem dobrá-los às nossas vontades:

> Esses nomes [...], embora de som e significado desconhecido, devem possuir na ação mágica [...] maior poder do que os nomes significativos, quando o espírito, ficando atônito pelo enigma deles [...] acreditando firmemente sofrer alguma influência divina, pronuncia-os de modo reverente, mesmo sem compreendê-los, para a glória da divindade. (*De oculta filosofia*, III, 26)

A mesma coisa se diga a respeito dos caracteres mágicos e dos selos. Assim como Paracelso, Agripa abandona os alfabetos pseudo-hebraicos, nos quais configurações misteriosas nascem por vezes de uma espécie de abstração gráfica de um caráter hebraico originário, de que surgem penduricalhos, talismãs e amuletos trazendo versículos (hebraicos) da Bíblia para serem usados e propiciarem espíritos benévolos ou aterrorizar espíritos malignos.

John Dee – mago e astrólogo de Elisabeth I, e também profundo erudito e homem político sutil – evoca anjos de essência celestial duvidosa, com estranhas invocações como "Zizop, Zquis, Esiasch, Od, Iaod" que "He seemeth to read as Hebrew is read" [parece soar como hebraico] (cf. *A True and Faithful Relation* de 1659).

Por outro lado, existe um trecho curioso de um tratado hermético árabe que já circulava na Idade Média em versão latina, *Picatrix* (III, 1, 2, cf. Pingree (ed.), 1986), em que se associa o espírito saturnino, e portanto melancólico, com os idiomas hebraico e caldaico. Por um lado, Saturno é o signo do conhecimento das coisas secretas e profundas e da eloquência, porém, por outro lado, não é possível evitar as conotações negativas da lei judaica, a que são associados panos pretos, rios obscuros, poços profundos e lugares solitários; entre os metais, "plumbum, ferrum, et omnia nigra et fetida" [chumbo, ferro e tudo que é preto e fétido], bem como as plantas com densa folhagem; e entre os animais "camelos negros, porcos, macacos, ursos, cachorros e gatos (*sic*)". É um trecho exemplar, porque associa o espírito saturnino, que tanto sucesso alcançaria no mundo renascentista, às línguas sagradas, mas associando-as também a lugares, animais e práticas consideradas de magia negra.

Assim, na mesma época em que a Europa abria-se para as novas ciências que mudavam o rosto do universo – e com frequência por parte dos próprios protagonistas –, palácios reais e elegantes mansões sobre as colinas florentinas ressoavam um murmúrio parassemítico em que se exprimia uma vontade decidida de tomar posse da natureza e do sobrenatural.

Obviamente, as coisas não são tão simples assim, porque em muitos outros autores a mística cabalística, ao contrário, incentiva uma hermenêutica dos textos hebraicos que teria não pouca influência sobre a evolução da filologia semita. A partir do tratado *De verbo mirifico* e do *De arte kabbalistica*, de Reuchlin, até o *De harmonia mundi*, de Francesco Giorgi, ou à *Opus de arcanis catholicae veritatis*, de Galatino, e sucessivamente até a monumental obra *Kabbala denudata*, de Knorr von Rosenroth (passando pelos autores jesuítas, desconfiados de tais práticas, no entanto fascinados pelo mesmo fervor da descoberta), começa a esboçar-se uma tradição de releitura dos textos hebraicos, repleta de fascinantes implicações exegéticas, fabulações numerológicas, misturas de pitagorismo, neoplatonismo e cabalismo, que, contudo, não tem mais nada a ver com a busca de uma língua perfeita. Aliás, a língua perfeita existe, e é o hebraico cabalístico, mas é reveladora na medida em que oculta, obscurece e alegoriza.

Os cabalistas estão fascinados por uma substância da expressão (os textos hebraicos) dos quais se tenta, por vezes, reconstruir a

A busca da língua perfeita na cultura europeia 143

forma de expressão (o léxico e a gramática), mas sempre com ideias muito confusas a respeito da forma do conteúdo que exprime. Na realidade, a pesquisa da língua perfeita visa a redescobrir, mediante novas substâncias da expressão, uma matéria do conteúdo ainda desconhecida, informe, densa de possibilidades. O cabalista cristão tende sempre a descobrir possibilidades de segmentar o infinito *continuum* do conteúdo, cuja natureza lhe escapa. A relação entre expressão e conteúdo deveria ser conforme, mas a forma da expressão aparece como a imagem icônica de um conteúdo informe, abandonado à deriva da interpretação (cf. Eco, 1990).

Cabalismo e lulismo nas esteganografias

Uma mistura singular de cabalismo e neolulismo estabelece-se nas pesquisas em torno das escritas secretas ou esteganografias. O ancestral desse veio fecundo, que produz uma série incalculável de contribuições entre o humanismo e o período barroco, é o prolífico e lendário abade Tritêmio (1462-1516). Nas obras de Tritêmio não aparecem referências lulianas, ao passo que a referência se relaciona sobretudo à tradição cabalística. Aliás, é sobre esta que Tritêmio especula, recomendando que, antes de tentar decifrar uma escritura secreta, evoquem-se os nomes de anjos como Pamersiel, Padiel, Camuel, Aseltel.

Em uma primeira leitura, os anjos aparecem somente como artifícios mnemônicos para ajudar a decodificação, assim como para codificar mensagens em que, por exemplo, só valem as iniciais das palavras, ou uma inicial sim e outra não. Tritêmio elabora textos como "Camuel Busarcha, menaton enatiel, meran sayr avasremon...". Mas Tritêmio joga entre a cabala e a esteganografia com muita ambiguidade: enquanto, com relação a sua *Poligrafia*, estamos, com certeza, diante de um simples manual de codificação, na sua *Esteganografia* de 1606 as coisas andam de forma diferente. Como muitos observaram (cf. Walker, 1958, p.86-90; ou Clulee, 1988, p.137), se nos primeiros dois livros é possível entender as referências cabalísticas como meramente metafóricas, no terceiro livro, Tritêmio descreve claramente rituais cabalístico-mágicos, em que os anjos são evocados modelando imagens de cera, às quais é preciso dirigir invocações, ou o operador deve escrever na sua testa o próprio nome com tinta misturada com sumo de rosas.

Na realidade, a esteganografia se desenvolve como artifício de codificação útil para usos políticos e militares. Não é por acaso que nasce com o desenvolvimento de conflitos entre Estados nacionais, florescendo, em seguida, no período das grandes monarquias absolutas. Mas com certeza, para a época, um pouco de cabalismo e de magia tornava a oferta do artifício mais desejável.

Por essa razão, é possível que seja apenas casual, em Tritêmio, o aparecimento de rótulas de codificação que funcionam segundo o princípio dos círculos móveis concêntricos de Lúlio. Para Tritêmio, as rótulas não têm função de descoberta, mas devem tornar fácil a invenção de codificações ou a decodificação de mensagens codificadas: nos círculos são inscritas as letras do alfabeto, e a rotação dos círculos ou do círculo interno determina se o A do círculo externo deve ser codificada como B, como C ou como Z (o critério inverso vale para a decodificação).

Sem se referir a Lúlio, Tritêmio provavelmente, mediante as suas frequentações cabalísticas, estava a par daquele procedimento da *temurah* pelo qual cada letra de uma determinada palavra ou frase era substituída pela letra correspondente na ordem alfabética inversa. Esse método era chamado "sequência *atbash*" e possibilitava, por exemplo, obter do tetragrama YHVH a sequência MSPS, citada em seguida também por Pico della Mirandola em uma das suas *Conclusões cabalísticas* (cf. Wirszubski, 1989, p.43). Todavia, se Tritêmio não cita Lúlio, citam-no os esteganógrafos posteriores. O *Traité des chiffres*, de Vigenère, de 1587, é talvez o texto esteganográfico que retoma mais explicitamente temas lulianos em vários pontos, conectando-os com o cálculo fatorial do *Sefer Yetsirah*. Porém, não faz nada mais do que seguir o caminho aberto, primeiro por Tritêmio e em seguida por Della Porta com a primeira edição do tratado *De furtivis litterarum notis*, de 1563 (que teve grandes variações e reelaborações nas edições seguintes): ele constrói tabelas nas quais se determinam, por exemplo, 400 duplas nascidas da combinação de 20 letras alfabéticas (não 21 porque *v* e *u* valem por uma letra só), e passando, em seguida, para combinações por trios se alegra por este "mer d'infini chiffrements à guise d'un autre Archipel tout parsemé d'isles [...] un embrouillement plus malaisé à s'en depestrer que de tous les labirinthes de Crete ou d'Egypte"[2] (p.193-4). Quanto ao fato de que a essas tábuas combinatórias se juntam listas de alfabetos misteriosos, quer inventados, quer tirados das línguas do Oriente Médio, e que o todo seja apresentado com ar de segredo, continuará a manter vivo na tradição ocultista o mito de Lúlio cabalista.

Mas há uma outra razão pela qual as esteganografias operam como propulsores de um lulismo que vai além de Lúlio. É o fato de que o esteganógrafo não está interessado no conteúdo (e, portanto, na verdade) das combinações que produz. O sistema elementar prevê somente que elementos da expressão esteganográfica (combinações de letras ou de outros símbolos) possam ser livremente correlacionados (de maneira sempre diferente, a fim de que a codificação seja imprevisível) a elementos da expressão a codificar. Trata-se somente de símbolos que substituem outros símbolos. Portanto, o esteganógrafo é incentivado a tentar combinatórias complexas, meramente formais, em que aquilo que conta é somente uma sin-

---

2. Em francês no original: "um mar de infinitos criptogramas, como um novo arquipélago, todo repleto de ilhas, um imbróglio do qual é mais difícil de escapar do que de todos os labirintos de Creta e do Egito".

taxe da expressão cada vez mais rápida, enquanto cada combinação permanece uma variável não vinculada.

É nesse contexto que Gustavo Selenus, na sua obra *Cryptometrices et cryptographiae libri IX*, de 1624, pode permitir-se construir uma rótula de 25 círculos concêntricos que combinam 25 séries de 24 dupletas cada uma; e, logo depois, apresenta uma série de tabelas que registram em torno de três mil tripletas: as possibilidades combinatórias tornam-se astronômicas.

O CABALISMO LULIANO

Tentemos agora coletar todos os membros, aparentemente desarticulados (*disiecta*), das várias tradições culturais examinadas até aqui, e veremos como de formas diferentes eles convergem no renascimento do lulismo.

O primeiro a citar Lúlio foi Pico della Mirandola, na sua *Apologia*, de 1487. Pico não podia deixar de perceber as analogias imediatas entre a *temurah* cabalística (que ele chama de *revolução alfabética*) e a combinatória luliana, mas, ao mesmo tempo, tem a perspicácia de entender que se trata de duas coisas diferentes. Na *Quaestio sexta* da *Apologia*, em que demonstra como nenhuma ciência pode se certificar da divindade do Cristo melhor do que a magia e a cabala, Pico distingue duas doutrinas, que podem ser chamadas de cabalísticas somente em sentido figurado (*transumptive*): elas são, de um lado, a magia natural suprema, e, do outro, a *khokmat ha-tseruf* de Abulafia (que Pico designa como *ars combinandi*) que "apud nostros dicitur ars Raymundi licet forte diverso modo procedat" ("no nosso meio é chamada de arte de Raimundo, embora proceda talvez de modo diferente").

Apesar da cautela de Pico, a associação entre Lúlio e a cabala se tornava inevitável: a partir daquele momento, começaria a tentativa patética dos cabalistas cristãos de ler Lúlio em termos cabalísticos.

A busca da língua perfeita na cultura europeia   147

Na edição dos escritos combinatórios lulianos de 1598, apareceria sob o nome de Lúlio um escrito intitulado *De auditu kabbalistico*, que nada mais é do que uma tradução da *Ars brevis*, na qual são inseridas algumas referências cabalísticas. Essa obra surgiu pela primeira vez em Veneza, provavelmente em 1518, como "opusculum Raimundicum". Porém Thorndike (1923-1958, v, p.325), que encontrou na Biblioteca Vaticana um manuscrito da mesma obra com um título diferente e atribuída a Petrus de Maynardis, afirma que a caligrafia é do século xv: portanto, trata-se de uma obra do século xv tardio, que provavelmente não faz outra coisa senão aplicar mecanicamente a sugestão de Pico (Scholem et al., 1979, p.40-1).

Tommaso Garzoni de Bagnacavallo, um crítico perspicaz e excêntrico do cabalismo, na sua obra *Piazza universale de tutte le arti* (1589, p.253), percebera isso muito bem e comentava:

> a ciência de Raimundo, conhecida por raríssimas pessoas, poderia ser chamada também, com um vocábulo impróprio, de cabala. E daí, portanto, derivou aquela palavra comum a todos os alunos das escolas, aliás a todo o mundo, pensando que a cabala ensina tudo [...] e para esse fim se encontra na imprensa um pequeno livro atribuído àquele autor (embora em tal matéria sejam compostas mentiras além montanhas [Alpes] sendo intitulado *De auditu cabalistico*, o qual nada mais é afinal do que um sumário brevíssimo da *Arte magna*, sem dúvida abreviada por ele neste outro, que ele chama de *Arte breve*.

Entre os vários exemplos, no entanto, poder-se-ia citar Pierre Morestel, que, com o título de *Artis kabbalisticae, sive sapientiae divinae academia*, em 1621 publica a modesta coletânea do tratado *De auditu*, sem nada de cabalístico, exceto o título, e com a identificação inicial de *Ars* e *Cabala*. Morestel retoma do *De auditu* até mesmo a etimologia ridícula da palavra *kabbala*: "cum sit nomen compositum ex duabus dictionibus, videlicet abba, e ala. Abba enim arabice idem est quod pater latine, et ala arabice idem est quod Deus meus"[3] (e portanto, *kabbala* significa "Jesus Cristo").

É só folhear os estudos sobre o cabalismo cristão para encontrar de novo o clichê de Lúlio cabalista com mínimas variações. Com efeito, quando Gabriel Naudé escreve a sua *Apologie pour tous les grands hommes qui ont eté acuséz de magie* (1625), sente-se no dever de defender energicamente o coitado místico catalão de qualquer suspeita de magia negra. Mas, por outro lado, como observa French (1972, p.49), na Renascença tardia, as letras que vão de B a K usadas na arte luliana são facilmente associadas às letras hebraicas, que para os cabalistas significam nomes angélicos e atributos divinos.

Numerologia, geometria mágica, música, astrologia e lulismo misturam-se de modo inseparável, mesmo por causa da série de obras alquimistas pseudolulianas que invadem a cena. Por outro lado, os nomes cabalísticos podiam ser também gravados sobre selos, e toda uma tradição mágica e alquimista tornara populares selos de estrutura circular.

É com Agripa que se percebe a primeira possibilidade de deduzir da cabala e do lulismo juntos a pura técnica combinatória das letras, servindo-se delas para construir uma enciclopédia que fosse imagem não do cosmos finito medieval, mas de um cosmos aberto e em expansão, ou de diversos mundos possíveis. O seu tratado *In artem brevis R. Lulli* (que aparece na *editio princeps* dos escritos lulianos, em Estrasburgo, em 1598) parece à primeira vista uma coletânea bastante fiel dos princípios da *Ars magna*, mas logo impressiona o fato de que, nas tabelas que deveriam explicar a quarta figura luliana, as combinações são em número maior, uma vez que não são evitadas as repetições. Agripa parece animado por uma finalidade enciclopédica e interessado em uma eficácia criativa, em lugar de meramente

---

3. Em latim no original: "como este nome é composto de dois termos, *abba* e *ala*. *Abba* é uma palavra árabe que significa pai, em latim; *ala*, também árabe, significa Deus meu".

A busca da língua perfeita na cultura europeia 149

dialético-demonstrativa como ocorria em Lúlio. Portanto, propõe-se a fazer proliferar indefinidamente os termos da sua *Ars*, sujeitos, predicados, relações e regras. Os sujeitos se multiplicam distribuindo-os nas próprias espécies, propriedades e acidentes, fazendo-os jogar com outros termos semelhantes, diferentes, contrários, referindo-os às próprias causas, ações, paixões e relações.

Basta situar no centro do círculo, como ocorre na figura A de Lúlio, a noção que se pretende considerar e calcular as suas relações com todas as outras. Se considerarmos, além disso, que, na opinião de Agripa, é possível formar muitas outras figuras com termos estranhos à arte luliana, misturá-las entre si e com as figuras lulianas, as possibilidades combinatórias tornam-se "praticamente ilimitadas" (Carreras y Artau; Carreras y Artau, 1939, p.220-1).

As mesmas inquietações vemos vibrar no *Aureum opus*, de Valerio de Valeriis (1589), para o qual a *Ars* "ensina a multiplicar sucessivamente até o infinito os conceitos, os assuntos e qualquer outra abrangência, *tam pro parte vera quam falsa*, misturando as raízes com as raízes, as raízes com as formas, as árvores com as árvores e as regras com todas essas coisas, e ainda de tantas outras maneiras" (*De totius operis divisione*).

Esses autores, no entanto, parecem oscilar ainda entre uma lógica da descoberta e uma retórica que, mesmo sendo amplamente abrangente, sirva para organizar um saber que a combinatória não gera. Isso pode ser visto igualmente a partir da *Clavis universalis artis lullianae*, de Alsted (1609), um autor importante para a utopia de uma enciclopédia universal, inspirador também de Comenius, que, entretanto – embora dispondo-se a ver em Lúlio elementos cabalísticos –, dirige, em um emaranhado de sugestões aristotélicas, ramistas e lulianas ao mesmo tempo, a combinatória para a construção de um sistema de saber firmemente articulado (cf. Carreras y Artau; Carreras y Artau, 1939, II, p.239-49; Tega, 1984, I, 1). Para poder mover a todo vapor as rodas lulianas como máquinas para gerar uma ou mais línguas perfeitas era necessário experimentar o arrepio da infinidade do mundo e (como veremos) de todas as línguas possíveis, bem como daquelas ainda não inventadas.

BRUNO: COMBINATÓRIA E MUNDOS INFINITOS

A concepção cosmológica de Giordano Bruno implica um universo infinito cuja circunferência (como já dizia Nicolau de Cusa) não está em lugar nenhum e cujo centro está em toda parte – de qualquer lugar em que o observador o contemple na sua infinidade e na sua unidade substancial. Fundamentalmente platônico, o pampsiquismo de Bruno celebra um único sopro divino, um único princípio de movimento, que perpassa o universo infinito e o determina de modo unitário na infinita variedade das suas formas. A ideia-força da infinidade dos mundos compõe-se com a ideia de que cada entidade mundana pode ao mesmo tempo servir como sombra platônica de outros aspectos ideais do universo, como sinal, referência, imagem, emblema, hieróglifo e selo. Inclusive por contraste, obviamente, porque a imagem de algo pode também nos reconduzir à unidade por meio do próprio oposto. Como Bruno diria no ensaio *Eroici furori*: "para contemplar as coisas divinas é necessário abrir os olhos por meio de figuras, semelhanças e outras razões que os peripatéticos compreendem sob o nome de fantasmas, ou pelo fato de o ser proceder na especulação da essência e pelo caminho dos efeitos na informação da causa" (*Dialoghi italiani*, Sansoni, Florença, 1958, p.1158).

Essas imagens, que Bruno encontra no repertório da tradição hermética ou até mesmo constrói com ardente imaginação, são relativas precisamente devido à relação obviamente simbólica que se põe entre elas e a realidade. E a sua função não é como nas mnemotécnicas precedentes (ou o é só em medida menor), a de ajudar a lembrar, e sim de ajudar a compreender, a imaginar, a descobrir a essência das coisas e as suas relações.

O seu poder revelador funda-se na sua origem egípcia: aqueles nossos progenitores adoravam gatos e crocodilos porque "uma simples divindade que se encontra em todas as coisas, uma natureza fecunda, mãe conservadora do universo, na medida em que se comunica, resplandece em diversos sujeitos e toma diversos nomes" (*Lo spaccio della bestia trionfante, Dialoghi italiani*, p.780-2).

Essas imagens não têm apenas a capacidade de despertar a imaginação: elas têm também a capacidade mágico-operativa, no sentido dos talismãs de Ficino. É possível ainda que muitas das afirmações mágicas de Bruno não sejam nada mais do que metáforas para indicar, conforme a sensibilidade da sua época, operações intelectuais, ou que, na realidade, as imagens tivessem a função de arrastá-lo, após intensas concentrações, para experiências do tipo extático (cf. Yates, 1964, p.296); não podemos ignorar que algumas das suas afirmações sobre a capacidade teurgicamente operativa dos selos aparecem justamente em um texto que se intitula *De magia*:

> nem mesmo todas as escrituras têm a mesma utilidade daqueles caracteres que, pelo seu próprio desenho e configuração, indicam as próprias coisas, pelo que há sinais inclinados mutuamente, que se olham e abraçam um ao outro, e nos obrigam ao amor; ou sinais que divergem um do outro, desarticulados a ponto de induzir ao ódio e à separação, tão duros, incompletos, quebrados de forma a produzir ruína; existem amarrações para vincular e caracteres soltos para dissolver [...]. Esses não têm uma forma certa e definida, mas qualquer pessoa, conforme a sua fúria e o impulso do seu espírito, ao realizar a sua obra, quer deseje ou execre alguma coisa, representando impetuosamente a própria coisa a si própria, e à divindade como se estivesse presente, experimenta certas forças, das quais não teria experiência mediante algum discurso, uma elegante oração ou escrita. Essas letras eram mais bem definidas entre os egípcios, que as denominavam hieróglifos ou caracteres sagrados [...] por meio dos quais conseguiam falar com os deuses para

executar coisas admiráveis [...]. Assim como, por falta de um idioma comum, homens de uma raça não podem ter colóquio e contato com homens de uma outra raça, a não ser por meio de gestos, assim, entre nós e uma certa espécie de divindades não pode haver relação senão por meio de alguns determinados sinais, selos, figuras, caracteres, gestos e outras cerimônias. (*Opera latine conscripta*, Nápoles-Florença, 1879-1881, v.iii)

No que concerne ao material iconológico usado por Bruno, encontramos imagens que derivam explicitamente da tradição hermética, como os Trinta e Seis Decanos do Zodíaco; outras, que foram tiradas da tradição mitológica, diagramas mais ou menos ligados à magia negra que lembram Agripa ou John Dee, sugestões lulianas, animais e plantas, figuras alegóricas comuns a todo o repertório emblemático... Trata-se de um repertório de importância extraordinária do ponto de vista de uma história da iconologia, na qual as formas em que certo selo pode remeter a uma determinada ideia são mais uma vez fundadas em critérios teóricos. Representa-se por similaridade fonética (o cavalo, *equus*, por homem honesto, *aequus*), colocando o concreto pelo abstrato (um guerreiro romano por Roma), por semelhança de sílabas iniciais (*asinus* por *asyllum* – e Bruno certamente não sabia que esse procedimento, como veremos no Capítulo 7, era justamente aquele escolhido pelos antigos egípcios para esvaziar de qualquer naturalidade os próprios hieróglifos!), remontando do antecedente ao consequente, do acidente ao sujeito e vice-versa, da insígnia àquele que é condecorado por ela ou, e mais uma vez com técnica cabalística, utilizando o poder evocativo do anagrama ou da paronomásia (*palatio* por *Latio*, cf. Vasoli, 1958, p.285-6).

Assim sendo, a língua, perfeita no que concerne à finalidade (que Bruno almeja), considerando que deveria oferecer a chave para exprimir não só este mundo, mas todos os infinitos na sua concordância mútua, aparece no entanto imperfeitíssima no que concerne à estrutura semiótica: trata-se de um léxico imenso, com significados vagos, e cuja sintaxe, quando muito, é aquela de uma combinatória aventurosa. A decodificação acontece mediante curto-circuitos associativos que um único e privilegiado intérprete pode denominar e tornar explícitos – em virtude de um estilo, verdadeiramente heroico no seu furor, que se desenvolve em latim ou em italiano, que Bruno maneja como um grande artista.

Entretanto, se as técnicas são por vezes aquelas da retórica mnemotécnica anterior, certamente diferente é o sopro utópico que as inspira. Como já acontecera com Lúlio, De Cusa e Postel, e como iria acontecer aos movimentos místico-reformadores do século XVII (na madrugada do qual Bruno morre na fogueira), a ardente retórica hieroglífica de Bruno é esboçada a fim de produzir, por meio de uma ampliação do conhecimento, uma reforma, uma renovação, talvez uma revolução, do conhecimento, dos costumes e da própria ordem política da Europa – reforma da qual Bruno foi, no seu perambular de corte em corte, ativo agente e propagandista.

Mas o que interessa aqui é ver em que sentido e em que direção Bruno desenvolve o lulismo, e com certeza a metafísica da infinidade dos mundos o impele a dar maior relevo às propriedades formais e arquitetônica da proposta luliana. O título de um dos seus tratados mnemônicos (*De lampade combinatoria lulliana ad infinitas propositiones et media invenienda...*, 1586) prenuncia, mediante o aceno à infinidade das proposições que podem ser geradas, aquilo que em seguida o texto confirmaria (I, IX, 1): "aqui não se deve prestar muita atenção às propriedades dos termos, mas somente ao fato de revelarem uma ordem, uma textura, uma arquitetura".

No tratado *De umbris idearum* (1582), Bruno propõe rodas concêntricas móveis subdivididas em 150 setores, porque cada roda contempla 30 letras, isto é, as 23 do alfabeto latino mais sete caracteres hebraicos e gregos que no alfabeto latino não podem ser reproduzidos (enquanto, por exemplo, o alfa grego ou o alef hebraico são representados pela letra A). As letras individualmente remetem a outras tantas imagens e ações ou situações, conforme a roda, como se deduz do exemplo que Bruno traz em *De umbris*, 163:

Roda 1 (Homines)	Roda 2 (Actiones)	Roda 3 (Insignia)
A Lycas	A in convivium	A cathenatus
B Deucalion	B in lapydes	B vittatus
C Apollo	C in Pytonem	C baltheatus
(etc.).		

Naquela que Bruno chama de "Prima Praxis", movendo a segunda roda, é possível obter combinações como CA ("Apolo no convívio"). Fazendo rodar também a terceira, podem ser obtidas combinações como CAA, "Apolo acorrentado em um convívio". E veremos depois por que Bruno não acha indispensável uma quarta e uma quinta roda, como faria para a "Secunda Praxis", que representariam respectivamente *adstantia* e *circumstantias*.

Na "Secunda Praxis", Bruno propõe cinco rodas concêntricas, cada uma com 150 duplas alfabéticas, do tipo AA, AE, AI, AO, AU, BA, BE, BI, BO, BU e assim por diante, acoplando cada letra do seu alfabeto com cada uma das cinco vogais. Os acoplamentos repetem-se em cada uma das cinco rodas, mas na primeira significam personagens agentes, na segunda ações, na terceira insígnias, na quarta um personagem próximo, e na quinta circunstâncias caracterizantes.

Mediante a combinação das rodas podem-se obter imagens compostas como "Uma mulher, montada em um touro, penteia os cabelos segurando um espelho na mão esquerda, enquanto um adolescente assiste à cena com um pássaro verde na mão" (*De umbris*, 212, 10). Bruno fala de imagens "ad omnes formationes possibiles, adaptabiles" [suscetíveis a cada permutação possível] (*De umbris*, 80), bem como de infinitas combinações, e na verdade se torna

A busca da língua perfeita na cultura europeia 155

praticamente impossível escrever o número das sequências que se podem gerar combinando 150 elementos de cinco em cinco, especialmente considerando também as inversões de ordem (cf. *De umbris*, 223). O que bastaria para caracterizar a combinatória bruniana, sedenta de infinito, diferenciando-a da luliana.

Na sua edição crítica do tratado *De umbris*, Sturlese (1991) tenta, entretanto, uma leitura das rodas que se diferencia polemicamente daquela "mágica" oferecida por Yates. Na interpretação de Yates (1972), as sílabas servem para memorizar imagens, e estas, em seguida, seriam usadas para fins mágicos. A interpretação de Sturlese diz que as imagens servem para lembrar sílabas, e que todo o arcabouço mnemotécnico, graças à combinação sucessiva das imagens, serve para lembrar palavras. O aparelho bruniano deveria permitir memorizar a infinita multidão das palavras por meio de um número fixo e relativamente limitado de imagens.

Percebe-se logo que, se fosse desse modo, nada teríamos a ver com uma arte em que a combinatória alfabética remete a imagens (como se a construção de Bruno, diríamos hoje, fosse uma máquina para gerar cenários possíveis), mas na qual a combinatória das imagens remete a composições de sílabas, para poder lembrar e também gerar um número imenso de palavras, mesmo compridas e complexas, como *incrassatus* ou *permagnus*, e até mesmo termos gregos, hebraicos, caldeus, persas e árabes (*De umbris*, 169), ou termos científicos de uso raro, referindo-se a ervas, árvores, minérios, sementes, espécies de animais (152), não memorizáveis de outro jeito. O dispositivo serviria, portanto, para gerar línguas, ao menos do ponto de vista da sua nomenclatura.

Enfim, Bruno combina a sequência CROCITUS para evocar a imagem de Pilumno que se aproxima velozmente no dorso de um jumento, com uma faixa no braço e um papagaio sobre a cabeça; ou será que combina as imagens descritas anteriormente para poder memorizar CROCITUS?

Na "Primeira Praxis" (*De umbris*, 168-72), Bruno afirma-nos que não é indispensável trabalhar com cinco rodas, porque em todas as línguas conhecidas é raro encontrar sílabas de quatro ou cinco letras: e quando isso ocorre (como em *trans-actum* ou *stu-prans*) recorre a um artifício de conveniência que praticamente evita o recurso à quarta e à quinta roda (atalho sobre o qual não nos vamos deter, mas que permite a economia de alguns milhares de possibilidades). Se as sequências tivessem de exprimir imagens complexas, não haveria limite para o comprimento das sílabas: mas se as imagens devem exprimir sílabas, é possível limitar o seu comprimento (não a complexidade ideal da sua combinação em cadeia, porque Leibniz lembraria que existe na língua grega uma palavra de 31 letras), seguindo os critérios de economia das línguas naturais.

Por outro lado, se o critério fundamental de uma mnemotécnica é lembrar o que é menos conhecido mediante o mais conhecido, parece razoável que Bruno considerasse mais conhecidas e evidentes as imagens "egípcias" que a tradição lhe entregava, e menos conhecidas as palavras de línguas exóticas, e que, portanto, as imagens servissem para lembrar letras, e não vice-versa. Algumas passagens do tratado *De umbris* parecem bastante evidentes: "Lycas in convivio cathenatus presentabat tibi AAA [...]. Medusa, cum insignis Plutonis presentabit AMO [...]"[4] (167). Os nomes dos personagens estão no nominativo; por conseguinte, é evidente que são as imagens a apresentar as letras e não vice-versa. Isso ficaria evidente também por alguns trechos do *Cantus Circaeus*, onde Bruno usa as imagens (perceptíveis) para apresentar conceitos matemáticos abstratos impossíveis de imaginar e memorizar de outro modo (cf. Vasoli, 1958, p.284s.).

O fato de que Bruno possa ter sugerido tudo isso à posteridade luliana seria indicado pelos desenvolvimentos sucessivos do lulismo.

---

4. Em latim no original: "Licaonte acorrentado em um banquete apresenta a você AAA ... Medusa com o sinal de Plutão apresenta AMO".

Cantos e dicções infinitos

Entre Lúlio e Bruno aparece o jogo proposto por H. P. Harsdörffer em *Matematische und philosophische Erquickstunden* (1651, p.516-9), na qual são dispostas sobre cinco rodas 264 unidades (prefixos, sufixos, letras e sílabas) para gerar, através da combinatória, 97.209.600 palavras alemãs, incluindo aquelas inexistentes, que poderiam ter sido usadas para fins criativo-poéticos (cf. Faust, 1981, p.367). Mas se isso era possível fazer com o alemão, por que não conceber uma máquina capaz de gerar todas as línguas possíveis?

O problema da combinatória fora retomado pelo comentário *In spheram Ioannis de Sacro Bosco*, de Cristóvão Clavio, 1607, quando – ao discutir as combinações possíveis entre as quatro qualidades primárias (quente, frio, seco e úmido) – era possível perceber que elas teriam podido gerar matematicamente seis combinações. Porém, como quente/frio e seco/úmido são entre si incompatíveis, elas produzem apenas as combinações aceitáveis: terra (fria e seca), fogo (seco e quente), ar (quente e úmido) e água (fria e úmida). É o mesmo problema de Lúlio: uma cosmologia subjacente limita as combinações válidas.

Clávio, todavia, parece desejar superar esses limites, e começa a considerar quantas *dictiones*, ou seja, quantos termos poderiam ser produzidos com as 23 letras do alfabeto (naquela época não havia distinção entre *u* e *v*), combinando-as de duas em duas, de três em três e assim por diante, até considerar palavras de 23 letras. Ele oferece as várias fórmulas matemáticas para esse cálculo, detendo-se em um determinado ponto diante da imensidade dos resultados possíveis, especialmente se fossem levadas em conta também as repetições.

Em 1622, Pierre Guldin escreveu *Problema arithmeticum de rerum combinationibus* (cf. Fichant, 1991, p.136-8), em que calculara todas as dicções que poderiam ser geradas com 23 letras, independentemente do fato de serem providas de sentido e pronunciáveis, mas sem calcular as repetições, e chegara a calcular que o número de palavras (de comprimentos variáveis de duas letras até 23) era mais de setenta mil bilhões de bilhões (para escrevê-las seria necessário mais de um milhão de bilhões de bilhões de letras). Para poder imaginar esse número, pense em escrever todas essas palavras em registros de mil páginas, com cem linhas por página e sessenta caracteres por linha: seriam necessários 257 milhões de bilhões de registros desse tipo; se fosse preciso colocá-los em uma biblioteca, da qual Guldin estuda por partes, a disposição, a amplidão e as condições de circulação, e como se fosse possível dispor de construções cúbicas de 432 pés (131,67 metros) de cada lado, cada uma podendo hospedar 32 milhões de volumes, seriam necessárias 8.052.122.350 dessas bibliotecas. Que reino poderia conter tantos edifícios? Calculando a superfície disponível no planeta inteiro, poderíamos colocar somente 7.575.213.799 das bibliotecas!

Em 1636, o padre Marin Mersenne, no seu livro *Harmonie universelle*, coloca-se o mesmo problema, considerando além das *dictiones* também os "cantos" (isto é, as sequências musicais) que poderiam ser geradas. Com certeza, aqui é tocado de leve o problema de uma língua universal, na medida em que poderia conter potencialmente todas as línguas possíveis, e o alfabeto abrangeria "mais milhões de vocábulos do que são os grãos de areia em toda a terra, mesmo assim tão fácil de aprender que não haveria necessidade de qualquer memória, contanto que houvesse um pouco de discernimento" (Carta a Peiresc, *ca.* 20 de abril de 1635; cf. Coumet, 1975; Marconi, 1992).

Na *Harmonie*, Mersenne tem o propósito de gerar somente as palavras *pronunciáveis* em francês, grego, hebraico, árabe, chinês e em qualquer outra língua possível, contudo, mesmo com tal limitação sente-se o arrepio do infinito e, conforme o jargão de Bruno, da infinidade dos mundos possíveis. O mesmo acontece com os cantos que se podem gerar em uma extensão de três oitavas, e, portanto, 22 sons, sem repetições (é esboçada aqui a primeira ideia da série dodecafônica!). Mersenne observa que, para anotar todos esses cantos, seriam necessárias mais resmas de papel do que para cobrir a distância entre a Terra e o céu; e mesmo que cada folha contivesse 720 cantos de 22 notas cada um e cada resma fosse tão compactada a ponto de a sua espessura ser menor do que uma polegada, os cantos que poderiam ser gerados com 22 notas alcançariam um total de 1.124.000.727.777.607.680.000 e, dividindo-os pelos 362.880 cantos que podem caber em uma resma, obter-se-ia, mesmo assim, um número de dezesseis algarismos, enquanto as polegadas que separam o centro da Terra das estrelas são apenas 28.826.640.000.000 (*Harmonie*, p.108). E se alguém quisesse escrever todos esses cantos, escrevendo mil por dia, seriam necessários 22.608.896.103 anos e 12 dias.

Antecipam-se aqui, e *ad abundantiam*, as vertigens da biblioteca de Babel, de Borges, mas não só isso. Gulgin observava que, se esses são os dados, não nos deveríamos surpreender que no mundo existissem tantas línguas diferentes. A combinatória agora, beirando o impensável, explica-se para justificar Babel, e no final das contas justifica-a, na medida em que não consegue pôr limites à onipotência de Deus.

Será, então, que há mais nomes do que coisas? E quantos nomes seriam necessários se fosse preciso dar mais nomes a cada indivíduo?, indaga-se na *Harmonie* (II, p.72). E se Adão tivesse sido obrigado realmente a nomear tudo, quanto tempo teria durado a sua permanência no Éden? No fundo, as línguas conhecidas pelos homens limitam-se a denominar as ideias gerais, as espécies, ao passo que, para denominar os indivíduos, recorre-se, no máximo, a um aceno em direção do nomeado (p.74). E "aconteceu o mesmo a respeito do pelo de todos os animais e dos cabelos dos homens, para os quais cada um deseja um nome particular para ser distinto dos outros, de maneira que se um homem tem cem mil cabelos na cabeça e cem mil outros pelos no resto do corpo, seriam necessárias duzentas mil palavras para nomeá-los" (p.72-3).

160 *Umberto Eco*

Portanto, para conseguir nomear cada indivíduo seria necessária uma língua artificial capaz de gerar um número adequado de dicções. E se Deus aumentasse os indivíduos ao infinito, bastaria passar a um alfabeto com um número maior de letras, podendo-se, então, gerar dicções para nomear tudo (p.73).

Nessa vertigem há a consciência da perfectibilidade infinita do conhecimento, pelo que o homem, novo Adão, tem a possibilidade, no decorrer dos séculos, de nomear tudo aquilo que o seu progenitor não teve tempo para batizar. Mas, desse modo, uma língua artificial aspira a concorrer com a capacidade de conhecimento individual que pertence somente a Deus (e da qual, como veremos, Leibniz declara a impossibilidade). Mersenne lutou tanto contra a cabala quanto contra o ocultismo, mas a vertigem cabalística evidentemente acabou por seduzi-lo, e ei-lo, portanto, a fazer girar as rodas lulianas a toda a velocidade, sendo, a essa altura, incapaz de distinguir entre a onipotência divina e a possível onipotência do homem, de forma que, em *Quaestiones super Genesim* (col. 49 e 52), vê nessa presença do infinito no homem uma prova manifesta da existência de Deus.

Essa capacidade de imaginar o infinito da combinatória manifesta-se também porque Mersenne, como Clávio, Guldin e outros (por exemplo, o tema reaparece em Comenius, *Linguarum methodus novissima*, 1648, III, 19) não calculam mais a respeito de conceitos (como fazia Lúlio), e sim sobre sequências alfabéticas, meros elementos da expressão, não controlados por nenhuma ortodoxia que não seja a do número. Sem mesmo se aperceberem disso, esses autores aproximam-se da ideia do pensamento cego, que veremos realizada com maior consciência crítica por Leibniz.

A busca da língua perfeita na cultura europeia

CAPÍTULO 7

A língua perfeita das imagens

Já havia em Platão, como, aliás, antes dele em Pitágoras, uma atitude de veneração pela antiga sabedoria egípcia. Aristóteles, porém, mostra-se mais cético a esse respeito e no livro I da *Metafísica*, no qual reconstitui a história do saber antigo, parte diretamente dos gregos. O amálgama de Aristóteles com o cristianismo devia entregar à Idade Média uma atitude bastante desinteressada com relação à tradição egípcia, que reaparecia somente em textos periféricos como os alquimistas, tipo *Picatrix*. Entretanto, é possível encontrar uma menção, quase de cortesia, dos egípcios como inventores da geometria ou da astronomia em Isidoro de Sevilha, que lembra como as letras hebraicas originárias mais tarde se tornam as letras gregas, e como, em seguida, na Grécia, Ísis, rainha dos egípcios, acaba por encontrá-las e as leva para o seu país (*Etymologiarum*, I, III, 5).

A Renascença, no entanto, para usar o título de Baltrusaitis (1967), poderia ser colocada sob a insígnia da "pesquisa de Ísis", que se torna representante de um Egito de onde brota toda a sabedoria originária, incluindo, é óbvio, a de uma primeira escrita sagrada, capaz de exprimir a natureza insondável de tudo aquilo que é divino. É a tradição neoplatônica (da qual Ficino seria o máximo restaurador) a recolocar o Egito em primeiro plano.

Plotino (*Enneadi*, V, 8, 5-6) escreveu que

A busca da língua perfeita na cultura europeia 163

os sábios do Egito [...], para designar as coisas com sabedoria, não usam letras desenhadas que se desenvolvem em discursos e proposições e representam sons e palavras; eles desenham imagens, cada uma das quais se refere a uma coisa distinta, e as esculpem nos templos [...]. Cada sinal gravado é, portanto, um conhecimento, uma sabedoria, uma coisa real, captada com um único lance [...].

Jâmblico, na obra *De mysteriis Aegyptiorum*, dizia que os egípcios, imitando a natureza do universo e a criação dos deuses, por meio de símbolos descobriam intuições místicas ocultas.

A introdução do *Corpus Hermeticum* (que seria publicado por Ficino precisamente com aqueles textos neoplatônicos) está sob a insígnia do Egito, porque a sabedoria egípcia é a de Hermes Trismegisto.

Os *Hieroglyphica*, de Horápollon

Em 1419, Cristoforo de' Buondelmonti adquire na ilha de Andros um manuscrito grego, que logo desperta o interesse de autores como Ficino: trata-se dos *Hieroglyphica*, de Horápollon, ou Horus Apollon, ou Horapollus (*Horapòllonos Neiloùs Hieroglyphikà*), um texto em grego atribuído a um autor que se qualifica como egípcio (Niliaco) e traduzido para o grego por um certo Filipe. Embora em um primeiro momento o texto fosse considerado antiquíssimo, hoje se tende a considerá-lo uma compilação helenista tardia, situando-a em torno do século V da nossa era. Como veremos, alguns trechos levam a pensar que o autor tinha alguma ideia exata a respeito da natureza dos hieróglifos egípcios, mas, considerando que na época em que o pequeno livro foi escrito o conhecimento da antiga escrita egípcia com certeza já estava perdido, pode-se pensar, no máximo, que a obra se inspiraria em textos anteriores de alguns séculos.

Os *Hieroglyphica* não se apresentam como um manuscrito ilustrado (as ilustrações aparecem em edições posteriores como a tradução latina de 1514, ilustrada por Dürer, enquanto a primeira tradução italiana de 1547, por exemplo, está ainda sem ilustrações). Trata-se de uma série de capítulos muito breves em que se explica, por exemplo, como os egípcios significam a idade representando o Sol e a Lua, ou o mês, mediante um ramo de palmeira. Segue uma breve explicação do valor simbólico da representação, e por vezes o elenco de valores polissêmicos da mesma imagem: por exemplo, o gavião significa a mãe, o olhar, o fim de uma coisa, o conhecimento do futuro, o ano, o céu, a misericórdia, Minerva, Juno, ou duas dracmas. Por vezes, o hieróglifo é constituído por um número: assim, o prazer é expresso pelo número 16, porque é nessa idade que os homens começam a atividade sexual; e o abraço (que implica um prazer compartilhado por duas pessoas) exprime-se repetindo duas vezes o mesmo número 16.

A resposta do ambiente filosófico humanista foi imediata: os hieróglifos logo foram vistos como obra do divino Hermes Trismegisto e consultados como fonte inesgotável de sabedoria.

Para entender o impacto do texto de Horápollon é preciso entender com que símbolos egípcios misteriosos ele falava ao Ocidente. Falava da escrita hieroglífica, da qual o último exemplo agora conhecido pelos egiptólogos remontava ao tempo de Teodósio, em 394 d.C. Mas se esse texto conservava ainda semelhanças com os hieróglifos de três mil anos atrás, a língua falada naquela época pelos egípcios transformara-se radicalmente e, quando Horápolon escreve, todo o conhecimento da chave de leitura dos hieróglifos já estava perdido.

O ALFABETO EGÍPCIO

A escrita hieroglífica compõe-se de sinais certamente icônicos, alguns dos quais facilmente identificáveis (o gavião, a coruja, o touro, a cobra, o olho, o pé, o homem sentado com uma taça na mão), outros já estilizados (como a vela desfraldada, a forma amigdaloide da boca, a linha dentada que significa a água) e alguns que, pelo menos aos olhos de um leigo, trazem uma semelhança muito remota com a coisa que visam a representar, como o pequeno quadrado que indica o assento, o sinal para a fazenda dobrada, ou o semicírculo para o pão. Esses sinais são inicialmente *ideogramas* e referem-se à coisa representada, embora não necessariamente por iconismo "puro", mas por meio de mecanismos de substituição retórica (a vela inchada significa "vento", o homem sentado com a taça significa "beber", a orelha de vaca significa "entender", o cinocéfalo significa o deus Thoth [ou Theuth] e várias ações associadas a ele como "escrever" ou "contar").

Considerando, porém, que nem tudo pode ser representado ideograficamente, os egípcios contornavam a dificuldade usando as mesmas imagens como simples sinais fonéticos, ou seja, *fonogramas*. Quer dizer que, para representar uma coisa cujo nome se iniciava com um determinado som, eles usavam a imagem de um objeto cujo nome tinha a mesma inicial, e querendo exprimir uma vogal, ou uma consoante, ou uma sílaba de uma palavra estrangeira, serviam-se de um sinal hieroglífico *que exprimia* ou *representava* um objeto qualquer cujo nome, na língua falada, contivesse por inteiro ou na sua primeira parte o som da vogal, da consoante ou da sílaba que se devia escrever (por exemplo, a boca, em egípcio *ro*, representava a consoante grega P, cf. Champollion, *Lettre à Dacier*, p.11-2). É curioso o fato de que, enquanto pela teoria hermética da linguagem hieroglífica o nome devia representar a natureza da coisa, aqui a coisa (ou a sua imagem) serve para representar o som do nome.

Mas na época em que a Europa se interessa pelos hieróglifos, o conhecimento do alfabeto hieroglífico já estava perdido havia mais de mil anos. Para que se pudesse começar a decodificar os hieróglifos seria necessário um evento tão afortunado quanto a descoberta de um dicionário bilíngue. Não se descobriu um dicionário bilíngue, porém, como é notório, em lugar disso foi descoberto um texto trilíngue, a famosa pedra de Roseta (da cidade de Rasid, onde foi

166 *Umberto Eco*

encontrada, em 1799, por um soldado francês, e que, em seguida, acabou em Londres por causa da derrota das tropas napoleônicas no Egito). Aquela pedra trazia gravado o mesmo texto em hieróglifo, em demótico (uma escrita grifada que se formara em torno de 1000 a.c., usada para documentos administrativos) e em grego. Trabalhando com reproduções da pedra, Jean François Champollion, na sua *Carta a M. Dacier relativa ao alfabeto dos hieróglifos fonéticos* (17 de setembro de 1822), colocava as bases para a decodificação da escrita hieroglífica. Descobre um cartucho que, pela posição no texto hieroglífico, poderia significar o nome Ptolomeu que aparecia no texto grego, compara os dois cartuchos que deveriam conter os nomes de Ptolomeu e Cleópatra (ou seja, ΠΤΟΛΕΜΑΙΟΣ e ΚΛΕΟΠΑΤΡΑ) e identifica as letras que os dois nomes têm em comum (P, T, O, L, A); daí pode perceber que a elas correspondem os mesmos hieróglifos, obviamente dotados do mesmo valor fonético. A partir daquele ponto era possível conhecer também o valor dos outros sinais que apareciam no cartucho.

A descoberta de Champollion, porém, não explica uma série de fenômenos que nos ajudariam a entender a situação de Horápollon. Os conquistadores do Egito, primeiro os gregos e depois os romanos, impuseram os seus comércios, as suas técnicas e os seus deuses, e, em seguida, a cristianização do Egito afastou definitivamente o povo egípcio das suas tradições. A escrita sagrada, todavia, era praticada ainda pelos sacerdotes nos recintos dos templos onde, separados do mundo, cultivavam os monumentos da sua cultura tradicional em fase de desaparecimento, como único depósito de um saber e de uma identidade perdidos.

Nessas circunstâncias, acabaram complicando progressivamente a própria escrita, que a essa altura não servia mais para fins práticos e se tornara mero instrumento iniciático. Jogava-se, então, com as possibilidades permitidas por uma escrita que se desenvolvia no duplo registro fonético e ideográfico. Por exemplo, para escrever o

A busca da língua perfeita na cultura europeia 167

nome do deus Ptah, pronunciava-se foneticamente P, no alto, com o ideograma do céu ($p[t]$), H com a imagem do deus Heh com os braços levantados (no meio) e T com o ideograma da terra (*ta*). Mas a imagem sugeria também que Ptah teria originariamente separado a terra do céu. Agora, esse sistema de evocações visuais, jogando com o fato de o mesmo som poder representar-se por vários hieróglifos, induzia cada vez mais a um jogo intencional e a uma espécie de combinatória e permutação de molde cabalístico que se praticava sobre as imagens, e não sobre os sons. Em torno do termo representado (que era preciso ler foneticamente), criava-se desse modo um halo de conotações, de segundos sentidos, como um fundo obstinado de sugestões que concorriam para ampliar a área semântica do próprio termo. Nessa atmosfera aumentava cada vez mais a convicção de que os antigos textos conteriam verdades ocultas, segredos perdidos (Sauneron, 1957, p.123-7).

Desse modo, a língua hieroglífica parecia uma língua perfeita para os últimos sacerdotes de uma civilização que estava se apagando no esquecimento, exceto que ela assim parecia a quem a compreendia, lendo, mas não àquele que, porventura, fosse ainda capaz de pronunciá-la (Sauneron, 1982, p.55-6). Agora podemos entender a que se referia Horápollon: a uma tradição semiótica cuja chave se perdera, e da qual ele captava, sem, no entanto, conseguir discriminar claramente, tanto o aspecto fonético como o ideográfico, mas de uma maneira confusa, por ter ouvido falar. Com frequência Horápollon aceita como canônica uma solução que fora praticada somente por alguns escribas em um determinado período histórico. Yoyotte (1955, p.87) mostra que, quando Horápollon afirmava que os egípcios representavam o pai com um escaravelho, certamente lembrava-se de que alguns escribas de época tardia, para representar o som *it* ("pai"), substituíam o hieróglifo que estava normalmente no lugar do *t* pelo escaravelho, que na criptografia particular da dinastia XVIII estava no lugar do *t* no nome *Atum*.

A egiptologia contemporânea discute se Horápollon, quando começa dizendo que os egípcios representavam a eternidade por meio das imagens do Sol e da Lua, pensava em dois ideogramas da Baixa Época que representavam o som *r'nb* ("todos os dias") e *r tr.wi'* ("noite e dia" e, portanto, "sempre"), ou se queria referir-se ao fato de que, em alguns baixos-relevos alexandrinos, os dois ideogramas já representavam diretamente a eternidade (mas, nesse caso, o símbolo não seria egípcio, seria proveniente de fontes asiáticas e talvez hebraicas). Em outras vezes, Horápollon parece que não entendera corretamente sons tradicionais. Diz que, para indicar a palavra, pintam-se uma língua e um olho injetado de sangue. Por vezes há uma raiz *mdw* ("falar") em que aparece um cajado, e a palavra *dd* ("dizer") em que aparece uma cobra. Horápollon, ou a sua fonte, podem ter interpretado ambos erradamente como uma língua. Ou ainda se diz que a corrida do Sol no solstício do inverno é representada por dois pés juntos que param, enquanto se conhece somente o sinal que representa duas pernas caminhando, e que serve como determinativo para significações de movimento quando se junta a palavras como "deter-se", "cessar", "interromper uma viagem". A decisão de que o sinal se aplica à corrida do Sol é uma arbitrariedade de Horápollon.

Além disso, Horápollon afirma que, para significar o Egito, representava-se um incensório ardendo sobre um coração. Os egiptólogos identificaram em um título real dois sinais que designavam um coração ardendo, mas não consta que foram usados para indicar o Egito. Descobre-se, todavia, que um braseiro encimado por um coração significa a ira por um padre da Igreja, como Cirilo de Alexandria (cf. Van der Walle; Vergote, 1943).

Esse indício aponta-nos uma outra pista: com toda a probabilidade, a segunda parte dos *Hieroglyphica* é obra do tradutor Filipe, e nessa segunda parte são evidentíssimas as referências à tradição helenista tardia do *Physiologus* e dos outros bestiários, herbários e lapidários que dela derivam: uma tradição que afunda as próprias raízes não só na cultura egípcia, mas nas antiquíssimas tradições asiáticas e, mais tarde, gregas e latinas.

Veja-se, como exemplar, o caso da cegonha. Quando os *Hierogly-phica* apresentam a cegonha, rezam o seguinte:

Como [se representa] aquele que ama o pai
Quando querem significar aquele que ama o pai, pintam uma cegonha.
De fato, alimentada pelos seus pais, ela jamais se separa deles, mas fica com eles até a sua velhice, amparando-os com a piedade e o respeito.

Efetivamente, no alfabeto hieroglífico egípcio, um animal semelhante está (por razões fonéticas) como sinal de "filho", mas, em I, 85, Horápollon atribui o mesmo conceito a uma poupa (um sinal que reúne sincreticamente várias tradições), citado no *Physiologus*, ou mesmo antes, em vários autores clássicos como Aristófanes e Aristóteles, e em autores patrísticos como Basílio. Mas voltemos à cegonha.

Os *Emblemata*, de Andrea Alciati (1531), retomam com certeza vários pontos dos *Hieroglyphica*, aparecendo, também ali, a cegonha que, como se explica, alimenta os próprios filhotes com dádivas gostosas e carrega nos ombros os corpos cansados dos pais, oferecendo-lhes comida com a boca. A imagem que acompanha tal emblema na edição de 1531 é a de uma ave que voa carregando uma outra nas costas, entretanto, em edições seguintes (por exemplo, de 1621) aparece um pássaro que leva uma minhoca no bico para os filhotes que a esperam de boca aberta dentro do ninho.

Os comentários de Alciati se referem à passagem dos *Hierogly-phica*, contudo, é evidente que os *Hieroglyfica* não falam da alimentação dos filhotes e tampouco do transporte dos pais. Na verdade, fala-se a esse respeito em um texto do século IV d.C., isto é, no *Hexaemeron*, de Basílio (VIII, 5).

O que era possível, portanto, encontrar nos *Hieroglyphica* já estava à disposição da cultura europeia. Com efeito, uma viagem desde a Renascença, seguindo para trás, para o caminho das cegonhas, guarda algumas agradáveis surpresas. No *Bestiário de Cambridge* (século XII), lê-se que as cegonhas alimentam um afeto exemplar para com a prole, e "a chocam com tanto cuidado e assiduidade a ponto de perder as penas por causa do decúbito prolongado. Pelo tempo dedicado ao cuidado e ao treinamento da prole, são recompensadas em seguida pelos filhos que tomam cuidado com os pais". A imagem reproduz uma cegonha que traz na boca, obviamente para o filhote, uma rã. Mas o *Bestiário de Cambridge* toma a ideia de Isidoro de Sevilha (*Etymologiarum*, XII, VII) que se exprime mais ou menos com os mesmos termos. De onde Isidoro tomaria tal informação? De Basílio, como já vimos, e de Ambrósio (*Hexaemeron*, V, 16, 53), ou mesmo de Celso (cit. por Orígenes em *Contra Celsum*, IV, 98), ou de Porfírio (*De abstinentia*, III, 23, 1). E estes tinham como fonte a *Naturalis Historia*, de Plínio, o Velho (X, 32).

É bem verdade que Plínio podia repetir uma tradição egípcia, se Heliano (séculos II-III d.C., e sem citar a ideia de Plínio) afirmasse que "As cegonhas são veneradas pelos egípcios, porque alimentam e honram os pais quando ficam velhos" (*De animalium natura*, X, 16). Mas, se olharmos mais para trás, descobrimos que a mesma referência se encontra em Plutarco (*De solertia animalium*, 4), Cícero (*De finibus bonorum et malorum*, II, 110), Aristóteles (*História animalium*, IX, 7, 612b, 35), Platão (*Alcibiades*, 135 E), Aristófanes (*Pássaros*, 1355), remontando até Sófocles (*Electra*, 1058). Nada proíbe que também Sófocles se referisse a uma bem mais antiga tradição egípcia; mas, em todo caso, o Ocidente conhecia muito bem a história moralizada da cegonha e não tinha motivos para surpreender-se com a revelação do *Hieroglyphica*. Além disso, parece que o simbolismo da cegonha é de origem semita, posto que em hebraico o nome significa "aquela que tem a piedade filial".

Se lido hoje por alguém que tenha familiaridade com a cultura medieval e clássica, o opúsculo de Horápollon parecerá diferenciar-

-se bem pouco dos bestiários que circulavam nos séculos anteriores, exceto o fato de acrescentar ao zoológico tradicional também animais egípcios, como o escaravelho ou íbis, omitindo os comentários moralizantes ou referências à História Sagrada.

Não podemos afirmar que os homens da Renascença não se apercebiam de ter em mãos um material tradicional e já conhecido como tal. Pierio Valeriano, nos *Hieroglyphica sive de sacris Aegyptiorum aliarumque gentium litteris* (1556), retomando os hieróglifos de Horápollon, não perde a oportunidade para confirmar a sua autoridade com base em amplas citações de fontes clássicas e cristãs. Mas, em lugar de ler Horápollon à luz da tradição, relê a tradição à luz de Horápollon.

Na obra *Delle Imprese*, de Júlio César Carpaccio (1592), na qual são citados constantemente escritores gregos e latinos, é evidente que o autor sabe muito bem estar desfrutando tudo aquilo que também a tradição lhe entregara: mas está desfrutando-o conforme o costume egípcio. Não é mais possível compreender aquelas imagens que decorrem de séculos e séculos de história ocidental sem fazer que se tornem reservatórios de significados ocultos, "o que não pode ocorrer de fato sem a observação hieroglífica" (papel 4r), talvez com a mediação de um texto contemporâneo, como a *Monas Hieroglyphica*, de um certo "Giouanni Dee da Londino" (John Dee de Londres).

Falamos de "releitura" de um texto (ou de um emaranhado textual) que não fora modificado. Então o que fora mudado? Foi averiguado um incidente semiótico que, embora paradoxal quanto aos efeitos, resulta muito bem explicável na sua dinâmica. Estamos diante de um enunciado (o texto de Horápollon) que difere bem pouco de outros enunciados já conhecidos, e que mesmo assim a cultura humanista lê como se se tratasse de um enunciado inédito. Isso acontece porque agora a voz pública atribui tal enunciado *a um sujeito diferente da enunciação*. O enunciado não muda, porém, muda o sujeito a que é atribuído – e obviamente *muda também a sua recepção*, o modo como é interpretado.

Velhas e conhecidas imagens, no momento em que não surgem mais consignadas por uma tradição cristã (ou pagã), mas pelas próprias divindades do Egito, adquirem um sentido diferente daquele que tinham nos bestiários moralizados. As referências escriturais, agora ausentes, são substituídas por alusões a uma religiosidade mais vaga e densa de promessas misteriosas, e o sucesso do livro nasce justamente dessa polissemia. Os hieróglifos são vistos como *símbolos iniciáticos*.

Símbolos e, portanto, expressões que remetem a um conteúdo oculto, desconhecido, plurívoco e rico de mistério. Para Kircher, ao contrário da conjetura que se permite remontar partindo de um sintoma evidente para chegar a uma causa certa,

> o símbolo é *característica significativa* de algum mistério mais profundo, quer dizer que a natureza do símbolo é conduzir o nosso espírito, mediante alguma comparação, à compreensão de algo muito diferente das coisas que nos são oferecidas pelos sentidos externos; e cuja propriedade é ser oculto ou escondido sob o véu de uma expressão obscura [...]. O símbolo não é formado por palavras, mas se exprime somente por meio de qualidades, caracteres, figuras. (*Obeliscus Pamphilius*, II, 5, p.114-20)

Iniciáticos, porque o fascínio da cultura egípcia se baseia no fato de que o saber que promete está fechado na volta insondável e indecifrável de um enigma a fim de ocultá-lo à curiosidade profana do vulgo. Além disso, Kircher lembra-nos que o hieróglifo é símbolo de uma coisa sagrada (e nesse sentido todos os hieróglifos são símbolos, o inverso, no entanto, não vale) e a sua força é devida ao fato de que ele é inalcançável pelos profanos.

A EGIPTOLOGIA DE KIRCHER

No século XVII, a pedra de Roseta não era ainda conhecida e é nessas condições que Athanasius Kircher inicia a sua decodificação dos hieróglifos. Ele comete o erro, bem justificado, aliás, no estado dos conhecimentos daquela época, de acreditar que todos os sinais hieroglíficos tivessem valor ideográfico; por conseguinte, a sua reconstrução está totalmente errada. Mesmo assim se torna o pai da egiptologia, tal como Ptolomeu foi o pai da astronomia, apesar de a hipótese ptolemaica estar errada, porque, na tentativa de construir uma hipótese, errônea, Kircher acumula material de observação, transcreve documentos, atrai a atenção do mundo científico sobre o objeto hieroglífico. Kircher, porém, não trabalha baseando-se em reconstruções fantásticas dos animais nomeados por Horápollon; estuda diretamente, mandando reproduzir os hieróglifos verdadeiros. Também nessa reconstrução, que dá vida a tábuas suntuosas e artisticamente fascinantes, inscrevem-se inumeráveis elementos de fantasia e, não raro, hieróglifos muito estilizados são reproduzidos visualmente em suntuosas formas barrocas. O próprio Champollion estudou o obelisco da Praça Navona, por falta de uma observação direta, em uma reconstrução de Kircher, e embora se lamente da imprecisão de muitas reproduções, tira delas resultados interessantes e precisos.

Já em 1636, com o seu ensaio *Prodromus Coptus sive Aegypticus* (ao qual, em 1643, seguiu um outro trabalho, *Lingua Aegyptiaca restituta*), Kircher descobre as relações entre a língua copta e a egípcia de um lado, e o grego, do outro. E é nessa sede que ele acena com a possibilidade de que todas as religiões orientais, inclusive aquelas do Extremo Oriente, não seriam nada além do que uma versão mais ou menos degenerada dos mistérios herméticos.

Mais de uma dúzia de obeliscos jaziam em várias partes de Roma, e desde a época de Xisto V se começaram a restaurar alguns deles. Em 1644, foi eleito o papa Inocêncio x, da família Pamfili, cujo palácio estava situado na Praça Navona. O pontífice entregara a Bernini a execução do chafariz dos quatro rios, situado na mesma praça até hoje, e tomara a decisão de colocar no alto do chafariz o obelisco de Domiciano, para cuja restauração foi convidado Kircher.

Como coroação desses trabalhos, Kircher publica, em 1650, o ensaio *Obeliscus Pamphilus*, e, em 1652-1654, os quatro volumes do *Oedipus Aegyptiacus* (1652-1654), que se apresenta como uma investigação global em torno da história, religião, arte, política, gramática, matemática, mecânica, medicina, alquimia, magia e teologia do Egito antigo, comparadas com todas as outras culturas orientais, desde os ideogramas chineses até a cabala hebraica, bem como a língua dos brâmanes hindus; e constitui também um impressionante *tour de force* tipográfico ao exigir a construção de novos caracteres para numerosos alfabetos orientais. Entre outras coisas, a obra se abre com uma série de dedicatórias ao imperador, em grego, latim, italiano, espanhol, francês, português, alemão, húngaro, tcheco, ilírico, turco, hebraico, siríaco, árabe, caldaico, samaritano, copta, etíope, armênio, persa, hindu e chinês. Todavia, não se afasta das conclusões traçadas no livro anterior (assim como não se afastaria na obra *Obelisci Aegyptiaci nuper inter Isaei Romani rudera effosii interpretatio hieroglyphica*, 1666, e em *Sphinx mystagoga*, 1676).

Na verdade, Kircher tem a leve intuição de que alguns hieróglifos principais podiam ser conectados a valores fonéticos, enquanto almeja um alfabeto bastante fantástico, de 21 hieróglifos, de cuja forma faz derivar, por sucessivas abstrações, as letras do alfabeto grego. Por exemplo, ante a figura de um íbis que dobra o pescoço até introduzir a cabeça entre as patas, Kircher consegue deduzir que aquela forma gerara o alfa grego, na sua forma maiúscula (A). Seria possível chegar a isso porque o significado hieroglífico do íbis era "Bonus Daemon", que, em grego, se torna "Agathòs Daimon"; mas consegue isso por meio da mediação do copta, graças ao qual se descobre progressi-

A busca da língua perfeita na cultura europeia 175

vamente a letra inicial da expressão vocal com a forma do hieróglifo originário. Do mesmo modo, as pernas do íbis separadas e apoiadas no chão deviam exprimir o mar, isto é, afirma Kircher, na única forma em que os egípcios o conheciam: o delta do Nilo. A palavra *delta* teria ficado inalterada na sua passagem para o grego, e eis porque a letra *delta* maiúscula tem em grego a forma de um triângulo.

A convicção de que os hieróglifos *mostram* algo natural impede Kircher de descobrir o caminho certo. Ao contrário, ele atribui a civilizações posteriores aquele curto-circuito entre hieróglifo e som que, no entanto, já estava posto no interior da escrita hieroglífica. Por fim, distingue a duras penas entre o som e a letra alfabética que o representa, de tal modo que a sua intuição inicial se tornou uma chave para explicar a geração dos alfabetos fonéticos sucessivos e não para entender a natureza fonética dos hieróglifos.

Além dessa indagação introdutiva, Kircher dirige a sua atenção para a significação mística dos hieróglifos, cuja invenção atribui sem qualquer hesitação a Hermes Trismegisto. Tudo isso mostra uma exasperada inatualidade, porque, na época em que ele escrevia, Isaac Casaubon, algumas décadas antes, já provara que todo o *Corpus Hermeticum* não podia senão remontar aos primeiros séculos da era atual. Kircher, um homem de cultura realmente extraordinária, não podia deixar de saber isso, mas propositadamente o ignora, permanecendo fideisticamente ligado aos seus pressupostos herméticos, ou, pelo menos, ao seu gosto pelo extraordinário e prodigioso.

Daí uma série de decodificações que hoje fazem rir os egiptólogos. Por exemplo, à p.557 do *Obeliscus Pamphilius*, as imagens de um cartucho numeradas de 20 a 24 são lidas por Kircher da seguinte forma: "o gerador de toda fecundidade e vegetação é Osíris, cujo poder gerativo traz do céu para o seu reino o Sagrado Mophtha"; esta mesma imagem, no entanto, seria decodificada por Champollion (*Carta a Dacier*, p.29) e com base justamente nos desenhos de Kircher, como segue: "ΑΟΤΚΡΤΛ [ou seja, Autocrata, Imperador) filho do sol e soberano das coroas ΚΗΣΡΣ ΤΜΗΤΕΝΣ ΣΒΣΤΣ [César Domiciano Augusto]". A diferença é notável, de modo especial se considerarmos que, a respeito do misterioso Mophtha, representado por um leão, Kircher gasta páginas e mais páginas de exegese mística, atribuindo-lhe numerosas propriedades, ao passo que, para Champollion, o leão (ou leoa) está simplesmente representando a letra L.

Igualmente à p.187 do tomo III do *Oedipus*, há uma longa análise de um cartucho que aparece no obelisco lateranense, onde Kircher lê uma complexa argumentação sobre a necessidade de atrair os benefícios do divino Osíris e do Nilo mediante cerimônias sagradas, ativando a Corrente dos Gênios, ligada aos signos zodiacais. Os egiptólogos, porém, hoje leeem nele simplesmente o nome do faraó Apries.

O CHINÊS DE KIRCHER

Vimos no Capítulo 5 como alguém pensou que também o chinês poderia ser uma língua adâmica. Kircher vive em um período em que a expansão para o Oriente alcança níveis de grande intensidade, e espanhóis, portugueses, ingleses, holandeses e, mais tarde, também franceses percorrem com as suas frotas o caminho das Índias, os mares de Sonda e as rotas da China e do Japão. Entretanto, mais ainda do que os comerciantes, movimentam-se os missionários jesuítas, seguindo as pegadas do famoso padre Matteo Ricci, que, já desde o fim do século anterior, levou aos chineses as ideias da cultura europeia e, de retorno à Europa, trouxe consigo informes aprofundados sobre a cultura chinesa. Desde 1585, Juan González de Mendoza, na sua *Historia de las cosas más notables, ritos y costumbres del gran reino de la China*, reproduzira na imprensa os caracteres chineses. Em 1615, aparecera a edição de *De christiana expeditione apud Sinas ab Societate Iesu suscepta*, do padre Matteo Ricci, em que se esclarece que existem nessa língua tantos caracteres quantas são as palavras, e se insiste na internacionalização dessa escrita, facilmente compreensível não só para chineses, mas também para japoneses, coreanos, indochineses e formosianos – e veremos o quanto essa descoberta iria influenciar a pesquisa de um "caráter real" a partir de Bacon em diante. Em 1627, na França, Jean Douet publicava uma *Proposition présentée au Roy, d'une escriture universelle, admirable pour ses effects, très utile à tous les hommes de la terre,* em que faz referência ao modelo chinês como exemplo de língua internacional.

Do mesmo modo são coletadas informações sobre escritas, certamente pictográficas, das civilizações ameríndias. Apesar das várias tentativas contraditórias de interpretação, fala-se a esse respeito na *Historia natural y moral de las Indias,* de José de Acosta (1590); na *Relación de las cosas de Yucatán,* de Diego de Landa, escrita no século XVI, apesar de ter sido publicada somente no século XVIII; e, em 1609, aparecem os *Comentarios reales que tratan del origine de los Yncas,* de Garcilaso de la Vega. Entre outras coisas, muitos dos primeiros viajantes relataram que os contatos com os indígenas inicialmente se realizavam por meio de gestos, e esse fato despertou o interesse pela pretensa universalidade de uma linguagem gestual. Nesse sentido, a universalidade dos gestos se juntava à ideia da universalidade das imagens (entre os primeiros tratados nessa matéria, ver Giovanni Bonifacio, *L'arte de' cenni,* de 1616, e uma visão geral sobre o mesmo tema, Knox, 1990).

Mediante os relatórios dos seus coirmãos, Kircher dispunha de um material etnográfico e linguístico incomparável (a respeito dessa "linguística dos jesuítas" ou "do Vaticano", ver Simone, 1990). Ele se interessara amplamente pelo chinês no *Oedipus* e retoma praticamente os mesmos assuntos, de forma mais elíptica, na obra *China monumentis quà Sacris quà Profanis, nec non variis Naturae et Artis Spectaculis, aliarum rerum memorabilis argumentis illustrata,* 1667. Esse trabalho, na realidade, era sobretudo um tratado de etnografia e antropologia cultural que, coletando todos os relatórios que lhe chegavam dos missionários da Companhia, com ilustrações esplêndidas e por vezes documentadas, descreve todos os aspectos da vida, da cultura e da natureza chinesa, dedicando à literatura e ao alfabeto somente a sexta e última parte.

Kircher admite que os mistérios da escrita hieroglífica foram introduzidos na China por Cam, filho de Noé, e no livro *Arca Noe*, de 1675 (p.210s.) identifica Cam na figura de Zoroastro, inventor da magia. Mas os caracteres chineses não constituem para ele um mistério a resolver como os hieróglifos egípcios. Trata-se de uma escrita praticada ainda na sua época, cuja chave foi amplamente desvendada. De que maneira podia ser considerada sagrada, ou veículo de mistérios ocultos, uma escrita totalmente compreensível?

Kircher percebe que os caracteres chineses têm um fundamento icônico, mas ao mesmo tempo se dá conta de que se trata de um iconismo muito estilizado, em que o traço da figuração originária quase se perdeu totalmente. Tenta descobrir, ou reconstruir a duras penas, imagens de peixes e aves que na origem teriam sido ideogramas comuns, sabendo, porém, que os ideogramas não exprimem letras ou sílabas, mas se referem a conceitos, e observa que, se quisesse traduzir para o idioma deles todo o nosso dicionário, seria necessário ter tantos caracteres diferentes quantas são as palavras (*Oedipus*, III, p.11). Pensa, então, em quanta memória seria necessária a um sábio chinês para conhecer e lembrar todos aqueles caracteres.

Por que não se pusera o problema da memória para os hieróglifos egípcios? Exatamente porque o caráter dos hieróglifos assume a sua força alegórica e metafórica em virtude daquilo que Kircher considera uma relação relativa imediata: isto é, os hieróglifos "integros conceptos ideales involvebant". Com o termo *involvere* (envolver) Kircher entende precisamente o oposto daquilo que entenderíamos pensando na imediatez icônica de um pictograma, isto é, na correspondência intuitiva entre um caráter (suponhamos o Sol) e a coisa correspondente.

A busca da língua perfeita na cultura europeia 179

Apercebemo-nos disso ao ver quanto ele considerava inferiores os caracteres ameríndios (*Oedipus*, I, Sintagma V): julgava tais caracteres imediatamente pictográficos, aptos a representar personagens e eventos, ou um mero suporte mnemônico para indicar entidades individuais, mas incapazes de revelações arcanas (*Oedipus*, IV, p.28; e a respeito da inferioridade dos caracteres ameríndios, cf. também Brian Walton, *In Biblia polyglotta prolegomena*, 2.23).

No que diz respeito à ideografia chinesa, com certeza é superior à pictografia ameríndia, considerando que exprime também conceitos abstratos, no entanto, em definitivo, é demasiado univocamente decodificável (embora possa gerar combinações perspicazes, cf. *Oedipus*, III, p.13-4). Ao contrário, no escaravelho, por exemplo, os egípcios não viam o animal, mas o Sol, e não o Sol material que ilumina o mundo sensível, e sim o Sol arquétipo do mundo inteligível. No século XVII, na Inglaterra, a escrita chinesa foi considerada exemplar porque a cada elemento seu, no nível da expressão, corresponde uma unidade semântica no nível do conteúdo, porém, por isso mesmo, Kircher a considera carente de mistério. Parece afirmar com isso que ela representa somente conceitos individuais, ao passo que os hieróglifos envolvem "textos", porções complexas de conteúdo infinitamente interpretável.

O caráter chinês – Kircher repetiria isso também no seu ensaio *China* – não tem nada de hierático nem serve para ocultar ao profano verdades abismais, e é instrumento de intercâmbio comunicativo comum. Embora útil para compreender do ponto de vista etnológico um povo com relação ao qual a Companhia tem tanto interesse, o chinês não se inscreve no quadro das línguas sagradas. Quanto aos caracteres ameríndios, não apenas são rasteiramente referenciais, mas também revelam a natureza diabólica de um povo que perdeu qualquer vestígio da sabedoria arcaica.

O Egito, como civilização, não existe mais (nem a Europa sequer consegue pensá-lo como terra de conquista): respeitado na sua inconsistência geopolítica, é eleito como fantasma hermético, e enquanto tal é considerado pela sabedoria cristã ocidental como a própria origem profunda. A China é um Outro Alguém com que tratar: respeitável potência política, constitui uma séria alternativa cultural da qual os jesuítas revelaram os alicerces profundos: "os Chineses, morais e virtuosos embora ainda pagãos, quando esqueceram as verdades reveladas na escrita hieroglífica, converteram a ideografia em um instrumento neutro e abstrato de comunicação, e isso leva a pensar que a sua conversão seja uma obra de fácil realização" (Pellerey, 1992b, p.521). As Américas são, ao contrário, uma terra de conquista, e com os idólatras, com sua escrita de baixo perfil, não se deve discutir: o que se deve fazer é convertê-los, apagando qualquer vestígio da sua cultura originária, irremediavelmente poluída por sugestões idolátricas. "A demonização das culturas americanas encontra aqui uma sua justificação linguística e teórica" (ibid., p.521).

A IDEOLOGIA DE KIRCHER

Voltando aos hieróglifos, com certeza não se pode imputar a Kircher o fato de não ter entendido uma estrutura gramatical e lógica da qual ninguém naquela época possuía a chave. Mas é preciso reconhecer a ideologia que o induziu a agigantar os próprios erros. No fundo, "nada melhor do que a gravura com que se abre o ensaio *Obeliscus Pamphilius* pode exprimir a duplicidade da pesquisa de Kircher: nela convivem seja a imagem iluminada da Philomatià pela qual Hermes explica cada mistério, como também o gesto inquietante de Arpócrates, que afasta os profanos escondidos na sombra do cartucho" (Rivosecchi, 1982, p.57).

Assim, as configurações hieroglíficas tornam-se uma espécie de dispositivo alucinatório em que se podem fazer confluir todas as interpretações possíveis. Rivosecchi (1982, p.52) sugere que esse quadro oferecia a Kircher a possibilidade de discutir uma infinidade

A busca da língua perfeita na cultura europeia 181

de temas abrasadores, desde a astrologia até a alquimia e a magia, podendo atribuir todas essas ideias a uma tradição imemorial, na qual Kircher descobria ao mesmo tempo as prefigurações do cristianismo. Mas nessa bulimia hermenêutica jogava também o espírito tipicamente barroco de Kircher e do seu gosto pelos grandes teatros de espelhos e de luzes, ou pela coleção museográfica surpreendente (que o levou a constituir aquela extraordinária *Wanderkammer* que foi o museu do Colégio Romano), bem como do seu sentido do teratológico e do incrível. Somente desse modo se explica a dedicatória ao imperador Ferdinando III, que está na abertura do tomo terceiro do *Oedipus*:

> Desenvolvo diante dos teus olhos, ó Sacratíssimo César, o polimorfo reino do Morfeu Hieroglífico: refiro-me a um teatro disposto em imensa variedade de monstros, e não simples monstros da natureza, mas tão adornado de Quimeras enigmáticas de uma antiquíssima sabedoria, confiando que aqui os engenhos perspicazes possam descobrir imensos tesouros de ciência, não sem vantagem para as letras. Aqui, o Cão de Bubasti, o Leão Saitico, o Bode Mendésio, o Crocodilo espantoso pelo horrível escancarar-se das fauces, descobrem os significados ocultos da divindade, da natureza e do espírito da Sabedoria Antiga, sob o sombrio jogo das imagens. Aqui, os sedentos Dipsodos e as Áspides venenosas, bem como os astutos Icneúmones, os cruéis Hipopótamos, os monstruosos Dragões, o sapo do ventre inchado, o caracol com sua concha retorcida, a lagarta hirsuta e inumeráveis espectros mostram a admirável corrente ordenada que se desdobra nos sacrários da natureza. Apresentam-se aqui mil espécies exóticas de coisas transformadas em outras e variadas imagens pela metamorfose, convertidas em figuras humanas e de novo restauradas em si mesmas num entrelaçamento mútuo, a ferinidade com a humanidade, e esta com a divindade artificiosa; e por fim a divindade que, usando uma expressão de Porfírio, escorre por todo o universo, armando com todos os entes

um monstruoso conúbio; onde agora, sublime pelo rosto variegado, levantando a cabeça canina, se mostram o Cinocéfalo, o torpe Íbis e o gavião envolto por máscara rostrada [...] e onde deleitando ainda com aspecto virginal, sob o invólucro do Escaravelho, esconde-se o aguilhão do escorpião [... isso e outras coisas registradas ao longo de quatro páginas] neste teatro pantomorfo da Natureza contemplamos, desdobrado diante do nosso olhar, sob o véu alegórico de uma significação oculta.

Este é um espírito ainda amarrado ao gosto da enciclopédia e dos *Libri Monstruorum* da Idade Média (que, aliás, está voltando em formas mais "científicas", a partir da Renascença em diante, nas obras médicas de Ambroise Paré, nas obras naturalistas de Ulisse Aldrovandi, nas coleções de monstros de Fortunio Liceti e na *Physica curiosa* do seguidor de Kircher, Gaspar Schott), complicado por um sentido quase borrominiano das dissimetrias vertiginosas ou pelo ideal estético que preside à construção das grutas hidráulicas, das *rocailles* mitológicas de muitos jardins da época.

Mas, além desse componente religioso-hermético, Rivosecchi descobre um outro aspecto da ideologia de Kircher. Em um universo posto sob o signo de uma divindade antiga, poderosa e solar, o mito de Osíris torna-se alegoria da busca cansativa de estabilidade no mundo que acabava de sair da Guerra dos Trinta Anos em que Kircher se achou diretamente envolvido. Neste sentido, a própria dedicatória a Ferdinando III, que domina no início de cada tomo do *Oedipus*, talvez deva ser lida no mesmo sentido com que, no século anterior, lemos os apelos de Postel à intervenção restauradora da monarquia francesa, bem como os apelos análogos de Giordano Bruno, a celebração, feita por Campanella, de uma monarquia solar preanunciando o reino de Luís XIV, e as referências ao século áureo, de que nos ocuparemos no capítulo sobre a língua sagrada dos rosa-cruzes. Como todos os grandes utopistas da época, também o jesuíta Kircher sonha com a recomposição da Europa dilacerada sob uma monarquia estável, e, como bom alemão, repetindo o gesto dantesco, dirige-se ao imperador da Alemanha. Mais uma vez, como já ocorreu a Lúlio, embora de formas tão diferentes a ponto de apagar qualquer analogia, a busca da língua perfeita torna-se o instrumento para estabelecer uma nova concórdia, não só europeia, mas planetária. O conhecimento das línguas exóticas não visa tanto descobrir a sua condição perfeita quanto mostrar aos missionários da Companhia "a maneira com que reconduzir à doutrina de Cristo quem fosse afastado dela induzido pela malícia diabólica" (Prefácio do ensaio *China*, mas também em *Oedipus*, I, 1, p.396-8).

Ainda na obra *Turris Babel* (a última de Kircher), a história da confusão das línguas é relembrada apenas para tentar recompor "uma grandiosa história universal que reúna todas as diversidades em um projeto unitário de *conformação* à doutrina cristã [...]. Os povos de todo o mundo dispersos aos quatro ventos são chamados de volta pela Torre Jesuíta a uma nova reunificação linguística e ideológica" (Scolari, 1983, p.6).

Com efeito, embora sedento de mistério e sinceramente fascinado pelas línguas exóticas, Kircher não tinha realmente necessidade de uma língua perfeita da concórdia para unificar o mundo, porque, no fundo, achava que o seu bom latim contrarreformista podia veicular aquela porção de verdade evangélica que servia para irmanar os povos. Ele jamais pensou que o chinês e as próprias línguas sagradas dos hieróglifos e da permutação cabalística pudessem ser novamente faladas com proveito. Na sua busca para trás, Kircher encontrou a felicidade entre as ruínas antigas e veneradas das línguas mortas, contudo, jamais pensou que pudessem voltar a ser línguas vivas. Quando muito, contemplou-as como sinais místicos, inacessíveis exceto para os iniciados; e para divulgá-las na medida que bastasse para mostrar a sua impenetrabilidade fecunda, precisou equipá-las com um comentário do tamanho de um elefante. Mas, barroco entre os barrocos, e como demonstra em cada livro seu (em que dedica talvez maior cuidado para acompanhar a execução das tábuas do que para a redação muitas vezes remendada e repetitiva dos textos), *não consegue realmente pensar, a não ser por imagens* (cf. Rivosecchi, 1982, p.114). Talvez a sua obra mais atual, e certamente a mais popular, continue sendo a *Ars magna lucis et umbrae* (1646), em que, explorando o universo do visível em todas as suas dobras e profundidades, não só nos transmite algumas das suas intuições cientificamente mais interessantes, como até mesmo uma pálida antecipação das técnicas fotográficas e cinematográficas.

A CRÍTICA POSTERIOR

Em torno de um século mais tarde, Vico aceitaria como verdade que a primeira forma da linguagem foi constituída por hieróglifos, isto é, por meio de figuras animadas e metáforas; veria como manifestações hieroglíficas inclusive certos tipos de pantomimas, adivinhações encenadas com que, por exemplo, Idantura, rei dos citas, responderia a Dario, o Grande, que lhe declarara guerra por meio de "cinco palavras reais": uma rã, um rato, uma ave, um dente de arado e um arco. A rã significava que ele nascera na Cítia, tal como no verão as rãs nascem da terra; o rato significava que ele, "como rato, construiu a sua casa na terra onde nascera, isto é, ali se fundou um povo"; a ave significava que ali ele sonhava com o seu futuro, quer dizer, como veremos logo adiante, ali não estava sujeito a ninguém, exceto a Deus"; o arado significava que preparou as suas terras por meio da lavoura; e, por fim, o arco significava "que possuía na Cítia o sumo império das armas, com que devia e podia defendê-la" (*Scienza Nuova*, II, 2.4, 435).

Para Vico, porém, a língua hieroglífica não tem nenhuma característica de perfeição, e sim de antiguidade e primazia, porque fora a língua da era dos deuses. Em todo o caso, não queria ser de modo algum nem ambígua, nem secreta; por isso "não se deve apoiar aqui aquela falsa opinião de que os hieróglifos foram inventados por filósofos para ocultar atrás deles os seus mistérios de profunda sabedoria secreta, como se acreditou a respeito dos egípcios. Porque foi uma necessidade natural comum a todas as primeiras nações falar por meio de hieróglifos" (ibid.).

Esse modo de "falar mediante as coisas" era humano, natural, orientado para a mútua compreensão. Era um falar poético, que não podia não andar separado, ao mesmo tempo, da língua simbólica dos heróis e da língua epistolar das intercomunicações, de maneira que "é preciso pensar que essa língua fora o resultado da livre convenção desses povos, devido à eterna propriedade, que é o direito dos povos, de falar e de escrever na língua vernácula" (p.439). Desse modo, a língua hieroglífica, "quase totalmente muda e pouquíssimo articulada" (p.446), reduzida ao vestíbulo da língua heroica, feita de imagens, metáforas, alegorias e comparações "que, em seguida, na língua articulada, constituem a inteira roupagem da fala poética" (p.438), perde o seu halo sacral e iniciático, para tornar-se, na realidade, modelo daquele falar perfeito que é o uso artístico das linguagens, sem jamais pretender, contudo, substituir a língua dos homens.

Na mesma direção iriam outras críticas do século XVIII. Nicolau Fréret (*Reflexions sur les principes généraux de l'art d'écrire*, 1718) diria que os hieróglifos representam um artifício arcaico; e Warburton, no ensaio *The Divine Legation of Moses* (1737-1741), considerava o mesmo artifício dos hieróglifos apenas um pouco mais desenvolvido do que as escritas mexicanas. Como já vimos a propósito da crítica ao monogenetismo no século XVIII, agora há quem pense em uma série de fases no desenvolvimento das escritas, das pictografias (que representam coisas), por meio dos hieróglifos (que representam qualidades e paixões), até os ideogramas, uma representação abstrata e arbitrária de ideias. Era essa a distinção feita por Kircher, mas a sequência muda de ordem, e o hieróglifo é relegado a uma fase mais primitiva.

186 *Umberto Eco*

Rousseau (no seu *Essai sur l'origine des langues*, 1781) afirmaria que, "quanto mais a escrita é rude, tanto mais a língua é antiga", mas deixa entender que, quanto mais a língua é antiga, tanto mais a língua é rude. Para representar as palavras e as proposições por meio de caracteres convencionais, é preciso esperar que a língua se forme totalmente, um povo inteiro seja regido por leis comuns, e a escrita alfabética seja inventada por povos comerciantes que deviam viajar e falar diversas línguas. A escrita alfabética constitui um estágio superior, porque nela a palavra não só é representada, como analisada, delineando-se aqui uma analogia entre o universal equivalente, que é, por exemplo, o dinheiro, e a equivalência universal dos caracteres alfabéticos (cf. Derrida, 1967, p.242; Bora, 1989, p.40).

A essas mesmas ideias referiam-se os verbetes "Écriture", "Symbole", "Hiéroglyphe", "Écriture des Egyptiens", "Écriture Chinoise" da *Encyclopédie*, confiados ao cavalheiro de Jaucourt. Jaucourt, na verdade, está consciente do fato de que a escrita totalmente icônica dos hieróglifos reservava o saber a uma casta restrita de sacerdotes, para os quais a natureza enigmática dos hieróglifos (que para Kircher era um título de glória), em um determinado ponto, exige a sua transformação nas formas mais convencionais do demótico e do hierático. Melhor do que os seus predecessores, Jaucourt distinguiu vários tipos de escrita hieroglífica, e partindo de um fundamento retórico. Algumas décadas antes tinha sido publicado o *Traité des tropes de Du Marsais* (1730), no qual eram delimitados e codificados os possíveis valores aceitáveis por um termo mediante processo retórico, inclusive a analogia. Portanto, Jaucourt abandona qualquer interpretação hermética, distingue as escritas emblemáticas conforme caracteres retóricos (no hieróglifo curiológico escreve-se usando a parte pelo todo, no hieróglifo trópico põe-se uma coisa no lugar de uma outra conforme critérios de similaridade) e, portanto, uma vez reduzida a mecânica hieroglífica a uma mecânica retórica, consegue-se disciplinar também o deslocamento infinito do sentido, denunciado agora como produto de uma mistificação praticada pela casta sacerdotal egípcia.

O CAMINHO EGÍPCIO E O CAMINHO CHINÊS

Apesar de a opinião comum, ainda hoje, considerar as imagens um meio de comunicação capaz de superar as diferenças linguísticas, o que na verdade se operou foi uma fratura nítida entre o "caminho egípcio" e o "caminho chinês". O caminho egípcio pertence à história da arte, assim como achamos que um quadro ou uma sequência cinematográfica podem constituir "textos", muitas vezes capazes de comunicar sentimentos ou sensações, que uma língua verbal não pode traduzir adequadamente (pois seria o mesmo se alguém tentasse descrever a *Gioconda* para um cego). Esses textos comunicam-nos sentidos múltiplos e não podem ser reduzidos a um código universal, porque as regras de representação (e identificação) de uma pintura mural egípcia, de uma miniatura árabe, de um quadro de Turner ou de um gibi não são as mesmas.

Por outro lado, quando, por meio das imagens, se procurou elaborar um código universal, recorreu-se a ideogramas (por exemplo, o sinal de sentido proibido na sinalização rodoviária) ou a pictogramas (as imagens que indicam chegadas, partidas, restaurantes ou banheiros nos aeroportos). Ao fazer isso, o código das imagens pode apresentar-se como simples *semia substitutiva* [*semìa sostitutiva*] (sinais "de braço dado" em que uma combinação de bandeiras remete a uma letra alfabética); ou como parasitário com relação aos conteúdos das línguas naturais, como a bandeira amarela que significa "epidemia a bordo" (cf. Prieto, 1966). Mas, nesses sentidos, são línguas visuais os sistemas gestuais dos surdos-mudos ou dos monges trapistas, dos comerciantes hindus, dos ciganos, dos ladrões, ou são códigos substitutivos do código verbal as linguagens tamboriladas ou assobiadas usadas por certas tribos (cf. La Barre, 1964). Por serem utilíssimas para certos setores da experiência, essas linguagens não pretendem ser "línguas perfeitas" (em que, por exemplo, se possa traduzir uma obra de filosofia).

O problema é que uma linguagem feita de imagens baseia-se, por costume, na convicção de que uma imagem representa as propriedades da coisa representada, mas, sendo muitas as propriedades de uma coisa, é sempre possível encontrar um ponto de vista a partir do qual a imagem pode ser considerada semelhante a alguma coisa.

Veja-se o estatuto da linguagem das imagens em uma forma de sistema semiótico (se não de língua propriamente dita) que ficou dominante ao longo de séculos e teve um desenvolvimento particular no mesmo período em que o Ocidente se voltava para línguas visuais perfeitas, ou seja, as mnemônicas, ou artes da memória (Rossi, 1960; Yates, 1966).

Um sistema de memorização constrói no nível da expressão um sistema de *loci* (verdadeiros e próprios lugares, situações espaciais, como os cômodos de um edifício, ou palácios, estradas e praças de uma cidade), destinado a hospedar imagens que pertencem ao mesmo campo iconográfico, assumindo a função de unidades lexicais; e no nível do conteúdo dispõe as *res memorandae*, isto é, as coisas a serem lembradas, organizadas por sua vez em um sistema lógico-conceitual. Nesse sentido, um sistema mnemônico é um sistema semiótico.

Em obras como o *Congestorius artificiosae memoriae* (1520), de Johannes Romberch, a sua adaptação ao italiano de Ludovico Dolce, o *Dialogo nel quale se ragiona del modo di accrescere e conservare la memoria* (1575, primeira edição 1562), ou o *Artificiosae memoriae fundamenta* (1619), de Johannes Paepp, o sistema dos casos gramaticais é lembrado associando-o a partes do corpo humano. Não só temos um sistema que exprime um outro sistema, mas os dois níveis são conformes: não é arbitrário que o nominativo seja associado à cabeça, o acusativo ao peito, que pode receber pancadas, o genitivo e o dativo às mãos, que possuem ou oferecem, e assim por diante.

Uma imagem mnemotécnica, para poder remeter facilmente ao conteúdo correspondente, deveria sugeri-lo segundo algum critério de similaridade. Mas as técnicas de memorização não conseguem encontrar um critério unitário de correlação, porque os critérios de semelhança usados são os mesmos que estabeleciam a conveniência das sinalizações ao seu *signatum*. Se nos referirmos (ver Capítulo 6) ao que dizia Paracelso a propósito da linguagem de Adão, o Protoplasto, veremos que, em um caso, o nome vinha com base em uma semelhança morfológica (da qual derivava a virtude), enquanto, em outro, o nome é imposto com base na virtude, mas a virtude não é expressa de modo algum pela forma. Em um terceiro caso, finalmente, não se trata de semelhança morfológica nem de relação causal, mas de inferência sintomática, como no caso dos chifres do alce que, graças às suas ramificações, possibilitam inferir a idade do animal.

Ainda a propósito de sinalizações, Della Porta (*Phytognomonica*, 1583, III, 6) dizia que as plantas manchadas que imitam a pele dos animais manchados possuem as suas virtudes: por exemplo, a casca da bétula, manchada, que imita o estorninho, é "por isso" um bom remédio contra a impigem, e as plantas que têm escamas como as cobras servem contra os répteis (III, 7). Portanto, a semelhança morfológica em um caso "marca" uma aliança e, no outro, uma inimizade benéfica entre planta e animal. Taddeus Hageck (*Metoscopicorum libellus unus*, 1584, p.20), entre as plantas que curavam os pulmões, louvava dois tipos de líquen: mas um lembra a forma do pulmão sadio, o outro (manchado e hirsuto), a forma do pulmão ulcerado; enquanto uma planta coberta de pequenas perfurações sugere a sua capacidade de abrir os poros da pele. Trata-se de três relações muito diferentes: semelhança com o órgão sadio, semelhança com o órgão doente, analogia relativa ao efeito terapêutico que a planta deveria obter.

Passando agora às técnicas de memorização, Cosme Rosselli, no seu *Thesaurus artificiosae memoriae* (1579), em um determinado ponto, propõe-se a explicar como, uma vez postas as figuras, elas podem se aplicar às coisas a serem lembradas, mesmo tendo que esclarecer – "*quomodo multis modis, aliqua res alteri sit similis*" (*Thesaurus*, 107) –, isto é, como cada coisa – a partir de um determinado ponto de vista – pode ser semelhante a uma outra. E no Capítulo IX da segunda parte da sua obra, procura sistematizar os critérios segundo os quais as imagens podem corresponder às coisas da seguinte forma:

por semelhança, a qual por sua vez se divide em semelhança por substância (o homem como imagem microcósmica do macrocosmos), na quantidade (os dez dedos para os dez mandamentos), por metonímia e antonomásia (Atlas para os astrônomos ou para a astronomia, o urso para o homem hirsuto, o leão para a soberba, Cícero para a retórica);

por homonímia: o cão animal para o cão-constelação;

por ironia e contraste: o tolo para o sábio;

por marca: o rastro para o lobo, ou o espelho em que Tito se contemplou como Tito;

por nome de diversa pronúncia: *sanum* por são;

por semelhança de nome: Arista por Aristóteles;

por gênero e espécie: leopardo por animal;

por símbolo pagão: águia por Júpiter;

por povos: os partos para as flechas, os citas para os cavalos, os fenícios para o alfabeto;

por signos zodiacais: o signo para a constelação;

por relação entre órgão e função;

por acidente comum: o corvo pelo Etíope;

por hieróglifo: a formiga para a providência.

Giulio Camillo Delminio (cuja obra *Idea di un theatro*, 1550, foi entendida como o projeto de um mecanismo perfeito para gerar proposições retóricas) fala com espontaneidade de similaridade pelos traços morfológicos (o centauro para a hípica), pela ação (duas serpentes que lutam para a arte militar), por contiguidade mitológica (Vulcano para as artes do fogo), pela causa (os bichos-da-seda para a arte do vestuário), pelo efeito (Mársias esfolado para o açougue), pela relação entre governante e governado (Netuno para as artes náuticas), pela relação entre agente e ação (Páris para o foro civil), por antonomásia (Prometeu para o homem artesão), por iconismo (Hércules que lança a seta para o alto, para a ciência pertinente às coisas celestes), por inferência (Mercúrio com um galo para o comércio).

É possível reconhecer facilmente a natureza retórica desses procedimentos, e não há nada de mais convencionalmente regulado do que uma figura retórica. As técnicas mnemônicas (e a doutrina das sinalizações) não colocam de modo algum em jogo os princípios de uma "língua natural" das imagens. Contudo, a aparente naturalidade dessas maquinações complexas não podia deixar de fascinar os descobridores de uma língua perfeita das imagens.

As investigações em torno da gestualidade como maneira de interação com os povos exóticos, unida ao fervor por uma linguagem universal das imagens, não podia deixar de influenciar as múltiplas pesquisas que começam no século XVII em torno da educação dos surdos e dos mudos (cf. Salmon, 1972, p.68-71). Em 1620, o espanhol Juan Pablo Bonet escreve o ensaio *Reducción de las letras y arte para enseñar a hablar los mudos*, e Mersenne, quinze anos depois (*Harmonie*, 2), conecta a questão com a da língua universal. Para John Bulwe (*Chirologia*, 1644), com uma linguagem gestual é possível escapar da confusão babélica, pois ela foi a linguagem original da humanidade; Dalgarno (ver Capítulo 11) afirmaria que o seu projeto poderia propiciar um meio fácil de educação dos surdos-mudos, e voltaria sobre o assunto no *Didascalocophus* (1680), e um projeto de Wallis ocupa alguns debates da Royal Society em 1662, quando se fala de ordenamento sistemático dos conceitos e, portanto, de característica universal como instrumento melhor.

O século XVIII volta a propor com maior interesse social e atenção pedagógica o problema (e do mesmo assunto é possível ver vestígios até em uma obra que, na verdade, tem outros objetivos, como a *Lettre sur l'éducation des sourds e muets*, de Diderot, 1751). Abbé de l'Epée (*Institutions des sourds et muets par la voie des signes méthodiques*, 1776) polemiza contra o método datilológico, que já na sua época, como na nossa, substituía as letras do alfabeto com sinais das mãos e dos dedos. Que isso servia para os surdos-mudos para se comunicar no âmbito de uma mesma língua de referência interessava-lhe bem pouco, porque, no fundo, era seduzido pela ideia de uma língua perfeita. Ensinava os surdos-mudos a escrever em francês, mas queria sobretudo usar uma linguagem visual para ensinar a eles não letras alfabéticas ou palavras, mas conceitos, a ponto de achar que a sua língua para surdos-mudos poderia servir um dia como língua universal.

Veja-se como pretende ensinar o significado de "eu creio" (e como propõe que o método serviria também para a compreensão entre pessoas que falam línguas diferentes).

Primeiro faço o sinal da primeira pessoa no singular indicando a mim mesmo com o dedo indicador da mão direita, a ponta em direção ao peito. A seguir ponho o dedo na testa, supondo que a parte côncava contenha o meu espírito, quer dizer, a minha faculdade de pensar, e faço o sinal do sim. Em seguida, faço o mesmo sinal colocando o dedo sobre a parte do corpo que de costume é considerada sede daquilo que chamamos coração no nível espiritual... Faço também o mesmo sinal sim sobre a boca movendo os lábios... Finalmente, ponho as mãos sobre os meus olhos e, fazendo o sinal *não*, mostro que não vejo. Por último não me resta senão fazer o sinal do presente [o abade elaborara uma série de gestos que apontavam uma ou duas vezes para trás ou para a frente dos ombros para indicar os vários tempos verbais] e escrevo *eu creio.* (p.80-1)

À luz do que acabamos de dizer, é evidente que os gestos e as situações visuais criadas pelo bom abade eram passíveis de múltiplas interpretações, se não fossem acompanhadas por outros recursos (a palavra escrita, o suposto datilológico) a fim de *ancorar* a inevitável polissemia das imagens.

Foi observado que o verdadeiro limite dos iconogramas está em que as imagens podem exprimir a forma ou a função de uma coisa, porém mais dificilmente exprimem ações, tempos verbais, advérbios ou preposições. Sol Worth (1975) escrevera um ensaio com o título *Pictures Can't Say Ain't*, alegando que uma imagem não pode afirmar a inexistência da coisa representada. Com certeza, é possível estabelecer um código visual com recursos gráficos que signifiquem "existência/não existência", "passado/futuro", ou também "condicionalidade". Entretanto, nesse sentido, seríamos ainda parasitários do universo semântico de uma língua verbal, como aconteceria com as "características universais" das quais nos ocuparemos no Capítulo 10.

Ao que parece, um dos limites das linguagens visuais é elas poderem exprimir, ao mesmo tempo, diversos significados porque, como notava Goodman (1968), a representação pictórica de um homem pode significar que se quer 1) indicar um exemplar da espécie humana, 2) desenhar uma determinada pessoa com aquelas formas, 3) especificar que aquela pessoa, naquele contexto e naquele momento, está vestida de uma determinada maneira, e assim por diante. Obviamente, o sentido do enunciado visual pode ser limitado ao título, entretanto, mais uma vez, seria preciso recorrer parasitariamente ao meio verbal.

Muitos alfabetos visuais foram propostos também em épocas modernas: entre os mais recentes, vamos citar a *Sematografia*, de

Bliss, o *Safo*, de Eckardt, o *Picto*, de Jonson, o *LoCoS*, de Ota. Mas (como observava Nöth, 1990, p.277) trata-se de puras e simples pasigrafias (das quais nos ocuparemos em outro capítulo), e não de línguas propriamente ditas, na maioria dos casos desenhadas sobre modelos de línguas historicamente existentes. Muitos desses alfabetos são somente códigos lexicais sem componente gramatical. O recente *Nobel*, de Milan Randié, prevê vinte mil lemas visuais, com possibilidades de várias combinações intuitivas: por exemplo, uma coroa com uma flecha apontando para o lado superior inexistente de um quadro indica "abdicação" (em que o quadro significa "cesto"); duas pernas significam "caminhar", e juntas ao sinal de união "com" significam "acompanhar". Estamos em uma forma simplificada de sistema hieroglífico que, em todo o caso, requer o conhecimento de dupla série de convenções, uma para atribuir significado não ambíguo aos sinais primários, outra para atribuir um sentido não ambíguo às combinações.

Cada um dos vários sistemas puramente visuais propostos, portanto, se apresenta como 1) segmento de língua artificial, 2) a extensão *quase* internacional, 3) apta para usos setorialmente limitados, 4) desprovida de possibilidades criativas, à custa de perder o próprio poder rigorosamente indicativo, 5) carente de uma gramática capaz de gerar uma indefinida ou infinita sequência de frases, 6) inadequada para a descoberta do novo, porque a cada elemento da expressão corresponde sempre um conteúdo prefixado e já conhecido de antemão. Haveria um único sistema de vastíssimo raio de difusão e compreensão, o das imagens cinematográficas e televisivas, as quais, sem dúvida, são consideradas uma "linguagem" que se faz compreender por todo o globo. Entretanto, também esse sistema apresenta alguns inconvenientes com relação às línguas naturais: continua incapaz de exprimir a maior parte dos conceitos filosóficos e uma ampla série de raciocínios abstratos; não se pode dizer que seja universalmente compreensível, pelo menos nas suas regras

A busca da língua perfeita na cultura europeia 195

gramaticais de montagem; e finalmente seria uma forma de comunicação cômoda para a recepção, mas extremamente incômoda para a produção. As vantagens da língua verbal são devidas à sua facilidade de execução. Se alguém, para desenhar uma maçã, precisasse antes retomá-la com uma câmera encontrar-se-ia na mesma situação dos sábios que Swift ironizava, os quais, tendo decidido falar somente mostrando os objetos a que se referiam, eram obrigados a deslocar-se carregando consigo sacos enormes.

IMAGENS PARA OS ALIENÍGENAS

O documento mais desalentador para o futuro de uma língua das imagens é, talvez, o relatório redigido, em 1984, por Thomas A. Sebeok para o Office of Nuclear Waste Isolation, e por um grupo de outras instituições que foram encarregadas de elaborar sugestões a respeito de um quesito apresentado pela U.S. Nuclear Regulatory Commission. O governo americano escolhera algumas áreas desérticas dos Estados Unidos para enterrar ali (a uma centena de metros de profundidade) escórias nucleares. O problema não era tanto proteger a área de invasões hoje imprudentes quanto porque tais escórias ficarão radioativas durante uns dez mil anos. Na verdade, foram vistos grandes impérios e florescentes civilizações findarem-se em períodos muito breves; vimos também como alguns séculos depois do desaparecimento dos últimos faraós, os hieróglifos egípcios se tornaram incompreensíveis. Quem sabe se daqui a dez mil anos não poderá ocorrer algo análogo com a Terra, passando por transformações tais como não só o de ser habitada por populações reduzidas a um estado de barbárie, mas, inclusive, visitada por viajantes provenientes de outros planetas. Nesse caso, como informar a esses visitantes "alienígenas" que a área é perigosa?

Sebeok excluiu logo qualquer comunicação verbal, como também sinais elétricos, porque exigiriam energia constante; mensagens olfativas, de breve duração, qualquer forma de ideograma perceptível somente com base em convenções precisas. As linguagens pictográficas apresentam também sérias dúvidas. Mesmo sustentando que qualquer povo poderá compreender algumas configurações fundamentais (figura humana, esboços de animal etc.), Sebeok reproduz uma imagem sobre a qual é impossível decidir se os indivíduos representados estão lutando, dançando, caçando ou realizando qualquer outra atividade.

Uma solução seria estabelecer segmentos temporais de três gerações cada um (calculando que em qualquer civilização a língua não muda sensivelmente entre avô e neto) e estabelecer instruções para que, ao terminar o período, as mensagens sejam reformuladas adaptando-as às convenções semióticas do momento. Essa solução, porém, pressupõe justamente aquela continuidade social e territorial que o quesito põe em questão. Outra solução é aumentar na área mensagens de todos os tipos, em todas as línguas e sistemas semióticos, especulando sobre a possibilidade estatística de que pelo menos um dos sistemas permaneça compreensível aos visitantes futuros; mesmo que ficasse decodificável um único segmento de uma única mensagem, a redundância do conjunto constituiria para os visitantes futuros uma espécie de pedra de Roseta. Essa solução, todavia, pressupõe ainda certa continuidade cultural, mesmo breve.

Não restaria senão instituir uma espécie de casta sacerdotal, formada por cientistas nucleares, antropólogos, linguistas e psicólogos, que se perpetuaria ao longo dos séculos por cooptação e mantendo vivo o conhecimento do perigo, criando mitos, lendas e superstições. Esses indivíduos, com o tempo, sentir-se-iam empenhados em transmitir alguma coisa, cuja exata noção haviam perdido, de tal forma que, no futuro, mesmo em um agregado humano reduzido à barbárie, poderiam obscuramente sobreviver tabus imprecisos, porém eficazes.

A busca da língua perfeita na cultura europeia 197

É curioso que, a ter que escolher entre várias e possíveis línguas universais, a última solução venha a ser a do tipo "narrativo" e volte-se a propor aquilo que de fato aconteceu nos séculos passados. Assim como aconteceu com os egípcios, uma vez desaparecidos os detentores de uma língua primordial, perfeita e sagrada, dela pode ficar a perpetuação do mito, isto é, um texto sem código, ou cujo código, já perdido, seja capaz de nos manter em um estado de vigília, no esforço de uma desesperada decodificação.

CAPÍTULO 8

A língua mágica

No século XVII, aspirava-se a uma reforma universal, tanto do saber como dos costumes e da sensibilidade religiosa, em um clima de renovação espiritual extraordinária, dominada pela ideia do início iminente de um século de ouro (a que já intitulara uma das obras de Postel). Esse clima de expectativa perpassa de várias formas tanto a área católica como a protestante. Esboçam-se projetos de repúblicas ideais, desde Campanella até Andreae, com aspirações a uma monarquia universal (já vimos a utopia de Postel, outros pensariam na Espanha e os protestantes em um império alemão). Parece que, justamente enquanto a Europa, durante o período da Guerra dos Trinta Anos, está queimando por conflitos em que se veeem em jogo aspirações nacionalistas, ódios religiosos e a consolidação da razão de Estado moderna, produz ao mesmo tempo uma plêiade de espíritos místicos que pensam na concórdia universal (cf. De Mas, 1982).

Nesse clima surge, em 1614, um escrito anônimo (*Allgemeine und general Reformation, der gantzen weiten Welt*) cuja primeira parte (como se descobriria mais tarde) é uma nova elaboração da obra satírica *Ragguagli di Parnaso* (1612-1613), de Traiano Boccalini. A última parte é um manifesto, intitulado *Forma Fraternitatis R.C.*, no qual a misteriosa confraria dos rosa-cruzes revela a própria existência, dá informes acerca de sua história e sobre seu fundador mítico, Christian Rosencreutz. Em 1615, juntamente com outro livro

A busca da língua perfeita na cultura europeia 199

intitulado *Fama,* escrito em alemão, apareceria também o segundo manifesto, em latim, a *Confessio fraternitatis Rosae crucis. Ad eruditos Europae* (traduzidos por Yates, 1972).

O primeiro manifesto exprime a esperança de que possa surgir, também na Europa, "uma sociedade capaz de educar os governantes a aprenderem tudo aquilo que Deus concedeu ao homem aprender" (Yates, 1972, p.286). Os dois manifestos insistem no caráter secreto da confraria e no fato de que os seus membros não podem revelar a própria identidade. Por essa razão, pode parecer ainda mais ambíguo o apelo final de *Fama,* a todos os homens cultos da Europa, para entrarem em contato com os redatores do manifesto: "Embora até agora não tenhamos revelado os nossos nomes, nem quando nos encontramos, ficaremos sabendo, sem dúvida, a opinião de todos, seja qual for a língua em que estiver expressa; e todo aquele que nos enviar o seu nome poderá conversar com qualquer um de nós a viva voz, ou, se houver algum impedimento, por escrito [...]. E também o nosso edifício (mesmo que cem mil pessoas o tivessem visto de perto) ficará eternamente intocável, indestrutível e oculto ao mundo ímpio" (Yates, 1972, p.295).

Quase imediatamente, de toda parte da Europa começaram a chegar apelos escritos aos rosa-cruzes. Quase não há ninguém que afirme conhecê-los, ninguém se diz rosa-cruz, mas todos, de alguma forma, procuram fazer entender que se encontram em absoluta sintonia com o seu programa. Aliás, alguns autores ostentam uma extrema humildade, como Michael Maier, que, em *Themis aurea* (1618), sustenta que a confraria existe realmente, mas admite ser uma pessoa muito humilde para um dia fazer parte dela. Como observa Yates, o comportamento costumeiro dos escritores rosacrucianos não é apenas afirmar que eles não são rosacrucianos, mas que jamais sequer encontraram um só membro da confraria.

Quando, em 1623, aparecem em Paris cartazes – obviamente anônimos – anunciando a chegada dos rosa-cruzes à cidade, a notícia desencadeia polêmicas ferozes, e o boato mais comum declara-os adoradores de Satanás. Descartes, que no decorrer de uma viagem à Alemanha tentara – como se dizia – abordá-los (obviamente sem sucesso), no seu retorno a Paris é alvo da suspeita de pertencer à confraria, só conseguindo sair do impasse com um golpe de mestre: pois, se havia uma lenda já difusa de que os rosa-cruzes eram invisíveis, ele se deixa ver em várias ocasiões públicas, desfazendo assim o boato que o atinge (ver A. Baillet, *Vie de Monsieur Descartes*, 1693). Em 1623, certo Neuhaus publica, primeiro em alemão e depois em francês, um *Advertissement pieux et utile des frères de la Rose-Croix*, no qual se indaga se eles existem, quem são, de onde vem o seu nome, e conclui com um argumento extraordinário, dizendo que, "pelo próprio fato de eles mudarem, alterarem os seus nomes e mascararem a sua idade, e pela própria confissão chegarem sem se deixar reconhecer, não há qualquer lógico que possa negar que eles necessariamente existem" (p.5).

Seria demorado fazer a resenha dessa série de livros e livretos que se contradizem mutuamente, em que, por vezes, se sustenta que um mesmo autor, sob dois pseudônimos diferentes, terá escrito a favor e contra os rosa-cruzes (cf. Arnold, 1955; Edighoffer, 1982). Mas isso se diz como se bastasse um apelo, na verdade muito obscuro e ambíguo, à reforma espiritual da humanidade para desencadear as reações mais paradoxais; como se todos estivessem à espera de um evento decisivo, e de um ponto de referência que não fosse o das Igrejas oficiais de ambas as partes. Com efeito, se os jesuítas foram os mais ferozes adversários dos rosa-cruzes, houve também quem sustentava que os rosa-cruzes foram uma invenção dos jesuítas para insinuar elementos de espiritualidade católica no interior do mundo protestante (ver *Rosa jesuitica*, 1620).

Enfim, como último aspecto paradoxal da história – e certamente o mais significativo –, Johann Valentin Andreae, e todos os seus amigos do círculo de Tubinga que foram imediatamente suspeitos de ser os autores dos manifestos, passaram a vida a negar o fato ou a minimizá-lo como apenas um jogo literário.

É natural que, se o apelo é dirigido aos homens de todos os países para propor uma nova ciência, dentro do espírito dos tempos seria necessário propor também a adoção de uma língua perfeita. Na verdade, nos manifestos fala-se dessa língua, mas a sua perfeição coincide com o seu segredo (*Fama*, p.287). Na *Confessio*, diz-se que foram os primeiros quatro fundadores da confraria a criar a língua e a escrita mágicas, acrescentando (grifos nossos):

> Quando isso (agora conhecido por poucos e mantido em segredo, como evento que ainda deve ocorrer, *expresso simbolicamente com números e desenhos*), for liberado dos vínculos do segredo, sendo revelado publicamente e divulgar-se por todo o universo, então a nossa trompa ressoará publicamente com toques agudos e grande fragor [...]. Esses importantes sinais do desígnio divino podem querer ensinar o seguinte: que, além das descobertas do engenho humano, seja preciso dedicarmo-nos à escrita secreta, de modo que o livro da natureza seja acessível e manifesto a todos os seres humanos [...]. *Esses caracteres e letras*, que Deus inscreveu aqui e lá nas Escrituras Sagradas, na Bíblia, quis imprimi-los também manifestamente na maravilhosa criação do céu e da terra, bem como em todos os animais [...]. A partir desse código secreto, foi tirada por empréstimo a *nossa escrita mágica* e descobrimos e criamos a nossa nova língua, que é apta para exprimir e tornar conhecida a natureza de cada coisa [...]. Se não somos igualmente eloquentes em outras línguas, sabemos que estas não ecoam a língua dos nossos ancestrais, Adão e Enoch, e que foram corrompidas pela confusão de Babel. (Yates, 1972, p.298-301)

Algumas hipóteses

Conforme Ormsby-Lennon (1988) – que por "linguística rosacruciana" entende uma atmosfera que penetra no mundo alemão e anglo-saxônico do século XVIII, e cujos ecos podemos encontrar até mesmo nos propósitos dos inventores de línguas científicas, como Dalgarno e Wilkins –, a doutrina rosacruciana deve-se à teoria dos sinais, como surge em Jakob Böhme, um místico que influenciou amplamente a cultura europeia posterior, com certeza conhecido no ambiente rosacruciano alemão, e que, depois, penetrou no ambiente teosófico anglo-saxônico por meio de uma série de traduções que se prolongou até o século XVIII. Webster, no ensaio *Academiarum examen*, de 1654, lembra que as ideias de Böhme eram "reconhecidas e adotadas pela iluminadíssima confraria dos rosa-cruzes" (p.26-7).

Para Böhme (que toma de Paracelso o conceito de sinal), cada elemento na natureza contém, na própria forma, uma referência evidente às próprias qualidades ocultas. Na forma e figura de cada coisa está marcado o seu poder, e as qualidades próprias de um homem são reveladas pela forma do seu rosto (com evidente referência à tradição da fisiognomia). Não há nada de criado na natureza que não manifeste externamente a sua forma interior, porque tal forma, por assim dizer, opera no interior para se manifestar no lado exterior. Desse modo, o homem poderá chegar a conhecer a Essência das Essências. Esta é "a Linguagem da Natureza, onde cada coisa fala a respeito das próprias qualidades" (*Signatura rerum*, I, 1662).

Entretanto, em Böhme, a temática do sinal parece afastar-se das sendas tradicionais da magia natural para tornar-se, antes de mais nada, metáfora de uma visão exaltada pela tensão mística, procurando por toda a parte os vestígios de uma forma divina que penetra nas coisas. Por outro lado, o seu próprio misticismo toma sempre as formas de um contato com elementos do mundo material que, em determinado momento, explodem em chamas, abrindo-se para uma epifania revelativa do invisível: a experiência mística que, na sua juventude, decidiu o seu destino, foi a visão de um vaso de estanho sobre o qual caíam os raios do sol, e aquela visão foi como um "Alef" borgesiano, um ponto privilegiado em que viu a luz de Deus em todas as coisas.

A respeito da linguagem da natureza, de *Natursprache*, Böhme fala também na obra *Mysterium Magnum* (1623), mas como de uma "linguagem sensual" (*sensualische Sprache*), "natural" e "essencial", que é a linguagem da criação inteira, aquela com que Adão denominou as coisas.

> Na época em que todos os povos falavam uma única língua, eles se entendiam, mas quando não quiseram mais usar a língua sensual, então começaram a perder o intelecto certo, porque transferiram os espíritos da língua sensual para uma forma grosseira exterior [...]. Agora nenhum povo entende mais a linguagem sensual, enquanto as aves do ar e os animais das florestas se entendem justamente conforme as suas qualidades. Por isso, os homens devem tomar consciência do que foram privados e o que poderão adquirir quando o conseguirem, não mais nesta terra, mas em um outro mundo espiritual. Todos os espíritos falam entre si uma linguagem sensual, nem têm necessidade de outra linguagem, porque a sua Linguagem é a da Natureza. (*Sämmtliche Werke*, Lípcia, 1922, v, p.261-2)

Mas, ao falar dessa linguagem, Böhme não parece referir-se de modo algum à linguagem dos sinais. Não é à forma das coisas naturais que, com certeza, se referirão os espíritos de um outro mundo, e Böhme não pode pensar na linguagem dos sinais quando afirma que a linguagem sensual, com que Adão conseguiu denominar as coisas, é aquela mesma linguagem que o Espírito Santo concedeu aos Apóstolos ao falarem no dia do Pentecostes, quando a sua "língua sensual aberta" falava, em uma só língua, todas as línguas. É essa capacidade que se perdeu com a confusão babélica, mas é essa mesma capacidade que será necessário readquirir quando vier o tempo certo e virmos Deus na plenitude da linguagem sensual. Estamos falando, aqui, da língua do entusiasmo glossolálico.

A língua sensual de Böhme, que já foi de Adão, parece ser mais semelhante à língua adâmica a que fazia alusão Reuchlin na obra *De verbo mirifico* (II, 6), em que se manifesta um "simplex sermo purus, incorruptus, sanctus, brevis et constans [...] in quo Deus cum homine, et homines cum angelis locuti perhibentur coram, *et non per interpretem*, facie ad faciem... sicut solet amicus cum amico"[1] [grifo nosso]. Ou mesmo semelhante àquela língua das aves com que Adão conversou com (e denominou) os pássaros do ar e com cada animal dos campos. Depois da Queda, a linguagem das aves foi novamente revelada a Salomão, que a comunicara à rainha de Sabá, e a Apolônio de Tiana (cf. Oemsbyy-Lennon, 1988, p.322-3).

Em uma referência à Língua das Aves, encontramos no livro de Cyrano de Bergerac, *Empires du Soleil* (no capítulo *Histoire des oiseaux*; sobre Cyrano e as línguas, cf. Erba, 1959, p.23-5), no qual o viajante encontra um pássaro maravilhoso (a cauda verde, o peito colorido de azul-esmalte, a cabeça de púrpura encimada por uma coroa dourada) que se põe a "cantar falando", de tal modo que o viajante pode entender perfeitamente tudo o que ele lhe diz, como se falasse na própria língua. E, em face do pasmo do viajante, o pássaro lhe explica:

> Assim como entre vós alguns foram tão iluminados a ponto de falar a nossa Língua, como Apolo de Tiana, Anaximandro e Esopo, e muitos outros cujo nome não fico a mencionar, porque vocês nunca ouviram

---

1. Em latim no original: "um discurso simples e puro, incorrupto, santo, breve e constante, no qual Deus e homens, e homens e anjos poderiam falar na presença um do outro, não por meio de interpretações, mas face a face, como é comum entre amigos".

A busca da língua perfeita na cultura europeia 205

falar deles, do mesmo modo entre nós há alguns que falam e entendem a vossa língua. Mas, como há pássaros que não falam nem mesmo uma palavra, outros que pipilam e outros que falam, há também outros pássaros ainda mais perfeitos que sabem usar toda espécie de idioma.

Será que os manifestos rosacrucianos convidavam os eruditos da Europa para práticas de glossolalia? E por que então aludir a uma "escrita secreta" e "expressa simbolicamente por meio de números e desenhos? Por que usar termos como "letras e caracteres", que naquela época se referem a outras discussões, no âmbito de uma investigação de caracteres alfabéticos, capazes de exprimir a natureza das coisas?

A LÍNGUA MÁGICA DE DEE

Fludd, na *Apologia*, recorda-nos que os irmãos rosa-cruzes praticavam a magia cabalística que ensina a invocar os anjos, e esse fato lembra-nos tanto a esteganografia de Tritêmio como as práticas mais ou menos de magia negra de John Dee, considerado por muitos autores como o verdadeiro inspirador da espiritualidade rosacruciana.

No decorrer das suas evocações dos anjos, reproduzidas em *A True and Faithful Relation of what Passed for Many Yeers between Dr. John Dee... and Some Spirits* (1659, p.92), em determinado momento Dee encontra-se diante de uma revelação do arcanjo Gabriel relativa a uma língua sagrada, e Gabriel parece responder com noções, a essa altura, mais do que conhecidas, a respeito da precedência do hebraico adâmico (em que *every word signifieth the quiddity of the substance*[2]). O texto continua por páginas e mais páginas em que se exprimem relações entre nomes de anjos, números e segredos

---

2. Em inglês no original: "cada palavra significa a quididade da substância".

do universo, e o livro inteiro é um exemplo de como é possível usar fórmulas pseudo-hebraicas para praticar artes mágicas.

Mas a *Relation* é devida a Méric Casaubon, que foi acusado de ter desenterrado (de maneira incompleta) esses documentos para difamar Dee. Decerto não ficaríamos admirados se um mago renascentista fosse propenso também a práticas evocatórias, mas está comprovado que, quando Dee nos oferece um exemplo de decodificação, ou de língua mística, usa outros meios.

Quando Dee escreveu a obra que o tornou mais famoso, a *Monas Hieroglyphica* (1564), parece elaborar um alfabeto visual-geométrico de caracteres, que não tem conexões com o hebraico. Lembrou-se, ao contrário, que Dee, na sua extraordinária biblioteca, possuía manuscritos de Lúlio, e muitas das suas experiências cabalizantes com letras hebraicas lembram o uso das letras na combinatória luliana (French, 1972, p.49s.).

O escrito *Monas* foi comumente considerado uma obra de alquimia. Todavia, apesar de ser tecida com referências alquimistas, a obra parece mais uma forma de dar explicação aos fenômenos cósmicos, partindo da contemplação e da explicação do próprio símbolo fundamental baseado no círculo e na linha reta, ambos gerados a partir do ponto. Na Figura 8.1, o Sol é o círculo que roda ao redor do ponto, a Terra, enquanto um semicírculo, que corta o curso do Sol, representa a Lua. Sol e Lua apoiam-se sobre uma cruz virada de cabeça para baixo, representando o princípio ternário (duas linhas retas conectadas pelo ponto do seu cruzamento) e quaternário (os quatro ângulos retos que são gerados pelo cruzamento das linhas). Com algum esforço, Dee consegue enxergar nisso também um princípio octonário, e do ternário e quaternário juntos pode deduzir uma manifestação aberta do princípio setenário. Somando os quatro primeiros números, é possível obter também o princípio decenário, e assim por diante, em uma espécie de vertigem gerativa de qualquer entidade aritmética. De cada um desses princípios, em seguida, é possível facilmente deduzir os quatro elementos compostos (quente, frio, úmido e seco), e outras revelações astrológicas.

Com base nessa passagem, e por meio de 24 teoremas, Dee faz que a sua figura inicial realize uma série de rotações, decomposições, inversões e permutações, como se estivesse anagramando uma série de letras hebraicas. E realizando, ao mesmo tempo, análises numerológicas, considerando ainda aspectos iniciais ou finais da sua figura e manobrando as três técnicas fundamentais da cabala, opera sobre a mesma figura o *notariqon*, a gematria e a *temurah*. Desse modo, a Mônada possibilita, como em qualquer especulação numerológica, a revelação de qualquer mistério cósmico.

Figura 8.1.

No entanto, a Mônada possibilita também a geração de letras alfabéticas e, a respeito desse ponto, Dee se estende bastante na carta dedicatória introdutiva, apelando para que os "gramáticos" reconheçam que na sua obra "poderão encontrar as razões da forma das letras, do seu lugar e situação na ordem do Alfabeto, bem como das suas diversas ligações, do valor numeral e de muitas outras coisas (que devem ser consideradas no Alfabeto primordial das três línguas)". A evocação das três línguas remete-nos obviamente a Postel (que teve relacionamentos com Dee), bem como àquele Collège des Trois Langues, para o qual foi convidado. No tratado *De originibus*, de 1553, para provar a precedência do hebraico, Postel lembrava que qualquer "demonstração" do mundo parte do ponto, da reta e do triângulo, e que não só as letras mas os próprios sons podem ser reduzidos a figuras geométricas; e no ensaio *De Foenicum litteris* sustentava uma quase contemporaneidade entre aprendizagem linguística e invenção do alfabeto (e a própria ideia, aliás costumeira, vem por exemplo retomada por um glotólogo cabalizante como Thomas Bang no seu tratado *Coelum orientis*, 1657, p.10).

Dee parece levar o assunto até as extremas consequências. Ainda na carta introdutória anuncia que "tal literatura alfabética contém grandes mistérios" e que "as primeiras letras místicas dos hebreus, dos gregos e dos romanos, formadas por um Deus único, foram transmitidas aos mortais [...] de tal forma que todos os sinais que as representam seriam produzidos por pontos, linhas retas e curvas, dispostos conforme uma arte maravilhosa e de extrema sabedoria". E se diante de um seu elogio da geometria fundamental do *Yod* hebraico não se pode deixar de lembrar o "I" dantesco, é difícil não lembrar também a tradição lulista, da qual falamos no Capítulo 6, com a sua busca de uma matriz gerativa de todas as línguas possíveis; até porque Dee visa celebrar esta sua máquina geradora de letras como "Cabala real [...] mais divina do que a gramática".

Clulee (1988, p.77-116) desenvolveu esses temas demonstrando que a *Monas* se propõe como a enunciação de um sistema de escrita, dotado de regras precisas, em que cada caráter se refere a uma coisa. Nesse sentido, a linguagem da *Monas* seria também superior aos preceitos da cabala, pois a própria cabala ajuda a analisar as coisas *como são ditas* (ou escritas) enquanto a Mônada permite significar as coisas *do jeito que são*. Graças à sua possibilidade de uso universal, ela inventa ou redescobre a linguagem de Adão. Na opinião de Clulee, ao usar pontos, linhas e círculos, Dee parece referir-se à construção gráfica das letras alfabéticas feita pelos artistas da Renascença, usando justamente régua e compasso. Portanto,

A busca da língua perfeita na cultura europeia 209

mediante um único dispositivo, é possível gerar não só todos os significados, mas, do mesmo modo, todos os alfabetos do mundo inteiro. Os gramáticos tradicionais e os próprios cabalistas hebraicos não conseguiram explicar nem a forma das letras, nem a sua posição e ordem no alfabeto, nem conheciam as verdadeiras origens dos sinais e dos caracteres: e por isso não descobriram a gramática universal que estava na base tanto do hebraico como também do grego e do latim. "O que Dee parece ter descoberto [...] era um conceito de linguagem como um vasto sistema simbólico e técnicas exegéticas com que gerar significados mediante a manipulação dos símbolos" (Clulee, 1988, p.95).

Essa interpretação parece ser confirmada por um autor que não consta em todas as bibliografias (de nosso conhecimento, está citado, e com certa amplidão, somente por Leibniz na *Epistolica de historia etymologica dissertatio*, 1717, cf. Gensini, 1991). Trata-se de Johannes Petrus Ericus, que em 1697 publicou um ensaio intitulado *Anthropoglottonia sive linguae humanae genesis*, em que sustenta a derivação de todas as línguas do grego, incluindo o hebraico. Mas, em 1686, publicara também um *Principium philologicum, in quo vocum, signorum et punctorum tum et literarum massime ac numerorum origo*, em que se refere expressamente à *Monas Hieroglyphica* de Dee, para deduzir daquela matriz, e dando sempre a preeminência ao grego, todos os alfabetos e todos os sistemas de numeração existentes em cada língua. Mediante um procedimento sem dúvida complexo, ele parte dos primeiros signos zodiacais e, recompondo-os na Mônada, discute como Adão tinha dado aos animais um nome adequado para reproduzir o som que emitem, e elabora uma fonologia bastante razoável, distinguindo entre as letras aquelas que se formam *per sibilatione per dentes*, outras *per tremulatione linguae*, outras *per contractione palati*, outras *per compressione labrorum* e *per respiratione per nares*. Daí conclui que Adão denominou com sons vocálicos as aves, com semivocálicos os animais terrestres e com letras mudas os

210   *Umberto Eco*

peixes. A partir dessa fonética elementar, deduz os tons musicais e as sete letras que tradicionalmente os designam, dos quais deriva a figura da *Monas Hieroglyphica*. A seguir, mostra como, fazendo rodar (quer dizer, anagramando visualmente) os sinais da Mônada, são obtidas todas as letras dos alfabetos conhecidos.

A continuação dessa tradição a partir de Postel até Ericus diz--nos que a língua mágica dos rosa-cruzes, se é que os rosa-cruzes se referiam ao magistério de Dee (mistério destinado a permanecer insondável, posto que, por afirmação explícita dos seus defensores, ninguém jamais viu sequer um rosa-cruz), podia ser uma matriz gerativa (ao menos no nível alfabético) de todas as línguas – e, portanto, de toda a sabedoria – do mundo.

Se assim fora, ter-se-ia superado qualquer ideia de gramática universal, para sonhar não somente com uma gramática sem estruturas sintáticas, mas até mesmo (como observa Demonet, 1992, p.404) com uma "gramática sem palavras", isto é, com uma comunicação silenciosa, análoga à comunicação angélica, muito próxima da ideia do símbolo hieroglífico no estilo de Kircher. Mais uma vez, portanto, língua perfeita, mas somente enquanto fundada em um curto--circuito revelativo, secreto e iniciático.

Perfeição e segredo

Do nosso ponto de vista, parece talvez patético que a busca de uma língua perfeita de dimensão universal leve à concepção de línguas de dimensão extremamente restrita e reservada. Mas é uma ilusão "democrática" nossa pensar que a perfeição caminhe passo a passo com a universalidade.

A fim de colocar no seu quadro correto experiências como a egiptologia de Kircher ou as línguas sagradas de cunho rosacruciano, é necessário lembrar sempre que, para a tradição hermética, a verdade não se define em razão da sua compreensão universal, pois existe a suspeita razoável de que o que é verdadeiro será desconhecido para a maioria e reservado a poucos (cf. Eco, 1990).

Com efeito, designa-se aqui a diferença fundamental entre o mundo hermético-neoplatônico-gnóstico do classicismo tardio (e em seguida do hermetismo renascentista), que vimos ocorrer até mesmo no catolicismo contra-reformista de Kircher, e a mensagem cristã que triunfara sem constrastes ao longo dos séculos da Idade Média. O cristianismo medieval fala de uma salvação, prometida de modo especial aos humildes, a qual não requer um conhecimento difícil; todos podem compreender o essencial para salvar-se. A didática medieval reduz a cota de mistério e de incompreensão que acompanha a revelação, a qual, por sua vez, é reduzida a fórmula, parábola, imagem compreensível a todos. A verdade, por conseguinte, é *efável* e, portanto, pública. Ao contrário, o pensamento hermético volta-se para um drama cósmico que pode ser compreendido somente por uma aristocracia do saber capaz de decodificar os hieróglifos do universo. A verdade manifesta-se justamente enquanto inefável, sendo em consequência complexa, ambígua, vivendo na coincidência dos opostos e podendo ser expressa somente por revelações iniciáticas.

Por que, então, nessa atmosfera cultural, o critério de perfeição de uma língua deve ser a sua "publicidade"? Se isso não for entendido, tampouco será compreensível o porquê de os criptógrafos dedicarem as suas obras a grão-duques empenhados em campanhas militares e maquinações políticas, mas procurando conferir às próprias técnicas decodificatórias uma aura de religiosidade. É bem possível que tudo isso não passasse senão de uma nova manifestação da hipocrisia natural daquela época, penetrada pela tendência à simulação, ao engano, à máscara que constitui uma parte tão interessante da civilização barroca.

Não sabemos se aquele célebre livrinho que foi o *Breviarium politicorum secundum rubricas Mazarinicas* (1684) compila verdadeiramente pensamentos de Mazarino ou é o fruto de uma invenção difamatória, contudo, de certo, reflete a imagem do político do século XVII. E, exatamente no capítulo dedicado ao assunto "ler e escrever", ele recomenda o seguinte:

> Se te ocorre escrever em um lugar frequentado por muitas pessoas, coloca em um leitoril alguma folha já escrita, como se quisesses re-copiá-la. E seja evidente, e em perspectiva: mas o papel, no qual realmente escreveres, esteja igualmente estendido sobre a escrivaninha, e tão cauteloso de maneira que não se possa perceber senão a linha da transcrição, para que não possa ser lida por quem se aproxime dela. Mas, aquilo que escreveste, procura resguardá-lo com algum livro, ou outro pedaço de papel, ou mesmo com outro papel sustentado, como o primeiro, mas mais encostado ao escrito [...]. Não lamentes o fato de apropriar a tua pena a matérias secretas, e a própria mão (se, contudo, não usares cifras) e estas sejam tais que possam ser lidas, e gravadas por qualquer um, como justamente são especificadas por Tritêmio na sua *Poligrafia*. E estas escondem sobretudo os significados, quando são redigidas por mão alheia. Caso contrário, se as cifras forem impercep-tíveis, despertarão suspeitas, e interceptações; mesmo que não sejam feitas como deveriam ser feitas. (*Breviario dei politici*, ed. por Giovanni Macchia, Rizzoli, Milão, 1981, p.39-40)

Pode ocorrer, portanto, que o místico escreva sobre línguas per-feitas e sagradas, mas pisque o olho ao político que as usará como lín-guas secretas; e, vice-versa, o criptógrafo tende a vender ao político como meios de codificação – e, por conseguinte, como instrumentos de poder e de dominação – códigos que ele, pensador hermético, considera instrumentos para o acesso a realidades sobrenaturais.

Johann Valentin Andreae, místico luterano, autor de utopias de molde baconiano e campaneliano como a *Christianopolis* (1619), o qual, durante longo tempo (e para muitos ainda hoje), foi suspeito de ser, se não o redator, pelo menos o inspirador dos manifestos rosacrucianos, permeia as suas obras com expressões em código. Edighoffer (1982, p.175s.) observa que algumas obras cuja atribuição a Andreae é inquestionável, como as *Núpcias químicas*, contêm numerosas expressões codificadas, inclusive em homenagem ao princípio "*Arcana publicata vilescunt*",[3] em outras palavras, "não se deve lançar pérolas aos porcos". Andreae usa em abundância expressões codificadas na correspondência que manteve durante dez anos com o seu protetor, o duque Augusto de Brunswick. Edighoffer observa que esse fato não deve surpreender se levarmos em conta que as cartas são enviadas no decorrer da Guerra dos Trinta Anos e que contêm inclusive observações de caráter político; e mesmo no que se refere àquelas de caráter religioso, a diferença naquela época podia ser mínima, como também o risco.

À luz dessas práticas, que poderíamos definir "privadas", as afirmações públicas dos rosacrucianos a respeito da necessidade de uma língua secreta para instaurar uma reforma universal parecem ainda mais ambíguas.

Isso a ponto de deixar transparecer aquilo que não só a historiografia moderna insinuou, mas também o que os próprios supostos autores dos manifestos se obstinaram a afirmar: que se tratava de uma brincadeira, de um jogo, isto é, de um pastiche literário, em que se colocam junto, como que por espírito goliárdico, instâncias divergentes para fazer oposição a vários discursos que circulavam na época, a saber: a busca da língua perfeita adâmica, o sonho de uma língua sensual, a vaga aspiração glossolálica, as criptografias, as línguas cabalísticas... Em suma, tudo. E como se tratava de tudo – como acontece sempre nos ambientes fascinados pelo mistério –, a respeito dos manifestos rosacrucianos foram feitas leituras passionais e paranoicas, em que cada qual encontrava aquilo que já sabia, ou buscava, ou queria achar.

3. Em latim no original: "os segredos publicados se aviltam".

CAPÍTULO 9

As poligrafias

As esteganografias serviam para codificar mensagens e, portanto, representavam uma garantia de segurança.

Mas um aparelho para *colocar* em *código* pode tornar-se também um aparelho para *decodificar* mensagens codificadas. A partir daí, é curto o passo para chegar a uma outra conclusão: se uma boa esteganografia ensina também a pôr às claras uma mensagem secreta, ela deveria permitir também aprender uma língua que não se conhece.

Quando Tritêmio escreve a *Polygraphia*, que, não por acaso, é publicada antes e não goza da fama sinistra da *Esteganographia*, sabe muito bem que com o seu sistema uma pessoa que não conhece o latim pode aprender em breve tempo a escrever nessa língua desconhecida (livro VI, p.38 da ed. Strasburgo, 1660). E Mersenne (*Quaestiones celeberrimae in Genesim*, 1623, p.471), justamente a propósito da *Poligraphia*, de Tritêmio, observava que "o terceiro livro contém uma arte mediante a qual também um leigo que conhece somente a sua língua materna, em duas horas pode aprender a ler, escrever e entender o latim". Desse modo, a esteganografia se apresenta ao mesmo tempo tanto como instrumento para codificar as mensagens pensadas em uma língua conhecida quanto como chave para decodificar as línguas desconhecidas.

Habitualmente, uma mensagem codificada substitui, com base em alguma chave constante, as letras de uma mensagem "em branco"

A busca da língua perfeita na cultura europeia 215

(não cifrada, escrita anteriormente em uma língua conhecida também pelo destinatário) com outras letras prescritas por um código segundo uma regra constante. Para tanto, basta observar que letra do texto codificado ocorre com maior frequência estatística, e será fácil conjeturar que ela representa a letra mais frequente de uma determinada língua. Trata-se de tentar a hipótese certa ou experimentar em várias línguas, e o jogo está feito. Obviamente, o problema se torna mais complexo se para cada nova palavra da mensagem mudar-se a regra de transcrição. Por exemplo, dada uma tabela do tipo seguinte

```
ABCDEFGHILMNOPQRSTUVZ
BCDEFGHILMNOPQRSTUVZA
CDEFGHILMNOPQRSTUVZAB
DEFGHILMNOPQRSTUVZABC
EFGHILMNOPQRSTUVZABCD
FGHILMNOPQRSTUVZABCDE
GHILMNOPQRSTUVZABCDEF
HILMNOPQRSTUVZABCDEFG
ILMNOPQRSTUVZABCDEFGH   · e assim por diante
```

e conhecendo a chave (por exemplo, CEDO), sabe-se que: para a primeira palavra, usa-se o terceiro alfabeto que possibilita substituir a letra A com a C, a B com a D; a C com a E e assim por diante; para a segunda palavra, o quinto alfabeto em que o A é substituído pelo E e assim por diante; para a terceira palavra, o quarto alfabeto que substitui o A com o D; e assim por diante. Mas também nesses casos, tendo à disposição uma tabela de alfabetos trocados 21 vezes, pelo avesso, com letras alternadas etc., a decodificação é somente uma questão de tempo.

Heinrich Hiller, no ensaio *Mysterium artis steganographicae novissimum* (1682), se propõe a ensinar a aprender a decodificar qualquer mensagem em código, e também em latim, alemão, italiano e francês, descobrindo, precisamente, as recorrências estatísticas das letras e dos ditongos nas várias línguas. Em 1685, John Falconer escreve uma *Cryptomensis Patefacta: or the Art of Secret Information Disclosed Without a Key*, quer dizer, uma arte de revelar a informação secreta sem qualquer chave: "Se alguém chega a entender, uma vez que seja, as Regras de Decodificação em uma Linguagem, pode realmente, e sem qualquer ressalva, entender em poucas horas tanto de cada Língua quanto for necessário para pô-la em código" (A7v).

A POLIGRAFIA DE KIRCHER

A *Polygraphia nova et universalis ex combinatoria arte detecta* (1663), de Kircher, é posterior às obras de egiptologia, mas o padre Atanásio aplicara-se também antes a esse tipo de língua universal, sendo, portanto, evidente que ele trilhava com igual paixão e ao mesmo tempo tanto o caminho do mistério hieroglífico quanto o caminho da publicidade poligráfica. De fato, é sintomático que, no mesmo volume, Kircher descreva primeiro uma poligrafia, ou seja, uma língua internacional aberta para todos, e portanto, no rastro de Tritêmio, uma esteganografia, quer dizer, uma língua secreta para codificar mensagens. Assim, o que nos parecera um plexo paradoxal, para Kircher, ao contrário, é um vínculo quase natural entre os dois procedimentos. No início, ele cita um provérbio árabe, *si secretum tibi sit, tege illud, vel revela*, "se você tem um segredo, procure ocultá-lo ou revelá-lo". A opção, porém, não era tão óbvia se pensarmos que o próprio Kircher, nas suas obras egiptológicas, resolveu optar justamente pelo caminho do meio, isto é, falar ocultando, acenar sem revelar. Além do mais, a segunda parte do título indica que Kircher tinha presente também a combinatória luliana (contrariamente à opinião de Knowlson, 1975, p.107-8).

No prefácio entusiástico que o autor dirige ao imperador Ferdinando III, a poligrafia é celebrada como uma *linguarum omnium ad*

A busca da língua perfeita na cultura europeia 217

unam reductio: pois, por meio dela, "qualquer um, mesmo quando não conhece outra língua exceto a própria linguagem vernácula, poderá corresponder-se intercambiando cartas com qualquer outro indivíduo, de qualquer nacionalidade". A poligrafia, portanto, apresenta-se como uma *pasigrafia*, isto é, o projeto de uma língua escrita, ou um alfabeto internacional, do qual é prevista a execução verbal.

À primeira vista, o projeto poderia ser confundido com um duplo dicionário pentaglota, versão A e versão B. Nesse sentido, Kircher achava (p.7) que teria sido oportuno concebê-lo para as seguintes línguas: hebraico, grego, latim, italiano, francês, espanhol, alemão, boêmio, polaco, lituano, húngaro, holandês, inglês, irlandês (*linguae doctrinales omnibus communes*), bem como para o núbio, o etiópico, o egípcio, o congolês, o angolano, o caldaico, o árabe, o armênio, o persa, o turco, o tártaro, o chinês, o mexicano, o peruano, o brasileiro e o canadense. Obviamente, não se sentia com disposição para enfrentar um empreendimento tão gigantesco, talvez prevendo a possibilidade de que, primeiro a expansão missionária, e em seguida a colonização, iriam simplificar o problema reduzindo muitas daquelas línguas exóticas a um puro achado para os antropólogos, impondo o espanhol ao mexicano, o francês aos canadenses, o português aos brasileiros e os vários *pidgin* e línguas francas a tantos outros idólatras redimidos. É sintomática a ausência do inglês, não sendo ainda considerada língua veicular importante. Aliás, mostrando-se ainda mais avaro, no seu livro intitulado *Charater*, Becher sustentava que o francês era suficiente para Itália, Espanha, Inglaterra e Portugal.

Ambos os dicionários registram 1.228 termos, e a sua escolha é inspirada em critérios empíricos (Kircher escolheu as palavras que ele julgava de uso mais comum).

O dicionário A, que serve para codificar, segue uma primeira ordem alfabética para os nomes comuns e os verbos, em seguida retoma novamente em ordem alfabética acrescentando nomes próprios de regiões, cidades, pessoas, bem como advérbios e preposições, e depois, separadamente, enumera as conjugações de *ser* e *ter*. Cada coluna, dedicada a uma das cinco línguas escolhidas, segue a ordem alfabética própria daquela língua. Portanto, não há correspondência semântica entre os cinco termos postos em uma mesma linha horizontal. Ao lado de cada palavra latina aparece, em ordem ordinal e cardinal crescente, um algarismo: o número romano refere-se às tabelas do dicionário B, o número arábico ao termo específico. Uma dupla de números do mesmo gênero aparece também ao lado dos termos das outras línguas, mas sem ordem.

Confiram-se as primeiras duas linhas da primeira tabela:

Latim	Italiano	Espanhol	Francês	Alemão
abalienare I.1	astenere I.4	abstenir I.4	abstenir I.4	abhalten I.4
abdere I.2	abbracciare II.10	abbraçar II.10	abayer XII.35	abschneiden I.5

O latim é a língua parâmetro: os números ao lado dos termos em outras línguas remetem ao número que, por razões de ordem alfabética, assume o sinônimo latino. Em suma, se alguém visa pôr em código o termo latino *abdere* escreverá I.2; para codificar o termo francês *abstenir* escreverá I.4 (e I.4 na coluna latina será *abstinere*).

O destinatário da mensagem recorrerá ao dicionário B, que é dividido em 32 tabelas marcadas por números romanos, enquanto os algarismos arábicos são colocados, para cada coluna, em ordem crescente. A divisão em 32 tabelas não implica qualquer divisão em classes lógicas: somente a coluna do latim procede tanto em ordem alfabética como por progressão numeral cardinal; as colunas das outras línguas não seguem a ordem alfabética, mas respeitam a numeral. Portanto, as linhas ladeiam sinônimos, e os termos sinônimos são marcados pelo mesmo algarismo árabe. Por exemplo:

abalienare 1	alienare 1	estrañar 1	estranger 1	entfremden 1
abdere 2	nascondere 2	esconder 2	musser 2	verbergen 2

A busca da língua perfeita na cultura europeia 219

Portanto, se alguém que fala alemão recebe a mensagem I.2, deve procurar no dicionário B o termo 2 na tabela I, na coluna da língua alemã, e aprende que o remetente lhe queria dizer *verbergen*. Se ele quisesse saber como esse termo se traduz para o espanhol, encontraria *esconder*.

Entretanto, um simples léxico não é suficiente, e Kircher fixa 44 sinais (*notae*) para indicar tempo, modo e número verbal, e 12 para as flexões (nominativo, genitivo, dativo etc., tanto no singular quanto no plural). Para compreender o exemplo que se segue, digamos que o nominativo se nota por uma espécie de N e a terceira pessoa singular do passado remoto (por razões de comodidade) será indicada por nós com um D. Eis, portanto, um exemplo de codificação: XXVII.36N (*Petrus*) XXX.21N (*noster*) II.5N (*amicus*) XXIII.8D (*venit*) XXVIII.10 (*ad*) XXX.20 (*nos*).

Kircher estende-se ao celebrar as virtudes da sua invenção: somente com o dicionário de codificação podemos nos exprimir em qualquer língua conhecendo apenas a própria, e com o dicionário de decodificação se pode compreender nos termos da própria língua um texto concebido nos termos de outra língua desconhecida. Mas o sistema oferece ainda outra vantagem: se recebemos um texto escrito em branco em uma língua que desconhecemos, vamos identificar no dicionário A para os números correspondentes aos termos desconhecidos e, em seguida, passamos para o dicionário B, no qual encontraremos os termos correspondentes na nossa língua.

Maquinações à parte, o sistema pressupõe que cada língua possa ser reduzida à gramática da língua latina; por outro lado, uma mensagem colocada em código, seguindo a sintaxe alemã, daria resultados bastante curiosos se traduzisse palavra por palavra para o francês.

Kircher não se coloca o problema se, seguindo essa tradução termo por termo conforme a ordem sintática da língua de partida, a tradução na língua de chegada ficará muito correta: pois confia, diríamos, na boa disposição interpretativa de quem a recebe. Mas, após ter lido a *Polygraphia*, Juan Caramuel y Lobkowitz, em agosto de 1663, escreveu a Kircher uma carta em código para cumprimentá-lo pela bela invenção (Mss. Chigiani f. 59v, Biblioteca Apostólica Vaticana, cf. Casciato; Ianniello; Vitale (eds.), 1986, tab.5). Caramuel não encontra no dicionário dos nomes próprios o nome Athanasius e, adotando o princípio de que, faltando um termo, seja preciso escolher um outro análogo, dirige-se ao seu Dominus e Amicus (com o sinal do vocativo) como a *Anastasia*. A carta em alguns trechos aparece legível, e em outros é possível supor que Caramuel se enganara ao consultar o dicionário, porque surgem aí certas passagens que, ao verter a mensagem para o latim, nos iríamos deparar com sentidos do seguinte tipo: "*Dominus* + Vocativo *Amicus* + vocativo, *multum sal* + vocativo, *Anastasia, a mim* + acusativo *ars* + acusativo *ex illius* + ablativo *discere posse* + segunda pessoa plural futuro ativo, *non est loqui vel scribere sub lingua* + ablativo *communis* + ablativo", o que em português daria uma mensagem no estilo chamado *me-Tarzan-you-Jane-language*, ou seja, algo como: "O senhor amigo, muito sal, Anastasia. De mim a arte dele (?) aprender poderíamos, não é falar ou escrever sob uma língua comum".

BECK E BECHER

Não muito diferente parece ser *The Universal Character, by Which All the Nations of the World May Understand One Another's Concepcions, Reading out of One Common Writing their Own Mother Tongues*, de Cave Beck, 1657. Basta considerar a seguinte codificação

	Honra	teu	pai	e	tua	mãe
leb	2314	p	2477	&	pf	2477

na qual *leb* indica o imperativo plural, especifica-se a diferença de gênero entre *teu* e *tua* e isso permite usar o mesmo termo ("genitor") por pai e mãe. Beck tenta acrescentar à sua pasigrafia uma *pasilalia*, isto é, regras de pronúncia, de maneira que a determinação citada anteriormente soaria da seguinte forma *leb totreónfo pee tofosénsen and pif tofosénsen*. Mas, para poder pronunciar a frase, seria necessário lembrar os números memorizando-os.

Dois anos antes da *Polygraphia* (mas, como veremos, as ideias de Kircher já circulavam em forma manuscrita), Joachim Becher publicara o seu ensaio intitulado *Character pro notitia linguarum universali*, de 1661 (por causa de um título diferente, na contracapa, por vezes a obra foi citada como *Clavis convenientiae linguarum*). O projeto de Becher não é radicalmente diferente daquele de Kircher, exceto que, por um lado, Becher constrói um dicionário latino quase dez vezes mais amplo (dez mil termos) e, por outro lado, não constrói os dicionários das outras línguas, deixando a sua execução à boa vontade do leitor. Como em Kircher, são colocados juntamente nomes, verbos e adjetivos, com apêndices para os nomes próprios de pessoa e de lugar.

Cada termo é acompanhado por um algarismo arábico (para escrever *Zürich*, é necessário o número 10283); um segundo algarismo arábico remete a uma tábua das conjugações (que abrange também cifras para comparativos, superlativos e adverbializações) e um terceiro para uma tábua das flexões. A dedicatória inicial ("Inventum Eminentissimo Principi etc.") escreve-se da seguinte forma: 4442. 2770:169:3. 6753:3 e deve ser lida como "Inventum eminens (+ superlativo + dativo singular) princeps (+ dativo singular)".

A dificuldade é que Becher é surpreendido pela suspeita de que nem todos os povos saibam ler os algarismos arábicos e, portanto, para representar os números pensa em um sistema visual de complexidade atroz e de total ilegibilidade. Alguns autores apressadamente acharam-no parecido com os ideogramas chineses, o que não é verdade. De fato, temos somente um sistema para anotar números mediante pontinhos e tracinhos postos em diversas áreas da estru-

222 *Umberto Eco*

tura. Os valores numéricos colocados à direita e no centro da figura remetem ao item lexical; aqueles colocados na área esquerda remetem à lista dos morfemas gramaticais. Isso é tudo. Exceto que uma anotação como aquela exemplificada na figura procede por quatro tábuas do seguinte teor:

Figura 9.1.

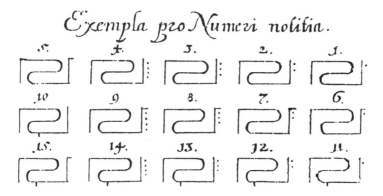

Gaspar Schott, no capítulo "Mirabilia gráfica" do seu ensaio *Technica curiosa* (1664), tentou melhorar o sistema de Becher, simplificando a representação visual dos números e acrescentando também léxicos parciais em outras línguas. Schott propõe uma tabela dividida em oito casela, em que as linhas horizontais representam unidades, dezenas, centenas e milhares; aquelas à direita referem-se aos morfemas gramaticais e as da esquerda, às unidades lexicais. Um ponto significa uma unidade, uma linha cinco unidades. Portanto, o sinal na Figura 9.2 se lê 23.1. 15.15. 35.4 = *o cavalo come a cevada*.

Figura 9.2.

Entretanto, embora pareça impraticável para seres humanos, o sistema prenuncia as práticas de tradução computadorizada, como sugeriram Heilmann (1963) e De Mauro (1963). Pensemos nos pseudoideogramas de Becher como sendo instruções referidas a circuitos eletrônicos que determinam para a máquina o percurso a fazer na memória para identificar e imprimir a palavra equivalente, e teremos um dispositivo para traduzir entre duas línguas, termo por termo (é óbvio, com todos os inconvenientes de um procedimento mecânico desse tipo).

Primeiros acenos a uma organização do conteúdo

Em 1660, provavelmente, Kircher escreveu um ensaio intitulado *Novum hoc inventum quo omnia mundi idiomata ad unum reducuntur*, que se encontra somente como manuscrito (Mss. Chigiani I, VI, 225, Biblioteca Apostólica Vaticana; ver Marrone, 1986). Schott afirma que Kircher foi obrigado a manter em segredo o seu projeto a pedido do imperador, que solicitara tal trabalho para seu uso exclusivo.

O *Novum inventum* parece ainda bastante incompleto e contempla uma gramática muito elementar e um dicionário de 1.620 palavras. O que o torna mais interessante do que a *Polygraphia* é a tentativa de estabelecer uma lista de 54 categorias fundamentais, que podem ser anotadas por meio de iconogramas, semelhantes àqueles usados, hoje, nos aeroportos e estações – por vezes, referem-se a um objeto, como um pequeno cálice, outras vezes, são meramente geométricos (retângulo, triângulo, círculo), e alguns deles são inspirados superficialmente nos hieróglifos egípcios. Quanto ao resto, o critério é o mesmo da poligrafia: o iconograma assume o valor do número romano, ao passo que o algarismo arábico especifica o termo particular. Assim, por exemplo, o quadrado dos elementos com o número 4 significa água como elemento, mas a água entendida como líquido potável exprime-se com o iconograma do cálice (classe das bebidas), seguido pelo número 3.

O projeto apresenta dois aspectos interessantes. O primeiro é que com esse sistema se tenta fundir a poligrafia com um léxico hieroglífico, de modo que em teoria essa linguagem poderia ser usada sem traduzi-la em uma língua natural. Lendo "quadrado + 4", o leitor sabe que a coisa nomeada desse modo é um elemento e lendo "cálice + 3", sabe que se trata de algo para beber. Em certo sentido, tanto a *Poligraphia*, de Kircher, quanto o *Character*, de Becher, possibilitariam traduzir palavras também sem conhecer o seu significado, ao passo que o *Novum inventum* pressupõe um conhecimento filosófico não totalmente mecânico: para poder pôr em código a palavra "água" é preciso saber de antemão que é um elemento – informação que o termo da língua natural, de partida, não revela.

Sir Thomas Urquhart, que publicara duas obras sobre uma espécie de poligrafia (*Ekskubalauron*, 1652, e *Logopandecteision*, 1653) observava que a ordem alfabética teria sido casual, mas a organização em categorias teria tornado difícil a identificação do termo desejado.

O segundo aspecto interessante do projeto de Kircher é dado certamente pela tentativa de redigir uma tábua de conceitos fundamentais independentes de cada língua particular. Mas as 54 categorias do *Novum inventum* constituem uma lista notavelmente incôngrua, abrangendo entidades divinas, angélicas e celestes, elementos, seres humanos, animais, vegetais, minerais, as dignidades e os outros conceitos abstratos da *ars luliana*, bem como bebidas, roupas, pesos, números, horas, cidades, comidas, família, ações como ver ou dar,

A busca da língua perfeita na cultura europeia 225

adjetivos, advérbios, meses do ano. Talvez a dificuldade de construir um sistema categorial coerente tenha convencido Kircher a abandonar a ideia e passar para a técnica mais modesta da *Polygraphia*.

No que diz respeito à incongruidade da classificação, havia de qualquer modo um precedente. Schott considera Kircher o pioneiro da poligrafia, todavia, é ele próprio a dar-nos ampla notícia de uma obra certamente anterior, isto é, de 1653. Trata-se do projeto de um outro jesuíta espanhol "cujo nome esqueci" (p.483), o qual teria apresentado em Roma uma espécie de fólio único que apresentava um *Artificium*, ou seja, um *Arithmeticus Nomenclator, mundi omnes notiones ad linguarum et sermonis unitatem invitans: Authore linguae (quod mirare) Hispano quodam, vere, ut dicitur, muto*.[1] O anônimo espanhol deve ter escrito antes de Kircher, porque o *Novum inventum* é dedicado ao papa Alexandre VII, que subiu ao trono pontifício somente em 1655. A respeito desse anônimo, que escreve uma pasigrafia – ele teria sido mudo –, Schott dá amplas informações na obra *Technica curiosa*, mas já acenava a ele na obra *Jocoseriorum naturae et artis sive magiae naturalis centuriae tres*, de 1655. Com efeito, o anônimo teria sido um tal de Pedro Bermudo (1610-1648), e, por isso, as últimas palavras do título da sua obra representariam um jogo de palavras, considerando-se que, em castelhano, Bermudo pronuncia-se como *Ver-mudo* (Ceñal, 1946).

Há dúvida sobre se a descrição de Schott é fiel, porque, mesmo quando descreve o sistema de Becher, aperfeiçoa-o e acrescenta desenvolvimentos que lhe são inspirados pela obra de Kircher. De qualquer maneira, segundo Schott, o *Artificium* reduzia a lista das palavras de cada língua a 44 classes fundamentais, cada uma das quais continha de vinte a trinta termos numerados. Também aqui, no processo de codificação, um número romano marcava a classe e

---

1. Em latim no original: "o autor desta maravilhosa linguagem, um espanhol, na verdade, diziam, era mudo".

um algarismo arábico marcava o termo. Schott lembra que o projeto admitia inclusive o uso de outros caracteres em lugar dos números, mas sustenta que a escolha dos números era a mais adequada, porque qualquer indivíduo de cada nação pode facilmente aprendê-los. Para os morfemas gramaticais (número, tempos verbais, flexões), ainda aqui se usavam notas tão complicadas quanto as de Becher, de maneira que, por exemplo, o algarismo arábico seguido de acento agudo significa plural, ao passo que, seguido de acento grave, significa *nota possessionis*, com um ponto sobreposto significa verbo no presente, seguido de um ponto significa genitivo, e, para distinguir a diferença entre vocativo e dativo, é preciso reconhecer, em um caso, cinco pontos e, no outro, seis pontos em sequência linear. Portanto, para *crocodilo* seria preciso escrever XVI.2 (classe animais + crocodilo), mas, para invocar alguns crocodilos (*Oh, crocodilos!*) se deveria escrever XVI'... Entre pontos na frente, sobre e atrás, acentos e outros sinais ortográficos, o sistema parece inaproveitável. Todavia, o que parece interessante, ainda aqui, é a lista das 44 classes. Vale a pena enumerá-las, dando entre parênteses apenas alguns exemplos de *item*:

1. Elementos (fogo, vento, fumaça, cinza, Inferno, Purgatório e centro da Terra). 2. Entidades celestes (astros, raios, arco-íris...). 3. Entidades intelectuais (Deus, Jesus, discurso, opinião, suspeita, alma, estratagema ou espectro). 4. Estados seculares (Imperador, barões, plebeus). 5. Estados eclesiásticos. 6. Artífices (pintor ou marinheiro). 7. Instrumentos. 8. Afetos (amor, justiça, luxúria). 9. Religião. 10. Confissão sacramental. 11. Tribunal. 12. Exército. 13. Medicina (médico, fome, clister). 14. Animais selvagens. 15. Aves. 16. Répteis e peixes. 17. Partes de animais. 18. Móveis. 19. Alimentos. 20. Bebidas e líquidos (vinho, cerveja, água, manteiga, cera, resina). 21. Roupas. 22. Tecidos sedosos. 23. Lãs. 24. Telas e outros tecidos. 25. Náutica e aromas (nave, canela, âncora, chocolate). 26. Metais e moedas. 27. Artefatos vários. 28. Pedras. 29.

A busca da língua perfeita na cultura europeia 227

Joias. 30. Árvores e frutas. 31. Lugares públicos. 32. Pesos e medidas. 33. Numerais. 39. Tempo. 40. Adjetivos. 41. Advérbios. 42. Preposições. 43. Pessoas (pronomes, apelidos como Eminentíssimo Cardeal). 44. Viatório (feno, estrada, ladrão).

A respeito da incorreção dessa organização por classes, iria entreter-se Leibniz no seu trabalho juvenil intitulado *Dissertatio de arte combinatoria* (1666).

Essa incongruidade fatal de qualquer lista possível seria o mal secreto que iria afligir também os projetos, filosoficamente mais cautelosos, de língua filosófica *a priori* de que falaremos nos próximos capítulos. E desse fato tomará consciência também Jorge Luis Borges, quando, em *Outras inquisições*, iria reler "O idioma analítico de John Wilkins" (de segunda mão, como ele próprio admitia). Logo saltaria aos olhos a falta de lógica das divisões (discute explicitamente a subdivisão das pedras), e é justamente nesse breve texto que inventaria aquela classificação chinesa que Foucault coloca na abertura do livro *As palavras e as coisas* (1966). Nessa enciclopédia chinesa, intitulada *Empório celeste de reconhecimentos benévolos*, narra-se que "os animais dividem-se em (a) pertencentes ao imperador, (b) embalsamados, (c) adestrados, (d) filhotes, (e) sereias, (f) fabulosos, (g) cães vagabundos, (h) incluídos nessa classificação, (i) que se agitam como loucos, (j) inumeráveis, (k) desenhados com um pincel finíssimo de pelo de camelo, (l) etcétera, (m) que quebraram o vaso, (n) que de longe parecem moscas".

A conclusão de Borges é que não há classificação do universo que não seja arbitrária e conjectural. Veremos no fim do nosso panorama sobre as línguas filosóficas que também Leibniz seria forçado a render-se a essa constatação dramática.

228 *Umberto Eco*

CAPÍTULO 10

As línguas filosóficas *a priori*

Com as línguas filosóficas a *priori* encontramo-nos diante (não em sentido cronológico, mas teórico) de uma mudança de paradigma. Se para os autores que abordamos até agora a busca da língua perfeita era inspirada por profundas tensões religiosas, para os autores que agora vamos considerar, o discurso será sobretudo em torno de uma língua filosófica que sirva para eliminar todos aqueles *idola* que obscureceram a mente da humanidade, afastando-a do progresso científico.

Não é um fato casual que a maioria das referências a uma língua universal, nessa época, venha justamente das Ilhas Britânicas. Não se trata somente de um sintoma das tendências expansionistas da Inglaterra; há também uma motivação religiosa, isto é, a rejeição do latim (fatalmente ainda língua veicular para os estudiosos), identificado com a língua da Igreja católica; sem falar da dificuldade maior que o estudioso inglês tinha com uma língua tão diferente da sua. Charles Hoole destaca "os frequentes Sarcasmos dos Estrangeiros, que acham graça observando tal incapacidade geral dos Ingleses (outrora estudiosos notadamente eficientes) de falar Latim" (cf. Salmon, 1972, p.56).

Havia motivações comerciais (inclusive o problema de facilitar, por exemplo, os intercâmbios na Feira Internacional de Frankfurt), bem como motivações educativas (é só pensar nas dificuldades da ortografia inglesa, especialmente em uma época em que era mais irregular do que é hoje, ver Salmon, 1972, p.51-69). Nesse período, surgem as primeiras experiências de ensino da linguagem aos surdos-mudos, e a essa finalidade seriam dedicadas também algumas experiências de Dalgarno. Cave Beck (*The Universal Charater*, 1657) afirmaria que a busca de uma língua universal ajudaria a humanidade nos comércios e possibilitaria economizar bastante na utilização de intérpretes. É bem verdade que, em seguida, acrescenta, como que por obrigação, que tal língua serviria também para a propagação do Evangelho, mas, depois de falar em comércios, parece evidente que essa última finalidade surge como uma das formas de expansão das nações europeias nos novos territórios de conquista. Por isso, um tema que preocupa Beck e outros teóricos da época é a língua gestual com que os exploradores tiveram o primeiro intercâmbio comunicativo com os habitantes de terras distantes. Desde 1527, Álvaro Nuñez Cabeza de Vaca, narrando as suas explorações nas Américas, revelara a dificuldade de tratar com as populações que falavam milhares de dialetos diferentes, e como o explorador podia sair-se da dificuldade mediante somente a linguagem gestual. A capa de *The Universal Character* mostra um europeu que entrega esse projeto de Beck a um hindu, a um africano e a um índio da América, exprimindo-se com um gesto da mão.

Na área científica abre caminho a exigência indeclinável de encontrar nomenclaturas adequadas para novas descobertas no domínio físico e da natureza, bem como para reagir às indeterminações simbólico-alegóricas da linguagem alquimista anterior. Dalgarno, na seção intitulada "To the Reader", de sua *Ars signorum* (1661), aborda logo a necessidade de uma língua que reduza as redundâncias, as anomalias, os equívocos e as ambiguidades, e especifica que isso não deixaria de favorecer a comunicação entre os povos e curar a filosofia das doenças dos sofismas e das logomaquias. Portanto, a essa altura, aquilo que para as línguas sagradas era considerado uma força, agora é percebido como uma limitação, isto é, a sua falta de determinação e consistência simbólica.

BACON

Francis Bacon, o renovador do método científico, interessa-se pela língua perfeita só de maneira periférica, mas as suas observações marginais têm para ele uma notável importância filosófica. Um dos alicerces da filosofia baconiana é a destruição dos *idola*, quer dizer, daquelas falsas ideias que decorrem da nossa própria natureza humana, específica e individual, ou dos dogmas filosóficos transmitidos pela tradição, ou ainda – e estamos diante dos *idola fori* que nos dizem respeito mais de perto – do modo como usamos a língua. Os discursos foram "impostos conforme a compreensão do vulgo e essa imposição errada e inoportuna atrapalha de maneira extraordinária o intelecto" (*Novum organum*, I, 43). Os *idola*, que se impõem por meio das palavras, "ou são nomes de coisas que não existem [...] ou são nomes de coisas que existem, mas são confusos, mal definidos e extraídos das coisas de modo apressado e parcial" (*Novum organum*, I, 60). Por exemplo, um caso de noção confusa é o conceito de úmido, que significa muitas coisas diferentes: isto é, o que se espalha facilmente em torno de um outro corpo, o que carece de consistência e coesão, o que cede facilmente em todas as direções, o que se divide e dispersa, ou que se reúne e recolhe facilmente, o que se põe facilmente em movimento, o que adere com facilidade a um outro corpo e o molha, o que passa facilmente para o estado líquido e se dissolve etc. Por conseguinte, se quisermos falar cientificamente, é preciso proceder a uma terapia da linguagem.

Essa ideia de uma terapia linguística tornar-se-ia central, especialmente na filosofia anglo-saxônica. Hobbes, na obra *Leviathan* (1651, IV), lembra que aos usos da linguagem correspondem outros tantos abusos, quando os homens registram de maneira errônea os seus pensamentos por meio da inconstância dos significados das palavras, ou quando usam as palavras metaforicamente, isto é, de forma diferente do seu sentido comum, quando pelas palavras declaram querer aquilo que não querem, e quando usam as palavras para tornar-se mutuamente suportáveis. Locke (no Livro III do seu *Essay Concerning Human Understanding*, 1690, IX), a propósito da imperfeição das palavras, dirá que

> sendo os sons sinais voluntários e indiferentes para qualquer ideia, alguém pode usar as palavras que quer para significar a si próprio as próprias ideias: e nessas palavras não haverá nenhuma imperfeição, sempre que ele use constantemente o mesmo sinal para a mesma ideia [...]. Pois que a finalidade principal da linguagem, na comunicação, é a de ser entendido, as palavras não servirão bem a essa finalidade [...] quando uma palavra não desperta no ouvinte a mesma ideia que representa na mente de quem fala.

Na opinião de Bacon, os sinais podem ser de dois tipos: *ex congruo* (nós diríamos icônicos, motivados) como os hieróglifos, os gestos e os emblemas que de qualquer forma reproduzem as propriedades da coisa significada; ou *ad placitum*, e, portanto, arbitrários e convencionais. Todavia, um sinal convencional pode ser definido como de um "caráter real" se por si pode referir-se não a um som equivalente, mas diretamente à coisa ou *ao conceito correspondente*: "*Characteres quidam Reales, non Nominales; qui scilicet nec literas, nec verba, sed res et notiones exprimunt*" (*De augmentis*, VI, 1). Nesse sentido, são caracteres reais os sinais dos chineses, que justamente representam conceitos sem, contudo, apresentar qualquer similaridade com o objeto. Como podemos ver, ao contrário de Kircher, Bacon não percebia o vago iconismo dos ideogramas chineses, mas a insensibilidade é comum a outros autores. Wilkins também observaria que, além das dificuldades e perplexidades geradas por esses caracteres, eles não parecem exibir qualquer analogia entre a sua forma e as coisas que representam (*Essay*, p.451). Talvez uma provável razão das diferenças de avaliação está no fato de Kircher receber informes em primeira mão dos seus coirmãos da China, e, portanto, captar nos ideogramas chineses mais coisas do que podiam fazer os estudiosos ingleses, que chegavam ao conhecimento desses informes por meio de relatórios indiretos.

Para Bacon, os ideogramas são sinais que se referem diretamente a uma noção, sem passar pela mediação de uma língua verbal: os chineses e os japoneses falam línguas diferentes e, portanto, chamam as coisas de nomes diferentes, mas reconhecem os mesmos ideogramas e, quando se escrevem, podem entender-se mutuamente.

Como diria Lodwick, se alguém decidisse usar, mesmo que seja convencionalmente, O por "céu", esse caráter *real* seria diferente de um caráter *vogal*,

> porque não significa o som ou a palavra "céu", mas aquilo que denominamos céu, e os latinos *coelum* etc., de modo que tal caráter, uma vez aceito, será lido céu sem indagar como os latinos chamam a mesma coisa [...]. Temos um exemplo análogo com os caracteres numéricos 1, 2, 3, que não significam os muitos sons com que diferentes povos nas suas múltiplas linguagens exprimem, mas a noção comum a respeito da qual aqueles povos diferentes concordam. (Ms. Sloane 897 f 32r apud Salmon, 1972)

Bacon não pensa em um caráter que ofereça a imagem ou revele a natureza da própria coisa; porém o seu caráter é um sinal convencional que se refere a uma noção precisa. O seu problema é constituir um alfabeto das noções fundamentais: nesse sentido, o *Abecedarium Novum Naturae*, redigido em 1622, que devia constar em apêndice da *Historia naturalis et experimentalis*, representa uma tentativa de organizar um índice do saber, alheio ao projeto de uma língua perfeita (cf. Blasi, 1992; Pellerey, 1992a). No entanto, devia resultar como fonte de inspiração para os estudiosos sucessivos o fato de ele ter decidido, por exemplo, associar letras do alfabeto grego a um índice do saber, pelo que α significa "denso e raro", ε "volátil e fixo", εεεε "natural e monstruoso" e ooooo "audição e som".

COMENIUS

Nesse ambiente intelectual insere-se a influência de Comenius, ou Jan Amos Komensky. Influência curiosa, pois Comenius, pertencente à confraternidade dos Irmãos Boêmios, um ramo místico da reforma hussita, movia-se – embora de forma conflitante – no âmbito da espiritualidade rosacruciana (como prova o seu *Labirinto do mundo*, escrito em língua tcheca, em 1623), sendo impelido por uma tensão religiosa que poderia ter pouco em comum com as preocupações científicas do ambiente inglês. Mas, a respeito desses intercâmbios culturais, Yates (1972, 1979) falou o suficiente. Na verdade, deparamo-nos mais uma vez com uma curiosa e complexa geografia cultural, da qual a história da língua perfeita é apenas um entre os seus muitos capítulos (cf. Rossi, 1960; Bonerba, 1992; Pellerey, 1992a, p.41-9).

As aspirações de Comenius colocam-se no álveo da tradição pansofista, mas a aspiração à pansofia era orientada por uma preocupação pedagógica. Na *Didactica magna*, de 1657, Comenius propunha uma reforma do ensino, considerando que a educação dos jovens se lhe apresentava como o primeiro passo para uma reforma política, social e religiosa. O profissional do ensino deve oferecer aos alunos imagens capazes de imprimir-se fortemente nos seus sentidos e faculdade imaginativa, portanto, é necessário colocar as coisas visíveis diante da visão, as sonoras, do ouvido, os cheiros, do olfato, os sabores, do paladar, as tangíveis, do tato.

No *Janua linguarum*, de 1631, um manual para o ensino do latim, Comenius preocupava-se com que o aluno tivesse uma apreensão imediatamente visual das coisas das quais se fala, e, ao mesmo tempo, procurava agrupar as noções elementares a que as palavras se referem conforme certa lógica das ideias (criação do mundo, elementos, reino mineral, vegetal e animal – e na *Didactica magna* estavam presentes referências ao empreendimento baconiano de organização do saber). Do mesmo modo, no ensaio *Orbis sensualium pictus quadrilinguis*, de 1658, ele tentaria esboçar uma nomenclatura figurativa de todas as coisas fundamentais do mundo e dos atos humanos, chegando a atrasar a publicação da obra para poder obter gravuras satisfatórias (não apenas decorativas, como costumava ocorrer em muitas obras da época), com evidente relação icônica com as coisas representadas, das quais os nomes verbais deviam aparecer apenas como títulos, explicações e complementos. Por isso, no início do manual foi posto um alfabeto em que cada letra está associada à imagem do animal cuja voz lembra o som da letra, com um sentido da relação onomatopaica entre língua e ruído animal, que lembra de perto as fantasias de Harsdörffer referentes à língua alemã. Portanto "Die Krähe krächzet, cornix cornicatur, a gralha grasna, a corneille gazoüille", ou "Die Schlange zichet, Serpens sibilat, a cobra assobia (*sic*), le Serpent siffle".

Comenius desenvolve uma crítica intensa dos defeitos das línguas naturais no seu ensaio *Pansophiae Christianae liber III* (1639-1640), no qual invoca uma reforma linguística que elimine os enfeites retóricos, fonte de ambiguidade, e fixe claramente o sentido das palavras, usando um só nome para cada coisa e devolvendo aos termos o seu sentido originário. Prescrições para uma língua universal artificial encontram-se na obra *Via lucis*, de 1668, na qual a pansofia não é mais apenas um método pedagógico, mas desenha-se como uma visão utópica, segundo a qual um Concílio do mundo deve inspirar um Estado perfeito, no qual se falaria uma língua filosófica, a Panglossia. Na verdade, essa obra fora escrita antes de 1641, quando Comenius, exilado da Europa no decorrer da Guerra dos

Trinta Anos, chega a Londres, e certamente circula manuscrita no ambiente cultural inglês (cf., por exemplo, Cram, 1989).

Nela, Comenius acena a uma língua universal (que, aliás, jamais chegaria a construir in *extenso*) capaz de superar as limitações políticas e estruturais do latim. A nova língua deve ser de tal forma que "o léxico que a compõe deveria refletir a composição do real e as palavras possuir um significado definido e unívoco, assim como cada conteúdo deveria ter a própria expressão e vice-versa. Daí, os conteúdos não devem ser criações fantásticas, mas refletir as coisas realmente existentes e nada mais" (Pellerey, 1992a, p.48).

Eis, portanto, o paradoxo: um utopista de inspiração rosacruciana que busca uma pansofia em que todas as coisas sejam conexas entre si segundo a harmonia de uma "verdade imutável", de tal forma a induzirem a uma busca inesgotável de Deus; e que, no entanto, não acreditando poder descobrir uma língua perfeita originária, e procurando por razões pedagógicas um método eficaz artificial, traça algumas linhas fundamentais para aquela busca de uma língua filosófica que será a obra dos utopistas ingleses de inspiração bem mais leiga.

DESCARTES E MERSENNE

Na mesma época, ou quase, o problema de um caráter real da língua é discutido, porém em sentido cético, em ambiente francês. Em 1629, o padre Marino Mersenne envia a Descartes o projeto de "nouvelle langue" de um certo Des Vallées. Tallemant des Réaux (*Les historiettes*, 1657, 2, "Le Cardinal de Richelieu") diz-nos que esse Des Vallées era um advogado dotado de grande talento para as línguas e que achava ter descoberto "*une langue matrice qui luy feisoit entendre tous les autres*".[1] O cardeal de Richelieu pediu-lhe que imprimisse o

---

1. Em francês no original: "uma língua matriz a partir da qual seria possível entender todas as outras".

seu projeto, mas ele respondera que, se fosse obrigado a divulgar tamanho segredo, pretendia uma recompensa. *"Le Cardinal le négligea, et le secret a esté enterré avec des Vallées."*[2]

Em uma carta a Mersenne de 20 de novembro de 1629, Descartes comunica as suas impressões sobre aquela proposta de Des Vallées. Para cada língua, afirma, é preciso aprender o significado das palavras e uma gramática. Quanto ao significado das palavras bastaria ter um bom dicionário, mas a gramática é difícil de aprender. Todavia, construindo uma gramática isenta das irregularidades das línguas naturais, corrompidas pelo uso, o problema poderia resolver-se. Assim, simplificada dessa maneira, essa língua pareceria primitiva em comparação com as outras, que surgiriam como dialetos dela. E uma vez fixados nomes primitivos de ações (cujos nomes nas outras línguas fossem sinônimos, como o francês *aimer* e o grego *philein*), bastaria acrescentar afixos para obter, por exemplo, o substantivo correspondente. Por conseguinte, seria possível deduzir daí um sistema de escrita universal, registrando com um algarismo cada termo primitivo – referindo aquele algarismo aos seus sinônimos nas diversas línguas.

Entretanto, ficaria o problema do som a escolher para esses termos, considerando-se que determinados sons para um determinado povo podem ser agradáveis e fáceis, enquanto para outro povo podem ser desagradáveis. Esses sons seriam difíceis de aprender: de fato, se para os termos primitivos alguém se serve dos sinônimos na própria língua, não será entendido por outros povos, a não ser por escrito; e se, além disso, tivesse que aprender o léxico inteiro, aí teria que arcar com uma grande fadiga; e não vemos por que não usar uma língua internacional, já conhecida por muitos como o latim.

Ao falar desse modo, Descartes não teria feito outra coisa senão repetir algumas ideias que pairavam no ar naquelas décadas,

---

2. Em francês no original: "o cardeal negou, e o segredo acabou enterrado com De Vallées".

A busca da língua perfeita na cultura europeia 237

referindo-se, desse modo, ao problema das poligrafias. Com efeito, é pensando nas poligrafias, no ambiente kircheriano, que podem ser compreendidas algumas ressalvas cartesianas com relação aos idiomas secretos, adequados somente *"pour lire des mystères et des révélations".*[3] Contudo, nesse ponto, Descartes percebe que o problema central é outro. Para poder não só aprender, mas lembrar os nomes primitivos, seria necessário que correspondessem a uma ordem das ideias ou dos pensamentos, de tal forma a possuírem a mesma lógica da ordem dos números (em que não é preciso aprendê-los todos, mas se aprende a gerá-los por sucessão). O problema coincide, porém, com o de uma Verdadeira Filosofia capaz de definir um sistema de ideias claras e distintas. Se alguém fosse capaz de enumerar todas as ideias simples das quais são geradas, em seguida, todas as ideias que somos capazes de pensar, e atribuir a cada uma um caráter, poderíamos sucessivamente articular, assim como fazemos com os números, essa espécie de matemática do pensamento – enquanto as palavras das nossas línguas se referem a ideias confusas.

> Ora, acredito que tal língua seja possível e que se possa encontrar a ciência da qual depende, por meio da qual os camponeses poderão julgar a respeito da verdade melhor do que agora saberão fazer os filósofos. Todavia, não confio poder jamais vê-la em uso: essa língua pressupõe grandes mudanças na ordem das coisas, e seria necessário que o mundo inteiro fosse um paraíso terrestre, imaginável somente no país dos romances.

Como podemos ver, Descartes levantava os mesmos problemas colocados por Bacon, não fosse o fato de que ele não pretendia encarar de frente a questão. As suas observações eram marcadas pelo bom senso e, embora no momento em que escrevera, não tivesse

---

3. Idem: "à leitura dos mistérios e revelações".

ainda realizado a sua pesquisa em torno de ideias claras e distintas, como aconteceria no *Discours de la méthode*, sabemos também que, em seguida, jamais pensou em esboçar um sistema ou uma gramática das ideias de tal forma que sobre tal sistema fosse possível construir uma língua perfeita. É verdade que um elenco de noções primitivas é oferecido por Descartes nos *Principia Philosophiae* (I, XLVIII), embora essas noções sejam concebidas como substâncias permanentes (ordem, número, tempo etc.), e não há qualquer indício que desse elenco se possa deduzir um sistema de ideias (cf. Pellerey, 1992a, p.25-41; Marconi, 1992).

O DEBATE INGLÊS SOBRE O CARÁTER E OS TRAÇOS

Em 1654, John Webster escreve o seu *Academiarum examen*, um ataque contra o mundo acadêmico, lamentando o fato de ele não dedicar atenção suficiente ao problema de uma língua universal.

Ele também, como muitos outros na Inglaterra daquele período, fora influenciado pela pregação de Comenius e pela sua referência a uma língua universal. Webster, portanto, aspira ao nascimento de "um ensino Hieroglífico, Emblemático, Simbólico e Criptográfico", referindo-se à utilidade dos caracteres algébricos e matemáticos em geral. As notas numéricas, que denominamos figuras e códigos, os Caracteres Planetários, as marcas para os minerais, e muitas outras coisas da química, embora sejam sempre os mesmos e não mudem, são entendidos por todos os povos da Europa, e quando são lidos, cada indivíduo os pronuncia na linguagem ou dialeto do próprio país" (p.24-5).

Webster parece repetir aquilo que vários autores vão dizendo no rastro das primeiras propostas baconianas (veja-se, por exemplo, a profissão de fé e de esperança em um caráter universal feita por Gerhard Vossius no tratado *De arte grammatica*, 1635, 1.41). Mas homens que se movimentam no ambiente científico que mais tarde

A busca da língua perfeita na cultura europeia 239

daria origem à Royal Society farejam uma referência às línguas hieroglíficas cujo campeão era o padre Kircher: com efeito, Webster está pensando em "uma linguagem da natureza contraposta à linguagem institucional dos homens" (cf. Formigari, 1970, p.37).

Em 1654, Seth Ward responde em defesa do mundo acadêmico com o seu ensaio *Vindiciae academiarum* (ao qual Wilkins acrescenta uma introdução), denunciando as propensões místicas do seu adversário (cf. Slaughter, 1982, p.138s.). Certamente não se declara hostil à pesquisa em torno de um caráter real, admitindo inclusive que possa ser construído conforme o modelo da álgebra proposta por Viète (século XVI) e por Descartes, no qual as letras do alfabeto constam como símbolos de grandezas em geral. Mas é evidente que o caráter em que pensa Ward não é aquele que parece ser desejado por Webster.

Ward especifica que o caráter real de que ele está falando deveria realizar o que os cabalistas e os rosacrucianos procuraram em vão na língua hebraica e nos nomes das coisas inventados por Adão. Wilkins, na introdução, aumenta a dose acusando Webster de ser crédulo e fanático e, ao escrever o seu *Essay*, a respeito do qual falaremos demoradamente em seguida, na carta introdutória ao leitor, lançaria outros dardos indignados na direção de Webster, mesmo sem nomeá-lo.

De alguma forma, havia certamente algo em comum entre a busca dos místicos e as pesquisas dos "cientistas"; nesse século, os jogos de influências recíprocas são por demais complexos, inclusivamente entre autores que lutam em lados opostos, e com frequência foram assinaladas as relações entre línguas filosóficas, neolulismo e rosacrucianismo (cf. Ormsby-Lennon, 1988; Knowlson, 1975, p.876, bem como, obviamente, Yates e Rossi). No entanto, uma posição como a de Ward, com o reforço propiciado por Wilkins, qualifica-se como leiga em comparação com todas as buscas precedentes em torno de uma língua adâmica. Nesse sentido, vale repetir: aqui não se pensa mais em procurar uma língua originária desaparecida, mas criar uma língua nova, artificial, inspirada em princípios filosóficos, e capaz de resolver com recursos racionais o que as línguas sagradas de toda espécie, sempre procuradas e nunca inteiramente descobertas, não estavam em condição de providenciar. Descobrimos em todas as línguas sagradas e primordiais, ao menos da forma como eram novamente propostas, um excesso de conteúdo, nunca totalmente determinável, com relação à expressão. Agora, ao contrário, o estudioso está procurando uma língua científica (ou filosófica) em que se realize, por um ato inédito de *impositio nominum*, um acordo total entre expressão e conteúdo.

Homens como Ward e Wilkins candidatam-se a ser uma espécie de novo Adão em concorrência direta com as especulações dos místicos, caso contrário não se explicaria por que Wilkins, na carta ao leitor que abre o *Essay*, explicasse que a sua língua filosófica poderia contribuir

> para elucidar algumas das nossas modernas diferenças em religião, desmascarando muitos erros selvagens que se ocultam debaixo de expressões simuladas; erros que, sendo uma vez explicados filosoficamente, e expressos conforme a importância genuína e natural das palavras, revelam-se como inconsistências e contradições. (B1r)

Esta é uma declaração de guerra contra a tradição, a promessa de uma terapia diferente das cãibras da linguagem, um primeiro manifesto da corrente cético-analítica de molde autenticamente britânico que, no século xx, tornaria a análise linguística um instrumento para a confutação de muitos conceitos metafísicos.

Apesar de várias influências lulianas, não há dúvida de que nessa área o estudioso prossegue prestando atenção ao sistema classificatório aristotélico, e a proposta de Ward qualifica-se logo no sentido delineado nos parágrafos precedentes: a nova língua característica

A busca da língua perfeita na cultura europeia   241

deveria valer-se, além de caracteres reais, também de um critério composicional por traços primitivos, nos quais

> as palavras significando noções simples ou podendo resolver-se em noções simples, é óbvio que se fosse possível individuar todos os tipos de noções simples e atribuir-lhes Símbolos correspondentes, estes seriam extremamente poucos em comparação [...], (pois) o critério da sua composição seria facilmente conhecido, e mesmo os mais complexos seriam compreendidos imediatamente, e apresentariam ao próprio olhar todos os elementos que os compõem, tornando com isso manifesta a natureza das coisas. (*Vindiciae*, p.21)

CONCEITOS PRIMITIVOS E ORGANIZAÇÃO DO CONTEÚDO

Para poder construir caracteres que remetam diretamente a noções (se não às coisas que essas noções refletem) são necessárias duas condições: 1) a identificação de noções *primitivas*; 2) a organização desses conceitos primitivos em um sistema, o qual representa um modelo de organização do conteúdo. Compreende-se agora por que as línguas foram definidas como *filosóficas* e *a priori*. É preciso identificar e organizar uma espécie de "gramática das ideias" que seja independente das línguas naturais e que, portanto, seja postulada *a priori*. Somente após ter traçado a organização do conteúdo, poderão ser construídos caracteres capazes de pô-la em prática. Portanto, como diria mais tarde Dalgarno, *o trabalho do filósofo deve preceder o trabalho do linguista*.

Para inventar – como fazem as poligrafias – códigos que exprimam palavras, é bastante referir-se à lista existente das palavras de uma língua. Outra coisa, porém, é inventar caracteres que se refiram a coisas ou noções: nesse caso, é necessário ter uma lista das coisas e das noções. E porque as palavras de uma língua natural são em número finito, ao passo que as coisas (entre aquelas que existem fisicamente correspondendo aos entes de razão e aos acidentes de qualquer ordem e grau) são potencialmente infinitas, colocar-se o problema de um caráter real significa não só levantar o duplo problema de um inventário que seja *universal*, mas que seja ao mesmo tempo também *limitado*. Trata-se de estabelecer as coisas ou noções que sejam mais comuns do ponto de vista universal, para, em seguida, proceder à definição de todas as noções derivadas segundo um princípio de *composicionalidade por meio de traços primitivos*. Todos os conteúdos possíveis expressos por uma língua devem ser definidos como uma série de agregações "moleculares" redutíveis a composições de átomos ou *traços semânticos*.

Por exemplo, articulando traços semânticos com um termo como ANIMAL, CANINO, FELINO, podemos ver como com apenas três traços é possível analisar os conteúdos de quatro expressões:

Figura 10.1.

	ANIMAL	CANINO	FELINO
cão	+	+	−
lobo	+	+	−
tigre	+	−	+
gato	+	−	+

Entretanto, os traços que analisam o conteúdo deveriam ser entidades alheias à língua analisada: o traço CANINO não deveria identificar-se com a palavra *canino*. Os traços deveriam ser entidades translinguísticas, de alguma forma inatos. Ou devem ser *postulados* como tais, como se fosse fornecido no computador um dicionário em que cada termo de uma língua é redutível a traços postos pelo programador. Todavia, o problema é como pormenorizar esses traços e como limitar o seu número. Se os conceitos primitivos são entendidos como "simples", infelizmente é bem difícil definir um conceito simples. Para um locutor comum é mais simples enten-

A busca da língua perfeita na cultura europeia 243

der o conceito de "homem" do que o conceito de "mamífero", no sentido de que o termo "homem" é mais facilmente compreensível, enquanto "mamífero" deveria ser um traço que compõe o conceito de homem; por isso, observou-se que, para um dicionário, é muito mais fácil definir termos como *infarto* do que verbos como *fazer* (Rey-Debove, 1971, p.194s.).

Daí, poder-se-ia decidir que os conceitos primitivos dependem da nossa experiência do mundo, ou (como sugere Russell, 1940) são "palavras-objeto" cujo significado aprendemos por ostensão, assim como uma criança aprende o significado da palavra *vermelho*, encontrando-a associada a diversas ocorrências do fenômeno da cor "vermelho". Ao contrário, haveria "palavras do dicionário" que podem ser definidas mediante outras palavras do mesmo dicionário, como *Antártida* ou *imprescindível*. Por outro lado, Russell foi o primeiro a descobrir a indeterminação do critério, porque admite que *pentagrama* seja, para a maioria dos que falam, uma palavra do dicionário, ao passo que é uma palavra-objeto para uma criança que cresceu em um cômodo cuja tapeçaria reproduz pentagramas como desenho decorativo.

Ou, ao contrário, poderíamos afirmar que os conceitos primitivos são ideias inatas de molde platônico. Do ponto de vista filosófico, a posição seria impecável, não fosse o fato de que nem mesmo Platão conseguiu estabelecer de maneira satisfatória quais e quantas são as ideias universais inatas. Ou há uma ideia para cada gênero natural (e então se existe a "cavalinidade" deveria existir também a "ornitorrinquidade"), ou existem poucas ideias muito mais abstratas (como o Um e os Muitos, o Bem, os conceitos matemáticos), mas, pela composição de traços tão abstratos, não se pode definir nem um cavalo nem um ornitorrinco.

Vamos supor, então, que se estabeleça um sistema de conceitos primitivos organizado por disjunções dicotômicas ou binárias de tal modo que, em virtude da relação sistemática entre os seus termos, o sistema não possa ser determinado e nos permita definir qualquer outro termo ou conceito correspondente. Um bom exemplo desse sistema é o da inserção recíproca entre hipônimos e hiperônimos, como nos é oferecido pelos lexicógrafos. Esse sistema é organizado hierarquicamente em forma de uma *árvore em disjunções binárias*, de maneira que a cada dupla de hipônimos corresponda um só hiperônimo, e que cada dupla de hiperônimos constitua por sua vez o nível hiponímico de um só hiperônimo superior, e assim por diante. No fim, seja qual for o número dos termos a inserir, a árvore não pode senão afinar-se para cima até o hiperônimo-patriarca.

O exemplo precedente produziria a árvore da Figura 10.2.

Figura 10.2.

Uma estrutura desse tipo seria capaz de explicar alguns fenômenos semânticos que, na opinião de muitos autores da época, deduzem uma definição do conteúdo em termos de *dicionário* e não de *enciclopédia*, no sentido de que o conteúdo é analisado com base em conceitos primitivos metalinguísticos e não em dados de conhecimento do mundo (como, ao contrário, aconteceria a quem dissesse que os tigres são gatos amarelos com algumas listras na pele). Os traços seriam *analíticos*, isto é, de tal forma que se tornassem condição necessária para a definição do conteúdo (um gato seria necessariamente um felino e um animal, e seria contraditório dizer que *um gato não é um animal*, porque ANIMAL, do ponto de vista analítico, faz parte da definição de *gato*); além disso, seria possível distinguir entre os juízos analíticos e os sintéticos ou factuais, que se referem a conhecimentos extralinguísticos ou enciclopédicos: assim, expressões como os *tigres comem os homens* dependeriam do conhecimento do mundo, porque não seriam autorizadas pela estrutura de dicionário.

Todavia, essa estrutura não apenas não permitiria definir a diferença entre gato e tigre, mas também entre canino e felino. Portanto, é necessário inserir *diferenças* na classificação. Aristóteles, em seus estudos sobre a definição, da qual afinal depende aquilo que na tradição medieval seria conhecido como "árvore de Porfírio" (porque originado pela obra *Isagoge*, do neoplatônico Porfírio, séculos II-III d.C., e que sobrevivia ainda, como modelo insubstituível, na cultura dos projetistas ingleses de um caráter real), achava que se obteria uma boa definição quando, para caracterizar a essência de alguma coisa, fossem escolhidos os atributos que, no fim, embora cada um desses atributos tomado isoladamente tivesse uma extensão maior do que o sujeito, todos juntos tivessem a mesma extensão do sujeito (*An. Sec.*, II, 96a, 35). Assim, cada gênero era dividido por duas diferenças, que constituíam uma dupla de opostos. Cada gênero, junto com uma das suas diferenças *divisivas*, entrava a constituir a espécie subjacente, que era definida pelo gênero próximo e a sua diferença *constitutiva*.

Portanto, no nosso exemplo, a árvore de Porfírio teria definido a diferença entre homem e deus (entendido como força natural), e entre homem e animais, como na Figura 10.3, na qual as letras maiúsculas representam gêneros e espécies, ao passo que as letras minúsculas representam *diferenças*, ou seja, acidentes particulares que ocorrem somente em uma única espécie. Como se pode ver, a árvore permite definir o homem como "animal racional mortal", e essa definição é considerada satisfatória, pois não pode haver animal racional mortal que não seja homem e vice-versa.

Figura 10.3.

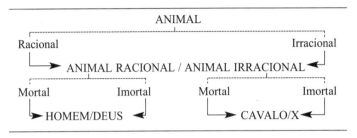

Lamentavelmente, nessa divisão, ainda não seria possível dizer em que sentido "cavalo", "cão" e "lobo", "gato" e "tigre" diferem, a não ser inserindo novas diferenças. Além disso, vê-se que, se as diferenças ocorrem somente em uma espécie, nessa árvore algumas diferenças, como "mortal/imortal", ocorrem sob duas espécies, e nesse ponto fica difícil estabelecer se ainda se reproduzem ulteriormente na árvore, no caso em que se quisesse distinguir não apenas cão e gato, mas também violeta e rosa, diamante e safira, anjos e demônios.

Figura 10.4. Classe mamíferos, subclasse placentalia, ordem carnívoros.

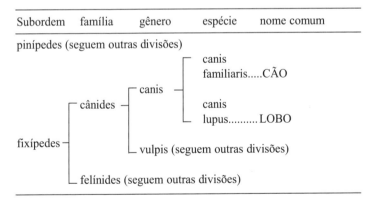

A zoologia moderna procede por divisões dicotômicas. De fato, ela distingue entre cão e lobo, gato e tigre, por meio de uma dicotomização por entidades taxonômicas, ou *taxa* (Figura 10.4).

Mas o zoólogo atual sabe muito bem que a sua taxonomia *classifica*, mas não *define*, nem exprime a natureza das coisas: de fato, a taxonomia apresenta um sistema de inclusão de classes, nas quais os nós inferiores são ligadas por implicação aos nós superiores (se algo é um *canis familiaris* não pode ser um *canis*, um canídeo e um fissípede). Entretanto, "canídeo" ou "fixípede" funcionam como conceitos primitivos no âmbito da classificação, sem querer ser primitivos do ponto de vista semântico. O zoologista sabe que no nó "canídeos" deve enumerar uma série de propriedades comuns à família, e no nó "carnívoros" uma série de propriedades comuns à ordem, assim como sabe que o significado do termo não primitivo *mamífero* é mais ou menos o de "animal vivíparo que alimenta os próprios filhotes por meio do leite secretado por glândulas mamárias".

Ao contrário, é diferente para um nome de substância ser designativo (isto é, indicar o gênero a que a substância pertence) e ser diagnóstico, transparente ou autodefinitório. Nas classificações de Lineu (*Species plantarum*, 1753), dadas as duas espécies, *Arundo calamogrostis/Arundo arenaria*, pertencentes ao mesmo gênero, os nomes designativos mostram a sua pertença comum e assinalam uma diferença; mas as suas propriedades são elucidadas, em seguida, de forma diagnóstica, especificando que a *Arundo calamogrostis* é "calycibus unifloris, cumulo ramoso", ao passo que a *Arundo arenaria* é "calycibus unifloris, foliis involutis, mucronato--pungentibus" (cf. Slaughter, 1982, p.80). Contudo, os termos usados para essa descrição não são mais pseudoprimitivos como os da metalinguagem dos *taxa*: na verdade, são termos da linguagem comum usada para fins diagnósticos.

Entretanto, para os projetistas de línguas *a priori*, qualquer elemento da expressão teria que exprimir de forma inequívoca todas as propriedades da coisa designada. É essa contradição que caracteriza os projetos que examinaremos nos próximos capítulos.

CAPÍTULO 11

Jorge Dalgarno

É difícil fazer uma análise criticamente minuciosa da obra *Ars signorum* (1661), de Jorge Dalgarno. As tábuas de Dalgarno, ao contrário daquelas de Wilkins, são sumárias e o texto, na parte exemplificativa, é extremamente críptico, por vezes contraditório e, quase sempre, surpreendentemente alusivo. A obra está cheia de erros de imprensa justamente lá onde são dados exemplos de caracteres reais – e nesse tipo de língua, se uma letra estiver errada muda o sentido do caráter (a facilidade em cometer erros de imprensa, diga-se de passagem, é uma prova da dificuldade de manejar essas línguas inclusive por parte dos seus criadores).

Dalgarno era um mestre-escola escocês que passou a maior parte da sua vida em Oxford, ensinando em uma escola particular de gramática. Estava em contato com todos os estudiosos oxonienses da época e no quadro de agradecimentos na abertura do seu livro cita personagens como Ward, Lodwick, Boyle e Wilkins. Com certeza Wilkins esteve em contato com Dalgarno quando preparava o *Essay* (que seria publicado sete anos depois), dando-lhe a oportunidade de conhecer os projetos das suas tábuas. Dalgarno, porém, achou-os demasiado minuciosos, e escolhera outro caminho, a seu ver mais simples. Todavia, quando Wilkins lhe fez conhecer melhor o seu projeto, Dalgarno expressou a suspeita de ter sido plagiado. Uma acusação injusta, porque Wilkins realizou de fato aquilo que Dal-

A busca da língua perfeita na cultura europeia   251

garno apenas prometera e também porque o projeto de Dalgarno fora antecipado de várias formas nos anos anteriores. Mas Wilkins ficou muito ressentido com a acusação e no *Essay*, no momento de pagar as numerosas dívidas de gratidão aos seus inspiradores e colaboradores, não menciona o nome de Dalgarno (a não ser indiretamente como "another person" em b2r).

De qualquer forma, o ambiente oxoniense levou mais a sério o projeto de Wilkins: em maio de 1668, a Royal Society constituiu uma comissão para estudar as suas possíveis aplicações, fazendo parte dessa comissão Robert Hooke, Robert Boyle, Christopher Wren e John Wallis. É verdade que não há notícia de resultados concretos daquela comissão, mas na tradição seguinte, a partir de Locke até os autores da *Encyclopédie*, Wilkins é sempre citado como o autor do projeto realmente digno de crédito. O único a dedicar uma atenção mais respeitosa a Dalgarno é talvez Leibniz, que em um dos seus esboços de *Enciclopédia* reproduz quase ao pé da letra a lista dos entes de Dalgarno (cf. Rossi, 1960, p.272).

Por outro lado, Dalgarno não era membro da Universidade, ao passo que Wilkins estava perfeitamente inserido no ambiente da Royal Society, da qual era secretário, portanto usufruía de maiores colaborações, dos conselhos, de apoios e de atenção.

Quanto ao problema de uma língua universal, Dalgarno entende que deve contemplar dois aspectos bem distintos: uma classificação do saber, que é obra de filósofo (nível de conteúdo), e uma gramática que organize os caracteres de forma a se referirem a coisas e noções estabelecidas pela classificação (nível de expressão). Por ser um gramático, ele apenas acena aos princípios da classificação na esperança de que outros a levem a termo.

Como gramático, logo coloca a si próprio o problema de uma língua não só escrita, mas igualmente falada. Tem presentes as ressalvas de Descartes quanto à possibilidade de conceber um sistema que resulte aceitável por pessoas de diferentes pronúncias, fazendo, por isso, preceder em seu livro uma análise fonética em que identifica os sons que lhe parecem mais adequados ao aparelho fonador humano. As letras que usaria para o caráter, cuja escolha parece arbitrária e desprovida de critério, são de fato as que ele considera mais facilmente pronunciáveis por todos. Do mesmo modo, na sintagmática dos seus caracteres, preocupa-se com o fato de serem pronunciáveis, cuidando para que neles se alternem sempre uma consoante e uma vogal, e inserindo ditongos de conexão em função meramente eufônica – com o que facilita por certo a pronúncia, mas torna ainda mais difícil a identificação do caráter.

A seguir, Dalgarno passa a abordar o problema dos conceitos primitivos, e julga que podem ser deduzidos em termos de gênero, espécie e diferença, até porque uma divisão dicotômica serve de grande ajuda para a memória (p.29). A sua divisão prevê somente divisões positivas e não diferenças negativas (por razões lógico-filosóficas que explica às p.30s.).

O aspecto ambicioso do projeto de Dalgarno (como aliás o de Wilkins) está no conceito de que a classificação deve considerar os gêneros naturais, abrangendo mesmo as mais minuciosas variedades de plantas e animais, até incluindo artefatos e acidentes: uma tentativa que a tradição aristotélica jamais realizara (cf. Shumaker, 1982, p.149).

Ao decidir o próprio critério de possibilidade de composição, Dalgarno sustenta uma visão bastante corajosa, pela qual qualquer substância nada mais é do que um agregado de acidentes (p.44). Em Eco (1984, 2.4.3), mostrou-se que esta é uma consequência quase fatal da classificação de Porfírio, no entanto, a tradição aristotélica tentou desesperadamente ignorá-la. Dalgarno enfrenta a questão, porém reconhece que os acidentes são infinitos. Por outro lado, ainda se apercebe de que o número das espécies ínfimas é demasiado grande (calculado entre quatro mil e dez mil) e isso provavelmente é a razão pela qual recusara os conselhos de Wilkins, que, ao contrário, chegaria a uma classificação de mais de duas mil espécies. Dalgarno teme que, com um procedimento desse tipo, correria o risco de chegar a um resultado semelhante àquele que obteria, por exemplo, ao seccionar um cadáver em partes muito pequenas, a partir do que seria impossível distinguir Pedro de Tiago (p.33).

Na tentativa, portanto, de abranger o número dos conceitos primitivos, Dalgarno decide conceber tábuas em que sejam considerados *gêneros fundamentais*, reduzidos a dezessete, bem como *gêneros intermediários* e *espécies*. As tábuas, a fim de chegar a identificar esses três níveis, introduzem outras distinções intermediárias, e a língua consegue nomeá-las (por exemplo, os animais sanguíneos seriam indicados por *NeiPTeik* e os quadrúpedes por *Neik*), mas os nomes correntes levam em conta apenas as letras para o gênero, o gênero intermédio e a espécie (note-se que as entidades matemáticas aparecem entre os corpos concretos, porque se considera que entidades como ponto e linhas sejam afinal formas).

Na Figura 11.1 vê-se uma reconstrução parcial das tábuas (foram acompanhadas até o término da ramificação *somente duas* subdivisões, animais de casco inteiro e paixões principais). Os dezessete gêneros fundamentais são, em negrito maiúsculo, marcados por dezessete letras maiúsculas. As mesmas letras são usadas em forma minúscula para distinguir gêneros intermédios e espécies. Em seguida, Dalgarno usa três letras "serviçais", o R, que significa oposição (se *pon* significa amor, *pron* significará ódio), o V, que faz que as letras que precede sejam lidas como números, e o L para indicar o meio entre dois extremos.

A partir do Ente Concreto Corpóreo Físico (N) procedem os Animais que, mediante subdivisões que não são gêneros nem espécies, e, portanto, não são marcadas por nenhum caráter, são divididos em três partes: aéreos, aquáticos e terrestres. Entre os terrestres (k), aparecem os de casco inteiro (η), digamos os perissodáctilos. Por conseguinte, $N\eta k$ é o caráter que indica todos os perissodáctilos. Nesse ponto, Dalgarno registra subespécies que não decorrem de sucessivas divisões (e considera o cavalo, o elefante, o mulo e o jumento).

Entre os acidentes (E), o Sensitivo (P) considera entre outros as Paixões Principais (o). Depois disso, temos uma lista não dicotômica: a admiração, *pom*, é assim caracterizada, porque p se refere ao gênero, o ao gênero intermédio e m serve como número de ordem na lista de tais paixões.

É curioso que, para os animais, o gênero intermédio seja dado pela terceira letra e, para a espécie, pela segunda vogal, enquanto para os acidentes acontece o inverso. Dalgarno alerta a respeito dessa extravagância sem, contudo, explicá-la (p.52), e as razões podem ser provavelmente eufônicas, embora não fique claro por que também os gêneros intermédios dos entes concretos não são nomeados por meio de vogais, e as espécies mediante consoantes, o que teria permitido manter um critério homogêneo.

O problema, porém, consiste em outra coisa. O fato de os perissodáctilos serem chamados *Nηk* é motivado pela divisão; mas, ao contrário, o fato de o elefante ser *a* depende de uma decisão arbitrária. Mas não é a arbitrariedade da escolha que levanta problemas; a razão é que, enquanto *k* significa "aquele ser terrestre que é animal, porque é animado, que é concreto físico" – portanto, a divisão classifica e explica de alguma forma a natureza da coisa –, o *a* final que indica o elefante em *Nηka* significa somente "aquela coisa que tem o número *a* na lista dos perissodáctilos e que se chama *elefante*". Do mesmo modo, o *m* final que está no *pom* de admiração significa somente "aquela paixão que tem o número *m* na lista das paixões principais que são acidentes sensitivos, e que se chama *admiração*". Não levando a dicotomização até as últimas espécies, Dalgarno sente-se na obrigação de colocar em simples ordem alfabética (ou quase) todas as espécies últimas de que fala o dicionário.

Dalgarno percebe que esse procedimento, meramente enumerativo, é afinal um simples artifício de memorização para alguém

A busca da língua perfeita na cultura europeia 255

Figura 11.1.

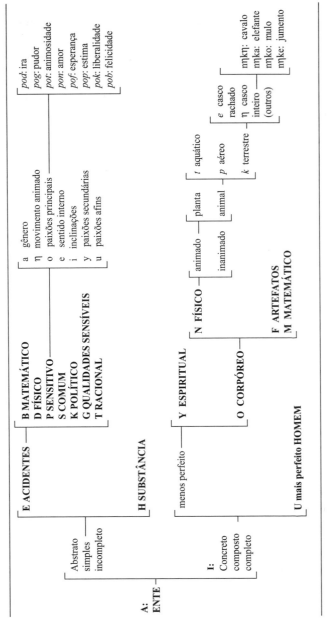

256 *Umberto Eco*

que não queira lembrar o nome definitório. De fato, em apêndice ao livro existe um "Léxico latino-filosófico", no qual são oferecidos os caracteres filosóficos de muitos termos latinos, e especialmente no fim do léxico há uma seção especial dedicada aos termos concretos físicos. Daí é possível inferir que uma definição das espécies últimas é prevista; exceto que, sendo o léxico meramente exemplificativo, para grande número de espécies caberá a quem fala inventar o nome apropriado, inferindo-o das tábuas.

O exemplo, por vezes, parece taxonomicamente apropriado. Veja-se o caso do alho (dado como *nebghn agbana*), que Slaughter (1982, p.150) analisa da seguinte forma: *n = concretum physicum, e = in radice, b = vesca, g = qualitas sensibilis, h = sabor, n = pingue, a = partes annuae, g = folium, b = accidens mathematicum, a = affect, prima,* n *= longum*. Mas, desse modo, comenta Slaughter (1982, p.152), "as tábuas classificam e denominam até um determinado ponto; o léxico supre o resto das definições, mas não das classificações". Dalgarno pensou que não era indispensável chegar até a classificação detalhada dos seres complexos, mas para dar uma definição é necessária uma classificação. O resultado é que a decisão relativa à maneira de classificar os seres complexos e, portanto, denominá-los, é deixada, por assim dizer, à iniciativa do usuário da língua.

Parece, por conseguinte, que uma língua pensada no sentido de possibilitar definições unívocas, na realidade fica entregue à criatividade linguística dos seus usuários. Eis, por exemplo, algumas sugestões do próprio Dalgarno (observe-se que os radicais são separados com barra, para tornar o nome mais decodificável):

cavalo = *Nηk/pot* = animal de casco inteiro + animoso (por que não se aplica também ao elefante?).

mulo = *Nηk/sof/pad* = animal de casco inteiro + desprovido + sexo.

camelo = *nek/braf/pfar* = quadrúpede de casco rachado + corcunda + dorso.

palácio real = *fan/kan* = casa + rei.
abstêmio = *sof/praf/emp* = privativo + beber + adjetival.
gago = *grug/shaf/tin* = doença (contrário de *gug*, saúde) + impedimento + falar.
evangelho = *tib/sŋb* = ensinar + forma de viver.

Além disso, Dalgarno admite que para a mesma noção, considerada a partir de diferentes pontos de vista, pode haver vários nomes. Assim, o elefante pode ser tanto *Nŋksyf* (casco inteiro + máximo de comparação) como também *Nŋkbeisap* (casco inteiro + acidente matemático + metáfora arquitetônica por tromba).

Há, depois, o problema da memorização de termos tão difíceis, porque, obviamente, é mais difícil lembrar a diferença lexical entre *Nŋke* e *Nŋko* do que entre jumento e mulo. Dalgarno sugere velhos artifícios de memorização: por exemplo, se por mesa se diz *fran*, e por arado *flan*, associa-se à mesa a palavra FRANCe e ao arado a palavra FLANders. Desse modo, quem fala é obrigado a aprender tanto a língua filosófica quanto o código mnemotécnico.

Se o léxico e a composição dos termos parecem apresentar uma dificuldade transcendental, Dalgarno propõe em compensação uma gramática e uma sintaxe de grande simplicidade. De fato, limita-se a conservar somente o nome das categorias gramaticais clássicas. Permanecem apenas alguns caracteres para os pronomes (eu = *lal*, tu = *lêl*, ele = *lel*...) e para o resto: adjetivos, advérbios, comparativos e até mesmo formas verbais são derivados dos nomes por meio de sufixos. Se *sim* quer dizer "bom", *simam* significará "muito bom" e *simab* "melhor". De *pon*, "amor", obtém-se *pone*, "amante", *pono*, "amado", e *ponomp*, "amável". Enquanto isso, no que diz respeito aos verbos, Dalgarno sustenta que só a cópula poderá resolver todo problema de predicação: *nós amamos* pode ser resolvido em quatro elementos primitivos, "nós + tempo presente + cópula + amantes" (p.65). Observe-se que a ideia de que qualquer verbo possa ser reduzido à cópula e adjetivo já circulava entre os modistas; de fato, tendo sido sustentada por Campanella na *Philosophia rationalis* (1638), acabou sendo aceita fundamentalmente também por Wilkins e retomada, a seguir, por Leibniz.

Para a sintaxe (cf. Pellerey, 1922c), Dalgarno tem o mérito de ter liquidado as declinações que ainda sobreviviam, mantendo em outras línguas filosóficas o modelo latino. Na língua de Dalgarno vale somente a ordem das palavras: o sujeito deve preceder o verbo e ser seguido pelo objeto; o ablativo absoluto resolve-se com uma perífrase que implica partículas temporais como *cum, post, dum*; o genitivo é substituído por uma forma adjetival ou por uma fórmula de pertença (*shf, pertinere*). Shumaker (1982, p.155) lembra que formas análogas existem no *pidgin English*, no qual não se diz a *mão do patrão, master's hand*, mas *hand-belong-master*.

Simplificada desse modo, a língua apresenta aspectos de aparente rudeza, mas em Dalgarno há uma profunda desconfiança com relação à elegância retórica e à convicção de que a estrutura lógica confira ao enunciado uma própria e severa elegância. Por outro lado, atribui à técnica de composição dos nomes aquelas características de beleza, elegância e perspicuidade que o leva a comparar a sua língua com o grego, língua filosófica por excelência.

É forçoso destacar um traço que está presente tanto em Dalgarno como em Lodwick e em Wilkins, e que foi ressaltado de modo especial por Frank (1979, p.65s.). Reservando às partículas como os sufixos ou os prefixos a função de transformar os nomes em outras categorias gramaticais e, portanto, de mudar o seu significado, inserindo porém preposições como *per, trans, praeter, supra, in, a* entre os acidentes matemáticos – portanto, entre os nomes com todo o direito –, Dalgarno tende "a postular uma semântica oniabrangente que englobe tudo, ou quase tudo aquilo que a tradição atribuía à esfera gramatical". Em outros termos, desaparece a divisão clássica entre termos *categoremáticos*, dotados de significado autônomo, e *sincategoremáticos*, cujo significado depende do contexto sintático (ou seja, a distinção lógica entre variáveis, que podem ser ancoradas em significados e conectivos). É uma tendência que parece contrária àquilo que o pensamento lógico moderno tem sustentado, mas que se aproxima de certas tendências atuais da semântica.

CAPÍTULO 12

John Wilkins

Wilkins começou a esboçar o seu projeto no tratado *Mercury* (1641), no qual, porém, tratava sobretudo de escritas secretas. Em 1668, com o seu *Essay toward a Real Charater, and a Philosophical Language*, ele propõe o sistema mais complexo dentre os que aparecem nesse século para uma língua artificial filosófica de uso universal.

"*The variety of Letters is an appendix to the Curse of Babel*"[1] (p.13). Após prestar a devida homenagem à língua hebraica e traçar uma história da evolução das línguas pós-Babel (em que à p.4 acena até mesmo com a hipótese celto-cítica que já examinamos no Capítulo 5 deste livro), e após reconhecer os méritos dos seus predecessores e dos colaboradores que o ajudaram a formular as classificações e o dicionário final, Wilkins se propõe a construir uma língua fundada em caracteres reais, "e que cada povo pudesse ler na sua própria língua" (p.13).

Wilkins lembra que a maioria dos projetos procuravam derivar a lista dos caracteres do dicionário linguístico de uma língua particular, em lugar de referir-se à natureza das coisas e às noções comuns em que toda a humanidade pudesse concordar. Por isso o seu projeto não pode deixar de ser precedido por uma espécie de recensão

---

1. Em inglês no original. Em tradução livre: "a multiplicidade de letras é consequência da maldição de Babel".

Figura 12.1. Noções gerais.

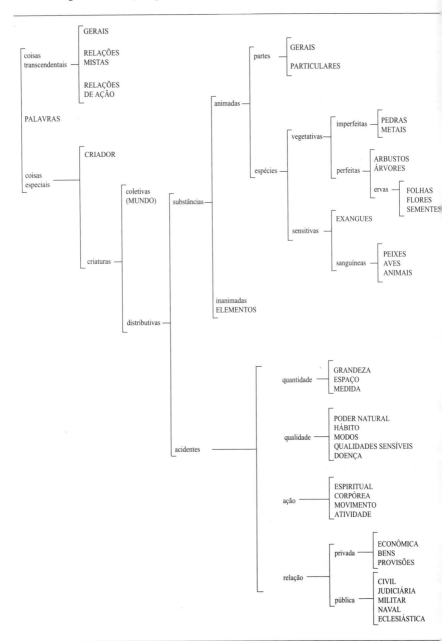

colossal do saber, a fim de detectar as noções elementares comuns a cada ser racional. Nesse projeto, porém, não há nada de platônico, no sentido das "dignidades" lulianas. Wilkins realiza uma recensão tanto das ideias gerais quanto do saber empírico, considerando que, se todos concordam a respeito da ideia de Deus, todos deveriam concordar igualmente a respeito da classificação botânica que lhes é propiciada pelo seu colega John Ray.

A representação do universo que ele propõe é a imagem de um universo conforme o saber oxoniense de sua época, por isso não se coloca, de modo algum, o problema que povos de outra cultura (que também deveriam usar a sua língua universal) possam ter organizado o mesmo universo de outra forma.

AS TÁBUAS E A GRAMÁTICA

Na aparência, o procedimento escolhido por Wilkins é análogo àquele da tradição aristotélica e da árvore de Porfírio. Ele se propõe a estabelecer uma tábua de quarenta gêneros maiores (ver Figura 12.1) e, em seguida, subdividi-los em 251 diferenças peculiares para, depois, derivar delas 2.030 espécies (que se apresentam em dupla). Na Figura 12.2, configura-se, à guisa de exemplo, e sem desenvolver numerosas ramificações, como a partir do gênero Animais, após distingui-los em vivíparos e ovíparos, e os vivíparos em animais de casco inteiro, casco rachado e providos de pata, ele chega à classificação do cão e do lobo.

Como justificação da exiguidade dos nossos exemplos, é bom saber que o conjunto das tábuas de Wilkins ocupa bem 279 páginas do seu poderoso trabalho *in folio*.

Após compor essas tábuas, que representam o universo do que se pode dizer, Wilkins faz seguir uma gramática natural (ou filosófica) em cuja base estabeleceria, em seguida, os morfemas e os sinais para os termos derivados, os quais permitem passar dos termos

A busca da língua perfeita na cultura europeia 263

Figura 12.2. Animais vivíparos providos de pata.

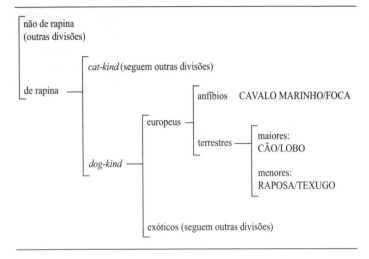

primitivos para as declinações, as conjunções e os sufixos, e para outras qualificações que possibilitem derivar deles não só as várias articulações do discurso, mas ainda as perífrases, mediante as quais é possível definir outras palavras do dicionário de uma língua natural, usando sempre e somente os termos primitivos.

A essa altura, Wilkins tem condição de propor a própria língua baseada em caracteres reais. Na realidade, ela se divide em duas línguas: 1) uma escrita, por meio de ideogramas com feição vagamente chinesa, mas impronunciáveis; 2) outra destinada à pronúncia. Fala-se de duas línguas porque a anotação alfabética destinada à pronúncia, embora seguindo os mesmos critérios combinatórios da ideográfica, é diferente a ponto de exigir uma nova aprendizagem. De fato, a língua fonética é, inclusive, mais clara como escrita em caráter real.

Figura 12.3.

| Chap. I. | Concerning a Real Character. | 387 |

Transcend. {General / Rel. mixed / Rel. of Action		**Animals** {Exanguious / Fish / Bird / Beast		**Action** {Spiritual / Corporeal / Motion / Operation	
Discourse		**Parts** {Peculiar / General			
God					
World		**Quantity** {Magnitude / Space / Measure		**Relation** Occon. / Possef. / Provif. / Civil / Judicial / Military / Naval / Ecclef.	
Element					
Stone					
Metal					
Herb confid. accord. to the {Leaf / Flower / Seed-vessel / Shrub / Tree		**Quality** {Power Nat. / Habit / Manners / Quality sensible / Disease			

The Differences are to be affixed unto that end which is on the left
side of the Character, according to this order;

| 1 | 2 | 3 | 4 | 5 | 6 | 7 | 8 | 9 |

The Species should be affixed at the other end of the Character according to the like order.

| 1 | 2 | 3 | 4 | 5 | 6 | 7 | 8 | 9 |

OS CARACTERES REAIS

Na Figura 12.3 são reproduzidos os sinais característicos que Wilkins
atribui aos quarenta gêneros, bem como os sinais distintivos que
servem para indicar as diferenças e as espécies. Como podemos ver,
as diferenças e as espécies são representadas por pequenas barras em
ângulo nas extremidades das linhas horizontais que estão na base de
cada caráter. Outros sinais, de leitura muito difícil, marcam oposições, formas gramaticais, cópula, advérbios, preposições, conjun-

A busca da língua perfeita na cultura europeia 265

Figura 12.4.

Chap. III. *Concerning a Real Character.* 415

That which at present seems most convenient to me, is this;

Transcend.	General	Bα	**Animate**	Exanguious	Zα	**Action**	Spiritual	Cα
	Rel. mixed	Ba		Fish	Za		Corporeal	Ca
	Rel. of Action	Be		Bird	Ze		Motion	Ce
	Difcourfe	Bi		Beaft	Zi		Operation	Ci
	God	Dα	**Parts**	Peculiar	Pα			
	World	Da		General	Pa		Occon.	Co
	Element	De	**Quantity**	Magnitude	Pe		Poffef.	Cy
	Stone	Di		Space	Pi	**Relation**	Provif.	Scα
	Metal	Do		Meafure	Po		Civil	Sa
Herb	Leaf	Gα	**Quality**	Power Nat.	Tα		Judicial	Se
confid. accord. to the	Flower	Ga		Habit	Ta		Military	Si
	Seed-veffel	Ge		Manners	Te		Naval	So
	Shrub	Gi		Quality fenfible	Ti		Ecclef.	Sy
	Tree	Go		Difeafe	To			

The *Differences* under each of thefe *Genus's*, may be expreffed by thefe Confonants B, D, G, P, T, C, Z, S, N.
in this order; 1 2 3 4 5 6 7. 8 9.

The *species* may be expreffed by putting one of the feven Vowels after the Confonant, for the Difference; to which may be added (to make up the number) two of the Dipthongs, according to this order
α, a, e, i, o, ɤ, y, yi, yɤ.
1 2 3 4 5 6 7 8 9.

ções etc., como notamos em outros sistemas análogos. Conforme já se viu, também o sistema prevê uma pronúncia dos caracteres. Veja-se, portanto, na Figura 12.4, como são fixadas siglas para os gêneros, enquanto as diferenças seriam expressas pelas consoantes B, D, G, P, T, C, Z, S, N e as espécies acrescentando à consoante uma das sete vogais (mais dois ditongos). O exemplo dado por Wilkins é o seguinte:

Se (De) significa Elemento, então (Deb) deve significar a primeira diferença; a qual (conforme as Tábuas) é Fogo: e (Deba) indicará a primeira Espécie, que é Chama. (Det) será a quinta diferença sob o nome Gênero, que é Meteoro que Aparece; (Deta) a primeira espécie, ou Arco-íris; (Deta) a segunda, ou Halo. (p.451)

Eis como aparece a primeira linha do *Pater Noster* (*Pai-Nosso*), em sinais característicos:

Figura 12.5.

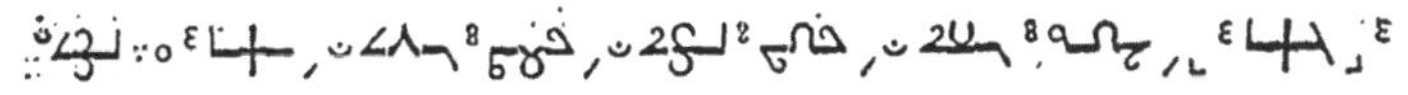

O sinal 1 representa o pronome possessivo, primeira pessoa do plural, o sinal 2 é dado pelo caráter das Relações Econômicas, a pequena barra à esquerda remete à primeira diferença (relações de consanguinidade) e a pequena barra à direita à segunda espécie, Ascendente Direto (pronúncia). Os primeiros dois sinais, portanto, se leeem *Nosso Pai*, e se pronunciam *Hai coba*.

O DICIONÁRIO: SINÔNIMOS, PERÍFRASES, METÁFORAS

A língua prevê uma lista de 2.030 termos primitivos, isto é, nomes de espécies. Essas espécies não abrangem apenas substantivos como gêneros naturais ou artefatos, mas compreendem também relações e atividades, e deles derivam os verbos na forma cópula + adjetivo (como em Dalgarno, *eu amo* é traduzido por *eu sou amante*). Além disso, as partículas gramaticais permitem exprimir modos e tempos verbais para *ser* e *ter*, pronomes, artigos, exclamações, preposições, conjunções, enquanto as diferenças acidentais exprimem número, caso, gênero e comparativos.

No entanto, um número tão reduzido de termos primitivos não é suficiente para traduzir qualquer discurso possível. Por isso, Wilkins, no fim do *Essay*, providencia um dicionário da língua inglesa

A busca da língua perfeita na cultura europeia 267

contendo uns quinze mil termos. Para os termos que não correspondem à categoria dos primitivos, são indicadas as modalidades de expressão.

O primeiro critério é o *sinônimo*. O dicionário contém, para todos os termos para os quais não existe uma espécie nas tábuas, um ou mais sinônimos. Por exemplo, para *Result* são sugeridos *Event*, *Summe* e *Illation*, sem, contudo, determinar em qual contexto se deva usar o sinônimo mais apropriado. Em outros casos, por exemplo, *Corruption*, a lista dos sinônimos possíveis é muito complicada, porque, conforme o contexto, é possível que se trate de Mal, Destruição, Viciar, Infecção, Decadência, Putrefação. Por vezes, a forma pela qual o dicionário (ou a própria tábua das espécies) estabelece listas de sinônimos leva a resultados ridículos, como quando se cria a sequência sinonímica "caixa-cômoda-arca-
-armário-caixão-mesa".

O segundo é a *perífrase*. O dicionário registra *Abadia*, mas, se não existe um caráter (e uma espécie) correspondente, apesar de existirem *Colledge* e *Monk*, Abadia será vertida como *Colledge of Monks*.

O terceiro critério é dado pelas assim chamadas *Transcendental Particles*. Fiel ao seu propósito de análise semântica componencial por traços primitivos, Wilkins considera não ser necessário um caráter para *bezerro*, posto que se pode obter o conceito por composição de "boi + jovem", nem o termo primitivo *leoa*, posto que se pode obtê-lo acrescentando um sinal de feminilidade ao termo *leão*. Portanto, ele elabora na gramática (e em seguida transforma em sistema de sinais na parte destinada à escrita e à pronúncia dos caracteres) um sistema de partículas transcendentais destinadas a ampliar ou mudar o significado do caráter a que são anexadas. A lista contempla oito classes para um total de 48 partículas, mas o critério que as acompanha é bem pouco sistemático. Wilkins refere-se à gramática latina, que dispõe de terminações (permitindo criar termos como *lucesco*, *aquosus*, *homunculus*), de "segregados" como *tim* e *genus* (que

268 *Umberto Eco*

possibilitam criar, a partir de um radical, *gradatim* ou *multigenus*), de determinações de lugar (de onde *vestuarium*) ou de agente (de onde *arator*). Algumas das suas partículas são certamente de natureza gramatical (por exemplo, aquelas já citadas que transformam o masculino em feminino e o adulto em jovem). Mas o próprio Wilkins refere-se também aos critérios da retórica, citando metáfora, sinédoque e metonímia, porque as partículas da categoria Metaphorical-Like não são outra coisa senão sinais de interpretação retórica. Desse modo, acrescentando essa partícula à raiz obtém-se *original*, acrescentando-a à *luz* obtém-se *evidente*. Por fim, outras partículas parecem referir-se à relação causa-efeito, recipiente-conteúdo, função-atividade. Com base nisso, eis alguns exemplos:

Like + pés = pedestal,
Like + sangue = carmesim,
Lugar + metal = minas,
Oficial + marinha = almirante,
Artista + estrela = astrônomo,
Voz + leão = rugir/rugido.

Do ponto de vista da precisão da língua, essa parte do projeto é a mais fraca. Com efeito, Wilkins, que oferece uma longa lista de exemplos para a aplicação correta de tais partículas, alerta que se trata apenas de exemplos. Portanto, a lista está aberta, e o seu enriquecimento depende da criatividade de quem fala (p.318).

Não se vê, porém, como a ambiguidade possa ser evitada, uma vez que o usuário é livre para anexar tais partículas a qualquer termo. Todavia, é preciso observar que, se a presença das partículas transcendentais constitui um risco de ambiguidade, a sua ausência determina que a expressão deverá ser entendida no próprio sentido literal sem qualquer possibilidade de equívoco. Nesse sentido, a língua de Wilkins é certamente mais rigorosa do que a de Dalgarno, exata-

A busca da língua perfeita na cultura europeia 269

mente porque, nesta última, cada expressão deveria ser lida como se fosse marcada por uma partícula transcendental.

O fato é que, nesse ponto, Wilkins manifesta uma ruptura entre o seu papel de autor de uma gramática filosófica e o papel de autor de uma língua *filosófica característica a priori*. Que a sua gramática filosófica leve em conta o aspecto figurativo e retórico do discurso deve-se ao seu mérito; porém, que esse aspecto se insira na língua característica, incide negativamente na sua precisão e na sua capacidade de reduzir as ambiguidades da linguagem comum – visto que Wilkins decide até mesmo eliminar, tanto das tábuas quanto do dicionário, seres mitológicos como Sereias, Fênix, Grifo, Harpias, porque não existem, e quando muito podem ser usados como nomes próprios de indivíduos e, portanto, escritos em língua natural (sobre a analogia com preocupações análogas em autores como Russell, cf. Frank, 1979, p.160).

Por outro lado, Wilkins reconhece que a sua língua parece imprópria para denominar, por exemplo, variedades detalhadas de comidas e bebidas, como tipos de uva, geleias, chá, café e chocolate. Sustenta obviamente que isso pode ser resolvido mediante o uso de perífrases, mas há o risco de que aconteça como naqueles documentos pontifícios em latim que, precisando falar a respeito de novidades tecnológicas que a civilização latina não conhecia, é preciso denominar os videocassetes como *sonorarum visualiumque taeniarum cistellulae*, e os publicitários como *laudativis nuntiis vulgatores*. Mas, querendo, mesmo à custa de algumas deselegâncias, bem que o latim poderia permitir também a criação de neologismos como *videocapsulae* e *publicitarii* (cf. Bettini, 1992), enquanto a língua filosófica de Wilkins pareceria fechada ao neologismo. A menos que a lista dos termos primitivos ficasse *aberta*.

Uma classificação aberta?

A classificação deve ficar aberta, porquanto Wilkins (seguindo também uma sugestão de Comenius na obra *Via lucis*) admite que, para torná-la realmente adequada, é necessário o trabalho de um colégio de cientistas por um tempo bastante longo, solicitando a esse propósito uma colaboração por parte da Royal Society. Portanto, ele sabe ter tentado somente um primeiro esboço, que pode ser amplamente revisto, e não pretende ter traçado um sistema *acabado*.

A julgar pelos caracteres, há somente nove sinais ou letras para indicar quer as espécies, quer as diferenças, de modo que poderia parecer que para cada gênero haveria somente nove espécies. Todavia, talvez Wilkins tenha limitado o número das espécies visando à eficácia mnemônica, e não por razões ontológicas. Wilkins alerta que o número das espécies não é limitado de modo definitivo e, por outro lado, com base nas tábuas, é evidente que, por exemplo, as espécies de Umbrelíferas são dez e as espécies de Verticiladas Não Fruticosas chegam a dezessete (enquanto outros gêneros têm somente seis espécies).

Por isso, Wilkins explica que, nesses casos, para exprimir uma cifra superior a nove, recorre-se a artifícios gráficos. Para simplificar, diríamos que na língua falada se trata de acrescentar as letras L ou R, após a primeira consoante, para indicar que estamos falando do segundo ou terceiro grupo de nova espécies. Por exemplo, *Gape* significa *Tulipa* (terceira espécie da quarta diferença do gênero "Ervas classificadas segundo as folhas") e, por conseguinte, *Glape* seria o *Alho Ursino*, porque, com o acréscimo do L na segunda posição, o *e* final não mais indica a terceira espécie no gênero, passando a indicar a décima segunda.

Mas eis que nos encontramos diante da necessidade de justificar um acidente curioso. No exemplo que acabamos de oferecer, fomos obrigados a corrigir o texto de Wilkins (p.45), que fala, certamente,

A busca da língua perfeita na cultura europeia 271

em bom inglês, de tulipa e de alho, designando-os porém em língua característica como *Gade* e *Glade*. Trata-se evidentemente de um erro de imprensa, porque *Gade* (se formos conferir o termo nas tábuas) designa o malte. Ora, o problema não é tanto o fato de que, enquanto na língua natural é fácil distinguir foneticamente entre *Tulipa* (*Tulip*) e *Alho Ursino* (*Ramson*), na língua filosófica, eles se confundem do ponto de vista quer gráfico, quer fonético, e sem um cuidadoso controle pelas tábuas, qualquer incidente tipográfico ou fonético produziria inevitavelmente um equívoco semântico. *Isto porque em uma língua característica somos obrigados a encontrar um conteúdo para cada elemento da expressão.* A língua característica, não sendo fundada na dupla articulação própria das línguas naturais (nas quais sons desprovidos de significado combinam-se para produzir sintagmas providos de significado), faz que uma variação mínima de som ou de caráter determine uma mudança de sentido.

A desvantagem nasce daquilo que devia constituir o ponto de força do sistema, ou seja, o critério de *composicionalidade para traços atômicos*, dos quais deriva um *isomorfismo* total entre expressão e conteúdo.

A chama é *Deba* porque *a* indica uma espécie do elemento Fogo, mas se substituirmos o *a* por *a*, obtendo *Deba*, a nova composição significa Cometa. Os caracteres são escolhidos arbitrariamente, mas a composição reflete a própria composição da coisa, de forma que, "aprendendo o caráter e o nome das coisas, seremos igualmente instruídos acerca da sua natureza" (p.21).

Daí nasce o problema de como denominar algo inédito. Na opinião de Frank (1979, p.80), o sistema de Wilkins, dominado por uma noção já definitivamente preestabelecida da Grande Corrente do Ser, rejeitaria uma visão dinâmica da linguagem, porque a língua pode, por certo, denominar espécies ainda desconhecidas, mas somente no âmbito do sistema de caracteres que é designado a ela. Pode-se objetar que bastaria modificar as tábuas e inserir nelas uma nova espécie, contudo, para isso é preciso supor a existência de uma autoridade linguística que nos autorize a "pensar" algo novo. Na língua de Wilkins, o neologismo não é impossível, mas certamente é mais difícil para efetuar-se do que nas línguas naturais (Knowlson, 1975, p.101). Em compensação, poder-se-ia tentar afirmar que a língua de Wilkins permite procedimentos de pesquisa, ou pelo menos de incentivo para a pesquisa. Com efeito, se, por exemplo, se transforma *Deta* (arco-íris) em *Dena*, descobre-se que tal sequência de caracteres remeteria à primeira espécie da nona diferença do gênero Elemento, e que essa nona diferença não está registrada nas tábuas. Aqui, a interpretação metafórica não seria possível porque seria autorizada somente por uma partícula transcendental: nesse caso, a fórmula indicaria, sem possibilidade de equívoco, uma espécie que se deveria encontrar, embora não se encontre, em um ponto preciso da classificação.

Em que ponto? Poderíamos conhecê-lo se as tábuas representassem algo semelhante ao sistema periódico dos elementos adotado na química, no qual também os lugares vazios poderiam um dia ser preenchidos. Mas a linguagem química, rigorosamente quantitativa, pode dizer-nos que peso e número atômico deveria ter o elemento desconhecido. A fórmula de Wilkins, ao contrário, nos diz que a espécie deveria encontrar-se em um ponto dado da classificação, mas não nos diz quais características teria, nem nos diz por que deve encontrar-se justamente naquele ponto.

A língua, portanto, não permite procedimentos de descoberta, pelo fato de carecer de um sistema classificatório rigoroso.

Os limites da classificação

As tábuas de Wilkins partem da classificação de quarenta gêneros e, mediante 251 diferenças, chegam a definir 2.030 espécies. Mas, se a divisão tivesse que proceder de forma dicotômica como na classificação aristotélica, tendo cada gênero duas diferenças divisivas que, em seguida, vão constituir duas espécies subjacentes, de tal maneira que aquilo que é espécie para gênero dominante se torne gênero para a espécie subjacente, seria possível obter pelo menos 2.048 espécies (mais um gênero supremo e 1.025 gêneros intermédios) e outras tantas diferenças. Se o resultado não bate, é evidente que, para reconstruir uma árvore geral com as 41 árvores particulares representadas nas tábuas, não seria possível obter uma estrutura dicotômica constante.

E não se consegue porque Wilkins classifica junto substâncias e acidentes, e sendo os acidentes infinitos (como já dissera Dalgarno), não podem ser enquadrados hierarquicamente. Wilkins, porém, precisa classificar noções fundamentais, de cunho platônico, como Deus, mundo ou árvore, juntamente com bebidas como cerveja, papéis políticos, noções militares e eclesiásticas, isto é, todo o universo nocional de um cidadão inglês do século XVII.

Basta rever a Figura 12.1 para ficar sabendo que os acidentes se subdividem em cinco subcategorias e cada uma delas implica de três a cinco gêneros. Há três subdivisões das Ervas, três das Coisas Transcendentais. Uma estrutura dicotômica possibilita controlar o número das entidades em jogo, pelo menos uma vez que for estabelecido o nível máximo de inserção, ao passo que, uma vez que se admitam para uma junção somente três subdivisões, não há razão para que não sejam em número infinito. O sistema está potencialmente aberto a novas descobertas, mas não põe limite ao número dos termos primitivos.

Quando Wilkins chega às últimas diferenças, ele as articula em duplas. Mas é o primeiro a alertar que tais duplas são estabelecidas conforme critérios que mais se parecem com os das técnicas de memorização (*"for the better helping of the memory"*, p.22) do que com um critério opositivo rigoroso. Ele nos diz que as duplas que têm opostos são acopladas por uma oposição simples ou dupla. Mas as duplas que não têm opostos são acopladas por afinidade. Além disso, Wilkins avisa que tais escolhas são bastante criticáveis e que muitas vezes acompanhou as diferenças de maneira discutível "porque eu não encontrei melhor opção" (p.22).

No primeiro gênero, por exemplo, o Transcendental Geral, a terceira diferença, ou seja a Diversidade, como segunda espécie, gera a Bondade e o seu oposto, a Malvadeza; mas a Causa, segunda diferença, como terceira espécie, gera o Exemplar, que se distingue do Tipo, sem, contudo, aparecer entre os dois conceitos uma clara relação; na verdade, não se trata certamente de oposição ou contrariedade, porém, mesmo para ler essa disjunção em termos de afinidade, o critério parece fraco e *ad hoc*.

Entre os acidentes de Relação Particular, encontramos sob a espécie Relação Econômica tanto Relações de Parentesco em que aparecem disjunções não conformes ao critério, como Progenitor/Descendente, Irmão/Meio-Irmão ou Não Casado/Virgem (exceto que o Não Casado implica quer o solteiro, quer a solteira, enquanto Virgem parece referir-se apenas a uma condição feminina), quanto atividades que se referem a relações intersubjetivas, como Dirigir-se/Seduzir ou Defender/Desertar. Entre as relações econômicas surgem também as Provisões, nas quais encontramos Manteiga/Queijo, mas também Abater/Cozer e Caixa/Cesto.

Enfim, conforme observa também Frank, parece que Wilkins considerava substancialmente equivalentes diversos tipos de oposição que se encontram do mesmo modo nas línguas naturais, em que temos oposições por antonímia (bem/mal), por complementaridade (marido/mulher), por conversibilidade (vender/comprar), por relatividade (sobre/sob, maior/menor), por graduação (segunda-feira/terça-feira/quarta-feira...), por graduação com hierarquia (centímetro/metro/quilômetro), por antipodalidade (sul/norte), por ortogonalidade (oeste/leste), por conversibilidade vetorial (partir/chegar).

Não por acaso, Wilkins referiu-se repetidas vezes às vantagens mnemônicas da sua língua. Com efeito, Wilkins não só realizou alguns efeitos das técnicas tradicionais de memorização, mas adotou também alguns dos seus mecanismos. Associa por oposição, por metonímia, por sinédoque, por lhe parecer mais correspondente aos seus hábitos de memorização. Rossi (1960, p.252) lembra uma queixa de John Ray, que, após ter redigido para Wilkins as tábuas botânicas, lembrava ter sido obrigado a seguir não as determinações da natureza, mas as exigências da regularidade – diríamos – quase "cenográfica", mais parecidas com as dos grandes teatros de memorização do que com as das taxonomias científicas atuais.

Além do mais, não está claro o que sejam as subdivisões que na árvore dos gêneros (Figura 12.1) aparecem em caráter minúsculo. Não deveriam ser diferenças, porque as diferenças aparecem nas tábuas sucessivas, para estabelecer, no interior de cada um dos quarenta gêneros, enquanto dependem deles, as várias espécies. Poderiam ser tipos de supergêneros; porém, segundo se pode ver, alguns deles aparecem sob forma adjetival e lembram de perto aquelas que na tradição aristotélica eram diferenças, como animado/inanimado. Aceitamos a ideia de elas serem pseudodiferenças. Mas se, por um lado, a sequência Substâncias + inanimadas = ELEMENTOS responde ao critério aristotélico, no outro lado da disjunção ocorre o oposto, com as substâncias animadas se subdividindo sucessivamente em partes e espécies, e as espécies em vegetativas e sensitivas, e as vegetativas em perfeitas e imperfeitas, e somente no fim dessas disjunções aparecendo os gêneros. Ainda, posta uma dupla (por exemplo, CRIADOR/criaturas, o primeiro termo constitui um gênero à parte, e o outro funciona como pseudodiferença para chegar a selecionar, depois de várias disjunções, outros gêneros. Além disso, observe-se como na tríade RAÍZES, ÁRVORES, ERVAS o terceiro termo, ao contrário dos dois primeiros, não é um gênero, e sim, mais uma vez, um supergênero (ou uma pseudodiferença) que, em seguida, serve para dividir três gêneros subjacentes.

Wilkins confessa (p.289) que seria lindo se cada diferença pudesse ter sua Denominação Transcendental, mas a língua não oferece, para isso, termos suficientes. Além do mais, admite que uma diferença bem identificada teria condição de exprimir realmente a forma imediata que dá a essência a cada coisa. Na maioria das vezes, entretanto, as formas são ainda desconhecidas, e é inevitável limitarem-se a fornecer definições de propriedade e de circunstância.

Vamos tentar entender melhor o que ocorre. Se quisermos distinguir entre cão e lobo com base no sinal característico, sabemos apenas que o cão, *Zita*, é "primeiro membro da primeira dupla específica da quinta diferença do gênero Animais", e que o lobo, *Zitas* é o seu oposto na dupla (o *s* consta como sinal de oposição específica). Mas, desse modo, o caráter nos diz qual é a colocação do cão em um sistema universal dos animais (que, conforme a Figura 12.1, junto com as aves e os peixes pertencem às substâncias animadas sensitivas sanguíneas). Esse sinal, porém, não nos diz nada a respeito das características físicas do cão, nem nos oferece informações para reconhecer um cão e distingui-lo de um lobo.

Somente lendo as tábuas se aprende que: (1) os vivíparos de patas têm os pés com dedos; (2) os de rapina costumam ter seis incisivos aguçados e dois caninos para agarrar a presa; (3) os canídeos (*dog-kind*) têm a cabeça redonda e por isso se distinguem dos felídeos (*cat-kind*), que, ao contrário, têm a cabeça alongada; (4) os maiores dentre os canídeos se subdividem em "doméstico-dóceis" e "selvagens-hostis às ovelhas". Somente dessa forma se compreende a diferença entre o cão e o lobo.

Por conseguinte, tanto os gêneros como as diferenças e as espécies "taxonomizam", mas não definem as propriedades que nos servem para reconhecer o objeto, e, por isso, é preciso recorrer aos comentários anexos. Para a tradição aristotélica, era suficiente definir o homem como animal racional mortal. Isso, porém, não basta para Wilkins, que vive em uma época em que se tenta descobrir a

A busca da língua perfeita na cultura europeia 277

natureza físico-biológica das coisas; ele precisa saber quais são as características morfológicas e comportamentais do cão. Mas a sua organização em tábuas não lhe permite exprimir isso a não ser mediante propriedades e circunstâncias adjuntivas, que devem ser expressas em língua natural, uma vez que a língua característica não possui fórmulas para torná-las evidentes. A língua de Wilkins fracassa justamente ao realizar o programa que se propusera efetuar, pelo qual, "aprendendo o caráter e o nome das coisas, ficaríamos igualmente instruídos a respeito da sua natureza" (p.21).

Se, além disso, observarmos que Wilkins se limitou, de algum modo de forma pioneira, a construir taxonomias como aquelas modernas exemplificadas na Figura 10.4, é preciso lembrar, como foi assinalado por Slaughter, que ele mistura tentativas de taxonomia pré-científica com aspectos de taxonomia popular. Classificar, como o fazemos, por exemplo, o alho e a cebola como verduras e comestíveis, e os lírios como flores, é próprio da taxonomia popular; do ponto de vista botânico, são todos liliáceas. Do mesmo modo, Wilkins chega aos canídeos, primeiro seguindo um critério morfológico, depois um critério funcional, e, em seguida, procede por critério geográfico.

O que é, então, aquele *Zita* que nos diz tão pouco a respeito da natureza do cão e que, para sabermos algo mais a respeito, obriga-nos a compulsar as tábuas? Para nos exprimirmos em termos de informática, esse termo funciona como um cursor que nos permite o acesso a informações contidas na memória – informações com relação às quais o caráter não é de modo algum transparente. O usuário que se servisse da língua como idioma natural precisaria ter já memorizado todas essas informações para entender o caráter. Mas isso é exatamente aquilo que se requer também daquele que, em vez de *Zita*, dissesse *cão, dog, chien, Hund* ou *perro*.

A massa de informação enciclopédica, portanto, que subjaz à organização das tábuas para supostos termos primitivos, no fundo nega o caráter composicional de traços que pareciam realizar-se na língua característica de Wilkins. Na verdade, os termos primitivos não são assim. As espécies de Wilkins não só nascem da composição de gêneros e diferenças, mas, além disso, são nomes usados como ganchos para pendurar neles descrições enciclopédicas. Nem mesmo os gêneros e as diferenças são termos primitivos, visto que também podem ser detectados somente mediante descrições enciclopédicas. Com certeza não são noções inatas, ou apreensíveis imediatamente por intuição, porque, se assim fosse possível considerar a ideia de Deus ou do Mundo, o mesmo não se poderia dizer a respeito da ideia de Relação Naval ou Eclesiástica. Não são termos primitivos porque, se fossem, seriam indefiníveis e infinitos por natureza, e não são porque o conjunto das tábuas não faz outra coisa senão defini-los por meio de expressões da língua natural.

Se a árvore classificatória de Wilkins tivesse consistência lógica, seria necessário que se pudesse adotar sem ambiguidade, como analiticamente verdadeiro, que o gênero dos Animais inclui Substância Animada, e a Substância Animada inclui Criaturas Consideradas Distributivamente. Ora, essas relações nem sempre se realizam. Por exemplo, a oposição "vegetativo/sensitivo" na tábua dos gêneros serve para indicar PEDRAS e ÁRVORES (e com estatuto incerto), mas reaparece na tábua do Mundo, e nela reaparece bem por *duas vezes* (ver os nossos negritos na Figura 12.6).

Conforme, portanto, a lógica de Wilkins, seria possível admitir que aquilo que é vegetativo, com base na Figura 12.1, é necessariamente criatura animada, mas, com base na Figura 12.6, é necessariamente tanto um elemento do mundo espiritual como do mundo terrestre corpóreo.

É evidente que essas várias entidades (quer sejam gêneros, quer espécies ou outra coisa qualquer), todas as vezes que reaparecem em uma tábua são vistas de um perfil diferente. Nesse caso, porém, não estamos diante de uma organização do universo em que cada entidade é definida de forma inequívoca pelo lugar que ocupa na árvore

Figura 12.6.

geral das coisas: ao contrário, as subdivisões são como os capítulos de uma grande enciclopédia capaz de reconsiderar as mesmas coisas a partir de diferentes pontos de vista.

Se consultarmos a tábua das Relações Econômicas, podemos ver que – entre as suas espécies – a Defesa se opõe à Deserção, mas, se consultarmos a tábua das Relações Militares, a mesma espécie Defesa é contraposta oportunamente à Ofensa. É verdade que a defesa como relação econômica (oposta à deserção) seria designada com *Coco*, ao passo que, como ação militar (oposta à ofensa), seria designada como *Siba*; portanto, dois caracteres diferentes indicam duas coisas diferentes.

Será que se trata realmente de duas coisas diferentes, ou de dois *modos de olhar* para dois aspectos de uma mesma coisa? Na verdade, Defesa como relação econômica e Defesa como relação militar têm algo em comum. De fato, trata-se sempre de uma ação de guerra, a mesma nos dois casos, exceto que, por um lado, é vista como dever em relação à pátria, e, por outro, como resposta ao inimigo; determina-se, portanto, como um vínculo transversal entre junções distantes da mesma pseudodicotomia, mas, nesse ponto, a árvore não é mais uma árvore e sim uma *rede*, na qual há conexões múltiplas, e não relações hierárquicas.

Joseph-Marie Degérando, no seu ensaio *Des signes* (1800), acusara Wilkins de ter confundido continuamente classificação e divisão:

A divisão difere da classificação na medida em que esta [a classificação] se funda nas propriedades íntimas dos objetos que tenta distribuir, ao passo que a primeira [a divisão] se regula conforme certas finalidades às quais relacionamos esses objetos. A classificação reparte as ideias por gêneros, espécies e famílias; a divisão em regiões mais ou menos extensas. Os métodos da botânica são classificações; a geografia é ensinada mediante divisões; e se alguém deseja um exemplo, quando um exército é perfilado em batalha, cada brigada sob um cabo, cada batalhão sob um comandante, cada companhia sob um capitão, esta é a imagem de uma divisão; quando o estado desse exército é representado em uma lista, contendo antes de mais nada a enumeração dos oficiais de cada quadro e, em seguida, a dos suboficiais e, por fim, a dos soldados, eis, pois, a imagem de uma classificação. (IV, p.399-400)

Degérando está pensando indubitavelmente no conceito de biblioteca ideal de Leibniz e na estrutura da *Encyclopédie* (de que falaremos mais adiante), ou seja, em um critério de subdivisão das matérias segundo a importância que elas têm para nós. Mas uma divisão para usos práticos segue critérios que não podem ser os que conduzem à busca de um sistema metafisicamente baseado em conceitos primitivos.

O HIPERTEXTO DE WILKINS

E se o defeito do sistema constituísse a sua virtude profética? Com efeito, quase parece que Wilkins aspirava de maneira obscura a alguma coisa à qual somente nós, hoje, podemos dar um nome: talvez quisesse construir um *hipertexto*.

Um hipertexto é um programa computadorizado que liga cada *junção* ou elemento do próprio repertório, por meio de uma multiplicidade de referências internas, isto é, para outras junções múltiplas. Podemos conceber um hipertexto a respeito dos animais, o qual, a partir do termo "cão" vise a uma classificação geral dos mamíferos e insira o cão em uma árvore de *taxa*, contendo também o gato, o boi e o lobo. Mas se naquela árvore se visa ao "cão", somos remetidos a um repertório de informações relativas às propriedades do cão, bem como aos seus hábitos. Selecionando uma outra ordem de conexões podemos acessar uma resenha das várias funções do cão em diferentes épocas históricas (o cão no Neolítico, o cão na época feudal etc.), ou a um registro das imagens do cão na história da arte. Talvez, no fundo, fosse isso o que Wilkins queria, quando pensava poder considerar a Defesa quer em relação aos deveres do cidadão, quer com relação à estratégia militar.

Se fosse isso, então muitas das contradições das suas tábuas e do seu sistema deixariam de parecer desse modo, e Wilkins seria o pioneiro de uma organização flexível e múltipla do saber que se acabaria impondo no século seguinte e nos séculos futuros. Todavia, se esse fosse o seu projeto, não poderíamos mais falar de língua perfeita, mas de modalidades em que se pudesse articular sob múltiplos perfis aquilo que as línguas naturais nos possibilitam dizer.

282 *Umberto Eco*

CAPÍTULO 13

Francis Lodwick

Lodwick escreveu sobre o problema da linguagem antes de Dalgarno e de Wilkins, que conheceram o seu trabalho, e Salmon (1972, p.3) o define como o autor da primeira tentativa publicada de uma linguagem baseada em um caráter universal. *A Common Writing* é de 1647 e *The Groundwork or Foundation Laid (or so Intended) for the Framing of a New Perfect Language and a Universal or Common Writing* é de 1652.

Lodwick era um comerciante e não um erudito, como ele próprio confessa humildemente, mas, apesar dessa circunstância, Dalgarno, na *Ars signorum* (p.79), louva a sua tentativa, embora acrescente: "é também verdade que não tinha forças adequadas para o assunto, porque era um homem das Artes, nascido fora das Escolas". Ele procedia por tentativas desiguais na pesquisa de uma língua capaz de favorecer intercâmbios comerciais e permitir uma fácil aprendizagem do inglês. Faz propostas diferentes em momentos diversos e nunca ensina um sistema completo. Todavia, a proposta que está na mais original das suas obras (*A Common Writing*, apenas umas trinta páginas) contém alguns traços peculiares que o diferenciam dos outros autores e o colocam como precursor de algumas orientações da semântica lexical contemporânea.

O seu projeto contempla, pelo menos em teoria, uma série de três índices numerados, cuja função deveria ser a de remeter, a par-

A busca da língua perfeita na cultura europeia 283

tir das palavras da língua inglesa, aos caracteres e, a partir destes, às palavras. Porém, o que diferencia o projeto das poligrafias é a natureza do léxico dos caracteres. Esse léxico deve reduzir o número dos termos do índice relacionando mais termos ao mesmo Radical. Veja-se na Figura 13.1 como Lodwick identifica um radical que exprime a ação *to drink*, atribuindo-lhe um caráter convencional e, em seguida, estabelece uma série de notas gramaticais que exprimem o Ator (por exemplo, aquele que bebe), o Ato, o Objeto (a bebida), a Inclinação (o beberrão), o Abstrato, o Lugar (a taberna).

Figura 13.1.

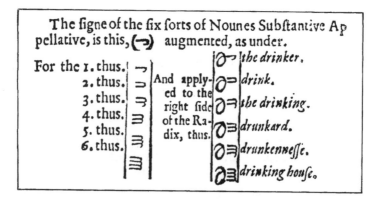

Lodwick, portanto, tem a ideia original de partir não dos substantivos (nomes de indivíduos ou de gêneros, como ocorria na tradição desde Aristóteles até a sua época), mas de esquemas de ação, povoando-os com atores, isto é, com aqueles que hoje denominaríamos Actantes, com papéis abstratos que, em seguida, poderiam ser vinculados a nomes de pessoas, de coisas, de lugares, como um Agente, um Contra-Agente, um Objeto da ação etc.

Para designar os seus caracteres, Lodwick recorre com frequência a critérios de memorização, procurando escolher sinais que lembrem a letra inicial da palavra em inglês (para *drink* seria uma espécie de delta, para *love* uma espécie de *L*), valendo-se ao mesmo tempo de artifícios de pontuação e de notas adjuntivas que lembram vagamente o hebraico e, por fim, como sugere Salmon, toma provavelmente dos algebristas do tempo a ideia de substituir os números por letras.

Para fixar o seu pacote reduzido de radicais, Lodwick continua a traçar uma gramática filosófica, em que também as categorias gramaticais exprimem relações semânticas. Desse modo, derivativos e morfemas tornam-se pela mesma razão critérios de economia para reduzir cada categoria gramatical a um componente de ação.

O léxico dos caracteres resultaria, desse modo, reduzido com relação a um índice das palavras de uma língua natural, registradas em um dicionário, e Lodwick pensa como reduzi-lo ulteriormente, derivando dos verbos os adjetivos e os advérbios, usando a raiz *love* para produzir, por exemplo, a pessoa amada (*the beloved*) e o modo (*lovingly*), enquanto do verbo *to cleanse* (limpar) deriva o adjetivo *clean* (limpo) mediante um sinal de declaração (afirma-se que a ação designada pela raiz verbal foi efetivada sobre o objeto).

Lodwick toma consciência de não poder reduzir a ações muitos advérbios, bem como preposições, exclamações e conjunções, que serão representados por notas anexadas aos radicais. Aconselha, então, a escrever os nomes próprios na língua natural. Um problema peculiar lhe é colocado por aqueles nomes que hoje chamaríamos de "gêneros naturais", dos quais nos deveríamos resignar a compor uma lista à parte; e isso com certeza coloca em crise a esperança de reduzir o léxico a uma lista muito restrita de radicais. Mas Lodwick procura diminuir a lista de gêneros naturais. Por exemplo, ele pensa que termos como *hand, foot* e *land* podem ser reduzidos a *to hand, to handle, to foot* e *to land*. Em outra passagem, recorre à etimologia e reduz *king* à raiz verbal arcaica *to kan*, que deveria significar tanto "conhecer" quanto "ter poder de agir", fazendo notar que também

A busca da língua perfeita na cultura europeia 285

no latim se pode reduzir *rex* de *regere*, e sugere que com um único termo se poderia exprimir o conceito de rei (em inglês) e de imperador (em alemão), anotando simplesmente ao lado do radical K o nome do país.

Nos casos em que não encontra raízes verbais, tenta pelo menos reduzir nomes diferentes a um único radical, como propõe para *child, calfe, puppy* e *chikin*, que são os filhotes de diversos animais (e esta era também a operação feita por Wilkins, mas usando o aparelho fadigoso e ambíguo das partículas transcendentais), considerando que a redução a um único radical possa ocorrer também por meio de esquemas de ação que têm relação analógica (como *to see* e *to know*), de sinonímia (como *to lament* e *to bemoane*), de contradição (como *to curse* e *to blesse*), e a respeito da substância (no sentido que *to moisten, to wet, to wash* e até mesmo *to baptize* podem ser reduzidos a um esquema de ação capaz de prever, por exemplo, a umidificação de um corpo). Todas essas derivações serão representadas por notas apropriadas.

O projeto é apenas indicado, e o sistema de anotação é fadigoso, mas Lodwick, por meio de um elenco de apenas dezesseis radicais (*to be, to make, to speake, to drinke, to live, to kleanse, to come, to begin, to create, to light, to shine, to live, to darken, to comprehend, to send, to name*) consegue transcrever o início do Evangelho de São João ("No princípio era o Verbo e o Verbo estava junto de Deus...", derivando o Princípio de *to begin*, Deus de *to be*, o Verbo de *to speak* e o conceito de todas as coisas de *to create*.

Uma limitação do seu empreendimento consiste no fato de que, como outros polígrafos supunham a universalidade da gramática latina, ele supõe a universalidade do inglês, e além do mais filosofou a gramática inglesa com base em categorias gramaticais que se ressentem ainda do latim. Mas ele evita o embaraçoso modelo aristotélico que lhe teria imposto, como impusera aos outros, construir uma representação ordenada dos gêneros e das espécies, porque

286 *Umberto Eco*

nenhuma tradição anterior estabelecia que a série dos verbos teria que ser hierarquizada como a série dos entes.

Wilkins se aproximaria da ideia de Lodwick em uma tábua da p.311 do *Essay* dedicada às preposições de movimento na qual reduz o conjunto das preposições a uma série de posições (e possíveis ações) de um corpo em um espaço tridimensional *não hierarquizado* (Figura 13.2), sem contudo ter a coragem de aplicar o princípio a todo o sistema do conteúdo.

Infelizmente, também os termos primitivos de ação de Lodwick não são necessariamente primitivos. Decerto podemos identificar algumas posições do nosso corpo no espaço, intuitiva e universalmente compreensíveis, como "levantar-se" ou "deitar-se", mas os dezesseis radicais de Lodwick não são de modo algum dessa natureza, e, portanto, se lhes poderia opor aquilo que Degérando objetaria a Wilkins: isto é, não ser possível julgar primitiva nem mesmo uma ideia intuitiva como *caminhar*. Ela pode ser definida em termos de *movimento*, mas a ideia de movimento requer como seus componentes as ideias de *lugar*, de *existência naquele lugar*, uma *substância móvel* que ocupe aquele lugar e de *instante* que marca a passagem; e não só isso, mas em um movimento é preciso pressupor pelo menos a *partida*, a *passagem* e a *chegada*; além disso, é necessário acrescentar-lhe a ideia de um *princípio de ação* posto na substância que se move, bem como considerar a ideia de alguns membros que sustentam o corpo, "car glisser, ramper etc. ne sont pas la même chose que marcher"[1] (*Des signes* IV, 395), e é necessário supor que o movimento se desenvolva sobre a *superfície terrestre*, caso contrário, em lugar de caminhar, teríamos que nadar ou voar. E nesse ponto seria preciso decompor sucessivamente as mesmas ideias de superfície ou de membros.

---

1. Em francês no original: "já que deslizar, escalar etc. não é o mesmo que caminhar".

Figura 13.2.

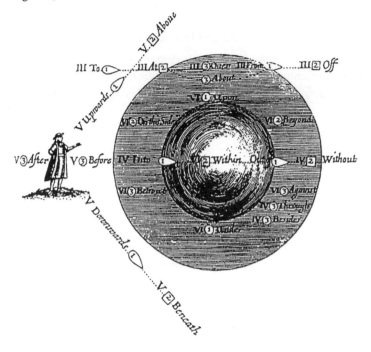

Uma solução seria que os termos primitivos de ação sejam escolhidos *ad hoc,* como construções interlinguísticas que sirvam de parâmetro para as traduções automáticas: ver, por exemplo, Schank e Abelson (1977), que elaboraram uma linguagem computadorizada baseada em ações primitivas como PROPEL, MOVER, INGEST, ATRANS, EXPEL, mediante as quais é possível analisar ações mais complexas, por exemplo "comer" (são analisadas assim expressões como *John come uma rã,* e nas quais, porém, semelhantemente a Lodwick, a ideia de "rã" não pode ser decomposta em um esquema de ações).

Da mesma maneira, em algumas semânticas contemporâneas não se procura tanto partir da definição, por exemplo, de *comprador,* para em seguida chegar ao ato de comprar, mas se designa antes uma sequência-tipo de ações que definem as relações que ocorrem entre um sujeito A, que dá dinheiro, e um sujeito B, que em troca do dinheiro entrega mercadoria: é óbvio que dessa sequência se pode definir o comprador e também o vendedor, assim como o ato de vender e de comprar, as noções de venda e de preço, e daí por diante. Tal sequência-tipo na inteligência artificial é denominada *frame*, permitindo a um computador operar inferência de informações preliminares (se A é um comprador, então fará tais e tais ações, se A faz essas ações, então será um comprador, se A toma de B uma mercadoria, mas não dá dinheiro em troca, então não a compra etc.).

Na opinião de outros estudiosos contemporâneos, o verbo *to kill* deveria ser representado como *xs causas* (*xd muda em* (*−vivo xd*) + (*animado xd*) & (*violento xs*). Se um sujeito *s* age, com meios ou instrumentos violentos, de maneira a causar em um sujeito *d*, ser animado, uma mudança de estado da vida para a morte, então mata. Mas, se fosse necessário representar o verbo *to assassinate*, seria preciso acrescentar a *xd*, além do sinal de "ser animado", o de "personagem político".

É significativo que o dicionário de Wilkins contemple *assassin* e o remeta ao sinônimo *murther* (designando-o, por erro, como quarta espécie da terceira diferença do gênero das Relações Judiciárias, ao passo que se trata da quinta espécie), mas se apresse a estabelecer sua limitação perifrástica ("especialmente, sob pretexto de religião"). A língua filosófica *a priori* não tem condição de seguir todas as sutilezas da língua natural.

O projeto de Lodwick, devidamente integrado, poderia usar o caráter indicando *matar* e colocar nele uma nota de âmbito e circunstância, remetendo assim a um ato de homicídio que se desenvolve no âmbito do mundo político ou religioso.

A língua de Lodwick lembra-nos aquela descrita por Borges em "Tlön, Uqbar, Orbis Tertius" (no livro *Ficções*), em que não se procede por aglutinações de radicais substantivos, mas exprime-se somente por fluxos temporais, pelo que, por exemplo, não existe a palavra Lua, mas o verbo *lunejar*. É bem verdade que Borges conhecia a obra de Wilkins, embora de segunda mão, contudo, provavelmente não conhecia Lodwick. Com certeza pensava na obra platônica *Crátilo* (396b) – e não se exclui que nela pensasse também Lodwick –, quando Platão, para sustentar a teoria da origem motivada dos nomes, oferece exemplos que concernem ao modo em que as palavras representam não uma coisa, mas a origem ou o resultado de uma ação. Por exemplo, a diferença estranha entre o nominativo e o genitivo do nome *Zeus-Dios* é devida ao fato de que o nome original era um sintagma que exprimia a ação costumeira do rei dos deuses: *di'hoòn zen*, "aquele pelo qual é dada a vida".

Justamente para contornar as dificuldades de uma definição de ordem dicionarial por gênero, diferença e espécie, muitas teorias semânticas atuais procuram estabelecer o significado de um termo mediante uma série de *instruções* ou de procedimentos com que verificamos as possibilidades de aplicação. Mas já Charles Sanders Peirce, em uma das suas passagens mais características (*Collected Papers*, 2.330), oferecera uma longa e complexa explicação do termo "lítio" em que essa substância é definida não só por uma posição na tabela periódica dos elementos e por um número atômico, mas também pela descrição das operações a executar para produzir uma amostra dele.

Lodwick não chegou até esse ponto, mas o seu projeto ia corajosamente contra uma tradição dura de morrer, e que não morreria sequer nos séculos sucessivos, por força da qual, no processo glotogônico, os nomes deviam preceder aos verbos (e a discussão aristotélico-escolástica consignava a ideia da prioridade das substâncias, expressas precisamente por nomes, cujas ações eram predicadas só sucessivamente).

Procuremos lembrar aquilo que foi dito no Capítulo 5 a propósito da tendência de todos os teóricos de uma língua perfeita a se basearem, antes de mais nada, em uma nomenclatura. Já no século XVIII, Vico (*Scienza nuova seconda*, II, 2.4) diria que "o fato de os nomes dos verbos terem nascido primeiro" é provado não só pela estrutura da proposição, mas também pelo fato de que as crianças, primeiramente, se exprimem pelos nomes, além de exclamações, e somente mais tarde pelos verbos; e Condillac (*Essai sur l'origine des connaissances humaines*, 82) afirmaria que "a língua permanece por longo tempo sem outras palavras além dos nomes". Stankiewicz (1974) destacou a formação de uma diferente orientação, primeiro no *Hermes*, de Harris (1751, III), em seguida, em Monboddo (*Of the Origins and Progress of Language*, 1773-1792), e sucessivamente através de Herder, que, em *Von Geist der ebräischen Poesie* (1787), recorda que o nome se refere às coisas de forma morta, enquanto o verbo põe a coisa em ação, e esta estimula a sensação. Sem seguirmos passo a passo essa linguística do verbo realizada por Stankiewicz, é no sinal de uma reavaliação do verbo que se coloca a gramática comparativa dos defensores da hipótese indo-europeia, e "nisso eles seguiram a tradição dos gramáticos sânscritos [...] que derivavam as palavras das raízes verbais" (1974, p.176). E, para terminar, vamos referir aqui um protesto de De Sanctis, que, discutindo as pretensões das gramáticas filosóficas, criticava as tentativas tradicionais (de que falamos a respeito de Dalgarno e Wilkins) de reduzir os verbos aos nomes e aos adjetivos, sustentando que "amo não é o mesmo que eu sou amante [...]. Os autores de gramáticas filosóficas, reduzindo a gramática à lógica, não enxergavam o aspecto volitivo do pensamento".

Entretanto, é preciso salientar que também a utopia de Lodwick se manifesta como um primeiro aceno tímido, despercebido, a alguns problemas que se tornariam centrais para as sucessivas discussões linguísticas.

CAPÍTULO 14

Desde Leibniz até a *Encyclopédie*

Em 1678, Leibniz estilizou uma *Lingua Generalis* (em Couturat, 1903), na qual, após decompor a realidade cognoscível em ideias simples e atribuir a tais ideias primitivas um número, propunha transcrever os números com consoantes e as unidades decimais com vogais, da seguinte forma:

1	2	3	4	5		6	7	8	9
b	c	d	f	g		h	l	m	n
Unidade	Dezenas	Centenas	Milhares	Dezenas de milhares					
a	e	i	o	u					

Para exprimir, por exemplo, a cifra 81.374 se escreve *Mubodilefa*. Mas, uma vez que a vogal, anexada ao número especifica imediatamente o grau, a ordem não vale e a mesma cifra pode ser expressa como *Bodifalemu*.

Isso nos leva a supor que Leibniz pensava em uma língua em que as pessoas teriam dialogado na base de *bodifalemu* ou *gifeha* (546), da mesma maneira que os interlocutores de Dalgarno ou de Wilkins se deveriam comunicar na base de *Nekpot* ou de *Deta*.

Por outro lado, Leibniz aplicara-se de modo especial em uma outra forma de língua que se poderia falar, mais ou menos semelhante ao latino *sine flexione*, inventado no alvorecer de seu século por Peano. Ele propunha uma drástica regulamentação e simplifica-

A busca da língua perfeita na cultura europeia 293

ção da gramática, para que ela possuísse somente uma declinação e uma única conjugação, com a abolição dos gêneros e dos números, a identificação do adjetivo e do advérbio, bem como a redução dos verbos à cópula + adjetivo.

Com certeza, se tivéssemos que esboçar o projeto em que Leibniz apenas tocou de leve no decorrer de toda a sua vida, deveríamos falar de um imenso edifício filosófico-linguístico que contemplava quatro momentos fundamentais: i) a identificação de um sistema de nomes primitivos, organizados em um alfabeto de pensamento, ou enciclopédia geral; ii) a elaboração de uma gramática ideal, da qual o seu latim simplificado era um exemplo, e que lhe fora inspirado provavelmente pelas simplificações gramaticais propostas por Dalgarno; iii) eventualmente, uma série de regras determinando a pronúncia dos caracteres; iv) a elaboração de um léxico de caracteres reais, a respeito dos quais fosse possível fazer um cálculo capaz de levar o locutor a formular automaticamente proposições verdadeiras.

Na verdade, parece que a verdadeira contribuição de Leibniz está no quarto ponto do projeto, e no fato de ter abandonado por fim qualquer tentativa de realizar os outros três. Leibniz estava pouco interessado em uma língua universal no molde de Wilkins e de Dalgarno (apesar de ter ficado muito impressionado com seus livros), conforme disse explicitamente em várias oportunidades; por exemplo, na carta a Oldenburg (Gerhardt, ed., 1875, p.100-4, trad. it. em Barone, ed., 1968, p.450), repete que a ideia que ele tem da sua característica é profundamente diferente da concepção daqueles que quiseram fundar uma escrita universal no modelo dos chineses, e de quem construiu uma língua filosófica isenta de ambiguidade.

Por outro lado, Leibniz ficara sempre fascinado pela riqueza e pluralidade das línguas naturais, a cujas gerações e filiações dedicara tantas pesquisas e, julgando não ser possível de modo algum descobrir uma língua adâmica e muito menos voltar a praticá-la, celebrou como um fato positivo justamente aquela *confusio linguarum* que outros autores, ao contrário, tentavam eliminar (cf. Gensini (ed.), 1990, 1991).

Enfim, Leibniz acreditava que cada indivíduo tinha uma perspectiva particular do universo (conforme queria a sua metodologia), de maneira que uma cidade pode ser representada de acordo com as posições de quem a contempla. Para alguém que sustenta uma posição filosófica desse tipo, parece realmente difícil querer induzir todos os homens a contemplar o universo fixado em uma grelha de gêneros e espécies construídas de uma vez por todas que não leve em conta as particularidades, os pontos de vista e o gênio de cada língua.

Uma coisa somente teria conseguido induzir Leibniz a procurar uma forma de comunicação universal: a sua paixão irenista que o une a Lúlio, a De Cusa e a Postel. Na época em que os seus predecessores e correspondentes ingleses pensavam em uma língua universal destinada, antes de mais nada, aos intercâmbios comerciais e às viagens, como também ao intercâmbio científico, em Leibniz, ao contrário, encontramos um sopro religioso que em eclesiásticos como o bispo Wilkins estava ausente: Leibniz – que do ponto de vista profissional não foi um acadêmico, mas um diplomata, um conselheiro de corte, e definitivamente um personagem político – incentivava a reunificação das igrejas (mesmo na concepção de um bloco político antifrancês que abrangesse tanto a Espanha e o papado, quanto o Sacro Romano Império e os príncipes alemães), uma reunificação que respondia a um sincero sentimento religioso, à ideia de cristianismo universal e de pacificação da Europa.

Mas a forma de chegar a tal entendimento dos espíritos não passava, na sua opinião, através da língua universal: passava, antes disso, através da criação de uma linguagem científica que fosse instrumento de descoberta da verdade.

A busca da língua perfeita na cultura europeia

A característica e o cálculo

O tema da descoberta e da lógica criativa remete-nos a uma das fontes do pensamento leibniziano, a *Ars combinatória*, de Lúlio. Em 1666, com vinte anos de idade, Leibniz escreve uma *Dissertatio de arte combinatoria* (Gerhardt, ed., 1875, p.IV, 27-102) de inspiração luliana explícita; mas o fantasma da combinatória o obceca durante a vida inteira.

Em poucas páginas, intituladas *Horizon de la doctrine humaine* (em Fichant, 1991), Leibniz coloca a si mesmo o problema que já fascinara o padre Mersenne: qual é o número máximo de enunciados verdadeiros, falsos e até mesmo insensatos, que se podem formular usando um alfabeto finito, fixado em 24 letras? O problema consiste em ater-se às verdades enunciáveis e às enunciações que podem ser redigidas por escrito. Dadas 24 letras, é exequível formar com elas também palavras de 31 letras (das quais Leibniz encontra exemplos em grego e em latim), e com o alfabeto é possível produzir 24^{32} palavras de 31 letras. Mas que comprimento pode ter um enunciado? Considerando que é possível até imaginar enunciados com um comprimento do tamanho de um livro, a soma dos enunciados, verdadeiros ou falsos, que um homem pode ler no decurso de uma vida, calculando que leia cem folhas por dia e que cada folha conste de mil letras, é de 3.650.000.000. Mas admitamos também que tal homem possa viver mil anos, posto que, como quer a lenda, tal fato aconteceu ao alquimista Artéfio. "O máximo período enunciável, ou seja, o maior livro que um homem consegue ler, seria de 3.650.000.000.000 [letras], e o número de todas as verdades, falsidades ou períodos enunciáveis ou mesmo legíveis, proferíveis ou não proferíveis, significativos ou não, seria $24^{365.000.000.0001} - 24/23$ [letras]."

Mas podemos tomar também um número ainda maior, se pudermos usar cem letras do alfabeto, e termos um número de letras exprimível com um 1 seguido por 7.300.000.000.000 zeros, e só para escrever tal número seriam necessários mil escribas trabalhando durante aproximadamente 37 anos.

A esse respeito, o raciocínio de Leibniz é que – mesmo considerando um conjunto tão astronômico de enunciados (e, se quisermos, podemos continuar a enunciar o número *ad libitum*) – esses enunciados não poderiam ser pensados e entendidos pela humanidade e, em todo o caso, ultrapassariam o número dos enunciados verdadeiros ou falsos que a humanidade é capaz de produzir e entender. Pelo que, paradoxalmente, o número dos enunciados formuláveis seria mesmo assim finito e chegaria ao momento em que a humanidade recomeçaria a reproduzir os mesmos enunciados, o que daria a Leibniz a possibilidade de beirar o tema da *apocatástase*, ou seja, de uma reintegração universal (poderíamos dizer de um eterno retorno).

Não é possível, neste livro, seguir a série de influências místicas que levam Leibniz a tais fantasias. Mas aquilo que, por um lado, se torna evidente é a inspiração cabalista e luliana, e, por outro, é o fato de que Lúlio jamais teria ousado pensar na possibilidade de produzir tantos enunciados, considerando que lhe interessava demonstrar somente aqueles que considerava verdadeiros e incontestáveis. Leibniz, ao contrário, está fascinado pela vertigem da descoberta, ou seja, pelos infinitos enunciados que um simples cálculo matemático lhe permite conceber.

Já na *Dissertatio*, Leibniz discutira (p.8) a forma de procurar todas as combinações possíveis entre m objetos, fazendo variar n de 1 para m, especificando a fórmula $Cm = 2m - 1$.

Na época da *Dissertatio*, o jovem Leibniz conhecia as poligrafias de Kircher, bem como as do anônimo espanhol, de Becher e Schott (declarava, além disso, que estava aguardando do "imortal Kircher" a sua *Ars magna sciendi*, há muito tempo prometida), mas não lera Dalgarno, e Wilkins não tinha ainda publicado a sua obra maior. Por outro lado, existe uma carta de Kircher a Leibniz, de 1670, em que o jesuíta confessa não conhecer ainda a *Dissertatio*.

Leibniz elabora o método que chama das "complexões" (dados *n* elementos, quantos grupos deles de *t* a *t* é possível compor sem levar em conta a ordem) e o aplica à combinatória silogística, passando em seguida (p.56) a discutir Lúlio. Antes de fazer-lhe algumas críticas concernentes ao número reduzido dos termos, faz a óbvia reflexão sobre o fato de que Lúlio não desfruta de todas as possibilidades da arte combinatória, e indaga o que aconteceria com as disposições, isto é, com as variações de ordem, que são obviamente em número maior. Conhecemos a resposta: Lúlio não só contivera o número dos termos, mas estava disposto também a rejeitar muitas combinações que por razões teológico-retóricas produzissem proposições falsas. Leibniz, ao contrário, está interessado em uma lógica criativa (par. 62) na qual o jogo combinatório possa produzir proposições ainda desconhecidas.

No par. 64 da *Dissertatio*, Leibniz começa a traçar o primeiro núcleo teórico da característica universal. Antes de mais nada, é preciso resolver qualquer termo dado nas suas partes formais, isto é, naquelas explicitadas pela definição, e, em seguida, essas partes de novo em partes até chegar a termos indefiníveis (isto é, primitivos). Proponham-se entre os termos primeiros não somente coisas, mas também modos e relações. A seguir, posto um termo derivado de termos primeiros, denomine-se tal termo *com2nação* se é composto por dois termos primeiros, *com3nação* se composto por três, e assim por diante, constituindo uma hierarquia de classes por complexidade crescente.

No tratado *Elementa characteristicae universalis*, escrito uns doze anos depois, Leibniz seria mais amigável com os exemplos. Decomponha-se o conceito de homem, conforme a tradição, em animal racional e se considerem os componentes como termos primeiros. Acrescente-se, por exemplo, ao termo "animal" o número 2 e ao termo "racional" o número 3. O conceito de homem seria exprimível como 2 * 3, ou seja, como 6.

Para que uma proposição seja verdadeira, é preciso que, caso se exprima em medida fracional a relação sujeito-predicado (s/p), substituindo os números que foram atribuídos aos primitivos e aos compostos, o número do sujeito seja exatamente divisível pelo número do predicado. Por exemplo, dada a proposição *todos os homens são animais*, pode-se reduzi-la à fração 6/2, notando-se que o resultado, 3, é um número inteiro. A proposição, portanto, é verdadeira. Ao contrário, se o número característico de símio é 10, é claro que "a noção de símio não contém a noção de homem, e que vice-versa tampouco esta última contém a primeira, porque nem 10 se pode dividir exatamente por 6, nem 6 por 10". E se quisermos saber se o ouro é metal, trate-se de ver "se o número característico do ouro se pode dividir pelo número característico do metal" (*Elementa*, em Couturat, 1903, p.42-92; trad. it. em Barone, ed., 1968, p.303-4). Mas a *Dissertatio* já continha esses princípios.

O PROBLEMA DOS NOMES PRIMITIVOS

O que há em comum entre a assim chamada arte da combinatória e do cálculo mental e os projetos de línguas universais? Há o fato de que, durante longo tempo, Leibniz indagou a forma de prover uma lista dos termos primeiros e, portanto, de uma árvore dos pensamentos ou de uma enciclopédia. No tratado *Initia et specimina scientiae generalis* (Gerhardt, ed., 1875, p.VII, 57-60), fala de uma enciclopédia como inventário do conhecimento humano a fim de prover matéria para arte combinatória. No ensaio *De organo sive arte magna cogitandi* (Couturat, 1903, p.429-32), afirma que "o máximo remédio para a mente consiste na possibilidade de descobrir poucos pensamentos dos quais possam brotar em ordem outros infinitos pensamentos, assim como de poucos números [tomados de um a dez] possam ser derivados em ordem todos os outros números", e é nesse âmbito que acena às possibilidades combinatórias do sistema da numeração binária (Barone, ed., 1968, p.203-4).

No ensaio *Consilium de Encyclopaedia nova conscribenda methodo inventoria* (Gensini, ed., 1990, p.110-20), traça um sistema dos conhecimentos a ser realizado em estilo matemático, por meio de proposições cuidadosamente concebidas, e esboça praticamente um sistema das ciências e dos conhecimentos que elas implicam: gramática, lógica, mnemônica, tópica, e assim por diante até a moral e a ciência das coisas incorpóreas. Em um texto mais tardio sobre os *Termini simpliciores* de 1680-1684 (Grua, ed., 1948, p.2, 542), ele retrocede para uma lista de termos elementares como entidade, substância, atributo, mediante uma lista que lembra ainda as categorias aristotélicas, mais relações como anterior e posterior.

No tratado *Historia et commendatio linguae characteristicae* (Gerhardt, ed., 1875, p.VII, 184-89), lembra os tempos em que auspiciava "um alfabeto dos pensamentos humanos" de tal forma que, "a partir da combinação das letras desse alfabeto era possível descobrir e julgar todas as coisas" (Barone, ed., 1968, p.210), e afirma que somente dessa maneira a humanidade teria um novo tipo de instrumento que aumentaria o poder da mente bem mais do que os telescópios e os microscópios têm ajudado à visão. E, inflamando-se diante das possibilidades do cálculo, termina com uma invocação para a conversão de todo o gênero humano, convencido à maneira luliana, de que também os missionários poderão fazer raciocinar os idólatras com base na característica, de tal maneira a mostrar-lhes quanto as nossas verdades de fé concordam com as verdades da razão.

Mas, é justamente depois desse voo quase místico que Leibniz, tomando consciência de que o alfabeto não havia sido ainda sequer formulado, acena a um *elegante artifício*:

Suponho, portanto, que tais números característicos tão admiráveis sejam já dados, e após observar uma certa propriedade geral sua, assumo no momento quaisquer números que sejam congruentes com aquela propriedade, e, por meio do seu uso, experimento todas as regras lógicas com uma ordem admirável, e mostro de que modo se poderá reconhecer se algumas argumentações são válidas pela sua própria forma. (Barone, ed., 1968, p.214-5)

Os nomes primitivos, portanto, são *postulados* como tais pela comodidade do cálculo, sem pretender que sejam realmente últimos, atômicos e incontestáveis.

Por outro lado, há outras e mais profundas razões filosóficas pelas quais Leibniz não pode pensar encontrar realmente um alfabeto dos termos primitivos. Com base no simples ponto de vista do bom senso, não há qualquer certeza de que os termos, aos quais se chega mediante a decomposição analítica, não possam ser ulteriormente decompostos. Mas essa convicção devia ser ainda mais forte no pensador que inventara o cálculo infinitesimal:

Não existe o átomo, aliás nenhum corpo é tão pequeno que não possa ser subdividido de fato [...] Segue daí que *em cada partícula do universo está contido um mundo de infinitas criaturas* [...]. Não há nenhuma figura determinada nas coisas, porque nenhuma figura pode satisfazer às infinitas impressões. (*Verità prime*, ensaio sem título em Couturat, 1903, p.518-23, trad. it. em Barone, ed., 1968, p.251)

Eis, então, a decisão de Leibniz: usar conceitos que para nós são os mais gerais e que podemos considerar "primeiros" no âmbito do cálculo que queremos fazer; a língua característica dissocia-se da pesquisa necessária do alfabeto definitivo do pensamento. Comentando justamente a carta de Descartes a Mersenne, a respeito da di-

A busca da língua perfeita na cultura europeia 301

ficuldade de um alfabeto do pensamento, como sonho que se realiza somente nos romances, Leibniz observa:

> Muito embora essa língua dependa da verdadeira filosofia, ela não depende da sua perfeição. Quer dizer: essa língua pode ser construída apesar de a filosofia não ser perfeita. Na medida em que a ciência dos homens vai crescendo, crescerá também tal língua. Enquanto isso, ela nos será de ajuda admirável, para nos servirmos daquilo que sabemos e para ver aquilo que nos falta, e para inventar os modos de conseguirmos tal feito. Mas sobretudo para eliminar as controvérsias nas matérias que dependem do raciocínio. Porque, então, raciocinar e calcular será a mesma coisa. (Couturat, 1903, p.27-8; trad. it. em Barone, ed., 1968, p.470)

Mas não se trata apenas de tomar uma decisão, por assim dizer, convencionalista. A identificação dos nomes primitivos não pode preceder a língua característica, porque ela não é instrumento dócil de expressão do pensamento, mas *aparelho de cálculo para descobrir pensamentos.*

A ENCICLOPÉDIA E O ALFABETO DO PENSAMENTO

A ideia de uma enciclopédia universal não abandonaria jamais Leibniz, que, tendo sido bibliotecário de profissão durante longo tempo, e erudito, não podia deixar de seguir a aspiração pansofista do século XVII que estava morrendo e os fermentos enciclopédicos que teriam dado os seus frutos no século XVIII. Mas tal ideia se lhe configurava cada vez mais, não tanto como busca de uma árvore de termos primitivos, quanto como um instrumento prático e flexível capaz de permitir a todos controlar o imenso edifício do saber. Em 1703, escreve os *Nouveaux essais sur l'entendement humain,* em polêmica com Locke (o livro seria publicado somente depois da sua morte, em 1765), concluindo-os com um afresco monumental da futura enciclopédia. De início, rejeita a tripartição do saber proposta por Locke, em física, ética e lógica (ou semiótica). Uma classificação tão simples é compreensível, porque essas três regiões do saber disputariam continuamente entre si os respectivos sujeitos: a doutrina dos espíritos pode entrar na lógica, mas também na moral, e tudo poderia entrar na filosofia prática na medida em que serve para a nossa felicidade. Uma história memorável pode ser posta nos anais da história universal ou na história particular de um país e até mesmo de um indivíduo. Quem organiza uma biblioteca muitas vezes não sabe em qual seção catalogar um livro (cf. Serres, 1968, p.22-3).

Por isso, não restaria senão tentar uma enciclopédia que fosse, poderíamos dizer, polidimensional e mista, isto é, uma enciclopédia – observa Gensini (ed., 1990, p.19) – construída mais conforme os "percursos" do que conforme as matérias, isto é, um modelo de saber teórico-prático que solicita utilizações "transversais": por um lado, em sentido teórico conforme a ordem das provas, como fazem os matemáticos, por outro, conforme a ordem analítica e prática, que leve em consideração as finalidades humanas. E, em seguida, seria preciso acrescentar-lhe um repertório que permitisse encontrar os diversos argumentos e um mesmo argumento sob diferentes aspectos tratado em diversos lugares (IV, 21, *De la division des sciences*). Parece quase ver celebrada à guisa de *felix culpa* a incongruidade, a não dicotomicidade da enciclopédia de Wilkins; parece sentir, por antecipação, o projeto que seria teorizado em seguida por D'Alembert, no início da *Encyclopédie*. Leibniz pensa realmente naquele *hipertexto* que o projeto de Wilkins deixava apenas entrever.

O PENSAMENTO CEGO

Dissemos que Leibniz duvida que se possa realmente constituir um alfabeto exato e definitivo, julgando que a verdadeira força do cálculo característico consiste nas suas regras combinatórias. Por isso, está mais interessado na forma das proposições que pode gerar pelo cálculo do que nos significados dos números. Em várias ocasiões, compara a característica com a álgebra, apesar de considerar a álgebra apenas uma das formas de cálculo possível, continuando a pensar em um cálculo que possa ser realizado com rigor quantitativo com base em noções qualitativas.

Uma das ideias que circulam no seu pensamento é que a característica, como a álgebra, seja uma forma de *pensamento cego, cogitatio caeca* (cf., por ex., *De cognitione, veritate et idea*, em Gerhardt, ed., 1875, p.IV, 422-6). Por pensamento cego entende-se a possibilidade de realizar cálculos, chegando a resultados precisos, com base em símbolos dos quais não se conhece necessariamente o significado, ou não se consegue ter uma ideia clara e distinta do significado desses mesmos símbolos.

Justamente em um texto em que define o cálculo característico como o único e verdadeiro exemplo de "língua adâmica", Leibniz exemplifica bem aquilo que pensa:

> Todo raciocínio humano realiza-se por meio de determinados sinais ou caracteres. Com efeito, não somente as coisas em si mesmas, mas também as ideias das coisas nem sempre podem, nem devem ser observadas distintamente; portanto, em lugar delas, por motivos de brevidade, usam-se sinais. De fato, se o geômetra, toda vez que nomeia a hipérbole ou a espiral ou a quadratriz no curso da demonstração, fosse obrigado a representar-se exatamente as suas definições ou gerações e, em seguida, novamente as definições dos termos que entram nas primeiras, chegaria atrasadíssimo às suas descobertas [...]. Resultou daí o fato de dar nomes aos contratos, às figuras e às várias espécies de coisas, isto é, sinais aos números da aritmética e às grandezas da álgebra [...]. Por isso, na classificação dos sinais incluo as palavras, as letras, as figuras químicas, astronômicas, chinesas, hieroglíficas, as notas musicais, bem como os

sinais esteganográficos, aritméticos, algébricos e todos os outros dos quais nos servimos nos nossos raciocínios em lugar das coisas. Os sinais escritos, ou desenhados, ou esculpidos se chamam caracteres [...]. As línguas comuns, embora sirvam para o raciocínio, são porém sujeitas a inumeráveis equívocos, nem podem ser empregadas para o cálculo, isto é, de maneira que se possam descobrir os erros de raciocínio, remontando à formação e à construção das palavras, como se se tratasse de solecismos ou barbarismos. Tal vantagem admirabilíssima até agora dão somente os sinais empregados pelos aritméticos e pelos algebristas, nos quais qualquer raciocínio consiste no uso de caracteres, e todo erro mental é o mesmo que um erro de cálculo. Refletindo profundamente em torno desse assunto pareceu-me logo claro que todos os pensamentos humanos se podiam resolver totalmente em poucos pensamentos a ser considerados primitivos. Se em seguida se atribuem a estes últimos uns caracteres, é possível formar daqui os caracteres das noções derivadas, das quais seja sempre possível deduzir os seus requisitos e as noções primitivas que neles entram, expressando-nos, em uma palavra, as definições e os valores, e, portanto, também as suas modificações deriváveis das definições. Uma vez feito isso, quem ao raciocinar e ao escrever se servisse dos caracteres assim descritos, ou jamais cometeria erros, ou os reconheceria sempre por si mesmo, sejam seus ou dos outros, por meio de exames facílimos. (*De scientia universali seu calculo philosophico*, em Gerhardt, ed., 1875, p.VII, 198-203; trad. it. em Barone, ed., 1968, p.240s.)

Essa ideia do pensamento cego seria transformada em seguida no princípio fundamental de uma semiótica geral por Johann Heinrich Lambert, *Neues Organon* (1762) na Seção "Semiotica" (cf. Tagliagambe, 1980).

Como se afirma no ensaio *Accessio ad arithmeticam infinitorum*, de 1672 (*Sämtliche Schriften*, A, II, 1, p.228), quando alguém diz um milhão não imagina mentalmente todas as unidades daquele número. No entanto, os cálculos que sabe fazer com base nessa cifra podem e devem ser exatos. O pensamento cego manipula sinais sem ser obrigado a evocar as ideias correspondentes. Por isso, não nos impõe, para aumentar o alcance da nossa mente, tal como o telescópio aumenta aquele da nossa visão, uma fadiga excessiva. Por conseguinte, "uma vez feito isso, ao surgirem controvérsias, não haverá maior necessidade de discussão entre dois filósofos do que haveria entre dois contabilistas. De fato, será suficiente que eles tomem à mão a caneta, sentem-se à escrivaninha, e se digam mutuamente (digamos, se assim o desejarem, um amigável): vamos calcular" (Gerhardt, ed., 1875, p.VII, 198s.).

A intenção de Leibniz era a de criar uma linguagem lógica que, como a álgebra, nos pudesse levar do conhecido para o desconhecido mediante a simples aplicação de regras operacionais aos símbolos usados. Nessa linguagem não é necessário saber, a cada passo, a que o símbolo se refere, de certo não mais do que nos interessa saber que quantidade representa uma letra alfabética no decorrer da solução de uma equação. Para Leibniz, os símbolos da linguagem lógica não estão no lugar de uma ideia, mas a *substituem*. Por isso, a característica universal "não só ajuda o raciocínio, mas o substitui" (Couturat, 1901, p.101).

Dascal (1978, p.213) objeta que a característica não é concebida por Leibniz como cálculo meramente formal, porque os símbolos do cálculo têm sempre uma interpretação. O cálculo algébrico opera com letras alfabéticas sem vinculá-las a valores aritméticos; a característica, ao contrário, como já vimos, usa números por assim dizer "recortados" sobre conceitos "plenos", como homem ou animal, e é evidente que, para obter um resultado comprovante de que homem não contém macaco e vice-versa, é necessário ter atribuído valores numéricos adequados a uma pré-interpretação semântica dos próprios valores numéricos. Portanto, aqueles que Leibniz propõe seriam sistemas formalizados, mas *interpretados*, e, por conseguinte, não meramente formais.

É verdade que existe uma posteridade leibniziana que procura construir sistemas "interpretados": ver, por exemplo, o projeto de Luís Richer (*Algebrae philosophicae in usum artis inveniendi specimen primum*, "Mélanges de philosophie et de mathématique de la Societé Royale de Turin", II/3, 1761). Nesse texto bastante seco de umas quinze páginas, para aplicar um método algébrico à filosofia, traça-se uma *tabula characteristica* que contém uma espécie de conceitos gerais como "Possível", "Impossível", "Aliquid", "Nihil", "Contingens", "Mutável", caracterizando cada um deles com um sinal convencional. Um sistema de semicírculos direcionado de modo variado torna os caracteres dificilmente distinguíveis entre si, mas o sistema possibilita combinações filosóficas do tipo "Este Possível não pode ser Contraditório". A língua permanece limitada ao raciocínio filosófico abstrato e Richer, como Lúlio, não tira toda a vantagem possível das possibilidades combinatórias previstas, visto que rejeita todas as combinações inúteis à ciência (p.55).

No findar do século XVIII, Condorcet, em um manuscrito de 1793-1794 (cf. Granger, 1954), almeja uma língua universal que é de fato um esboço de lógica matemática, uma *langue des calculs* capaz de identificar e distinguir os processos intelectuais, exprimindo objetos reais cujas relações se possam enunciar, isto é, relações entre objetos e operações executadas pelo intelecto na descoberta e enunciação das relações. Mas o manuscrito ficou interrompido justamente quando tratava de identificar as ideias primas, mostrando como a herança das línguas perfeitas está a ponto de transferir-se definitivamente para o cálculo lógico-matemático, no qual ninguém mais pensaria em traçar uma lista dos conteúdos ideais, mas somente determinar regras sintáticas (Pellerey, 1992a, p.193s.).

Pois bem, a característica, de cujos princípios Leibniz tenta por vezes deduzir até mesmo verdades metafísicas, oscila entre um ponto de vista ontológico e metafísico e a ideia de designar um simples instrumento para a construção de sistema dedutivos particulares (cf. Barone, 1964, p.24). Mais ainda, ela oscila entre a antecipação de certas semânticas contemporâneas, inclusive aquelas que são usadas na inteligência artificial (regras sintáticas do tipo matemático para entidades semânticas interpretadas) e uma mera lógica matemática que manipula variáveis não vinculadas.

Mas não é a partir de Leibniz que se originaram as novas semânticas nem dos seus esforços incompletos com relação a um cálculo de entidades semânticas "plenas", enquanto é comprovado que dele se originaram várias correntes de lógica simbólica.

A intuição fundamental que está na base da característica é que, embora os caracteres sejam escolhidos arbitrariamente, e embora não se tenha certeza de que os termos primitivos adotados por amor ao raciocínio sejam verdadeiramente primitivos, a garantia da verdade é dada pelo fato de que a *forma da proposição reflete uma verdade objetiva.*

Na opinião de Leibniz, existe uma analogia entre a ordem do mundo ou da verdade, e a ordem gramatical dos símbolos na linguagem. São muitos os estudiosos que identificaram nessa posição a *picture theory of language* do primeiro Wittgenstein, pelo qual a proposição deve adotar uma forma semelhante aos fatos que reflete (*Tractatus*, 2.2). Com certeza, Leibniz é o primeiro a reconhecer que o valor da sua linguagem filosófica deveria ter sido uma função da sua estrutura formal e não dos seus termos, e que a sintaxe, aquela que ele chamava *habitudo* ou estrutura da proposição, era mais importante do que a semântica (Land, 1974, p.139).

> Veja-se, portanto, que apesar de os caracteres serem assumidos arbitrariamente, todos os resultados correspondem sempre entre si, contanto que se observe uma certa ordem e uma certa regra no uso deles. (*Dialogus*, em Gerhardt, ed., 1875, p.VII, 190-3; trad. it. em Barone, ed., 1968, p.176-7)

Chama-se expressão de uma coisa aquilo em que subsistem as estruturas (*habitudines*) que correspondem às estruturas da coisa a exprimir [...]. Somente pela consideração das estruturas da expressão podemos chegar ao conhecimento das propriedades correspondentes da coisa a exprimir [...], contanto que se observe uma certa analogia entre as relativas estruturas. (*Quid sit idea, em Gerhardt,* edit. por, 1875, p.VII, 263-4; trad. it. em Barone, edit. pot, 1968, p.179-80)

Em suma, outra coisa não podia pensar o filósofo da harmonia preestabelecida.

O *I Ching* e a numeração binária

A forma como Leibniz reagiu à descoberta do livro chinês das mudanças, ou seja, o *I Ching,* prova-nos finalmente que ele visava dirigir a característica para um cálculo verdadeiramente cego, antecipando assim a lógica de Boole.

O interesse de Leibniz pela língua e a cultura chinesas é amplamente documentado, de modo especial nas últimas décadas da sua vida. Em 1697, ele publicou o ensaio *Novissima sinica* (Dutens, 1768, IV, 1), uma coletânea de cartas e ensaios dos missionários jesuítas na China. A obra foi vista pelo padre Joaquim Bouvet que acabava de voltar daquele país, e este lhe escrevera a respeito da antiga filosofia chinesa que via representada nos 64 hexagramas do *I Ching*.

O *Livro das mudanças* foi considerado, durante séculos, de origem milenária, ao passo que estudos mais recentes fizeram-no remontar ao século III a.C., mas, conforme a opinião divulgada na época, Leibniz o atribuía ao mítico Fu Hsi. As suas funções eram mágico-oraculares, e justamente Bouvet tinha lido nesses hexagramas os princípios fundamentais da tradição chinesa.

Mas, quando Leibniz lhe descreve as suas pesquisas em torno da aritmética binária, ou seja, o cálculo por 1 e por 0 (de que assinalava

A busca da língua perfeita na cultura europeia

também as implicações metafísicas e o poder de representar a relação entre Deus e o Nada), Bouvet compreende que essa aritmética explica de modo admirável a estrutura dos hexagramas chineses. Envia, então, a Leibniz, em 1701, uma carta (que Leibniz, na verdade, recebe em 1703), anexando-lhe uma gravura em madeira com a disposição dos hexagramas.

Figura 14.1.

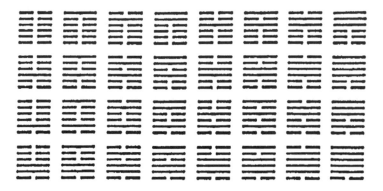

A gravura representava a disposição dos hexagramas de forma diferente daquela do *I Ching*, mas o erro permitiu a Leibniz enxergar neles uma sequência significativa da qual daria uma explicação em *Explication de l'arithmétique binaire* (1703).

Vejam-se na Figura 14.1 os diagramas consultados por Leibniz, nos quais a estrutura central parte de seis linhas segmentadas e continua aumentando sucessivamente o número das linhas inteiras.

Isso permite a Leibniz ver nesses hexagramas a representação perfeita da progressão dos números binários que de fato se escrevem segundo a sequência 000, 001, 010, 101, 011, 111...

No fundo, e mais uma vez, Leibniz esvazia os símbolos chineses daqueles significados que a eles foram atribuídos por outras interpretações, para considerar somente a sua forma e a sua capacidade

Figura 14.2.

0	1	10	11	100	101	110	111
0	1	2	3	4	5	6	7

combinatória. Estamos novamente diante de uma celebração do pensamento cego, isto é, de um reconhecimento da forma sintática como veículo da verdade.

Esses 1 e 0 são verdadeiramente símbolos cegos e a sua sintaxe funciona, possibilitando descobertas mesmo antes que qualquer significado possível seja atribuído às tiras que produz. Com certeza, Leibniz antecipa, um século e meio antes, a lógica matemática de George Boole; mas antecipa também a verdadeira linguagem dos computadores, isto é, não aquela de que falamos – no interior de um programa – digitando no teclado e lendo no vídeo as respostas da máquina, mas a linguagem com que o programador dita instruções ao computador, isto é, a linguagem com base na qual o computador "pensa", sem "saber" o que significam as instruções que recebe e elabora em termos puramente binários.

Não importa o fato de que Leibniz tivesse se enganado, porque "os kua foram interpretados pelos chineses de qualquer forma, menos em sentido matemático" (Losano, 1971). Leibniz vê ali uma estrutura formal, que certamente existe, e é essa estrutura que lhe aparece esotericamente admirável, a tal ponto que (em uma carta ao padre Bouvet) não hesita em identificar o seu autor com Mercúrio Trismegisto (e não injustamente, considerando que Fu Hsi era considerado o representante da era da caça, da pesca e da invenção da cozedura, e, portanto, uma espécie de pai das descobertas).

A busca da língua perfeita na cultura europeia 311

Efeitos colaterais

Todo o engenho investido para construir uma língua filosófica *a priori* serviu a Leibniz para inventar uma outra língua filosófica, certamente *a priori*, mas desprovida de qualquer finalidade prático--social, e destinada ao cálculo lógico. Nesse sentido, a sua língua, que afinal é aquela da lógica simbólica contemporânea, era uma língua científica, mas, como todas as línguas científicas, não podia falar da totalidade do universo, somente de algumas *verdades de razão*. Essa língua não podia ser uma língua universal, porque era inadequada para exprimir aquilo que as línguas naturais exprimem, ou seja, *verdades de fato*, descrições de eventos empíricos. Para fazer isso, é preciso "construir um conceito capaz de conter um número incalculável de determinações", enquanto o conceito completo de um indivíduo implica "determinações espaçotemporais que por sua vez implicam outras sequências espaçotemporais e eventos históricos cujo domínio foge ao olho humano, e à possibilidade de controle de cada homem" (Mugnai, 1976, p.91).

Mesmo assim, prevendo aquela que seria a língua dos computadores, o projeto de Leibniz possibilitou também a elaboração de linguagens informáticas que se prestam para a catalogação de entidades individuais, e até mesmo para estabelecer a hora em que um senhor x reservou um determinado voo de y para z – de tal forma que se começa a ter medo de que o olho informático possa intervir demasiado a fundo, reduzindo a nossa *privacy*, registrando até mesmo o dia e a hora em que um determinado indivíduo passou a noite em um determinado hotel de uma determinada cidade. Portanto, outro efeito colateral de uma pesquisa que começara com o objetivo de permitir falar a respeito de um universo que era ainda pura construção teórica, isto é, um sistema de elementos que podiam abranger Deus e os anjos, o ente, a substância, o acidente e "todos os elefantes".

Dalgarno jamais poderia suspeitar que, passando através do filtro matemático de Leibniz, a língua filosófica *a priori*, renunciando a qualquer semântica e reduzindo-se à pura sintaxe, pudesse servir até mesmo para designar um elefante individual.

A "biblioteca" de Leibniz e a *Encyclopédie*

Com o século do Iluminismo configuram-se os pressupostos para uma crítica a qualquer tentativa de fundar um sistema *a priori* das ideias, e a crítica se vale em grande parte de sugestões de Leibniz. Com efeito, é nos termos que lembram de muito perto a noção leibniziana de "biblioteca" que a crise das línguas filosóficas *a priori* é sancionada no discurso introdutório à *Encyclopédie*, atribuído a D'Alembert.

Precisando organizar na prática uma biblioteca, e justificar as suas divisões, o sistema das ciências é visto agora como um labirinto, um caminho tortuoso que coloca em crise qualquer representação em forma de árvore. Esse sistema é composto de várias ramificações, "algumas das quais convergem para o mesmo centro; e considerando que, partindo do mesmo centro, não é possível trilhar ao mesmo tempo todos os caminhos, a escolha é determinada pela natureza dos diversos espíritos". O filósofo é aquele que sabe descobrir as conexões secretas desse labirinto, bem como as suas ramificações provisórias e as mútuas dependências que constituem tal rede como um mapa-múndi. Por isso os autores da *Encyclopédie* decidiram que cada artigo devia aparecer como um mapa particular que reproduziria só em dimensão reduzida o mapa-múndi global:

os objetos estão mais ou menos próximos e apresentam um diferente aspecto segundo o ponto de vista em que o olhar é colocado pelo geógrafo [...]. Podemos, portanto, imaginar tantos sistemas diferentes do conhecimento humano quantos forem os mapas-múndi de diferentes projeções [...]. Mas, muitas vezes, tal objeto que, por uma ou várias de suas propriedades, foi colocado numa classe, pertence a uma outra classe por outras propriedades, e teria podido perfeitamente nela ter seu lugar. (Diderot e D'Alembert, 2015, p.115-9)

O que parece preocupar a época do Iluminismo não é tanto a busca de uma língua perfeita quanto uma terapia das línguas existentes, no rastro da sugestão lockiana. Com efeito, após ter denunciado as limitações das línguas naturais, Locke (*Essay*, x) prosseguia analisando o abuso das palavras, que ocorre quando os termos não se referem a ideias claras e distintas, isto é, quando são usadas de modo inconstante, quando implicam obscuridade, quando as palavras são tomadas como se fossem coisas, quando são usadas para indicar coisas que elas não significam, quando se pensa que o interlocutor precise necessariamente associar às palavras que usamos as mesmas ideias que temos delas. Locke determina certas normas para combater tais abusos, apesar de não terem nada a ver com a temática das línguas filosóficas, porque Locke não se preocupava tanto em propor novas estruturas lexicais e sintáticas quanto em aconselhar uma espécie de bom senso filosófico e um controle constante da linguagem natural. Ele não pensa em uma reforma do sistema da língua, mas em um controle atento do processo comunicativo.

É nessa linha que se situa o Iluminismo enciclopedista e todas as pesquisas que nele se inspiram.

O ataque às línguas filosóficas *a priori* se manifesta principalmente no verbete "Caractere", que é fruto da colaboração de vários autores. Dumarsais distingue, antes de mais nada, entre caracteres numerais, caracteres de abreviação e caracteres literais, e subdivide estes últimos em caracteres emblemáticos (estamos ainda na ideia do hieróglifo) e caracteres nominais (cujo modelo são os caracteres alfabéticos). D'Alembert aceita as críticas tradicionais à imperfeição dos caracteres que as línguas naturais usam normalmente e discute as propostas de um caráter real, demonstrando conhecer bem todos os projetos do século anterior (Diderot; D'Alembert, 1915b, p.59-63).

Em tais discussões manifesta-se com frequência uma confusão entre um caráter ontologicamente real, que exprima diretamente a essência das coisas, e um caráter logicamente real, capaz de exprimir de forma não equívoca somente uma ideia, e fixado por convenção. Mas a crítica enciclopedista atinge ambos os projetos sem demasiadas distinções.

Na realidade, porém, a cultura do século XVIII deslocou, em comparação com a do século precedente, o enfoque da própria atenção a respeito da linguagem. A essa altura sustenta-se que pensamento e linguagem se influenciam mutuamente e procedem passo a passo, ou seja, a linguagem crescendo modifica o pensamento. Se é assim, então não se pode mais sustentar a hipótese racionalista de uma gramática do pensamento, universal e estável, que as várias linguagens refletem de alguma forma. Nenhum sistema das ideias, postulado com base em uma razão abstrata, pode se tornar parâmetro e critério para a construção de uma língua perfeita: a língua não reflete um universo conceitual platonicamente conhecido previamente, mas concorre para formá-lo.

A semiótica dos *Idéologues* mostraria como será impossível postular um pensamento universal e independente do aparelho sígnico, e com base em um aparelho sígnico poder identificar os próprios critérios de perfeição. Na opinião de Destutt de Tracy (*Eléments d'idéologie*, I, p.546, nota), não é possível conferir a todas as línguas as propriedades de uma língua algébrica. Nas línguas naturais,

na maioria das vezes somos reduzidos a conjeturas, a induções, a aproximações [...]. Quase nunca temos a certeza perfeita de que essa ideia, que nós construímos com tal sinal e com determinados meios, seja exatamente e em tudo e por tudo aquela a que atribuem o mesmo sinal quer aquele que nos ensinou tal sinal, quer os outros homens que se servem dele. Daí, muitas vezes, as palavras tomam insensivelmente significações diferentes, sem que ninguém se aperceba de tal mudança; pelo que seria correto dizer que cada sinal é perfeito para quem o inventa, mas tem sempre algo vago e incerto para quem o recebe [...]. Diria mais: falei que todo sinal é perfeito para quem o inventa, mas isso a rigor não é verdade para o momento em que o inventa, porque, quando se serve do mesmo sinal em outro momento da sua vida, ou em outra disposição de espírito, esse indivíduo não está mais totalmente seguro de reunir exatamente sob esse sinal a mesma coleção de ideias da primeira vez. (*Elements d'idéologie*, ii, p.583-5)

Tracy identifica como condição ideal de uma linguagem filosófica a univocidade absoluta dos seus caracteres. Mas justamente examinando sistemas como os do século XVII inglês, conclui que "é impossível que o mesmo sinal tenha exatamente o mesmo valor para todos aqueles que o usam [...]. Por conseguinte, devemos renunciar à perfeição" (*Elements d'idéologie*, ii, p.578-9).

Este era um tema comum à filosofia empirista a que os *Idéologues* se referem, e já Locke lembrara que, apesar das palavras *glória* e *gratidão* serem as mesmas na boca de cada indivíduo e em todo um país,

mesmo assim a ideia coletiva complexa em que cada um pensa, ou que tenciona exprimir com aquele termo, é visivelmente muito diferente na mente de pessoas que usam a mesma língua [...]. Se alguém, na substância ouro, contenta-se em notar a cor e o peso, um outro achará que a solubilidade em aguarrás deveria juntar-se também necessariamente àquela cor na sua ideia de ouro, ao passo que um terceiro o pensará na fusibilidade, considerando que a solubilidade em aguarrás é uma qualidade não menos constantemente unida à sua cor e o seu peso à fusibilidade ou a outra coisa qualquer; outros, pois, acrescentar-lhe-ão a ductilidade e a fixidez etc., conforme aprendemos pela tradição ou pela experiência. Quem, dentre todos esses indivíduos, estabeleceu o significado correto da palavra "ouro"? (*Essay Concerning Human Understanding*, ix)

Ainda entre os *Idéologues*, no seu livro *Des signes et l'art de penser considérés dans leurs rapports mutuels* (1800), Joseph-Marie Degérando (cujas críticas a Wilkins já vimos) lembra que a palavra "homem" representa um feixe de ideias bem maior no espírito de um filósofo do que no espírito de um operário, e a ideia associada à palavra "liberdade" não era a mesma em Esparta e em Atenas (i, p.222-3).

A impossibilidade de elaborar uma língua filosófica é devida justamente ao fato de que a gênese da linguagem segue fases, que os *Idéologues* trataram por certo com muita precisão, restando, porém, para decidir a qual dessas fases uma língua perfeita deveria referir-se. É óbvio que, ancorando-se em uma fase específica, uma língua filosófica não poderia senão refletir um só desses estados genéticos da linguagem, e desse estado conservariam os limites – aqueles limites que, entretanto, induziram a humanidade a desenvolver um estado sucessivo e mais articulado. Uma vez decidido que tanto o pensamento quanto a linguagem têm uma gênese que se desenrola no tempo (e não só no tempo remoto e pré-histórico de que fala toda teoria do nascimento da linguagem, mas também no tempo futuro da nossa história presente), toda tentativa de pensar em uma língua filosófica é destinada ao insucesso.

CAPÍTULO 15

As línguas filosóficas do Iluminismo até hoje

OS PROJETOS DO SÉCULO XVIII

Mas o sonho de uma língua perfeita é duro de morrer, por isso, no século XVIII, não faltam ensaios de projetos de línguas universais. Em 1720, aparece um trabalho de um anônimo intitulado *Dialogue sur la facilité qu'il y auroit d'établir un Caractère Universel que seroit commun à toutes les Langues de l'Europe, et intellegible à différents Peuples, qui le liroient chacun dans la proprie Langue* (publicado no *Journal Littéraire de l'année 1720*). Como sugere o título, trata-se ainda de uma poligrafia no sentido do termo pensado por Kircher, e, quando muito, é digna de nota a tentativa de reduzir a gramática, visando a desenvolvimentos futuros. O que caracteriza, todavia, a proposta do referido anônimo é o apelo a uma comissão que desenvolva o projeto e para que um príncipe imponha a sua adoção: um apelo que "não pode deixar de remeter-nos à possibilidade que deve ter captado aí pelo ano de 1720, com a abertura de uma fase politicamente estável para a Europa, e à eventual disponibilidade dos soberanos de dar cobertura a experiências linguísticas ou intelectuais" (cf. Pellerey, 1992a, p.11).

Na *Encyclopédie*, um campeão do racionalismo como Beauzée, no verbete "Langue", reconhece que, considerando as dificuldades de um acordo a respeito de uma língua nova, e sendo necessária uma língua internacional, o latim continua ainda um candidato razoável. Mas também o veio empirista dos enciclopedistas não escapa ao dever de tornar a propor uma língua universal. É o que faz (em anexo ao artigo "Langue") Jachim Faiguet, que, em quatro páginas, apresenta um projeto de "langue nouvelle". Couturat e Leau (1903, p.237) considerariam o projeto uma primeira tentativa de superar o problema das línguas *a priori*, e como primeiro esboço daquelas línguas *a posteriori* de que falaremos no próximo capítulo.

Faiguet toma como modelo uma língua natural, formando o seu léxico a partir de radicais franceses, visando, antes de mais nada, delinear uma gramática regularizada e simplificada, ou seja, uma "gramática lacônica". Retomando algumas soluções dos autores do século XVII, Faiguet suprime partes do discurso que considera re-dundantes, como os artigos, substitui as flexões com preposições (somente *bi* para o genitivo, *bu* para o dativo, *de* e *po* para o abla-tivo), resolve os adjetivos, agora indeclináveis, mediante formas ad-verbiais, regulariza o uso do plural, que deve ser dado sempre com o mesmo sufixo *-s*. Além disso, reduz as conjugações verbais, tornando os verbos invariáveis tanto na pessoa quanto no número e identifi-cando com terminações fixas os tempos e os modos (por exemplo, "eu doo, tu doas, ele doa" se tornam *Jo dona, To dona, Lo dona*), obtém-se o subjuntivo com o sufixo *-r* ("que eu doe" = *Jo donar*), o passivo se forma por meio do indicativo mais o auxiliar *sas*, que significa "ser" ("ser doado" = *sas dona*).

A língua de Faiguet apresenta-se uniforme e sem exceções, posto que nela cada letra e sílaba de desinência exprime regularmente um determinado valor gramatical. Todavia, ela continua duplamente pa-rasita da língua-modelo, porque é do francês que "laconiza" o plano da expressão e é do francês que toma emprestado automaticamente o plano do conteúdo, de modo que resulta ser pouco mais do que um código Morse, embora mais manejável (Bernardelli, 1992).

Os principais sistemas *a priori* do século XVIII são aqueles de Jean Delormel (*Projet d'une langue universelle*, 1795), de Zalkind Hourwitz

(*Polygraphie, ou l'art de correspondre à l'aide d'un dictionnaire dans toutes les langues, même dans celles dont on ne possède pas seulement les lettres alphabetiques*, 1800), e de Joseph De Maimieux (*Pasigraphie*, 1797). Com efeito, a de De Maimieux apresenta-se como uma poligrafia, isto é, uma língua destinada somente à comunicação escrita. Mas, considerando que o mesmo autor, em 1799, elabora também uma pasilalia, quer dizer, regras para tornar a sua língua pronunciável, para todos os efeitos ela é uma língua *a priori*. Poligrafia é também a língua de Hourwitz (que, no entanto, parece não saber que a tentativa não era nova), embora a estrutura seja a de uma língua *a priori*.

Todos esses projetos são estruturados conforme princípios fundamentais das línguas *a priori* do século XVII, distinguindo-se, porém, delas por três características fundamentais: as motivações, a identificação dos termos primitivos e a gramática.

Delormel apresenta o seu projeto à Convenção, De Maimieux publica a *Pasigraphie* sob o Diretório, e Hourwitz escreve sob o Consulado: desaparecem, portanto, as motivações do tipo religioso. De Maimieux fala de possíveis comunicações entre europeus e entre Europa e África, de um controle internacional das traduções, da maior velocidade nas operações diplomáticas, civis e militares, e até mesmo de uma nova fonte de renda para profissionais do ensino, escritores e editores, que deveriam "pasigrafar" os livros escritos em outras línguas. Hourwitz acrescenta algumas motivações peculiarmente pragmáticas, como a vantagem que traria às relações entre médico e paciente ou às discussões processuais, e – sintoma de uma atmosfera a essa altura leiga –, como exemplo de tradução possível, não recorre mais ao *Pai-nosso*, mas ao início das *Aventures de Télemaque*, de Fénelon, um tipo de literatura mundana que – apesar da sua inspiração moralista – colocava em cena heróis e divindades pagãs.

O clima revolucionário impõe ou incentiva uma tensão renovadora, sob a bandeira da *fraternité*, induzindo Delormel a afirmar que

A busca da língua perfeita na cultura europeia   321

neste momento de revolução, quando o espírito humano se regenera entre os franceses, e se lança com tanta energia para a frente, não seria possível talvez esperar por tornar pública uma língua nova, que facilite as descobertas aproximando os estudiosos de várias nações, e até mesmo um termo comum entre todas as línguas, fácil de ser captado inclusive pelos homens menos susceptíveis de instrução, e que faça bem rápido de todos os povos uma grande família? [...] As Luzes aproximam e conciliam de qualquer modo os homens, e essa língua, ao facilitar a sua comunicação, propagará as Luzes. (p.48-50)

Em todos esses projetos, as perplexidades expressas pela *Encyclopédie* foram acolhidas, e a construção *a priori* visa propor uma ordem enciclopédica maleável e adequada ao saber da época. Está ausente o grande anseio pansófico que animava as enciclopédias barrocas, valendo antes o critério de Leibniz: o comportamento comum parece estar preocupado em saber como se poderia organizar, de forma mais consultável, uma boa biblioteca, sem indagar se a mesma representa ainda um Teatro do Mundo. Está igualmente ausente a procura de termos primitivos "absolutos", e as categorias fundamentais são grandes divisões do saber, das quais são deduzidas noções que lhes concernem.

Delormel, por exemplo, atribui a diversas letras do alfabeto algumas classes enciclopédicas que lembram, mais do que Wilkins, o Anônimo Espanhol (gramática, arte da palavra, estados de coisas, correlativos, útil, agradável, moral, sensações, percepções e juízo, paixões, matemática, geografia, cronologia, física, astronomia, minérios etc.).

Se os termos primitivos são tais, resta um critério de composicionalidade: por exemplo, posto em primeira posição a letra *a*, que remete à gramática, colocam-se em segunda posição letras que têm mero valor distintivo e remetem a uma subcategoria da gramática, e, na posição final, uma terceira letra que indica uma especificação morfológica ou uma derivação, obtendo-se assim uma lista de termos como *ava* (gramática), *ave* (letra), *alve* (vogal), *adve* (consoante), e assim por diante. O sistema funciona como as fórmulas químicas, porque a expressão revela sinteticamente a composição interna do conteúdo, e como as fórmulas matemáticas, porque a expressão atribui a cada letra um determinado valor conforme a posição. Mas essa perspicuidade teórica é contrabalançada negativamente, na prática, pela obsessiva monotonia do léxico.

Igualmente, a *Pasigrafia*, de De Maimieux, institui um código gráfico de doze caracteres que podem ser combinados de maneira regular. Cada combinação de caracteres exprime um conteúdo ou conceito definido (o modelo é o da ideografia chinesa). Outros caracteres colocados do lado externo do "corpo" da palavra imprimiram modificações da ideia central. O corpo das palavras pode ser constituído de três, quatro e até cinco caracteres: com três caracteres são significados termos "patéticos" e de conexão entre as partes do discurso (e são classificadas em um *Indicule*); as palavras com quatro caracteres servem para as ideias da vida prática (amizade, parentesco, negócios, sendo classificadas em um *Petit Nomenclateur*); as palavras com cinco caracteres dizem respeito a categorias da arte, da religião, da moral, da ciência e da política (e são classificadas em um *Grand Nomenclateur*).

Do mesmo modo, essas categorias não são termos primitivos, e são identificadas à luz do bom senso pragmático, como subdivisões maleáveis do saber corrente. Aliás, De Maimieux admite ter procurado não uma ordem absoluta, mas uma ordem qualquer, "fût-il mauvais" (p.21).

Infelizmente, o sistema não elimina as sinonímias, mas procura tornar distinguíveis os sinônimos, que são constitucionais. Na realidade, cada palavra pasigráfica não corresponde somente a um conteúdo, mas a três ou quatro, e os vários significados se distinguem na medida em que os caracteres são todos escritos na mesma altura ou, alguns deles, mais acima da linha. Uma fadiga decerto não irrelevante para o decodificador que, além do mais (não tendo os caracteres nenhuma semelhança icônica com a ideia que representam), para conhecer o significado do sintagma terá que consultar o *Indicule*, se a palavra for de três letras, o *Petit* ou o *Grand Nomenclateur*, se for de quatro ou cinco letras.

Por conseguinte, se lhe ocorrer, por exemplo, um sintagma de cinco caracteres, o leitor procurará no *Grande Nomenclateur*

> a classe que começa com o primeiro caráter. No interior dessa classe procura o quadro com o segundo caráter do termo. No interior do quadro, a coluna com o terceiro caráter do termo. No interior da coluna procura a seção (*tranche*) com o quarto caráter do termo. Por fim, procura nessa seção a linha correspondente ao quinto caráter. Nesse ponto, o leitor terá encontrado como significado uma linha com quatro palavras verbais: então, precisará observar qual é o caráter mais alto graficamente no termo pasigráfico para identificar a palavra correspondente entre as quatro possíveis. (Pellerey 1992a, p.104)

Uma fadiga perversa que não impediu, entretanto, que muitos se apaixonassem pelo projeto, os quais, começando pelo abade Sicard e terminando por envolver vários recenseadores da época que se propuseram a contribuir para a difusão do sistema, mantiveram uma correspondência pasigráfica entre si e com De Maimieux, que até chegou a compor poesias pasigráficas.

De Maimieux fala a respeito da sua pasigrafia como de um instrumento para controlar as traduções. De fato, muitas teorias da tradução, como relação de equivalência entre o texto-fonte e o texto-destinação, baseiam-se no pressuposto de que exista uma "língua mediana" a servir de parâmetro para o juízo de equivalência. É o que faz, no fundo, De Maimieux apresentando uma metalinguagem, isto é, um sistema que se pretende neutro, para controlar a tradução, partindo de expressões de um sistema A em expressões de um sistema B. Não é posta em questão a organização do conteúdo, própria das línguas indo-europeias, e do francês em particular. Como consequência, temos "o imenso drama da ideografia: pode identificar e descrever os seus conteúdos, que deveriam ser as ideias ou as próprias noções, somente nomeando-os com palavras da língua natural, contradição suprema de um projeto criado justamente para eliminar a língua verbal" (Pellerey, 1992a, p.114). Como se vê, tanto na técnica quanto na ideologia subjacente, pouco mudou desde a época de Wilkins.

Esse tipo de ingenuidade é levado ao paroxismo no ensaio *Palais de soixante-quatre fenêtres* [...] *ou l'art d'écrire tous les langues du monde comme on les parle* (1787), do suíço J. P. De Ria. Apesar do título pomposo, é um simples manual de escrita fonética ou, se assim o quisermos, de reforma da ortografia do francês, escrito em um estilo excitado e afetado de misticismo. Não se vê, de fato, como possa ser aplicado a todas as línguas do mundo (à fonética inglesa, por exemplo, seria inaplicável), mas o autor nem se coloca a pergunta.

Voltando a De Maimieux, na flexibilidade com que escolhe os seus termos pseudoprimitivos, parece conectar-se com a linha empírica da *Encyclopédie*, mas a confiança com que pressume tê-los encontrado e poder impô-los a todos é ainda de cunho tipicamente racionalista. Em todo o caso, é interessante observar como De Maimieux também procura salvar as possibilidades oratórias e retóricas da sua língua: estamos em um período de grandes e apaixonadas alocuções, das quais pode depender a vida ou a morte dos membros de uma facção revolucionária.

É a propósito da gramática, inspirada no projeto da gramática "lacônica" prospectado na *Encyclopédie*, que os glotólogos *a priori* do século XVIII são extremamente críticos em comparação com os seus predecessores. A gramática de De Maimieux aumenta o número das categorias, ao passo que a de Delormel apresenta a laconicidade que

Couturat e Leau (1903, p.312), que também consagram longos capítulos a outros sistemas, liquidam em uma página e meia (o tratamento de Pellerey (1992a, p.125) é mais cuidadoso e generoso).

Hourwitz (cujo projeto, do ponto de vista semântico, é mais parecido com as poligrafias do século XVIII) é talvez o mais lacônico entre todos. De fato, reduz a gramática somente a uma declinação e a uma conjugação verbal, e todos os verbos são expressos no infinito, com poucos sinais que especifiquem o seu tempo e modo, enquanto os tempos ficam reduzidos a três graus de distância do presente, tanto no futuro quanto no passado (recente, simples e distante). Assim, se *A 1200* significa "eu danço", *A\1200* significará "eu tenho dançado" e *A 1200* "eu dançarei".

Assim como a gramática é lacônica, do mesmo modo deve ser simplificada ao máximo a sintaxe, e, para isso, Hourwitz propõe a ordem direta francesa. E a esse propósito entra com todo o direito na nossa história o conde Antoine de Rivarol, com o discurso *De l'universalité de la langue française* (1784). Não há necessidade de línguas universais, porque a língua perfeita já existe, e é o francês. Assim, à parte a sua perfeição intrínseca, o francês já se tornou em todo o caso a língua internacional mais difundida, a ponto de a essa altura já se poder falar de "mundo francês" como, no passado, se falava de "mundo romano" (p.1).

O francês tem um sistema fonético que assegura a sua suavidade e harmonia, tem uma literatura incomparável pela riqueza e grandeza. É falado na capital que se tornou "foyer des étincelles répandues chez tous le peuples"[1] (p.21), ao passo que o alemão é demasiado gutural, o italiano demasiado mole, o espanhol demasiado redundante e o inglês demasiado obscuro. Rivarol sustenta que a racionalidade da língua francesa se deve ao fato de que nela se realiza somente a ordem sintática direta: primeiro o sujeito, depois o

---

1. Em francês no original: "o lar das centelhas espalhadas entre todos os povos".

326 *Umberto Eco*

verbo e em seguida o objeto. Trata-se de uma lógica natural que corresponde às exigências do senso comum. Mas trata-se de um senso comum que já tem muito a ver com as atividades intelectuais superiores, pois, se fosse preciso recorrer à ordem das sensações, seria necessário nomear primeiro o objeto que atinge os nossos sentidos.

Com uma evidente polêmica com relação ao sensismo, Rivarol afirma que, se os homens nas várias línguas deixaram a ordem direta é porque deixaram prevalecer as paixões sobre a razão (p.25-6). A inversão sintática que provocou as confusões e as ambiguidades próprias das línguas naturais, e obviamente aquelas que suprem a ordem direta com as declinações, estão entre as mais confusas de todas.

Não esqueçamos que, embora Rivarol frequente os ambientes iluministas quando escreve o seu discurso, a revolução, uma vez realizada, revelaria em cheio as suas propensões conservadoras e legitimistas. Na verdade, quer a linguística, quer a filosofia sensista da linguagem para um homem fundamentalmente ligado ao *ancien régime* parecem (com justa razão) os pródromos de uma revolução intelectual que colocaria em destaque a eficácia e o fundamento das paixões. Portanto, "a ordem direta adquire valor como instrumento de proteção [...] contra o estilo inflamado dos oradores públicos que, daí a pouco, seriam revolucionários e manipuladores da praça" (Pellerey, 1992a, p.147).

Entretanto, o que distingue o debate do século XVIII não é tanto o objetivo de simplificar a gramática, mas mostrar que existe uma gramática normal e natural da língua, uma gramática que está universalmente presente em todas as línguas humanas. Essa gramática não é evidente, precisando ser descoberta sob a superfície das línguas humanas, das quais derivaram. Como se vê, trata-se ainda do ideal da gramática universal, exceto que agora se procura identificá-la, reduzindo as gramáticas existentes à sua forma *lacônica*.

Indo ainda à caça de efeitos colaterais das várias utopias de que narra este livro, sem tais tentativas de língua gramaticalmente origi-

A busca da língua perfeita na cultura europeia 327

nal não poderíamos sequer conceber as gramáticas gerativas e transformacionais atuais, embora se procure fazê-las remontar, quanto à inspiração remota, ao cartesianismo de Port-Royal.

A ESTAÇÃO TARDIA DAS LÍNGUAS FILOSÓFICAS

Apesar de tudo, as tentativas a respeito da língua filosófica ainda continuam. Em 1772, manifesta-se o projeto de Georg Kalmar (*Praecepta grammatica atque specimina linguae philosophicae sive universalis, ad omne vitae genus adcomodatae*), que dá origem ao debate talvez mais significativo que há em língua italiana em torno do assunto.

Nas suas *Riflessioni intorno alla costituzione di una lingua universale* (1774), o padre Francesco Soave – um suíço-italiano, divulgador do sensismo iluminista na nossa península – desenvolve uma crítica que antecipa em parte aquela dos *Idéologues* (a respeito de Soave, cf. Gensini, 1984; Nicoletti, 1989; Pellerey, 1992a). Demonstrando ótimo conhecimento dos projetos anteriores, desde Descartes até Wilkins, bem como de Kircher até Leibniz, Soave faz as observações tradicionais em torno da possibilidade de descobrir caracteres suficientes para todos os conceitos fundamentais, mas critica ao mesmo tempo a tentativa de Kalmar, que procurou reduzir o número desses caracteres a quatrocentos, aceitando assim atribuir aos mesmos caracteres sentidos diferentes conforme o contexto. Ou se seguem os chineses, e se consegue, portanto, avaliar o número dos caracteres que ocorrem, ou não será possível evitar os equívocos.

Infelizmente, Soave não consegue conter-se sem deixar de apresentar também um projeto substitutivo, que traceja apenas nos princípios essenciais. O sistema parece inspirado nos critérios de classificação de Wilkins e, como de costume, procura racionalizar e simplificar a gramática, mas, ao mesmo tempo, aumentar as possibilidades expressivas do sistema por meio de novos traços morfológicos, como o dual e o neutro. Soave presta mais atenção à gramática do que

328 *Umberto Eco*

ao léxico, mas está definitivamente mais preocupado com os usos literários das línguas, decorrendo daí o seu ceticismo radical com relação às línguas universais. Por isso indaga: mesmo que fosse possível introduzir uma língua universal, que intercâmbio literário poderíamos ter, por exemplo, com os tártaros, os abissinos ou com os urões?

Influenciado pelo padre Soave, no começo do século sucessivo encontramos um aluno excepcional dos *Idéologues*, o poeta Giacomo Leopardi, que na obra *Zibaldone* discorre amplamente sobre línguas universais, como também sobre os debates franceses ainda recentes entre racionalistas e sensistas (cf. Gensini, 1984; Pellerey, 1992a). No que diz respeito às línguas *a priori*, Leopardi, no *Zibaldone*, demonstra-se irritado pelo excesso de caracteres quase algébricos, e considera os vários sistemas inadequados para exprimir todas as sutilezas conotativas de que é capaz uma linguagem natural:

> Uma língua estritamente universal, seja ela qual for, deverá certamente ser por necessidade e pela sua natureza, a língua mais escrava, pobre, tímida, monótona, uniforme, árida e feia, bem como a mais incapaz de qualquer espécie de beleza, a mais imprópria à imaginação, e a menos dependente dela, aliás, a mais divergente dela em qualquer aspecto, a mais exangue e inanimada e morta, que jamais se possa conceber; um esqueleto, uma sombra de língua [...] não viva, mesmo que seja escrita por todos e universalmente entendida, aliás muito mais morta que qualquer língua que deixou de ser falada e escrita. (23 de agosto de 1823, em G. Leopardi, *Tutte le opere*, Sansoni, Florença, 1969, v.II, p.814)

Entretanto, tais humores e outros semelhantes não bastam para frear o ímpeto dos apóstolos das línguas *a priori*.

No começo do século XIX, Anne-Pierre-Jacques de Vismes, com a obra *Pasilogie, ou de la musique considerée como langue universelle* (1806), apresenta uma língua que deveria ser a cópia da línguagem angélica e, além disso, considera que os sons derivam dos sentimentos da alma, assim como a linguagem direta dos afetos. Quando o livro do Gênesis 10,1-2 diz "erat terra labii unius" (que de costume se traduz como "toda a terra tinha uma só língua"), não diz *língua*, mas *lábio*, porque quer significar que os homens primitivos se exprimiam emitindo sons com os lábios sem necessidade de articulá-los com a língua. A música não é instituição humana (p.1-20), e prova disso é que ela é mais compreensível aos animais do que a linguagem verbal: observem-se os cavalos que ficam excitados pelo som da trompa ou os cachorros pelo assobio. Enfim, povos de nações diferentes, postos diante de uma partitura musical, executam-na da mesma maneira.

Em seguida, Vismes estabelece gamas inarmônicas somente em uma oitava e faz corresponder os 21 sons que obtém às 21 letras do alfabeto. Sem amarrar-se às leis do temperamento moderno, obtém que o sustenido da nota inferior seja um som diferente do bemol da nota superior, e do mesmo modo o correspondente bequadro. Por outro lado, tratando-se de uma poligrafia e não de uma língua falada, tais diferenças são marcadas exatamente no pentagrama.

Mediante um cálculo combinatório rigoroso, talvez inspirado indiretamente pelas especulações de Mersenne, demonstra como com 21 sons é possível compor, em combinações duplas, triplas, quádruplas etc., mais sintagmas do que por meio das línguas verbais, e "se precisasse escrever todas as combinações que podem resultar das sete gamas inarmônicas combinadas uma com a outra, seria necessária quase toda a eternidade para conseguir chegar ao término" (p.78). A respeito das efetivas possibilidades de substituir os sons verbais pelas notas musicais, Vismes dedica somente as últimas seis páginas do seu pequeno tratado, o que francamente é pouco.

Vismes não parece ter, nem mesmo de leve, a suspeita de que, se as letras alfabéticas fossem substituídas pelas notas musicais, obviamente se transcreveria um texto francês em linguagem musical, mas nem por isso tal texto se tornaria compreensível por alguém que fala uma outra língua. Vismes parece pensar em um universo exclusivamente francófono, a ponto de afirmar que o seu sistema não usa o K, o z e o x "porque quase não são usados nas línguas" (p.106).

Entretanto, Vismes não é o único a cair em tais ingenuidades. Em 1831, o padre Giovan Giuseppe Matraja publica uma *Genigrafia italiana*, que não é outra coisa senão uma poligrafia com cinco dicionários (da língua italiana): para os substantivos, os verbos, os adjetivos, as exclamações e os advérbios. Em razão de o conjunto das listas lhe permitir enumerar somente quinze mil termos, ele o enriquece com um dicionário de quase seis mil sinônimos. O método é casual e cansativo: ele divide os termos em séries de classes numeradas, contendo cada uma 26 termos marcados por letras do alfabeto, assim, *A1* significa "machado", *A2* "eremita", *A1000* "incrustação", *A360* "cavador de areia". Apesar de ter sido missionário na América do Sul, o autor declara-se convencido (p.3-4) de que todas as línguas do mundo têm o mesmo sistema de noções; como também de que o modelo das línguas ocidentais, que ele considera todas fundadas na gramática latina, é aplicável a qualquer outra língua; e que todos falem conforme as mesmas estruturas sintáticas, em virtude de um dom natural infuso, e de modo especial as nações ameríndias (de fato, ele não deixa de transcrever genigraficamente o *Pater noster* (*Pai-nosso*), comparando-o com doze línguas, entre as quais o mexicano, o chileno e o quíchua).

Em 1827, François Soudre inventa o *Solresol* (*Langue musicale universelle*, 1866). Ele também sustenta que as sete notas musicais representam um alfabeto compreensível a todos os povos (podem ser escritas de forma igual em todas as línguas, e se podem cantar, registrar no pentagrama, bem como representar com sinais estenográficos especiais e configurar com os primeiros sete algarismos árabes, com as sete cores do espectro ou até mesmo tocá-las ao mesmo tempo com os dedos da mão direita e da esquerda, ficando, portanto, à disposição inclusive dos cegos e dos surdos-mudos). Não é necessário que se refiram a uma classificação lógica das ideias. Com uma nota é possível exprimir termos como "sim" (*si musical*) e o "não" (*do*), com duas notas, pronomes como "meu" (*redo*) e "teu" (*remi*), com três palavras de uso comum como "tempo" (*doredo*) ou "dia" (*doremi*), e onde a nota inicial exprime uma classe enciclopédica. Mas, em seguida, Soudre decide exprimir os contrários por inversão (em termos dodecafônicos se poderia dizer: para concretização da série), de maneira que se *domisol*, acordo perfeito, significa Deus, o seu contrário *solmido* significaria Satanás (mas nesse caso torna-se inoperável a regra pela qual a primeira nota deve referir-se a uma determinada divisão enciclopédica, posto que a inicial *do* deveria referir-se às qualidades físicas e morais, mas a inicial *si* se refere às relações políticas e sociais, ao que parece difícil – ou uma atitude excessivamente moralista – associar o demônio). O sistema acrescenta às dificuldades óbvias de qualquer língua *a priori* a necessidade, para os usuários da língua, de dispor de um bom ouvido. Em alguma medida está de volta a língua mítica dos pássaros já excogitada no século XVII, mas com bem menos indeterminação glossolálica, e com muito mais ramerrão codificador.

Couturat e Leau (1903, p.371) consideram o *Solresol* "a mais artificial e a mais impraticável de todas as línguas *a priori*". Até mesmo a numeração é inacessível, porque procede com critério hexadecimal e consegue, com prejuízo da universalidade, ser indulgente com a extravagância francesa de omitir os nomes dos números 70 e 90. Entretanto, Soudre, que trabalhou 45 anos para aperfeiçoar a sua língua, obteve aprovações do Institut de France, de musicistas como Cherubini, de Victor Hugo, Lamartine e Alexandre von Humboldt, foi recebido por Napoleão III, recebeu um prêmio de dez mil francos na Exposição Universal de Paris de 1855 e uma medalha de ouro na Exposição de Londres de 1862.

Omitindo por brevidade várias outras obras como o *Système de langue universelle*, de Grosselin (1836), a *Langue universelle et analitique*, de Vidal (1844), o *Cours complet de langue universelle*, de Letellier (1832-1855), o *Blaia Zimandal*, de Meriggi (1884), os projetos do filósofo Renouvier (1885), a *Lingualumina*, de Dyer (1875), a *Langue naturelle*, de Maldant (1887), o *Spokil*, do doutor Nicolas (1900), o *Zahlensprache*, de Hilbe (1901), o *Völkerverkehrsprache*, de Dietrich (1902), o *Perio*, de Talundberg (1904), vamos nos contentar com um breve aceno ao *Projet d'une langue universelle*, de Sotos Ochando (1855). Bastante motivado e refletido no nível teórico, e absolutamente simples e regular no nível lógico, como de costume o sistema se propõe a estabelecer uma correspondência perfeita entre a ordem das coisas significadas e a ordem alfabética das palavras que as exprimem. Infelizmente – e mais uma vez – a divisão ocorre mediante um processo empírico, pelo que A se refere às coisas materiais inorgânicas, B às artes liberais, C às artes mecânicas, D à sociedade política, E aos corpos vivos e assim por diante. Uma vez estabelecidas as regras morfológicas, obtemos como resultado que, tomando como exemplo o reino mineral, *Ababa* = oxigênio, *Ababe* = hidrogênio, *Ababi* = azoto, *Ababo* = enxofre.

Se considerarmos que os números de um a dez são expressos como *siba, sibe, sibi, sibo, sibu, sibra, sibre, sibri, sibro, sibru* (e nessa língua não seria desejável memorizar as tabelinhas), vê-se como cada palavra assemelha-se às outras de significado análogo, tornando praticamente impossível qualquer discriminação entre conceitos, apesar de vigorar, em princípio, um critério semelhante àquele das fórmulas químicas, com que as várias letras exprimem os componentes do conceito.

O autor afirma ser possível aprender em menos de uma hora os significados de mais de seis milhões de palavras, contudo, como assinalam Couturat e Leau (1903, p.69), posto que o sistema ensine a produzir seis milhões de palavras em uma hora, não ensina como memorizar – ou mesmo apenas reconhecer – o seu significado.

A lista poderia continuar, não fosse o fato de que, perto do fim do século XIX, autores de inspiração *a priori* surgem cada vez mais em resenhas representadas pelos excêntricos, desde *Les fous littéraires*, de Brunet (1880), até *Les fous littéraires*, de Blavier (1982). Nesse ponto, a invenção de línguas *a priori*, além de ser território privilegiado para visionários de qualquer país, continua sendo um exercício de diversão (cf. Baussani, 1970, e a sua língua *Markuska*) ou de ficção literária (cf. Yaguello, 1984; Giovannoli, 1990, para as línguas imaginárias na *science-fiction*).

Linguagens espaciais

Quase à margem da *science-fiction*, mas sem dúvida interessante como projeto científico, continua sendo o desenho do *Lincos*, uma língua elaborada por um matemático holandês, Hans A. Freudenthal (1960), para poder interagir com eventuais habitantes de outras galáxias (cf. Bassi, 1992). O *Lincos* não é uma língua que aspire a ser falada: é antes um modelo de como se pode inventar uma língua, ensinando-a ao mesmo tempo a seres que supostamente teriam uma história (remotíssima) e uma biologia diferentes da nossa.

Freudenthal supõe ser possível lançar no espaço sinais, dos quais não vale tanto a substância de expressão (admite-se por comodidade que possam ser rádio-ondas de vária duração e comprimento), mas a forma, quer da expressão, quer do conteúdo. Tentando compreender a lógica que orienta a forma de expressão que lhes é transmitida, os alienígenas deveriam ser capazes de extrapolar dela um tipo de conteúdo que de alguma maneira não deveria ser estranho a eles.

Em uma primeira fase, a mensagem apresenta sequências de sons regulares que deveriam ser interpretados quantitativamente e, uma vez admitido que os seres espaciais tenham entendido que quatro impulsos significam o número 4, introduz novos sinais que seriam entendidos como operadores aritméticos:

••• < ••••

•••• = ••••

•••• + •• = ••••••

Após conseguir familiarizar os alienígenas com uma numeração binária que substitui as sequências de sinais (do tipo •••• = 100, ••••• = 101, •••••• = 110), será possível comunicar, sempre por ostensão e repetição, algumas das principais operações matemáticas. Mais complexo se apresenta o ensino dos conceitos de tempo, mas presume-se que, recebendo constantemente um sinal de mesma duração, sempre correlato ao número 3, os seres espaciais podem começar a computar as durações em segundos. Seguem as regras de interação conversacional, em que se deveria familiarizar os interlocutores com sequências traduzíveis como "H diz a Hb: Qual é o x tal que $2x = 5$?".

Em certo sentido, a aprendizagem ocorre como quando se adestra um animal, submetendo-o repetidas vezes a um estímulo e oferecendo-lhe um sinal de aprovação quando a resposta é aquela adequada, exceto quando o animal reconhece imediatamente a aprovação (por exemplo, oferta de comida); de modo análogo, os seres espaciais devem ser induzidos a reconhecer, por meio de exemplos sucessivos e repetidos, o significado de um "OK". Desse modo, o projeto pressupõe poder comunicar também significados como "porque", "como", "se", "saber", "querer" e até mesmo "jogar".

O *Lincos* admite, no entanto, que os seres espaciais possuam uma tecnologia que lhes dê a capacidade de receber e decodificar comprimentos de onda, podendo seguir alguns critérios lógicos e matemáticos parecidos com os nossos. Não se pressupõem somente os princípios elementares de identidade e de não contradição, mas também a aptidão a considerar constante a regra que foi inferida por indução de uma multiplicidade de casos. O *Lincos* pode ser ensinado somente a alguém que, tendo imaginado que para o misterioso re-

A busca da língua perfeita na cultura europeia 335

metente 2 * 2 = 4, admita que essa regra deve valer constantemente também no futuro. Essa premissa não é de pouca monta, pois nada exclui que possam existir alienígenas que "pensam", baseando-se em regras variáveis conforme o tempo e o contexto.

Freudenthal pensa explicitamente em uma verdadeira e própria *characteristica universalis*, mas no *Lincos* somente algumas regras sintáticas inéditas são explicitamente fundadas e apresentadas no começo, enquanto para outras operações (por exemplo, os modelos de interação na forma de pergunta e resposta) o projeto assume implicitamente as regras, e até mesmo a pragmática, de uma linguagem natural. Imaginemos uma comunidade de seres com poderes telepáticos desenvolvidos (o modelo poderia ser aquele dos anjos, em que cada qual lê a mente do outro, ou todos aprendem as mesmas verdades lendo-as na mente de Deus): para seres desse tipo, a estrutura internacional em forma de pergunta e resposta não teria nenhum sentido. O *Lincos* é falho pelo fato de que, embora tendo uma estrutura formal, é concebido como linguagem de comunicação "natural" e, portanto, deve ficar aberto a momentos de incerteza, imprecisão, em outras palavras, não deve ser tautológico como uma linguagem formalizada.

Provavelmente o projeto é mais interessante do ponto de vista pedagógico (como ensinar uma língua sem recorrer à ostensão sensível de objetos físicos) do que do ponto de vista glotológico. Nesse sentido, apresenta uma situação ideal, bem diferente daquela sempre imaginada pelos filósofos da linguagem quando apresentam um pesquisador europeu que interage com um selvagem, ambos apontando certa porção do espaço-tempo, mas sempre incertos se a palavra que um ou o outro pronuncia se refere a um objeto específico naquela porção espaçotemporal, isto é, ao evento, à própria porção no seu conjunto, ou se exprime a recusa do interlocutor a responder (cf. Quine, 1960).

Inteligência artificial

O *Lincos*, porém, propicia a imagem de uma linguagem quase exclusivamente "mental" (o suporte expressivo se reduz a fenômenos eletromagnéticos) e leva-nos a refletir sobre uma outra descendência da busca antiga pelas línguas perfeitas: na realidade, são línguas *a priori* aquelas que falamos por meio dos computadores; nesse sentido, é só pensar na sintaxe do Basic ou do Pascal. De fato, trata-se de sistemas que não alcançam a dignidade de língua porque apresentam apenas uma sintaxe, simples mas rigorosa, continuando parasitas de outras línguas para os significados que são atribuídos aos seus símbolos vazios, ou às suas variáveis não vinculadas, e em grande parte feitas de conectores lógicos como *if... then*. No entanto, são sistemas universais, igualmente compreensíveis para aqueles que falam línguas diferentes, e perfeitos no sentido de que não permitem erros ou ambiguidades. São *a priori* no sentido de que se baseiam em regras que não são as da construção artificial das línguas naturais, mas exprimem no máximo uma suposta gramática profunda, comum a todas as línguas. São filosóficos, porque presumem que tal gramática profunda, que se refere às leis da lógica, seja a gramática de um pensamento comum, quer aos homens, quer às máquinas. Além disso, eles têm as limitações fundamentais das línguas filosóficas, porque: I) constroem as suas regras com base na lógica elaborada pela civilização ocidental, que na opinião de muitos afunda as suas bases na estrutura das línguas indo-europeias; II) são limitadamente dizíveis, não permitindo exprimir tudo aquilo que pode exprimir uma língua natural.

O sonho de uma língua perfeita em que se possam definir todos os significados dos termos de uma linguagem natural e que permita interações dialógicas "sensatas" entre homem e máquina, ou às máquinas de elaborar inferências próprias das linguagens naturais, retorna nas pesquisas contemporâneas em torno da inteligência arti-

A busca da língua perfeita na cultura europeia 337

ficial. Por exemplo, tenta-se fornecer à máquina regras de inferência com base nas quais ela possa "julgar" a respeito da coerência de uma história, isto é, capaz de concluir, por exemplo, que um fulano, pelo fato de estar doente, precisa consequentemente de cuidados, e assim por diante. A literatura a esse respeito é muito vasta, os sistemas múltiplos, desde aqueles que pressupõem ainda a possibilidade de uma semântica até componentes elementares, ou conceitos primitivos, isto é, aqueles que oferecem às máquinas esquemas de ação, ou até mesmo de situações (*frames, scripts, goals*).

Todos os projetos de inteligência artificial herdam, de algum modo, a problemática das línguas filosóficas *a priori*, conseguindo resolver alguns problemas somente mediante soluções *ad hoc* e por meio de porções muito locais do inteiro espaço de ação de uma língua natural.

Alguns fantasmas da língua perfeita

Neste livro falamos várias vezes de efeitos colaterais. Sem querer sugerir analogias a qualquer custo, poderíamos convidar o leitor informado a reler vários capítulos da história da filosofia, assim como da lógica e da linguística contemporânea, colocando-se a seguinte pergunta: teria sido possível elaborar tal teoria se não tivesse havido o trabalho secular da pesquisa em torno de uma língua perfeita, e, de modo particular, de uma língua filosófica *a priori*?

Em 1854, George Boole publicou a sua *Investigation of the Laws of Thought*, alertando que a finalidade do seu tratado era investigar as leis fundamentais daquelas operações mentais mediante as quais se efetua o raciocínio. Destacava, então, que não poderíamos facilmente compreender como as inumeráveis línguas do mundo puderam conservar ao longo dos séculos tantas características comuns se todas não estivessem radicadas nas próprias leis da mente (II, 1). Frege, no seu *Begriffsschrift* ou *Ideografia. Un linguaggio in formule del*

338 *Umberto Eco*

pensiero puro, a imitazione di quello aritmetico (1879), começava com uma referência à característica universal leibniziana. Russell (*The Philosophy of Logical Atomism*, 1918-1919) lembrava que, em uma linguagem logicamente perfeita, as palavras de um enunciado deveriam corresponder, uma por uma, aos componentes do fato correspondente (exceto os conectivos). A linguagem do *Principia Mathematica*, que ele escrevera junto com Whitehead, tinha somente uma sintaxe, mas, anotava Russell, com o acréscimo de um vocabulário teria sido uma linguagem logicamente perfeita (apesar de admitir que, se tivesse sido possível construir tal linguagem, teria sido insuportavelmente prolixa). Wittgenstein, no *Tractatus logico-philosophicus* (1921-1922), censurava a querela de origem baconiana concernente à ambiguidade das linguagens naturais, almejando uma linguagem em que cada sinal pudesse ser usado de modo unívoco (3.325s.) e a proposição exibisse a forma lógica da realidade (4.121). Carnap (*Der logische Aufbau der Welt*, 1922-1925) propunha-se a construir um sistema lógico de objeto e conceitos, de modo que todos os conceitos fossem derivados de um núcleo fundamental de ideias originárias. E ainda ligado ao ideal baconiano era também o ideal do positivismo lógico, e a sua polêmica contra a indeterminação da linguagem metafísica, causadora de pseudoproblemas (cf. Recanati, 1979).

Os autores que acabamos de mencionar procuram construir uma língua da ciência, perfeita dentro do próprio âmbito, e de uso universal, sem contudo pretender que ela venha a substituir um língua natural. O sonho, porém, mudou de sinal, isto é, pegou uma dimensão diferente: a partir da busca secular da língua de Adão, daí em diante a filosofia tentaria tomar somente aquilo que podia sugerir. Por isso é possível falar apenas de efeitos colaterais.

Mas, durante os séculos no decorrer dos quais se desenvolveu a nossa história, uma outra se foi desenrolando, a respeito da qual, desde a introdução, dissemos que não nos iríamos ocupar: a procura de uma gramática geral ou universal. Com efeito, não nos deveríamos ocupar dessa questão, porque, como dissemos, procurar sob todas as línguas um sistema de regras comuns a todas não significa propor uma nova língua nem retornar a uma língua-mãe. Entretanto, há dois modos de procurar constantes universais de todas as línguas.

O primeiro é de caráter empírico-comparativo, e exige o registro de todas as línguas existentes (cf. Greenberg, ed., 1963). Mas, desde a época em que Dante atribuía a Adão o dom de uma *forma locutionis*, fosse ou não familiar ao pensamento dos modistas, esses estudiosos deduziam as leis universais de cada língua e do pensamento somente do modelo linguístico que conheciam, o latim escolástico. Nem tampouco se orientava de modo diferente a obra *Minerva, seu de causis linguae*, de Francisco Sanchez Brocense (1587). A novidade da *Grammaire générale et raisonnée*, de Port-Royal (1660), foi escolher como língua-modelo uma língua moderna, o francês. Mas o problema não muda.

Para proceder dessa forma, é preciso não ficar envolvido nem mesmo de leve, nem por um instante, pela ideia de que uma determinada língua reflita uma determinada maneira de pensar e de enxergar o mundo, implicando um pensamento universal; quer dizer, é necessário que aquele modelo classificado como o "gênio" de uma língua seja relegado entre as modalidades de uso superficial, que não atingem a estrutura profunda igual para todas as línguas. Somente desse modo é possível assumir como universais, pelo fato de serem correspondentes somente a uma lógica possível, as estruturas que identificamos somente na língua em que nos dispomos a pensar.

Seria diferente afirmar que – efetivamente – as várias línguas são diferenciadas na superfície, e muitas vezes poluídas pelo uso, ou agitadas pelo próprio gênio, mas, se existem as leis, irão brilhar à luz da sã razão entre as malhas da língua-pretexto, seja ela qual for (porque, como diria Beauzée no verbete "Gramática" da *Enciclopédia* (Diderot; D'Alembert, 1915b), "a fala é uma espécie de quadro, cujo original é o pensamento"). A ideia seria aceitável, mas, para trazer à tona essas leis, haveria necessidade de uma metalinguagem aplicável em seguida a todas as outras línguas. Entretanto, se a metalinguagem se identifica com a língua-objeto, a situação volta a ser circular – e do círculo ninguém escapa.

Na realidade, a visão dos gramáticos de Port-Royal, como escreve Simone (1969, p.xxxiii),

> é portanto, apesar das aparências de rigor metodológico, prescritiva e avaliativa, justamente por ser racionalista. O seu objetivo não é interpretar da maneira mais adequada e coerente o uso que as várias línguas podem permitir (pois, se assim fosse, a teoria linguística deveria coincidir com todos os usos possíveis de uma língua, isto é, deveria dar explicação também daqueles que os que falam reconhecem como "erros"), mas o de emendar a variedade dos usos no esforço de torná-los conformes à Razão.

O motivo pelo qual o capítulo das gramáticas gerais interessa à nossa história está no fato de que (como observou Canto, 1779), para alguém inserir-se nesse círculo vicioso, deve ter admitido que uma língua perfeita existe, e é aquela em que ele fala. Daí, então, não haveria dificuldade em usá-la como metalinguagem: Port-Royal antecipa Rivarol.

O problema continua aberto para todas as tentativas, inclusive contemporâneas, de demonstrar a presença de "universais" sintáticos e semânticos deduzindo-os de uma língua natural usada ao mesmo tempo como metalíngua e como língua-objeto. Aqui não pretendemos provar que o projeto é desesperado: sugere-se simplesmente que representa mais uma consequência das buscas de uma língua filosófica *a priori*, porque um ideal filosófico de gramática preside à leitura de uma língua natural.

Assim também (como mostrou Cosenza, 1993) é herdeira dos projetos de línguas filosóficas *a priori* aquela corrente que apela de-

A busca da língua perfeita na cultura europeia 341

liberadamente para uma "linguagem do pensamento". Essa língua "mentalesa" refletiria a estrutura da mente, isto é, seria um cálculo puramente formal e sintático (não dessemelhante do pensamento cego no estilo leibniziano), usaria símbolos não ambíguos e seria fundado nos conceitos primitivos inatos, comuns a toda a espécie humana (mas é deduzido, em termos de *folk psychology*, fatalmente no interior de uma determinada cultura).

Em outra vertente, mas de algum modo também herdeiros longínquos da nossa vicissitude, outros procuram fundar a língua da mente não em abstrações do tipo platônico, mas sobre estruturas neurofisiológicas (a linguagem da mente é ao mesmo tempo linguagem do cérebro, ou seja, é um *software* que se fundamenta em um *hardware*). A tentativa é nova, considerando que os "ancestrais" da nossa história não chegaram a isso, até porque, durante longo tempo, não foi costumeiro o fato de pensar que a *res cogitans* fosse localizada no cérebro, e não no fígado ou no coração. Mas uma linda gravura sobre as localizações cerebrais relacionadas à linguagem e às outras faculdades da alma (imaginativa, estimativa e memorial) já se encontra na *Margarita Philosophica*, de Gregor Reysch (século XV).

Embora as diferenças por vezes sejam mais importantes do que as identidades ou as analogias, talvez não fosse inútil que também os estudiosos mais adiantados no campo das ciências cognitivas atuais voltassem a visitar de vez em quando os seus ancestrais. Não é verdade, como se afirma em certos departamentos de filosofia dos Estados Unidos, que para filosofar não seja necessário referir-se à história da filosofia. Seria como afirmar que alguém se pode tornar pintor sem jamais ter visto um quadro de Rafael, ou escritor sem jamais ter lido os clássicos. Todavia, é teoricamente possível que um artista "primitivo", embora condenado à ignorância do passado, possa sempre ser reconhecido como tal, e justamente ser chamado de *naïf*. Ao contrário, é justamente ao rever antigos projetos que se mostraram utópicos e falimentares que podem ser previstas as limi-

342 *Umberto Eco*

tações ou os fracassos possíveis de qualquer empreendimento que se pretenda estrear no vazio. Por isso, reler o que fizeram os nossos ancestrais não é mera diversão arqueológica, mas sim precaução imunológica.

CAPÍTULO 16

As línguas internacionais auxiliares

Ao amanhecer do século xx, já nos encontramos diante de um imponente desenvolvimento das comunicações e dos meios de transporte: já é possível – afirmam Couturat e Leau (1903) – dar a volta ao mundo em quarenta dias (estamos apenas trinta anos depois dos fatídicos oitenta dias de Verne!), enquanto o telefone e a telegrafia sem fios unem instantaneamente Paris a Londres e Turim a Berlim. A facilidade das comunicações produziu um crescimento correspondente das relações econômicas, o mercado europeu estende-se pelo mundo inteiro, as grande nações possuem colônias até os antípodas e a sua política a essa altura se torna mundial. Por essas e outras razões, as nações são obrigadas a unir-se e a colaborar em torno de infinitos problemas, e são citadas a convenção de Bruxelas com relação ao regime dos açúcares ou a convenção internacional relativa às operações dos bancos. No domínio científico, entidades supranacionais como o Bureau des Poids et Mesures abrange dezesseis Estados, a Associação Geodésica Internacional é constituída por dezoito Estados, e, enquanto isso, em 1900, foi fundada uma Associação Internacional das Academias Científicas. A enorme produção científica que se está desenvolvendo na alvorada do novo século deve ser coordenada "sous peine de revenir à la tour de Babel".[1]

---

1. Em francês no original: "sob pena de voltar à torre de Babel".

A busca da língua perfeita na cultura europeia 345

Soluções? Couturat e Leau acham utópico tornar internacional uma das línguas existentes, e igualmente difícil voltar a uma língua morta e neutra, como o latim. Aliás, o latim apresenta uma quantidade incrível de homônimos (por exemplo, *liber*, que significa ao mesmo tempo "livro" e "livre"), bem como confusões criadas pelas flexões (*avi*, por exemplo, pode ser o dativo ou o ablativo de *avis* ou o plural nominativo de *avus*), e dificuldades para distinguir entre nomes e verbos (por exemplo, *amor* significa "amor" ou "sou amado"?), falta do artigo indefinido, sem falar das infinitas irregularidades da sintaxe... Não resta senão a criação de uma nova língua artificial que seja análoga àquelas naturais, e que possa ser sentida como neutra por todos os seus usuários.

Antes de mais nada, os critérios dessa língua devem ser a simplificação e racionalização da gramática (como já tentaram as línguas *a priori*), mas atendo-se aos modelos das línguas naturais e, em seguida, à criação de um léxico que lembre o mais possível todos os termos que existem nas línguas naturais. Nesse sentido, uma Língua Internacional Auxiliar (daqui em diante LIA) seria *a posteriori*, desde que nascesse de uma comparação, bem como de uma síntese equilibrada entre as línguas naturais existentes.

Couturat e Leau são bastante realistas para saber que não existe um critério científico que estabeleça que projeto *a posteriori* seria mais flexível e aceitável do que outro (é como estabelecer com bases objetivas e abstratas se o espanhol será mais ou menos apto do que o português quer para a criação poética, quer para o intercâmbio comercial). Um projeto poderia impor-se se um ente internacional o aceitasse e o promovesse. Em outros termos, o sucesso de uma língua auxiliar poderá ser sancionado somente por um ato de boa vontade política internacional.

Mas a situação que Couturat e Leau encontram à sua frente, em 1903, é uma nova Babel de línguas internacionais, produzidas no decorrer do século XIX: de fato, entre os sistemas *a posteriori* e sistemas

346 *Umberto Eco*

mistos, eles registram e expõem 38 sistemas, alguns dos quais examinam em *Les nouvelles langues internationales*, publicado em 1907. Cada projeto, com maior ou menor força de aglutinação, tentou realizar os próprios simpósios internacionais. Mas, afinal, a que autoridade se deveria atribuir a decisão? Couturat e Leau fundaram uma Delegation pour l'Adoption d'une Langue Auxiliaire International (1901) e visavam promover uma decisão internacional, delegando-a à Associação Internacional das Academias Científicas. Na época em que escrevem, pressupõem obviamente que um corpo internacional possa tomar uma decisão ecumênica respeito de um projeto mais viável, e impô-lo ao consenso das nações.

Os sistemas mistos

O *Volapük* foi talvez o primeiro sistema auxiliar a tornar-se um caso internacional. Inventado em 1879 por Johann Martin Schleyer (1831-1912), nas intenções do autor, que era um prelado católico alemão, devia transformar-se em um instrumento para a união e a fraternidade dos povos. Logo que se fez público, o projeto se expande no sul da Alemanha e na França, onde é propagandeado por Auguste Kerckhoffs. A partir desse momento se difunde rapidamente pelo mundo inteiro, de modo que, em 1889, se contavam 283 clubes volapükistas, desde a Europa até as Américas e a Austrália, com cursos, diplomas e revistas. A essa altura, porém, o projeto fugiu praticamente ao controle de Schleyer, cuja paternidade era formalmente reconhecida, com a língua sendo modificada por meio de simplificações, reestruturações, ajustes e filiações heréticas. É destino de qualquer projeto de língua artificial que, se a "palavra" não se difundir, ela mantém a sua pureza; mas, se a "palavra" se afirmar, então a língua se torna propriedade da assembleia dos prosélitos e, uma vez que o melhor é inimigo do bom, ela se "babeliza". É o que acontece ao *Volapük*: no giro de poucos anos teria passado de uma difusão imprevisível para uma sobrevivência cada vez mais clandestina, enquanto das suas cinzas nasciam outros projetos como o *Idiom Neutral*, a *Langue Universelle* de Menet (1886), o *Bopal* de Max (1887), o *Spelin* de Bauer (1886), o *Dil* de Fieweger (1893), o *Balta* de Dormoy (1893), o *Veltparl* de Von Arnim (1896).

O *Volapük* é um sistema misto e, segundo Couturat e Leau, segue linhas que já foram traçadas por Jakob von Grimm. Tem algo dos sistemas *a posteriori*, porque se propõe a tomar como modelo o inglês, por ser a mais difundida das línguas dos povos civilizados (embora, de certo modo, se possa acusar Schleyer, especialmente no que se refere ao léxico, de ter realizado alguns decalques quase ao pé da letra do alemão). Temos 28 letras, cada letra tem um único som e o acento cai sempre na última sílaba. Induzido por preocupações de pronunciabilidade internacional, Schleyer eliminara o *r*, porque (a seu ver) impronunciável pelos chineses – sem se aperceber de que muitos povos orientais encontram dificuldades não para pronunciar o *r*, mas para distingui-lo do *l*.

Como dizíamos, a língua de referência é o inglês, mas o inglês fonético. Assim, por exemplo, quarto se torna *cem* (de *chamber*). Por outro lado, a exclusão de letras como o *r* impõe graves deformações aos numerosos radicais adotados por línguas naturais, pelo que, por exemplo, se, para o termo "montanha", a referência é ao alemão *berg*, precisando tirar o *r* se obtém *bel*, e, do mesmo modo, "fogo", de *fire* torna-se *fil*. Uma das vantagens dos léxicos *a posteriori* é que as palavras podem lembrar termos de outras línguas, mas, com variações como as que examinamos, aquela conotação que a língua tinha *a posteriori*, quase sempre corre o risco de perder-se. *Bel* evoca aos povos latinos a ideia de beleza e não evoca a ideia de *berg* aos povos germânicos.

Com base nesses radicais inscreve-se também o jogo das flexões e das outras derivações que seguem um critério de transparência *a priori*. A gramática opta por um sistema de declinações ("casa":

348 *Umberto Eco*

dom, doma, dome, domi etc.), o feminino forma-se de modo regular a partir do masculino, todos os adjetivos têm o sufixo *ik* (*gud* = "bondade", *gudik* = "bom"), os comparativos, o sufixo *-um*, e assim por diante. Quanto aos números cardeais, as dezenas se formam acrescentando um *-s* à unidade (*bal* = "um", *bals* = "dez"). Em todas as palavras que evocam uma ideia de tempo (como *hoje, ontem, este ano*) deve sempre entrar o prefixo de tempo (*del-*); o sufixo *-av* indica sempre que se trata de uma ciência (se *stel* significa "estrela", *stelav* significará "astronomia"). Mas esses critérios *a priori* em seguida geram decisões arbitrárias: por exemplo, o prefixo *lu-* indica sempre a inferioridade, mas, se *vat significa* "água", por que *luvat* deve significar "urina" e não "água suja", ou por que a mosca (com uma decisão análoga àquelas tomadas por Dalgarno) se chama *flitaf* (animal que voa) como se pássaros ou abelhas não voassem também?

Couturat e Leau observam que o *Volapük* (tal como os outros sistemas mistos), mesmo sem ser uma língua filosófica, pretende analisar as noções segundo um método filosófico, portanto tem os defeitos das línguas filosóficas sem ter as suas vantagens lógicas. Não é realmente *a priori*, pois toma de empréstimo radicais de línguas naturais; mas tampouco é *a posteriori*, porque submete tais radicais a deformações sistemáticas, decididas *a priori*, tornando-os desse modo irreconhecíveis. Ao querer não se assemelhar a nenhuma língua conhecida, resulta difícil para os usuários de cada uma delas. Seguindo critérios composicionais, as línguas mistas procedem por aglutinações conceituais que lembram antes a primitividade e a regressividade dos *pidgin*. Se no *pidgin English* os barcos a vapor, conforme sejam de roda ou de hélice, são chamados *outside-walkee-can-see* e *inside walkee-no-can-see*, no *Volapük*, joalheria será chamada *nobastonacan*, que se obtém pela aglutinação de pedra, mercadoria e nobreza.

A busca da língua perfeita na cultura europeia 349

A Babel das línguas *a posteriori*

Entre as LIA, o mérito da ancianidade cabe provavelmente a um projeto que se manifesta sob o pseudônimo de *Carpophorophilus*, em 1734; a seguir, viria a *Langue Nouvelle* de Faiguet e posteriormente o *Communicationssprache* de Schipfer (1839); donde, o século das LIAS é com certeza o XIX.

Um mostruário sobre alguns sistemas revela uma série de semelhanças de família, como a predominância de radicais latinos e, em todo o caso, uma suficiente distribuição entre radicais de línguas europeias, de maneira que os usuários de línguas naturais diferentes têm mesmo sempre a impressão de se encontrar diante de um idioma familiar:

> Me senior, I sende evos un gramatik e un verb-bibel de un nuov glot nomed universal glot. (*Universal Sprache*, 1868)
>
> Ta pasilingua ere una idiomu per tos populos findita, una lingua qua autoris de to spirito divino, informando tos hominos zu parlir, er creita... (*Pasilingua*, 1885)
>
> Mesiur, me recipi-tum tuo epistola hic mane gratissime... (*Lingua*, 1888)
>
> Con grand satisfaction mi ha lect tei letter... Le possibilità de un universal lingue pro la civilisat nations ne esse dubitabil... (*Mondolingue*, 1888)
>
> Me pren the liberté to escriv to you in Anglo-Franca. Me have the honneur to soumett to yoùs inspection the prospectus of mès object manifactured... (*Anglo-Franca*, 1889)
>
> Le nov latin non requirer pro le sui adoption aliq congress. (*Nov Latin*, 1890)
>
> Scribasion in idiom neutral don profiti sekuant in komparasion ko kelkun lingu nasional. (*Idiom Neutral*, 1902)

Em 1893 surge até mesmo um *Antivolapük*, que nada mais é do que a negação de uma LIA, porque oferece uma gramática essencial

350 *Umberto Eco*

universal a completar com *itens* lexicais tomados da língua de quem fala. Desse modo, teríamos frases diferentes conforme os que falam, por exemplo:

> Francês-internacional: IO NO savoir U ES TU cousin...
>
> Inglês-internacional: IO NO AVER lose TSCHE book KE IO AVER find IN LE street.
>
> Italiano-internacional: IO AVER vedere TSCHA ragazzo e TSCHA ragazza IN UN strada.
>
> Russo-internacional: LI dom DE MI atjiez E DE MI djadja ES A LE ugol DE TSCHE uliza.

O *Tutonish* (1902) revela a mesma contraditoriedade; é uma língua internacional compreensível somente a usuários de área alemã, pelo que o começo do *Pater noster* (*Pai-Nosso*) soa da seguinte forma: "vio fadr hu bi in hevn, holirn bi dauo nam...". Mas, piedosamente, o autor conceberia também uma possibilidade de língua internacional para os falantes de área latina, que rezariam o *Pai-nosso* como "nuo opadr, ki bi in siel, sanktirn bi tuo nom".

O resultado fatalmente cômico dessa resenha é dado somente pelo efeito-Babel. Tomadas singularmente, muitas dessas línguas parecem construídas bastante corretamente.

Mas realmente construído muito bem na sua gramática elementar foi o *Latino sine flexione*, de Giuseppe Peano (1903), que era um grande matemático e um grande lógico. Peano não tinha a intenção de criar uma nova língua, mas somente recomendar um latim simplificado, a usar pelo menos para relações científicas internacionais, e somente na forma escrita. Tratava-se de um latim sem declinações, cuja "laconicidade" lembra muitas das reformas gramaticais das quais nos ocupamos nos capítulos precedentes. Eis as palavras de Peano: "*Post reductione qui praecede, nomen et verbo fie inflexible; toto grammatica latino evanesce*". Portanto, léxico de uma língua natural muito conhecida, e gramática quase nula. De forma a incentivar, para suprir determinadas necessidades, tentativas de pidginização. Quando foram redigidas algumas publicações matemáticas no latim sem flexão, um colaborador inglês decidiu introduzir para o indicativo futuro a construção inglesa "*I will*", traduzindo "eu publicarei' por "*me vol publica*". Episódio não só interessante, mas que ao mesmo tempo deixa logo entrever um desenvolvimento incontrolável. Como para outras línguas internacionais, mais do que um julgamento estrutural vale a prova do consenso dos povos: o latim *sine flexione* não se difundiu, ficando ele também como um mero achado histórico.

O Esperanto

O Esperanto foi proposto ao mundo, pela primeira vez, em 1887, quando o doutor Ludwik Lejzer Zamenhof publicou em russo um livro com o título *Língua internacional: prefácio e manual completo* (*para russos*) (Varsóvia, Tipografia Kelter). O nome Esperanto foi adotado universalmente porque o autor assinava o seu livro com o pseudônimo de Doktoro Esperanto (Doutor Esperançoso).

Na realidade, Zamenhof, nascido em 1859, começara a sonhar com uma língua internacional desde a adolescência. Ao tio Josef, que lhe escrevera perguntando-lhe qual nome não hebraico escolhera para viver no meio dos gentios (conforme o costume), o jovem Zamenhof, então com 17 anos de idade, respondeu ter escolhido Ludwik, devido à influência de uma obra de Comenius, que citava Lodwick, conhecido também como Lodowick (Carta ao tio, 31 de março de 1876, cf. Lamberti, 1990, p.49). As origens e a personalidade de Zamenhof contribuíram com certeza tanto na concepção da sua língua como na sua difusão. Nascido de uma família judia em Bialystok, na região lituana que pertencia ao reino da Polônia, que era submissa à dominação dos tsares, Zamenhof crescera em um caldeirão de raças e de línguas, agitado por impulsos nacionalistas e por permanentes ondas de antissemitismo. A experiência da opressão e, em seguida, da perseguição praticada pelo governo tsarista aos intelectuais, de modo particular os judeus, fizera caminhar no mesmo passo a ideia de uma língua universal junto com a de uma concórdia entre os povos. Além disso, Zamenhof se sentia solidário com os seus correligionários e almejava um retorno dos judeus à Palestina, mas a sua religiosidade leiga lhe impedia de identificar-se com formas de sionismo nacionalista e, em lugar de pensar no fim da Diáspora como um retorno à língua dos pais, pensava que os judeus de todo o mundo poderiam ficar unidos justamente por uma nova língua.

Enquanto o Esperanto se difundia em vários países, primeiro na área eslava, em seguida no resto da Europa, despertando o interesse de sociedade eruditas, filantropos, linguistas, e dando origem a uma série de encontros internacionais, Zamenhof publicava também anonimamente um panfleto a favor de uma doutrina inspirada na fraternidade universal, o *homaranismo*. Outros seguidores do Esperanto insistiram (e com sucesso) para que o movimento pela nova língua se mantivesse independente de posições ideológicas particulares, porque, para que a língua internacional se pudesse afirmar, somente poderia fazê-lo atraindo homens de ideias religiosas, políticas e filosóficas diferentes... Houve até a preocupação de que fosse mantido em silêncio o fato de que Zamenhof era judeu, a fim de não dar azo a suspeitas de nenhum tipo – em um período histórico em que, lembremo-nos disso, estava tomando forma em muitos ambientes a teoria da "conspiração judaica".

Entretanto, apesar de o movimento esperantista ter conseguido convencer muitos da própria neutralidade absoluta, o impulso filantrópico, a religiosidade laica de base que o animava também influenciaram sua aceitação por parte de muitos fiéis, ou *samideani* – como eram chamados em Esperanto os que compartilhavam o mesmo ideal. Além disso, nos anos do seu nascimento, tanto a língua como os seus defensores foram quase banidos pelo governo tsarista, até porque tiveram a sorte, ou falta de sorte, de obter o apoio apaixonado de Tolstói, cujo pacifismo humanitário era visto como uma perigosa ideologia revolucionária. Por fim, esperantistas de vários países foram perseguidos, mais tarde, pelo nazismo (cf. Lins, 1988). Portanto, a perseguição tende a fortalecer uma ideia: enquanto a maioria das outras línguas internacionais aspiravam a apresentar-se como ajudas práticas, o Esperanto, por outro lado, tinha retomado os elementos daquela tensão religiosa e irenista que caracterizara as pesquisas da língua perfeita, pelo menos até o século XVII.

Foram muitos os ilustres defensores ou simpatizantes do Esperanto, desde linguistas como Baudoin de Courtenay e Otto Jaspersen, até cientistas como Peano ou filósofos como Russell. Entre os testemunhos mais convincentes, o de Carnap, que na sua *Autobiografia* fala com comoção do sentido de solidariedade que experimentou ao falar uma língua comum com pessoas de diversos países, e das qualidades dessa "língua viva [...] que unia a uma flexibilidade surpreendente dos meios de expressão uma grande simplicidade de estrutura" (em Schilpp, ed., 1963, p.70). Sem falar da afirmação lapidar de Antoine Meillet: "Toute discussion théorique est vaine: l'Esperanto fonctionne" (Meillet, 1918, p.268).

A testemunhar o sucesso do Esperanto, existe hoje uma Universala Esperanto Asocio, com delegados nas principais cidades do mundo. A imprensa esperantista conta com mais de uma centena de periódicos, e em Esperanto foram traduzidas as principais obras de todas as literaturas, desde a Bíblia até as fábulas de Andersen, existindo ao mesmo tempo também uma produção literária original.

Como acontecera com o *Volapük*, também o Esperanto conheceu, especialmente nas primeiras décadas, batalhas apaixonadas que visavam várias reformas do léxico e da gramática: tanto assim que, em 1907, o Comitê Diretivo da Delegação para a Escolha de uma Língua Internacional, cujo secretário fundador era Couturat, realizara aquilo que Zamenhof considerou um golpe de Estado, ou seja, uma verdadeira traição: foi reconhecido que a língua melhor era o Esperanto, mas devia ser aprovada em sua versão reformada, que em seguida ficou conhecida como *Ido* (devida em grande parte a Louis De Beaufront, que na França foi também um apaixonado esperantista). Todavia, a maioria dos esperantistas desistiu, seguindo um princípio fundamental já enunciado por Zamenhof, em virtude de que no futuro poderiam ser elaborados enriquecimentos e talvez melhoramentos lexicais, mantendo firme aquilo que se poderia chamar de "casco duro" da língua, estabelecido por Zamenhof na obra *Fundamento de Esperanto*, de 1905.

UMA GRAMÁTICA OTIMIZADA

O alfabeto do Esperanto, com 28 letras, baseia-se no seguinte princípio: "para cada letra somente um som e para cada som uma só letra". O acento tônico cai regularmente sempre na penúltima sílaba. O artigo tem somente uma forma, *la*: portanto se diz *la homo, la libroj, la abelo*. Os nomes próprios não são precedidos por artigo. Nem existe artigo indeterminado.

Para o léxico, já no decorrer da sua correspondência juvenil, Zamenhof observara que em muitas línguas europeias tanto o feminino como várias derivações seguiam uma lógica sufixal (*Buch/ Bucherrei, pharmacon/farmakeia, rex/regina, galo/galinha, hero/heroine, tsar/tsarine*), ao passo que os contrários seguiam uma lógica prefixal (*heureux/malheureux, fermo/malfermo, rostom/malo-rostom*, em russo, "alto/baixo"). Em uma carta de 24 de setembro de 1876, Zamenhof se autodescreve enquanto compulsa dicionários de várias línguas, identificando todos os termos que têm uma raiz comum e que, portanto, poderiam ser entendidos por pessoas que falam outras línguas: *lingwe, lingua, langue, lengua, language; rosa, rose, roza* etc. Já eram os princípios de uma língua *a posteriori*.

A busca da língua perfeita na cultura europeia 355

Em seguida, quando não podia recorrer a raízes comuns, Zamenhof forjava os próprios termos conforme um critério distributivo, privilegiando as línguas neolatinas, e em seguida as germânicas e as eslavas. Daí decorre que, ao examinar uma lista de palavras do Esperanto, o usuário de qualquer língua europeia encontrará: I) muitos termos conhecidos porque idênticos ou afins aos termos da sua língua; II) outros termos, estrangeiros, que de alguma forma já conhece; III) alguns termos que à primeira vista parecem duros, mas, uma vez conhecido o seu significado, resultam identificáveis; por fim, IV) um número bastante reduzido de termos desconhecidos a serem aprendidos *ex novo*. Alguns exemplos podem mostrar os critérios de escolha: *abelo* (abelha), *apud* (junto), *akto* (ato), *alumeto* (fósforo), *birdo* (pássaro), *sigaredo* (cigarro), *domo* (casa), *fali* (cair), *frosto* (gelo), *fumo* (fumaça), *hundo* (cão), *kato* (gato), *krajono* (lápis), *kvar* (quatro).

São bastante numerosos os nomes compostos. Provavelmente Zamenhof não pensava nos critérios das línguas *a priori*, em que a composição é de norma porque o termo deve revelar, por assim dizer, a sua fórmula química. Mas, também com um critério *a posteriori*, tinha de frente o uso das línguas naturais, nas quais são comuns termos como *schiaccianoci* (quebra-nozes), *tire-bouchons* (saca-rolhas), *man-eater*, sem falar do alemão. O fato de forjar palavras compostas todas as vezes em que fosse possível permitia aproveitar ao máximo um número determinado de raízes. A regra é que a palavra principal siga a secundária: por exemplo, para "escrivaninha", é preciso prestar atenção ao fato de que se trata, antes de mais nada, de uma mesa, que secundariamente serve para escrever; daí temos *skribotablo*. A flexibilidade em aglutinar compostos permite a criação de neologismos de sentido imediatamente perceptível (Zinna, 1993).

Dada a raiz, a fórmula neutra prevê uma desinência *-o*, que, como se pensa habitualmente, não é o sufixo do masculino, mas significa que se trata de um substantivo singular, sem especificar o gênero. O feminino, porém, é "marcado" inserindo antes da desinência -*o* o sufixo -*in*: "pai/mãe" = *patr-o/patr-in-o*; "rei/rainha" = *reg-o/reg-in-o*; "macho/fêmea" = *vir-o/vir-in-o*. O plural se obtém acrescentando a desinência -*j* ao singular: "os pais/as mães" = *la patroj, la patrinoj*.

Nas línguas naturais, para cada conteúdo há lemas absolutamente diferentes. Para dar um exemplo, quem aprende o português deve memorizar, para quatro sentidos diferentes, quatro palavras diferentes como *pai, mãe, sogro, genitores*; no Esperanto, pela raiz *patr* é possível gerar (sem ajuda do dicionário) *patro, patrino, bonpatro, gepatroj*.

É importante o uso regular de sufixos e prefixos. Em uma língua como o italiano, como observa Migliorini (1986, p.34), *trombett-iere* e *candel-iere* exprimem duas ideias totalmente diferentes, ao passo que ideias análogas são expressas por vários sufixos, como em *calzolaio, trombettiere, commerciante, impiegato, presidente, dentista, scalpellino*. No Esperanto, porém, todas as profissões ou atividades são indicadas pelo sufixo -*isto* (por exemplo, diante de *dentisto*, quem fala sabe que se trata de uma profissão relacionada com os dentes).

Intuitiva é a formação dos adjetivos, que são obtidos regularmente acrescentando o sufixo -*a* à raiz (*patr-a* = "paterno") e concorda com o substantivo (*bonaj patroj* = "os bons pais"). São simplificadas as seis formas verbais inconjugáveis, distintas estavelmente por diversos sufixos; por exemplo, para "ver": infinito (*vid-i*), presente (*vid-as*), passado (*vid-is*), futuro (*vid-os*), condicional (*vid-us*), imperativo (*vid-u!*).

Como observa Zinna (1993), enquanto as línguas *a priori* e as gramáticas "lacônicas" procuravam realizar um *princípio de economia* a qualquer custo, o Esperanto visa antes a um *princípio de otimização*. Por exemplo, apesar de não ser uma língua flexiva, o Esperanto conserva o acusativo, que se obtém acrescentando um -*n* à terminação do substantivo: "la patro amas la filon", "la patro amas la filojn". O motivo é que o acusativo é o único caso que nas línguas não flexivas

A busca da língua perfeita na cultura europeia 357

não é introduzido por uma preposição, e, portanto, é preciso torná--lo evidente de algum modo. Por outro lado, as línguas que aboliram o acusativo para os nomes, conservam-no para os pronomes (EU ME *amo*). A presença do acusativo permite também inverter a ordem sintática, reconhecendo sempre quem faz a ação e quem a sofre.

Por outro lado, o acusativo serve para evitar alguns equívocos presentes em línguas não flexivas. Em vista de ser usado também (como no latim) para o movimento de lugar, pode-se distinguir entre "la birdo flugas en la gardeno" (o pássaro está voando dentro do jardim) e "la birdo flugas en la gardenon" (o pássaro voa rumo ao jardim). Em italiano, o "pássaro voa no jardim" ficaria ambíguo. Em francês, dada uma expressão como "je l'écoute mieux que vous", seria preciso esclarecer se I) eu dou ouvido a alguém melhor do que faz o meu interlocutor, ou se II) eu dou ouvido a alguém mais do que dá ouvido o meu interlocutor. O Esperanto, no primeiro caso, diria "mi auskultas lin pli bone ol vi" e, no segundo, "mi auskultas lin pli bone ol vin".

Objeções e contraobjeções teóricas

Uma objeção fundamental a qualquer língua *a posteriori* é que ela não pretende identificar ou reorganizar artificialmente um sistema universal do conteúdo, mas se preocupa em elaborar um sistema de expressão bastante fácil e flexível para poder exprimir os conteúdos que as línguas naturais exprimem normalmente. Tal fato, que parece uma vantagem prática, pode ser considerado uma limitação teórica. Se as línguas *a priori* eram demasiado filosóficas, nesse aspecto as línguas *a posteriori* são demasiado carentes.

Nenhum defensor de uma LIA se colocou o problema do relativismo linguístico ou se preocupou com o fato de que várias línguas organizam o conteúdo de forma diferente e mutuamente indeterminável. Na verdade, aceita-se como dado o fato de existirem expressões de algum modo sinônimas de uma língua para outra, e, com base nisso, o Esperanto se vangloria de sua ampla safra de traduções de obras literárias, como prova da sua completa "efabilidade" (esse ponto foi discutido, em posições opostas, por dois autores que a tradição associa a defensores do relativismo linguístico, Sapir e Whorf; a respeito dessa oposição, cf. Pellerey, 1993, p.7).

Entretanto, se uma língua *a priori* dá como confirmado o fato de que existe um sistema de conteúdo igual para todas as línguas, fatalmente, acaba-se por considerar que tal modelo de conteúdo é o modelo ocidental: embora, por alguns traços, procure se afastar do modelo indo-europeu, também o Esperanto se apoia fundamentalmente nele, quer do ponto de vista lexical, quer sintaticamente, e "a situação teria sido diferente se a língua tivesse sido inventada por um japonês" (Martinet, 1991, p.681).

Essas objeções podem ser consideradas irrelevantes. Pois o ponto de fraqueza teórica pode se tornar um ponto de força pragmática. De fato, ainda não foi decidido que uma almejada unificação linguística não possa ocorrer senão pela adoção de um modelo linguístico indo-europeu (cf. Carnap, em Schilpp, 1963, p.71). A decisão seria apoiada pelos fatos, pois, *de momento*, não está acontecendo de outra forma, considerando que também o desenvolvimento econômico e tecnológico do Japão se apoia na aceitação de uma língua veicular indo-europeia como o inglês.

As razões pelas quais se impuseram tanto as línguas naturais quanto as línguas veiculares são em grande parte extralinguísticas; no que diz respeito às razões linguísticas (facilidade, racionalidade, economia, e assim por diante), as variáveis são tantas que não há razões "científicas" para contestar Goropio Becano e os seus seguidores, e excluir que o flamengo seja a língua mais fácil, natural, doce e expressiva do universo. O sucesso atual do inglês nasce da imensa expansão colonial e comercial do Império Britânico e da hegemonia do modelo-tecnológico estadunidense. Com certeza é possível

A busca da língua perfeita na cultura europeia 359

sustentar que a expansão do inglês tenha sido facilitada pelo fato de ser uma língua rica em monossílabos, capaz de assimilar termos estrangeiros e criar neologismos, mas, se Hitler tivesse vencido e os Estados Unidos tivessem sido reduzidos a uma confederação de pequenos estados não mais fortes e estáveis do que os da América Central, não se poderia talvez pensar que o globo inteiro hoje falaria com a mesma facilidade em alemão, e em alemão seriam popularizados transistores japoneses no *duty free shop* (isto é, no *Zollfreier Waren*) do aeroporto de Hong-Kong? Por outro lado, a respeito da racionalidade *só aparente* do inglês (e de qualquer outra língua natural veicular), ver as críticas de Jespersen, 1931).

Por isso, o Esperanto poderia funcionar como língua internacional pelas mesmas razões pelas quais, no decorrer dos séculos, a mesma função foi desenvolvida por línguas naturais como o grego, o latim, o francês, o inglês ou o suaíli.

Uma objeção muito forte remonta a Destutt de Tracy, para quem uma língua universal era tão impossível quanto o moto-perpétuo, e isso por uma razão "peremptória": "Mesmo que todos os homens da Terra ficassem de acordo hoje em falar a mesma língua, bem cedo, pela própria influência do uso, ela se alteraria e modificaria de mil maneiras diferentes nos diversos países, e daria origem a outros tantos idiomas distintos, que se afastariam gradativamente um do outro" (*Eléments d'idéologie*, II, 6, p.569).

É bem verdade que, por essas mesmas razões, o português de Portugal e o brasileiro diferem a tal ponto entre si que de um livro estrangeiro são feitas habitualmente duas traduções diferentes; e é experiência comum dos estrangeiros o fato de que, se eles aprenderam o português no Rio, encontram-se em dificuldade quando o ouvem falar em Lisboa. Mas poder-se-ia responder que um português e um brasileiro continuam a entender-se, pelo menos no que diz respeito às necessidades diárias da vida, até porque a difusão dos meios de comunicação de massa informam continuamente os usuários da língua a respeito de uma variedade linguística concernente às pequenas transformações que ocorrem no meio dos usuários da outra variedade.

Os defensores do Esperanto, como Martinet (1991, p.685), julgaram poder classificar como um pouco ingênua a pretensão de que uma língua auxiliar não se transforma nem se torna dialeto no decorrer da sua difusão em áreas diferentes. Mas se uma LIA continuasse língua auxiliar, e não falada na vida cotidiana, diminuiriam os riscos de uma evolução paralela. A ação dos *media*, que refletisse as decisões de uma espécie de academia internacional de controle, poderia favorecer a manutenção do modelo, ou pelo menos a sua evolução controlada.

POSSIBILIDADES "POLÍTICAS" DE UMA LIA

Até agora, as línguas veiculares se impuseram em virtude da tradição (o latim veicular da Idade Média, língua política, acadêmica e eclesiástica), ou por uma série de fatores dificilmente ponderáveis (o suaíli, língua natural de uma área africana que gradativa e espontaneamente, por razões comerciais e coloniais, ficou simplificada e estandardizada a ponto de tornar-se uma língua veicular para amplas regiões limítrofes, ou por hegemonia política (o inglês, depois da Segunda Guerra Mundial).

Mas seria possível a uma entidade supranacional (como a ONU ou o Parlamento europeu) impor uma LIA como língua franca (ou reconhecer a sua difusão já realizada de fato e ratificá-la)? A esse respeito não existem precedentes históricos.

Inegável, entretanto, é que hoje muitas circunstâncias mudaram; por exemplo, aquele intercâmbio curioso e contínuo entre povos diferentes, e não apenas nos altos níveis sociais, constituído pelo turismo de massa, era um fenômeno desconhecido nos séculos passados. Tampouco existiam os *mass media*, que se demons-

A busca da língua perfeita na cultura europeia 361

traram capazes de difundir pelo globo inteiro modelos de comportamento bastante homogêneos (e justamente aos *mass media* é devida em grande parte a aceitação do inglês como língua veicular). Portanto, se a uma decisão política se associasse uma campanha planejada pelos meios de comunicação, a LIA pré-escolhida poderia facilmente difundir-se.

Se os albaneses e os tunisinos aprenderam facilmente o italiano só porque a tecnologia lhes permite captar as emissoras televisivas italianas, com maior razão povos diferentes poderiam familiarizar-se com uma LIA à qual as televisões de todo o globo dedicassem uma série suficiente de programas diários, quando se começasse a escrever, por exemplo, os discursos pontifícios ou as deliberações das várias assembleias internacionais, bem como as instruções nas caixas dos *gadgets* e grande parte do *software* eletrônico, ou no qual se desenvolvessem até as comunicações entre pilotos e controladores de voo.

Se não houve até agora essa decisão política, e parece aliás muito difícil de ser solicitada, não quer dizer que não possa ser tomada no futuro. Nos últimos quatro séculos, assistimos na Europa a um processo de formação de Estados nacionais para o qual (junto com uma política de proteção alfandegária, de constituição de exércitos regulares, de imposição enérgica de símbolos de identidade nacional) foi essencial, também e sobretudo, o incentivo igualmente enérgico de uma língua nacional por meio da escola, de academias e de atividade editorial. E isso em prejuízo das línguas minoritárias que – em várias circunstâncias políticas – chegaram a ponto de serem reprimidas com a violência e reduzidas à categoria de "línguas cortadas".

Hoje, porém, assistimos a uma rápida inversão de tendências: no nível político, tendem a desaparecer as barreiras alfandegárias, fala-se em exércitos supranacionais e as fronteiras se abrem; nas últimas décadas, assistimos em toda a Europa a uma política de respeito com relação às línguas minoritárias. Aliás, nos últimos anos, aconteceu

362 *Umberto Eco*

algo de ainda mais revolucionário, cuja manifestação mais exemplar são acontecimentos sucessivos à desagregação do império soviético: a fragmentação linguística não é mais sentida como um acidente a ser consertado, mas como um instrumento de identidade étnica e um direito político, isto é, algo a que é preciso voltar mesmo à custa de uma guerra civil. E o mesmo processo se está verificando, embora de formas diferentes, mas muitas vezes não menos violentas, nos Estados Unidos. Se o inglês dos Wasp foi durante dois séculos a língua do *melting pot*, hoje a Califórnia torna-se cada vez mais um estado bilíngue (inglês e espanhol) e Nova York a segue de perto.

Trata-se de um processo provavelmente irreversível.

Se a tendência para a unificação europeia anda passo a passo com a tendência para a multiplicação das línguas, a única solução possível está na adoção plena de uma língua europeia veicular.

Entre as objeções, continua ainda válida aquela já formulada por Fontenelle, e repercutida por D'Alembert no discurso introdutório à *Encyclopédie*, concernente ao egoísmo dos governos, que jamais se distinguiram por descobrir o que era bom, em seu conjunto, para a sociedade humana. Mesmo que uma LIA fosse uma exigência imprescindível, uma assembleia mundial que não conseguiu ainda ficar de acordo com formas urgentes para salvar o planeta da catástrofe ecológica não parece disposta a sanar de maneira indolor a ferida deixada aberta por Babel.

Mas o nosso século está nos acostumando aos processos de aceleração de cada fenômeno, a ponto de desaconselhar qualquer atividade profética fácil. Uma força de choque poderia ser justamente o sentimento da dignidade nacional: diante do risco que em uma futura união europeia possa prevalecer uma língua de uma nação particular, os Estados que têm poucas possibilidades de impor a própria língua e que temem o predomínio daquela dos outros (portanto, todos menos um) poderiam começar a sustentar a adoção de uma LIA.

Limites e *efabilidade* de uma LIA

Mesmo levando-se em conta os muitos esforços feitos pelas LIAS mais divulgadas para se legitimarem mediante a tradução de obras poéticas, permanece aberto o problema de se uma LIA pode ter sucessos artísticos.

Volta à memória, a respeito de tais perguntas, uma célebre (e mal entendida) *boutade* atribuída a Leo Longanesi: "não se pode ser um grande poeta búlgaro". A *boutade* não contém nem continha nada de ofensivo a respeito da Bulgária: Longanesi queria dizer que não se pode ser grande poeta escrevendo em uma língua falada por alguns poucos milhões de pessoas que vivem em um país (seja ele qual for) que, durante séculos, ficou à margem da história.

Uma primeira leitura da frase teria o sentido de que ninguém pode ser reconhecido como grande poeta se escrever em uma língua desconhecida da maioria, mas essa leitura é redutiva, ao menos pelo fato de identificar a grandeza poética com a difusão. Longanesi talvez quisesse dizer mais provavelmente que uma língua se enriquece e se fortalece mediante as múltiplas mudanças extralinguísticas que lhe ocorrem exprimir, contatos com outras civilizações, exigências de comunicar o novo, conflitos e renovações do corpo social que a usa etc. Se temos um povo que vive à margem da história, e seus costumes e seu saber permaneceram imutáveis durante séculos, a sua língua, que continuou imutável, esgotada nas próprias lembranças, enrijecida nos seus rituais centenários, não poderá oferecer-se como instrumento sensível a um novo grande poeta.

Uma objeção dessa espécie, no entanto, não poderia ser feita a uma LIA: pois ela certamente não ficaria limitada no espaço e se enriqueceria cada dia pelo contato com outras línguas. Todavia, poderia ser atingida por um enrijecimento causado pelo excesso de controle estrutural vindo de cima (condição essencial da sua internacionalidade) sem viver pelo falar cotidiano. É verdade que à objeção poder-se-ia responder também lembrando que o latim eclesiástico e universitário, já enrijecido pelas formas daquela gramática de que falava Dante, soube produzir poesia litúrgica como o *Stabat Mater*, o *Pange Lingua*, e poesia cômica como os *Carmina Burana*. Mas é igualmente verdade que os *Carmina Burana* não são a *Divina Commedia*.

Faltaria a essa língua uma herança histórica, com toda a riqueza intertextual que tal herança implica. Entretanto, o vernáculo dos poetas sicilianos, do *Cantare del principe Igor* ou do *Beowulf* era também jovem e, de algum modo, absorvia a história de línguas precedentes.

CAPÍTULO 17

Conclusões

Plures linguas scire gloriosum esset, patet exemplo Catonis, Mithridates, Apostolorum.

Comenio, *Linguarum methodus novissima*, XXI

Esta história é gesto de propaganda, na explicação parcial que dá da origem da multiplicidade das línguas, apresentada somente como um castigo e uma maldição [...]. Na medida em que a multiplicidade das línguas torna em geral mais difícil uma comunicação universal entre os homens, ela é de fato um castigo. Mas ela significa também um aumento da força criativa original de Adão, uma proliferação daquela força que permite produzir nomes graças a um sopro divino.

J. Trabant, *Apeliotes, oder der Sinn der Sprache*, 1986, p.48

Cidadãos de uma terra multiforme, os europeus não podem deixar de ficar à escuta do grito polifônico das línguas humanas. A atenção ao outro que fala a própria língua é preliminar se quisermos construir uma solidariedade que tenha um conteúdo mais concreto do que os discursos de propaganda.

Cl. Hagège, *Le Souffle de la langue*, 1992, p.273

Cada língua constitui um determinado modelo do universo, um sistema semiótico de compreensão do mundo, e se temos quatro mil modos diferentes de descrever o mundo, isto nos torna mais ricos. Deveríamos preo-

A busca da língua perfeita na cultura europeia 367

cupar-nos com a preservação das línguas tal como nos preocupamos com a ecologia.

V. V. IVANOV, *Reconstructing the Past*, 1992, p.4

A REAVALIAÇÃO DE BABEL

No começo dissemos que a narração babélica de Gênesis 11 prevalecera sobre a narração de Gênesis 10, tanto no imaginário coletivo como em quem refletia mais especificamente em torno da pluralidade das línguas. Entretanto, Demonet (1992) mostrou como a reflexão sobre Gênesis 10 já começara a desenvolver-se na época da Renascença – e vimos como, à luz dessa releitura bíblica, já se havia manifestado a crise do hebraico como língua que continuou inalterada até Babel –, ao passo que se pode sustentar que a positividade da multiplicação das línguas já estava presente no ambiente hebraico e cabalístico cristão (Jacquemier, 1992). Apesar disso, seria preciso esperar até o século XVIII para que, da releitura de Gênesis 10, surgisse uma decisiva reavaliação do mesmo episódio babélico.

No mesmo período em que apareciam os primeiros volumes da *Encyclopédie*, o abade Pluche, no seu *La méchanique des langues et l'art de les einsegner* (1751) lembrava que uma primeira diferenciação da língua, se não no léxico, pelo menos na variedade de inflexões entre uma família e outra, já começara na época de Noé. Mas Pluche vai além: a multiplicação (que não é confusão) das línguas aparece como um fenômeno que, além de natural, é *socialmente positivo*. É verdade que, na opinião de Pluche, já nos tempos de Noé os homens, no princípio, ficam perturbados pelo fato de não mais conseguirem compreender-se facilmente entre tribos e famílias, mas, afinal,

> aqueles que possuíam um tipo de língua mutuamente inteligível se juntavam entre si e habitavam a mesma região do mundo. É essa diversidade que deu a cada país os próprios habitantes, conservando-os no

mesmo lugar. Desse modo, é preciso dizer que o perfil dessa mudança extraordinária e milagrosa se estende a todas as épocas sucessivas. Em seguida, quanto mais os povos se misturaram, mais ocorreram diferenciações e novidades nas línguas; e, à medida que elas se multiplicavam, tornou-se menos fácil mudar de país. Aquela confusão fortaleceu o tipo de apego no qual se baseia o amor à pátria; ela tornou os homens mais sedentários. (p.17-8)

Aqui há algo mais do que a celebração do gênio das línguas: há a inversão de sinal na leitura do mito babélico. A *diferenciação natural* das línguas agora se torna um fenômeno positivo que permitiu a fixação dos assentamentos, o nascimento das nações e o sentimento da identidade nacional. É preciso ler esse elogio do ponto de vista do orgulho patriótico de um francês do século XVIII: a *confusio linguarum* torna-se condição histórica da estabilização de alguns valores estatutários. Parafraseando Luís XIV, Pluche está afirmando que "l'état c'ést la langue".

A partir desse ponto de vista, é interessante reler as objeções a uma língua internacional apresentadas por um autor que viveu antes do florescimento dessas línguas no decorrer do século XIX, isto é, Joseph-Marie Degérando em sua obra *Des signes*. Ele observava que os viajantes, os cientistas e os comerciantes (aqueles que necessitam de um idioma veicular) são uma minoria, ao passo que a grande maioria dos cidadãos vive muito bem expressando-se na própria língua. Não adianta dizer que aqueles de que o viajante precisa, do mesmo modo precisam dele, e, portanto, haveria necessidade de um idioma comum. Na verdade, se o viajante está interessado em compreender os indígenas, estes, porém, não têm necessidade de entender o viajante, que, aliás, poderia servir-se da própria vantagem linguística para manter ocultas as próprias intenções aos povos que visita (III p.562).

No que diz respeito ao contato científico, uma língua que o facilitasse encontraria-se-ia divorciada da língua literária, enquanto sabemos que as duas línguas se influenciam e fortalecem mutuamente (III, p.579). Além disso, quando for usada para a mera finalidade de comunicação científica, uma língua internacional transforma-se em um instrumento secreto, deixando fora da sua compreensão os humildes (III, p.572). No que concerne aos usos literários (e aqui o raciocínio pode parecer irrisório e bem pouco sociológico), quando escrevem na própria língua, os artistas sentem menos os efeitos da rivalidade internacional, não precisando expor-se em comparações demasiado amplas... Quase parece que a discrição, percebida como limite para a língua científica, para Degérando manifesta-se como uma vantagem para a língua literária (como era para o viajante experiente e culto, que sabia mais coisas do que os indígenas que ia explorar).

Não devemos esquecer que estamos no final do século que viu surgir o elogio de Rivarol à língua francesa. Degérando reconhece que o mundo está dividido entre áreas de influência, e em alguns territórios seria conveniente adotar o alemão e em outros o inglês, mas não pode deixar de afirmar que, se fosse possível impor uma língua auxiliar, a bandeira deveria ser entregue ao francês, por razões evidentes de poder político (III, p.578-9). Entretanto, Degérando vê que o obstáculo está no egoísmo dos governos: "*supposera-t-on que les gouvernements veuillent s'entendre pour établir des lois uniformes pour le changement de la langue nationale? Mais, avons nous vu bien souvent que les gouvernements s'entendent en effet pour les choses que sont d'un intérêt général pour la societé?*"[1] (III, p.554).

No fundo, esta é a convicção de que o homem do século XVIII, e com maior razão o homem do século XVIII francês, não está fas-

---

1. Em francês no original: "Devemos supor que os governos desejam chegar a um acordo sobre um conjunto de leis uniformes para a alteração das línguas nacionais? Quantas vezes vimos governos chegarem a um acordo efetivo sobre questões que dizem respeito ao interesse geral da sociedade?".

cinado de modo algum pela aprendizagem de outras línguas, sejam elas de outros povos ou universais. Há uma surdez cultural com relação ao poliglotismo que continuaria sobrevivendo durante todo o século xix, para deixar rastros vistosos ainda no nosso século, dos quais ficaram imunes, como já dizia Degérando, somente os habitantes da Europa do Norte, e por necessidade. A surdez é tão difusa que ele sente necessidade de afirmar (iii, p.587), como uma provocação, que o estudo das línguas estrangeiras não é tão estéril e mecânico como quer a opinião pública comum.

Por essa razão, Degérando não pode deixar de concluir a sua resenha, muito cética, com o elogio da diversidade das línguas: essa diversidade põe obstáculos aos projetos dos conquistadores e ao contágio da corrupção entre os povos; preserva no seio de cada povo o espírito e o caráter nacional, bem como os hábitos que protegem a pureza dos costumes. Uma língua nacional é vínculo com seu Estado, estimula o patriotismo e o culto da tradição. Degérando admite que tais reflexões podem prejudicar o sentimento da fraternidade universal, mas, comenta, "nestes séculos de corrupção é preciso dirigir os corações sobretudo para os sentimentos patrióticos; quanto mais o egoísmo faz progressos, tanto mais é perigoso nos tornarmos cosmopolitas" (iv, p.589).

Se quiséssemos procurar nos séculos precedentes uma vigorosa afirmação da profunda unidade entre povo e língua (como foi possibilitada pelo advento babélico), nós a encontraríamos já em Lutero (*Praedigten in Genesim*, 1527) e essa herança estará talvez nas origens de uma nova e mais decidida reavaliação de Babel que encontraremos em Hegel, exceto o fato de que agora a reavaliação não assume somente o aspecto de uma fundamentação do vínculo com seu Estado, mas também aquele de uma celebração quase sacral do trabalho humano.

"O que é o sagrado?", pergunta certa vez Goethe em um dístico. E responde: "Aquilo que mantém unidas muitas almas" [...]. Na vasta planície do Eufrates, o homem constrói uma imensa obra de arquitetura; todos trabalham nisso em comum e compartilham da construção que se torna ao mesmo tempo o fim e o conteúdo da própria obra. Mais exatamente, essa criação de um vínculo social não continua uma união simplesmente patriarcal: ao contrário, dissolve-se a simples unidade familiar, e a construção que se eleva até as nuvens é o objetivar-se dessa união anterior agora dissolvida e a realização de uma nova e mais ampla. Os povos de então todos juntos trabalharam nela, e do mesmo modo que todos se reuniram para efetuar tal obra desmedida, assim o produto da sua atividade devia ser o vínculo que por meio do terreno escavado, das pedras sobrepostas e do cultivo, por assim dizer, arquitetônico da terra, ligava uns aos outros, tal como nos nossos tempos são os costumes, os hábitos e a constituição jurídica do Estado, a fornecer tal laço. (*Estética*, III, 1, 1, Feltrinelli, Milão, 1963, p.842-3)

Nessa visão em que a Torre de Babel parece prenunciar o nascimento do Estado Ético, a confusão das línguas é certamente o sinal de que a unidade estatal não é esboçada como universal, mas dá vida a diferentes nações ("a tradição nos diz que os povos, após se reunirem nesse centro de união para a construção de tal obra, voltaram novamente a separar-se uns dos outros"), mas o empreendimento babélico é, no entanto, condição do início da história social, política e científica – primeiro sinal de uma era do progresso e da razão. Dramática intuição, um rufar de tambor quase jacobino, antes de decepar a cabeça do estorvante Adão e do seu *ancien régime* linguístico.

A execução não é capital. O mito da Torre de Babel como fracasso e drama vive ainda hoje: "[ela] exibe uma capacidade incompleta, a impossibilidade de completar, de totalizar, de saturar, de cumprir algo que seja na ordem da edificação, da construção arquitetônica" (Derrida, 1987, p.203). Mesmo assim, Dante, no tratado

De vulgari eloquentia (I, VII), dava uma versão "edificatória" peculiar da *confusio linguarum*. Ela não aparece tanto como o nascimento de línguas de diferentes grupos étnicos, mas antes como proliferação de "linguagens" técnicas (os arquitetos falam a língua dos arquitetos, os carregadores de pedras uma outra própria), como se Dante pensasse nos jargões das corporações do seu tempo. Alguém poderia ser tentado a reconhecer aqui uma formulação, amplamente *ante litteram*, de um conceito de divisão do trabalho a que se junta uma *divisão do trabalho linguístico*.

De qualquer maneira, a pálida sugestão dantesca deve ter viajado ao longo dos séculos: na *Histoire critique du Vieux Testament* (1678), de Richard Simon, aparecia a ideia de que a confusão babélica fora atribuída ao fato de que os homens deveriam nomear os vários instrumentos e cada qual os nomeava à própria maneira.

Que tais interpretações tragam à tona um sentimento que animava de forma subterrânea também a cultura dos séculos precedentes, isso nos é afirmado por uma inspeção da iconografia babélica ao longo da história (cf. Minkowski, 1983). A partir da Idade Média, ela foi levada a colocar em primeiro ou em segundo plano o trabalho humano, pedreiros, roldanas, pedras lavradas, alavancas, prumos, esquadros, compassos, guindastes, amassadeiras, e assim por diante (a tal ponto que certas notícias sobre formas operacionais dos mestres de obra medievais se deduzem por vezes justamente das representações da torre). E quem sabe se a ideia dantesca não seja inspirada justamente pela convivência do poeta com a iconografia de seu tempo.

Em torno do fim do século XVI, a pintura holandesa se apossa do tema, do qual iria oferecer numerosas variações (pensemos em Bruegel): em alguns desses artistas intensifica-se o número dos acessórios técnicos, e tanto na forma como também na sólida robustez da torre se manifesta uma espécie de confiança leiga no progresso. Obviamente, no século XVII, uma época em que surgem vários tratados sobre as "máquinas maravilhosas", esses tratados de reconstru-

A busca da língua perfeita na cultura europeia 373

ção tecnológica aumentam. Até mesmo na *Turris Babel*, de Kircher, ao qual certamente não se pode atribuir propensões leigas, a atenção se desloca para os problemas estáticos colocados pela torre como objeto *finito*, de forma que inclusive o autor jesuíta parece fascinado pelo prodígio tecnológico de que está tratando.

Mas, com o século XIX, embora o tema caia em desuso, pela óbvia diminuição do interesse teológico e linguístico pelo incidente da *confusio*, "o primeiro plano deixa o lugar ao 'grupo', que representa a 'humanidade', cuja inclinação, reação ou destino devem ser representados, no fundo, pela 'Torre de Babel'. São, portanto, cenas dramáticas compostas por massas humanas a constituir o centro do quadro" (Minkowski, 1983, p.69), e se pense na gravura dedicada a Babel na Bíblia ilustrada por Doré.

Estamos já no término do século, em que Carducci celebraria a locomotiva a vapor com um *Hino a Satanás*. O orgulho luciferino de Hegel deu aula, e não se compreende se a figura gigante que domina no centro da gravura de Doré, despida com os braços e o vulto levantados para o céu coberto de nuvens (enquanto a torre se sobressai obscura sobre os operários que transportam os imensos cubos de mármore) estará desafiando orgulhosa ou amaldiçoando derrotada um Deus cruel – mas certamente sem aceitar humildemente o próprio destino.

Genette (1976, p.161) lembra-nos o quanto a ideia da *confusio linguarum* como uma *felix culpa* esteve presente em autores românticos como Nodier: as línguas naturais são perfeitas *justamente* enquanto plurais, porque a verdade é múltipla, e a mentira consiste em considerá-la única e definitiva.

A TRADUÇÃO

No fim da sua longa procura, a cultura europeia encontra-se diante da necessidade urgente de uma língua veicular que recomponha as suas fraturas linguísticas, hoje mais graves do que nunca. Mas a Europa se acha no dever de fazer as contas também com a própria vocação histórica, como continente que gerou línguas diferentes, cada uma das quais, mesmo a mais periférica, exprime o "gênio" de um grupo étnico, e continua sendo veículo de uma tradição milenária. Mas será possível harmonizar a necessidade de uma língua veicular única com a necessidade da defesa das tradições linguísticas?

Os dois problemas vivem de modo paradoxal da mesma contradição teórica e das mesmas possibilidades práticas. O limite de uma língua veicular universal é o mesmo das línguas naturais em que é decalcada: essa língua pressupõe um princípio de traduzibilidade. Se uma língua universal veicular prevê que pode verter os textos de qualquer outra língua é porque, apesar de existir um "gênio" de cada língua particular, apesar de cada língua constituir uma forma muito rígida de ver, organizar e interpretar o mundo, admite-se que, mesmo assim, seja possível traduzir de uma língua para outra.

Mas se este é um limite e uma possibilidade das linguagens universais *a posteriori*, é também um limite e uma possibilidade das línguas naturais: de fato, é possível traduzir os pensamentos expressos nas línguas naturais em uma língua *a posteriori* por ser possível traduzir de uma língua natural para uma outra língua.

Que o problema da tradução possa pressupor uma língua perfeita foi uma intuição de Walter Benjamin. Com efeito, não havendo nunca a possibilidade de reproduzir em outra língua distinta os significados da língua-fonte, é preciso entregar-se ao sentimento de uma convergência entre todas as línguas, enquanto "em cada uma delas, tomada como um todo, é entendida como uma única e a mesma realidade, que no entanto não é acessível a nenhuma delas singularmente, mas somente na totalidade das suas intenções mutuamente complementares: a língua pura" (Benjamin, 1923, p.42). Mas esta *reine Sprache* não é uma língua. Se não esquecermos as fontes cabalísticas e místicas do pensamento de Benjamin, podemos perceber a sombra, muito dominante, das línguas sagradas, algo de muito mais semelhante ao gênio secreto das línguas pentecostais e da Língua dos Pássaros, do que nas fórmulas de uma língua *a priori*. "O anseio da tradução não pode ser pensado sem essa *correspondência* com o pensamento de Deus" (Derrida, 1987, p.217; cf. também Steiner, 1975, p.63).

Entretanto, quem recorre a uma língua parâmetro que deve ter alguma característica das línguas *a priori* são certamente conhecidos estudiosos da tradução mecânica. Na realidade, deve haver um *tertium comparationis* que permita passar da expressão de uma língua A para a de uma língua B, decidindo que ambas resultam equivalentes a uma expressão metalinguística C. Mas, se esse *tertium* existe, seria a língua perfeita, e, se não existe, continua um simples postulado da atividade de traduzir.

A menos que o *tertium comparationis* não seja uma língua natural tão flexível e poderosa a ponto de poder ser chamada "perfeita" entre todas. O jesuíta Ludovico Bertonio publicou, em 1603, uma *Arte de lengua aymara* e, em 1612, um *Vocabulário de la lengua aymara* (uma língua falada ainda hoje numa região entre a Bolívia e o Peru), e percebeu que se tratava de um idioma de imensa flexibilidade, capaz de uma incrível vitalidade para criar neologismos, apto particularmente a exprimir abstrações, a ponto de levantar a suspeita de que se tratava do efeito de um "artifício". Dois séculos depois, Emeterio Villamil de Rada podia falar a respeito dessa língua, definindo-a como língua adâmica, expressão de "uma ideia anterior à formação da língua", fundada em "ideias necessárias e imutáveis" e, portanto, língua filosófica, se é que um dia existiram tais ideias (*La lengua de Adan*, 1860). Cedo ou tarde devia chegar alguém que procurasse nela raízes semitas, e aconteceu.

Estudos mais recentes estabeleceram que a língua aimará, em lugar de basear-se na lógica bivalente (verdadeiro-falso) em que se apoia o pensamento ocidental, ela se fundamenta em uma lógica trivalente, sendo, por isso, capaz de exprimir sutilezas modais que as nossas línguas captam somente à custa de trabalhosas perífrases. E, para terminar, agora há quem proponha o estudo da língua aimará para resolver problemas de tradução computadorizada (a respeito desses informes e ampla bibliografia, cf. Guzmán de Rojas, s.d.). Na verdade, além de outras coisas, "pela sua natureza algarítmica, a sintaxe da linguagem aimará facilita muito a tradução de qualquer outro idioma nos próprios termos (mas não ao contrário)" (L. Ramiro Beltran, em Guzmán de Rojas, s.d., p.iii). Por causa da sua perfeição, a língua aimará poderia exprimir qualquer pensamento expresso em outras línguas traduzíveis mutuamente, mas o preço a pagar seria o de que tudo aquilo que a língua perfeita resolve nos próprios termos deixaria de ser reproduzível nos nossos idiomas naturais.

Seria possível contornar esses inconvenientes admitindo que, como fazem correntes recentes, a tradução será um fato meramente interior da língua de destinação, e ela própria deve resolver no próprio âmbito, e conforme o contexto, os problemas semânticos e sintáticos colocados pelo texto originário. Nesse sentido, portanto, estamos fora da problemática das línguas perfeitas, porque se trata de compreender expressões produzidas segundo o gênio de uma língua-fonte e criar uma paráfrase "satisfatória" (mas segundo quais critérios?) respeitando o gênio da língua de destinação.

A dificuldade teórica do problema já fora delineada por Humboldt. Se nenhuma palavra de uma língua fosse totalmente igual a uma palavra de outra língua, tornar-se-ia impossível traduzir; exceto o caso de entender a tradução como a atividade, por nada regulamentada e formalizada, mediante a qual é possível compreender coisas que mediante a nossa língua jamais conseguiríamos conhecer.

Mas se a tradução fosse apenas isso teríamos um paradoxo curioso: a possibilidade de uma relação entre duas línguas, A e B, se efetuaria somente quando A se fechasse na plena realização de si mesma, admitindo ter entendido B, de que, porém, não pode dizer mais nada, porque tudo aquilo que se atribui a B está expresso em A.

A busca da língua perfeita na cultura europeia 377

Entretanto, é possível pensar não em uma terceira língua parâmetro, mas em um instrumento comparativo, que em si não seja uma língua, e que (mesmo aproximadamente) possa ser expresso em qualquer língua, permitindo, todavia, comparar duas estruturas linguísticas que em si são admitidas como indetermináveis. Esse instrumento funcionaria pela mesma razão pela qual cada língua se esclarece nos próprios termos por meio de um *princípio de interpretância*: a própria língua natural serve continuamente de metalinguagem para si própria, mediante aquele processo que Peirce (cf. Eco, 1979, p.2) chamava de *semiose ilimitada*.

Veja-se, por exemplo, a tabela proposta por Nida (1975, p.75) para explicar a diferença semântica entre uma série de verbos de movimento (cf. Figura 17.1).

Aqui, o inglês está explicando a si mesmo que, se *to walk* significa caminhar, apoiando sempre e de modo alternado ora uma, ora outra perna no chão, *to hop* significa andar apoiando repetidamente só uma das duas pernas. Obviamente, o princípio de interpretância exige que o locutor inglês esclareça o que significa *limb*, e qualquer outro termo que apareça na interpretação da expressão verbal, valendo a exigência posta por Degérando a propósito da infinita análise semântica que exige de nós um termo aparentemente primitivo como *caminhar*. Mas uma língua, por assim dizer, confia sempre em achar termos menos controvertidos para esclarecer por meio deles outros termos cuja definição é mais difícil, mesmo mediante conjeturas, suposições e aproximações.

Esse princípio vale também para a tradução. O português tem certamente termos praticamente sinônimos para traduzir *to run* (correr) e *to walk* (caminhar), *to dance* (dançar) e *to crawl* (rastejar), mas tem dificuldade para encontrar um sinônimo de *to hop* (que os dicionários vertem com a expressão "pular com uma perna só") e é totalmente inadequado traduzir *to skip*, que se torna "saltitar", "balançar-se", "dar pulinhos", e não exprime o movimento

Figura 17.1.

	run	walk	hop	skip	jump	dance	crawl
1. one or another limb always in contact vs. no limb at times in contact	−	+	−	−	−	$\pm$	+
2. order of contact	1-2-1-2	1-2-1-2	1-1-1 or 2-2-2	1-1-2-2	not relevant	variable but rhythmic	1-3-2-4
3. number of limbs	2	2	1	2	2	2	4

de alguém que pula duas vezes só com uma perna e duas vezes com a outra.

Entretanto, se não sabemos definir *to skip*, sabemos definir os termos que o interpretam, como *limb, order of contact, number of limbs*, talvez ajudando-nos com referências a contextos e circunstâncias, conjeturando que aquele "contato" precisa ser entendido como contato com a superfície em que se movimenta... Não se trata de ter à disposição uma língua parâmetro. Admite-se, porém, que em cada cultura haja um sinônimo para *limb* no sentido de "membro do corpo", porque a estrutura do corpo humano é a mesma para todas as espécies, e as mesmas articulações dos nossos membros provavelmente permitem a cada cultura distinguir entre a mão e o braço, a palma da mão e os dedos, e, nos dedos, falange, falanginha e falangeta (isso poderia valer também para uma cultura que, segundo o padre Mersenne, estivesse disposta a nomear cada poro individual, cada circunvolução de uma marca digital). Todavia, partindo mais uma vez daquilo que é mais conhecido para chegar ao menos conhecido, procede-se por meio de "ajustes" sucessivos, pelo que seria possível dizer, em português, o que está acontecendo quando se diz, em inglês, *John hops*.

Tal possibilidade não concerne somente à prática de tradução, mas também à possibilidade de convivência em um continente multilíngue por vocação. O problema da cultura europeia do futuro não está certamente no triunfo do poliglotismo total (quem soubesse falar todas as línguas seria parecido com Funes el Memorioso de Borges, com a mente ocupada por infinitas imagens), mas em uma comunidade de pessoas que podem captar o espírito, o perfume e o clima de uma fala diferente. Uma Europa de poliglotas não é uma Europa de pessoas que falam corretamente muitas línguas, mas, no melhor dos casos, de pessoas que se podem encontrar falando cada uma a própria língua e entendendo a do outro, que, embora não soubesse falar a mesma língua de maneira fluente, pudesse, no entanto, compreendendo-a, mesmo com dificuldade, compreender assim o "gênio", isto é, o universo cultural que cada qual exprime falando a língua dos seus ancestrais e da própria tradição.

O DOM DE ADÃO

De que natureza era o dom das línguas que os Apóstolos receberam? Ao ler São Paulo (Coríntios 1,12-3), podemos supor que se trata da *glossolalia* (e, portanto, do dom de alguém se exprimir em uma língua estática, que todos compreendiam como se fosse a própria língua). Mas, no livro dos Atos dos Apóstolos 2, narra-se que, no dia de Pentecostes, "de repente veio do céu um ruído como o agitar de um vendaval impetuoso, que encheu toda a casa onde se encontravam. Apareceram-lhes, então, línguas como de fogo, que se repartiam e que pousaram sobre cada um deles. E todos ficaram repletos do Espírito Santo e começaram a falar em *outras* línguas". Portanto, teriam recebido o dom, se não da *xenoglossia* (isto é, do poliglossismo), ao menos de um serviço místico de tradução em comunicação simultânea. Não estamos brincando: a diferença não é de pouca importância. No primeiro caso, teria sido restituída aos Apóstolos a possibilidade de falar a língua sagrada pré-babélica. E, no segundo, teria sido concedida a eles a graça de reencontrar em Babel não um sinal de uma derrota, ou uma ferida a ser sarada a qualquer custo, mas a chave de uma aliança e de uma nova concórdia.

Não vamos tentar explicar as Sagradas Escrituras no sentido das nossas finalidades, como fizeram de maneira imprudente muitos protagonistas da nossa história. Na verdade, a nossa história foi a história de um mito e de uma esperança. Mas para cada mito existe um outro oposto, que esboça uma esperança alternativa. Se a nossa história não tivesse se limitado à Europa, mas conseguido passar por outras civilizações, teríamos encontrado – nos limites da civilização

A busca da língua perfeita na cultura europeia 381

europeia, entre os séculos X e XI –, um outro mito, narrado pelo árabe Ibn Hazm (cf. Arnaldez, 1981; Khassaf, 1992a, 1992b).

No início existia uma língua dada por Deus, graças à qual Adão conhecia a essência das coisas, e era uma língua que propiciava um nome a cada coisa, fosse ela substância ou acidente, e uma coisa para cada nome. Mas, em determinado momento, Ibn Hazm parece contradizer-se, como se a equivocidade tivesse sido dada certamente pela presença de homônimos, afirmando que uma língua poderia ser perfeita também se abrangesse infinitos sinônimos, contanto que, mesmo nomeando de muitas maneiras a mesma coisa, fizesse isso sempre de forma adequada.

A razão é que as línguas não podem ter nascido por convenção, considerando que, para os homens concordarem a respeito das suas regras, necessitariam de uma língua precedente; mas, se tal língua existisse, por que os homens deveriam preocupar-se em construir outras línguas, enfrentando um empreendimento fadigoso e não justificado? Resta para Ibn Hazm somente uma explicação: a língua originária *incluía todas as línguas*.

A divisão sucessiva (que, aliás, já o Corão enxergava como evento natural e não como maldição, cf. Borst, 1957-1963, I, p.325), não foi provocada pela invenção de novas línguas, mas pela fragmentação da única língua que existia *desde o início (ab initio)*, e na qual todas as outras línguas estavam contidas. Por isso, todos os homens são capazes de compreender a revelação corânica, seja qual for a língua em que estiver expressa. Deus fez descer o Corão em árabe somente para torná-lo compreensível ao seu povo, e não porque tal língua gozasse de um privilégio particular. Em qualquer língua, os homens podem descobrir o espírito, o sopro, o perfume, os vestígios do polilinguismo originário.

Vamos tentar aceitar tal sugestão que nos vem de longe. A língua-mãe não era uma língua única, mas sim o conjunto de todas as línguas. Talvez Adão não tenha recebido esse dom, mas que ele lhe tenha sido apenas prometido, e o pecado original interrompeu a sua lenta aprendizagem. Mas ficou como herança para os seus filhos a tarefa de conquistar-se a plena e reconciliada senhoria da Torre de Babel.

Referências bibliográficas

AARSLEFF, Hans. *From Locke to Saussure*. Minneapolis: University of Minnesota Press, 1982. [Ed. ital.: *Da Locke a Saussure*. Bolonha: Il Mulino, 1984.]

ALESSIO, Franco. *Mito e scienza in Ruggero Bacone*. Milão: Ceschina, 1957.

ARNALDEZ, Roger. *Grammaire et théologie chez Ibn Hazm de Cordue*. Paris: Vrin, 1981.

ARNOLD, Paul. *Histoire des Rose-Croix et les origines de la Franc-Maçonnerie*. Paris: Mercure, 1955. [Ed. ital.: *Storia dei Rosa-Croce*. Milão: Bompiani, 1989.]

BALTRUŠAITIS, Jurgis. *La Quête d'Isis*: essai sur la légende d'un mythe. Introduction à l'egyptomanie. Paris: Flammarion, 1967. [Ed. ital.: *La ricerca di Iside*. Milão: Adelphi, 1985.]

BARONE, Francesco. *Logica formale e logica trascendentale*. Turim: Edizioni di "Filosofia", 1964.

_____ (Ed.). *Gottfried W. Leibniz*: scritti di logica. Bolonha: Zanichelli, 1968.

BASSI, Bruno. Were it Perfect, Would it Work Better? Survey of a Language for Cosmic Intercourse. In: PELLEREY, Roberto (Ed.). Le lingue perfette. *Versus: Quaderni di Studi Semiotici*, n.61-3, ed. esp., p.261-70, 1992.

BAUSANI, Alessandro. *Geheim-und Universalsprachen*: Entwicklung und Typologie. Stuttgart: Kohlhammer, 1970. [Ed. ital.: *Le lingue inventate*. Roma: Ubaldini, 1974.]

BENJAMIN, Walter. Die Aufgabe des Übersetzers. In: *Gesammelte Schriften*. Frankfurt am Main: Suhrkamp, [1923]1955. [Ed. bras.: A tarefa do tradutor. In: *Escritos sobre mito e linguagem*. São Paulo: Editora 34, 2011. p.101-19.]

BERNARDELLI, Andrea. Il concetto di carattere universale nella *Encyclopédie*. In: PELLEREY, Roberto (Ed.). Le lingue perfette. *Versus: Quaderni di Studi Semiotici*, n.61-3, ed. esp., p.163-72, 1992.

BETTINI, Maurizio. E Dio creò la fibra ottica. *La Repubblica*, 28 mar. 1992.

BIANCHI, Massimo L. *Signatura rerum*: segni, magia e conoscenza da Paracelso a Leibniz. Roma: Edizioni dell'Ateneo, 1987.

BLASI, Giulio. Stampa e filosofia naturale nel XVII secolo: l'*Abecedarium novum naturae* e i "characteres reales" di Francis Bacon. In: PELLEREY, Roberto (Ed.). Le lingue perfette. *Versus: Quaderni di Studi Semiotici*, n.61-3, ed. esp., p.101-36, 1992.

BLAVIER, André. *Le Fous littéraires*. Paris: Veyrie, 1982.

BONERBA, Giuseppina. Comenio: utopia, enciclopedia e lingua universale. In: ECO, Umberto et al. *La ricerca della lingua perfetta nella cultura europea*. Seconda parte: XVI-XVII secolo. Bolonha: Cátedra de Semiótica; Universidade de Bolonha, 1992. p.189-98. [mimeo., 1991-1992.]

BORA, Paola. Introduzione. In: ROUSSEAU, Jean-Jacques. *Saggio sull'origine delle lingue*. Turim: Einaudi, 1989. p.VII-XXXII.

BORST, Arno. *Der Turmbau von Babel*: Geschichte der Meinungen über den Ursprung und Vielfalt der Sprachen und Völker. 6v. Stuttgart: Hiersemann, 1957-1963.

BRAGUE, Rémi. *Europe, la voie romane*. Paris: Criterion, 1992.

BREKLE, Herbert E. The Seventeenth Century. In: SEBEOK, Thomas A. (Ed.). *Current Trends in Linguistics*. XIII/1: Historiography of Linguistics. Haia; Paris: Mouton, 1975. p.277-382.

BRUNET, Gustave (Philomneste Junior). *Les Fous littéraires*. Bruxelas: Gay et Doucé, 1880.

BURNEY, Pierre. *Les Langues internationales*. Paris: Presses Universitaires de France, 1966.

BUSSE, Winfried; TRABANT, Jürgen (Eds.). *Les Idéologues*. Amsterdã: Benjamins, 1986.

BUZZETI, Dino; FERRIANI, Maurizio (Eds.). *La grammatica del pensiero*. Bolonha: Il Mulino, 1986.

CALIMANI, Riccardo. *Storia dell'ebreo errante*. Milão: Rusconi, 1987.

CALVET, Louis-Jean. *Les Langues véhiculaires*. Paris: Presses Universitaires de France, 1981.

CANTO, Monique. L'invention de la grammaire. In: POIRIER, Jean-Louis et al. Le mythe de la langue universelle. *Critique*, Paris: Minuit, n.387-8, ed. esp., p.707-19, ago.-set. 1979.

CARRERAS Y ARTAU, Joaquín. *De Ramón Llull a los modernos ensayos de formación de una lengua universal*. Barcelona: Consejo Superior de Investigaciónes Científicas, Delegación de Barcelona, 1946.

CARRERAS Y ARTAU, Tomás; CARRERAS Y ARTAU, Joaquín. *Historia de la filosofía española*: filósofos cristianos de los siglos XII al XV. Madri: Real Academia de Ciencias Exactas, Físicas y Naturales, 1939.

CASCIATO, Maristella; IANNIELLO, Maria Grazia; VITALE, Maria (Eds.). *Enciclopedismo in Roma barocca*: Athanasius Kircher e il Museo del Collegio Romano tra Wunderkammer e Museo Scientifico. Veneza: Marsilio, 1986.

CAVALLI-SFORZA, Luigi Luca. Genes, Peoples and Languages. *Scientific American*, v.265, p.104-10, 1991.

_____ et al. Reconstruction of Human Evolution: Bridging Together Genetic, Archeological, and Linguistic Data. *Proceedings of the National Academy of Sciences of the USA*, v.85, p.6002-6, 1988.

CELLIER, Léon. *Fabre d'Olivet*: contribution à l'étude des aspects religieux du Romantisme. Paris: Nizet, 1953.

CEÑAL, Ramón. Un anónimo español citado por Leibniz. *Pensamiento*, v.VI, n.2, p.201-3, 1946.

CERQUIGLINI, Bernard. *La Naissance du français*. Paris: Presses Universitaires de France, 1991.

CHOMSKY, Noam. *Cartesian Linguistics*: a Chapter in the History of Rationalistic Thought. Nova York: Harper & Row, 1966. [Ed. ital.: *Linguistica cartesiana*: un capitolo nella storia del pensiero razionalista. Saggi linguistici. 3. Filosofia del linguaggio: ricerche teoriche e stori-che. Turim: Boringhieri, 1969. p.41-128.]

CLAUSS, Sidonie. "John Wilkins" Essay Toward a Real Character: its Place in the Seventeenth-Century Episteme. *Journal of the History of Ideas*, v.XLIII, n.4, p.531-53, 1982.

CLULEE, Nicholas H. *John Dee's Natural Philosophy*. Londres: Routledge and Kegan Paul, 1988.

COE, Michael D. *Breaking the Maya Code*. Londres: Thames and Hudson, 1992.

COHEN, Murray. *Sensible Worlds*: Linguistic Practice in England, 1640-1785. Baltimore: Johns Hopkins University Press, 1977.

CORTI, Maria. *Dante a un nuovo crocevia*: le lettere. Florença: Libreria Commissionaria Sansoni, 1981. [Società Dantesca Italiana. Centro di Studi e Documentazione Dantesca e Medievale, Quaderno 1.]

_____. Postille a una recensione. *Studi Medievali*, serie terza, v.XXV, n.2, p.839-45, 1984.

COSENZA, Giovanna. *Il linguaggio del pensiero come lingua perfetta*. Bolonha, 1993. Tese (Doutorado em Pesquisa de Semiótica) – Universidade de Bolonha.

COULIANO, Ioan P. *Eros et magie à la Renaissance*. Paris: Flammarion, 1984. [Ed. ital.: *Eros e magia nel Rinascimento*. Milão: Il Saggiatore, 1987.]

COUMET, Ernest. Mersenne: dictions nouvelles à l'infini. *XVIIe siècle*, v.109, p.3-32, 1975.

COUTURAT, Louis. *La Logique de Leibniz d'après des documents inédits*. Paris: Presses Universitaires de France, 1901.

_____. *Opuscules et fragments inédits de Leibniz*. Paris: Alcan, 1903.

_____; LEAU, Leopold. *Histoire de la langue universelle*. Paris: Hachette, 1903.

_____. *Les Nouvelles langues internationales*. Paris: Hachette, 1907.

CRAM, David. George Dalgarno on *Ars signorum* and Wilkins' *Essay*. In: KOERNER, Ernst F. K. (Ed.). *Progress in Linguistic Historiography*. Amsterdã: Benjamins, 1980. p.113-21. [Apresent. International Conference on the History of the Language Sciences, Ottawa, 28-31 ago. 1978.]

_____. Language Universals and Universal Language Schemes. In: DUTZ; Klaus D.; KACZMARECK, Ludger (Eds.). *Rekonstruktion und Interpretation*: Problemgeschichtliche Studien zur Sprachtheorie von Ockham bis Humboldt. Tübingen: Narr, 1985. p.243-58.

_____. J. A. Comenius and the Universal Language Scheme of George Dalgarno. In: KYRALOVÁ, Maria; PŘÍVRATSKÁ, Jana (Eds.). *Symposium Comenianum 1986*: J. A. Comenius's Contribution to World Science and Culture. Liblice, 16-20 jun. 1986. Praga: Academia, 1989. p.181-7.

DASCAL, Marcelo. *La Sémiologie de Leibniz*. Paris: Aubier-Montaigne, 1978.

DE LUBAC, Henry. *Exegèse médiévale*. Paris: Aubier-Montaigne, 1959.

DE MAS, Enrico. *L'attesa del secolo aureo*. Florença: Olschki, 1982.

DE MAURO, Tullio. A proposito di J. J. Becher: bilancio della nuova linguistica. *De Homine*, v.7-8, p.134-46, 1963.

_____. *Introduzione alla semantica*. Bari: Laterza, 1965.

DEMONET, Marie-Lucie. *Les Voix du signe*: nature et origine du langage à la Renaissance (1480-1580). Paris: Champion, 1992.

DE MOTT, Benjamin. Comenius and the Real Character in England. *Modern Language Association of America*, v.70, p.1068-81, 1955.

DERRIDA, Jacques. *De La Grammatologie*. Paris: Minuit, 1967. [Ed. bras.: *Gramatologia*. 2.ed. São Paulo: Perspectiva, 2013.]

_____. Des Tours de Babel (1980). In: *Psyché*: inventions de l'autre. t.I. Paris: Galilée, 1987. p.203-36.

DI CESARE, Donatella. Introduzione. In: HUMBOLDT, Wilhelm von. *La diversità delle lingue*. Roma; Bari: Laterza, 1991. p.XI-XCVI. [2.ed., 1993.]

DIDEROT, Denis; D'ALEMBERT, Jean Le Rond. *Enciclopédia*. v.1. São Paulo: Editora Unesp, 2015a.

_____. *Enciclopédia*. v.2. São Paulo: Editora Unesp, 2015b.

DRAGONETTI, Roger. La conception du langage poétique dans le *De vulgari eloquentia* de Dante. In: Aux frontières du langage poétique: études sur Dante, Mallarmé et Valéry. *Romanica Gandensia*, v.IX, ed. esp., p.9-77, 1961. [n. monog.]

_____. Dante face à Nemrod. In: POIRIER, Jean-Louis et al. Le mythe de la langue universelle. *Critique*, Paris: Minuit, n.387-8, ed. esp., p.690-706, ago.-set. 1979.

DROIXHE, Daniel. *La Linguistique et l'appel de l'histoire (1600-1800)*. Genebra: Droz, 1978.

_____. Langues mères, vierges folles. *Le Genre Humaine*, p.141-8, mar. 1990.

DUBOIS, Claude-Gilbert. *Mythe et langage au XVIe siècle*. Bordeaux: Ducros, 1970.

DUPRÉ, John. Natural Kinds and Biological Taxa. *The Philosophical Review*, v.XC, n.1, p.66-90, 1981.

DUTENS, Ludovicus (Ed.). *Gottfried W. Leibniz*: Opera omnia. Genebra: De Tournes, 1768.

ECO, Umberto. *Il problema estetico in Tommaso d'Aquino*. Milão: Bompiani, 1956. [2.ed., 1970.]

_____. *Trattato di semiotica generale*. Milão: Bompiani, 1975. [Ed. bras.: *Tratado geral de semiótica*. 3.ed. São Paulo: Perspectiva, 2000.]

_____. *Lector in fabula*. Milão: Bompiani, 1979. [Ed. bras.: *Lector in fabula*. 2.ed. São Paulo: Perspectiva, 2012.]

_____. *Semiotica e filosofia del linguaggio*. Turim: Einaudi, 1984. [Ed. port.: *Semiótica e filosofia da linguagem*. Lisboa: Instituto Piaget, 2001.]

_____. L'epistola XIII, l'allegorismo medievale, il simbolismo moderno. In: *Sugli specchi*. Milão: Bompiani, 1985. p.215-41. [Ed. port.: *Sobre os espelhos e outros ensaios*. Lisboa: Relógio d'Água, 2016.]

_____. *I limiti dell'interpretazione*. Milão: Bompiani, 1990. [Ed. bras.: Os limites da interpretação. 2.ed. São Paulo: Perspectiva, 2015.]

_____ et al. *La ricerca della lingua perfetta nella cultura europea*. Prima parte: Dalle origini al Rinascimento. Bolonha: Cátedra de Semiótica; Universidade de Bolonha, 1991. [mimeo., 1990-1991.]

_____. *La ricerca della lingua perfetta nella cultura europea*. Seconda parte: XVI--XVII secolo. Bolonha: Cátedra de Semiótica; Universidade de Bolonha, 1992. [mimeo., 1991-1992.]

EDIGHOFFER, Roland. *Rose-Croix et société idéale selon J. V. Andreae*. Neuilly-sur--Seine: Arma Artis, 1982.

ERBA, Luciano. *L'incidenza della magia nell'opera di Cyrano de Bergerac*. Milão: Vita e Pensiero, 1959. [Contrib. Seminario di Filologia Moderna. Serie Francese, I.]

Evans, Robert J. W. *Rudolf II and his World*: a Study in Intellectual History (1576-1612). Oxford: Clarendon, 1973.

FABBRI, Paolo. La Babele felice *Babelix, Babelux* [...] *ex Babele lux*. In: PRETA, Lorena (Ed.). *La narrazione delle origini*. Roma; Bari: Laterza, 1991. p.230-46. [2.ed., 1991.]

_____. Elogio di Babele. *Sfera*, v.33, p.64-7, 1993.

FANO, Giorgio. *Saggio sulle origini del linguaggio*. Torino: Einaudi, 1962. [2.ed. ampl., *Origini e natura del linguaggio*. Turim: Einaudi, 1973.]

FAUST, Manfred. "Schottelius" Concept of Word Formation. In: GECKELER, Horst; SCHLIEBEN-LANGE, Brigitte; TRABANT, Jürgen; WEYDT, Harald (Eds.). *Logos semantikos*. v.III. Berlim, Nova York; Madri: De Gruyter; Gredos, 1981. p.359-70.

FESTUGIÈRE, André-Jean. *La Révélation d'Hermès Trismégiste*. 4v. Paris: Les Belles Lettres, 1944-1954. [3.ed., 1983. 3v.]

FICHANT, Michel (Ed.). Postfazione. In: *Gottfried W. Leibniz*: de l'horizon de la doctrine humaine. Paris: Vrin, 1991. p.125-210.

FILLMORE, Charles. The Case for Case. In: BACH, Emmon; HARMS, Richard T. (Eds.). *Universals in Linguistic Theory*. Nova York: Holt, Rinehart and Winston, 1968. p.1-88.

FORMIGARI, Lia. *Linguistica ed empirismo nel Seicento inglese*. Bari: Laterza, 1970.

_____. *La logica del pensiero vivente*. Roma; Bari: Laterza, 1977.

_____. *L'esperienza e il segno*: la filosofia del linguaggio tra Illuminismo e Restaurazione. Roma: Riuniti, 1990.

FOUCAULT, Michel. *Les Mots et les choses*. Paris: Gallimard, 1966. [Ed. bras.: *As palavras e as coisas*. 10.ed. São Paulo: Martins Fontes, 2016.]

FRANK, Thomas. *Segno e significato*: John Wilkins e la lingua filosofica. Nápoles: Guida, 1979.

FRASER, Russell. *The Language of Adam*. Nova York: Columbia University Press, 1977.

FRENCH, Peter J. *John Dee*: the World of an Elizabethan Magus. Londres: Routledge and Kegan Paul, 1972.

FREUDENTHAL, Hans A. *Lincos*: Design of a Language for Cosmic Intercourse. Parte I. Amsterdã: North Holland, 1960.

FUMAROLI, Marc. Hiéroglyphes et lettres: la "sagesse mystérieuse des Anciens" au XVIIe siècle. *XVIIe siècle*, v.XL, n.158/1, ed. esp., p.7-21, 1988. [n. monog. "Hiéroglyphes, images chiffrées, sens mystérieux".]

GAMKRELIDZE, Thomas V.; IVANOV, Vyacheslav V. The Early History of Languages. *Scientific American*, v.263, n.3, p.110-6, 1990.

GARIN, Eugenio. *Giovanni Pico della Mirandola*: vita e dottrina. Florença: Le Monnier, 1937.

GENETTE, Gérard. *Mimologiques*: voyage en Cratyle. Paris: Seuil, 1976.

GENOT-BISMUTH, Jacqueline. Nemrod, l'église et la synagogue. *Italianistica*, v.IV, n.1, p.50-76, 1975.

_____. *"Pomme d'or masquée d'argent"*: les sonnets italiennes de Manoel Giudeo (Immanuel de Rome). Paris, 1988. [não publ.]

GENSINI, Stefano. *Linguistica leopardiana*: fondamenti teorici e prospettive politico-culturali. Bolonha: Il Mulino, 1984.

_____. *Il naturale e il simbolico*. Roma: Bulzoni, 1991.

_____ (Ed.). *Gottfried W. Leibniz*: dal segno alle lingue. Profilo, testi, materiali. Casale Monferrato: Marietti Scuola, 1990.

GERHARDT, Carl I. (Ed.). *Die philosophischen Schriften von G. W. Leibniz*. 7v. Berlim: Weidmann, 1875.

GIOVANNOLI, Renato. *La scienza della fantascienza*. Milão: Bompiani, 1990.

GLIDDEN, Hope H. "Polygraphia" and the Renaissance Sing: the Case of Trithemius. *Neophilologus*, v.71, p.183-95, 1987.

GOMBRICH, Ernst. *Symbolic Images*. Londres: Phaidon Press, 1972. [Ed. ital.: *Immagini simboliche*. Turim: Einaudi, 1978.]

GOODMAN, Feliciana. *Speaking in Tongues*: a Cross-Cultural Study of Glossolalia. Chicago: Chicago University Press, 1972.

GOODMAN, Nelson. *Languages of Art*. Indianápolis: Bobbs-Merril, 1968. [Ed. port.: *Linguagens da arte*. Lisboa: Gradiva, 2006.]

GORNI, Guglielmo. *Lettera nome numero*: l'ordine delle cose in Dante. Bolonha: Il Mulino, 1990.

GRANGER, Gilles-Gaston. Langue universelle et formalisation des sciences: un fragment inédit de Condorcet. *Revue d'Histoire de Sciences et de Leur Applications*, v.VII, n.3, p.197-219, 1954.

GREENBERG, Joseph H. Language Universals. In: SEBEOK, Thomas A. (Ed.). *Current Trends in Linguistics*. III: Theoretical Foundations. Haia; Paris: Mouton, 1966. p.61-112.

_____ (Ed.). *Universals of Language*. Cambridge, MA: MIT Press, 1963.

GRUA, Gaston (Ed.). *Gottfried W. Leibniz*: textes inédits de la Bibliothèque Provinciale de Hanovre. Paris: Presses Universitaires de France,1948.

GUZMÁN DE ROJAS, Iván. *Problemática logico-linguística de la comunicación social con el pueblo Aymara*. Con los auspicios del Centro Internacional de Investigaciónes para el Desarrollo de Canada, [s.d.]. [mimeo.]

HAGÈGE, Claude. Babel: du temps mythique au temps du langage. *Revue Philosophique de la France et de l'Étranger*, v.CIII, n.168/4, ed. esp., p.465-79, 1978. [n. monog. "Le langage et l'homme".]

_____. Le souffle de la langue: voies et destins des parlers d'Europe. Paris: Odile Jacob, 1992.

HAIMAN, John. Dictionaries and Encyclopedias. *Lingua*, v.50, n.4, p.329-57, 1980.

HEILMANN, Luigi. J. J. Becher: un precursore della traduzione meccanica. *De Homine*, v.7-8, p.131-4, 1963.

HEWES, Gordon W. *Language Origins*: a Bibliography. Haia; Paris: Mouton, 1975.

_____. Implications of the Gestural Model of Language Origin for Human Semiotic Behavior. In: CHATMAN, Seymour; ECO, Umberto; KLINKENBERG, Jean-Marie (Eds.). *A Semiotic Landscape*: Panorama Sémiotique. Haia; Paris; Nova York: Mouton, 1979. p.1113-5.

HJELMSLEV, Louis. *Prolegomena to a Theory of Language*. Madison: University of Wisconsin Press, 1943. [Ed. bras.: *Prolegômenos a uma teoria da linguagem*. 2.ed. São Paulo: Perspectiva, 2013.]

HOCHSTETTER, Erich et al. *Herrn von Leibniz's Rechnung mit Null und Eins*. Berlim: Siemens, 1966. [Ed. ital.: *Leibniz*: Calcolo con zero e uno. Milão: Etas Kompass, 1971.]

HOLLANDER, Robert. Babytalk in Dante's Commedia. In: *Studies in Dante*. Ravena: Longo, 1980. p.115-29.

IDEL, Moshe. Hermeticism and Judaism. In: MERKEL, Ingrid; DEBUS, Allen G. (Eds.). *Hermeticism and the Renaissance*. Washington; Londres; Toronto: Folger Shakespeare Library; Associated University Press, 1988a. p.59-78.

_____. *Kabbalah*: New Perspectives. New Haven: Yale University Press, 1988b. [Ed. bras.: *Cabala*: novas perspectivas. São Paulo: Perspectiva, 2000.]

_____. *The Mystical Experience of Abraham Abulafia*. Albany: State University of New York Press, 1988c.

_____. *Studies in Ecstatic Kabbalah*. Albany: State University of New York Press, 1988d.

_____. *Language, Torah, and Hermeneutics in Abraham Abulafia*. Albany: State University of New York Press, 1989.

IVANOV, Vjačeslav V. Reconstructing the Past. *Intercom*, Los Angeles: University of California, v.15, n.1, p.1-4, 1992.

JACQUEMIER, Myriem. Le mythe de Babel et la Kabbale chrétienne au XVIᵉ siècle. *Nouvelle Revue du Seizième Siècle*, v.10, p.51-67, 1992.

JOHNSTON, Mark D. *The Spiritual Logic of Ramón Llull*. Oxford: Clarendon, 1987.

KHASSAF, Atiyah. *Simiyā, jafr,ilm al-hurūf e i simboli segreti ("asrar") della scienza delle lettere nel sufismo*. Bolonha, 1992a. Tese (Doutorado em Pesquisa de Semiótica) – Universidade de Bolonha.

_____. Le origini del linguaggio secondo i musulmani medievali. In: PELLEREY, Roberto (Ed.). Le lingue perfette. *Versus: Quaderni di Studi Semiotici*, n.61-3, ed. esp., p.71-90, 1992b.

KNOWLSON, James. *Universal Language Schemes in England and France, 1600-1800*. Toronto; Buffalo: University of Toronto Press, 1975.

KNOX, Dilwyn. Ideas on Gesture and Universal Languages, c. 1550-1650. In: HENRY, John; HUTTON, Sarah (Eds.). *New Perspectives on Renaissance Thought*. Londres: Duckworth, 1990. p.101-36.

KUNTZ, Marion L. *Guillaume Postel*. Haia: Nijhoff, 1981.

LA BARRE, Weston. Paralinguistics, Kinesics, and Cultural Anthropology. In: SEBEOK, Thomas A.; HAYES, Alfred S.; BATESON, Mary C. (Eds.). *Approaches to Semiotics*. Haia: Mouton, 1964. p.199-238. [Ed. ital.: Paralinguistica, cinesica e antropologia culturale. In: Thomas A. Sebeok; Alfred S. Hayes; Mary C. Bateson (Eds.). *Paralinguistica e cinesica*. Milão: Bompiani, 1970. p.279-321.]

LAMBERTI, Vitaliano. *Una voce per il mondo*: Lejzer Zamenhof, il creatore dell'Esperanto. Milão: Mursia, 1990.

LAND, Stephen K. *From Signs to Propositions*: the Concept of Form in Eighteenth-Century Semantic Theory. Londres: Longman, 1974.

LE GOFF, Jacques. *La Civilisation de l'Occident médiéval*. Paris: Arthaud, 1964. [Ed. bras.: *A civilização do Ocidente medieval*. Petrópolis: Vozes, 2016.]

LEPSCHY, Guilio C. (Ed.). *Storia della linguistica*. 2v. Bolonha: Il Mulino, 1990.

LINS, Ulrich. *La danĝera lingvo*. Gerlingen: Bleicher Eldonejo, 1988. [Ed. ital.: *La lingua pericolosa*. Piombino: Tracc/Edizioni, 1990.]

LLINARES, Armand. *Raymond Lulle, philosophe de l'action*. Paris: Presses Universitaires de France, 1963.

LOHR, Charles H. Metaphysics. In: SCHMITT, Charles B.; SKINNER, Quentin; KESSLER, Eckhard; KRAYE, Jill (Eds.). *The Cambridge History of Renaissance Philosophy*. Cambridge: Cambridge University Press, 1988. p.537-638.

LO PIPARO, Franco. Due paradigmi linguistici a confronto. In: DI CESARE, Donatella; GENSINI, Stefano (Eds.). *Le vie di Babele*: percorsi di storiografia linguistica (1600-1800). Casale Monferrato: Marietti Scuola, 1987. p.1-9.

LOSANO, Mario G. Gli otto trigrammi ("pa kua") e la numerazione binaria (1971). In: HOCHSTETTER, Erich et al. *Herrn von Leibniz's Rechnung mit Null und Eins*. Berlim: Siemens, 1966. [Ed. ital.: *Leibniz: Calcolo con zero e uno*. Milão: Etas Kompass, 1971. p.17-38.]

LOVEJOY, Arthur O. *The Great Chain of Being*. Cambridge, MA: Harvard University Press, 1936. [Ed. bras.: *A grande cadeia do ser*. São Paulo: Palindromo, 2005.]

MAIERÙ, Alfonso. Dante al crocevia? *Studi Medievali*, serie terza, v.XXIV, n.2, p.735-48, 1983.

_____. Il testo come pretesto. *Studi Medievali*, serie terza, v.XXV, n.2, p.847-55, 1984.

MANETTI, Giovanni. *Le teorie del segno nell'antichità classica*. Milão: Bompiani, 1987.

MARCONI, Luca. Mersenne e l'"Harmonie universelle". In: PELLEREY, Roberto (Ed.). Le lingue perfette. *Versus: Quaderni di Studi Semiotici*, n.61-3, ed. esp., p.101-36, 1992.

MARIGO, Aristide. De vulgari eloquentia *ridotto a miglior lezione e commentato da A. Marigo*. Florença: Le Monnier, 1938.

MARMO, Costantino. I modisti e l'ordine delle parole: su alcune difficoltà di una grammatica universale. In: PELLEREY, Roberto (Ed.). Le lingue perfette. *Versus: Quaderni di Studi Semiotici*, n.61-3, ed. esp., p.47-70, 1992.

MARRONE, Caterina. Lingua universale e scrittura segreta nell'opera di Kircher. In: CASCIATO, Maristella; IANNIELLO, Maria Grazia; VITALE, Maria (Eds.). *Enciclopedismo in Roma barocca*: Athanasius Kircher e il Museo del Collegio Romano tra Wunderkammer e Museo Scientifico. Veneza: Marsilio, 1986. p.78-86.

MARROU, Henri I. *Saint Augustin et la fin de la culture antique*. Paris: Boccard, 1958. [Ed. ital.: *Sant'Agostino e la fine della cultura antica*. Milão: Jaca Book, 1987.]

MARTINET, André. Sur quelques questions d'interlinguistique: une interview de François Lo Jacomo et Detlev Blanke. *Zeitschrift fur Phonetik, Sprach- und Kommunikationswissenschaft*, v.44, n.6, p.675-87, 1991.

MEILLET, Antoine. *Les Langues dans l'Europe nouvelle*. Paris: Payot, 1918. [2.ed., 1928.]

_____. *Aperçu d'une histoire de la langue grecque*. Paris: Hachette, 1930. [Ed. ital.: *Lineamenti di storia della lingua greca*. Turim: Einaudi, 1976.]

MENGALDO, Pier V. (Ed.). Introduzione a ALIGHIERI, Dante. *De vulgari eloquentia*. Pádua: Antenore, 1968. p.VII-CII.

_____ (Ed.). Introduzione e notes a ALIGHIERI, Dante. *De vulgari eloquentia*. In: *Opere minori*. v.2. t.II. Milão; Nápoles: Ricciardi, 1979.

MERCIER FAIVRE, Anne-Marie. *Le monde primitif* d'Antoine Court de Gébelin. *Dix-Huitième Siècle*, v.24, p.353-66, 1992.

MERKEL, Ingrid; DEBUS, Allen (Eds.). *Hermeticism and the Renaissance*. Washington; Londres; Toronto: Folger Shakespeare Library; Associated University Press, 1988.

MERKER, Nicolao; FORMIGARI, Lia (Eds.). *Herder-Monboddo*: linguaggio e società. Roma; Bari: Laterza, 1973.

MIGLIORINI, Bruno. *Manuale di Esperanto*. Milão: Cooperativa Editoriale Esperanto, 1986.

MINKOWSKI, Helmut. Turris Babel: mille anni di rappresentazioni. *Rassegna*, v.16, ed. esp., p.8-88, 1983. [n. monog. "Torre de Babel".]

MONNEROT-DUMAINE, Marcel. *Précis d'interlinguistique générale*. Paris: Maloine, 1960.

MONTGOMERY, John W. *Cross and the Crucible*: Johann Valentin Andreæ. Haia: Nijhoff, 1973.

MUGNAI, Massimo. *Astrazione e realtà*: saggio su Leibniz. Milão: Feltrinelli, 1976.

NARDI, Bruno. *Dante e la cultura medievale*. Roma; Bari: Laterza, 1942. [reed., 1985.]

NICOLETTI, Antonella. Sulle tracce di una teoria semiotica negli scritti manzoniani. In: MANETTI, Giovanni (Ed.). *Leggere i "Promessi sposi"*. Milão: Bompiani, 1989. p.325-42.

_____. "Et... balbutier en langue allemande des mots de paradis." À la recherche de la langue parfaite dans le *Divan occidental-oriental* de Goethe. In: PELLEREY, Roberto (Ed.). Le lingue perfette. *Versus: Quaderni di Studi Semiotici*, n.61-3, ed. esp., p.203-26, 1992.

NIDA, Eugene. *Componential Analysis of Meaning*: an Introduction to Semantic Structures. Haia; Paris: Mouton, 1975.

NOCERINO, Alberto. Platone o Charles Nodier: le origini della moderna concezione del fonosimbolismo. In: PELLEREY, Roberto (Ed.). Le lingue perfette. *Versus: Quaderni di Studi Semiotici*, n.61-3, ed. esp., p.173-202, 1992.

NOCK, Arthur D. (Ed.). *Corpus Hermeticum*. 4v. Paris: Les Belles Lettres, 1945-1954.

NÖTH, Winfried. *Handbuch der Semiotik*. Stuttgart: Metzler, 1985.

_____. *Handbook of Semiotics*. ed. rev. e ampl. Bloomington: Indiana University Press, 1990.

OLENDER, Maurice. *Les Langues du Paradis*. Paris: Gallimard; Seuil, 1989. [Ed.ital.: *Le lingue del paradiso*. Bolonha: Il Mulino, 1990.]

_____. L'Europe, ou comment échapper à Babel? *L'Infini*, v.42, p.18-30, 1993.

ORMSBY-LENNON, Hugh. Rosicrucian Linguistics: Twilight of a Renaissance Tradition. In: MERKEL, Ingrid; DEBUS, Allen (Eds.). *Hermeticism and the Renais-*

A busca da língua perfeita na cultura europeia 395

sance. Washington; Londres; Toronto: Folger Shakespeare Library; Associated University Press, 1988. p.311-41.

OTTAVIANO, Carmelo. *L'Ars Compendiosa de Raymond Lulle*. Paris: Vrin, 1930. [2.ed., 1981.]

PAGANI, Ileana. *La teoria linguistica di Dante*. Nápoles: Liguori, 1982.

PALLOTTI, Gabriele. Scoprire ciò che si crea: l'ebraico-egiziano di Fabre d'Olivet. In: PELLEREY, Roberto (Ed.). Le lingue perfette. *Versus: Quaderni di Studi Semiotici*, n.61-3, ed. esp., p.227-46, 1992.

PAOLINI, Monica. *Il teatro dell'eloquenza di Giulio Camillo Delminio*: uno studio sulla rappresentazione della conoscenza e sulla generazione di testi nelle topiche rinascimentali. Bolonha, 1990. Tese (Doutorado em Semiótica) – Universidade de Bolonha.

PARRET, Herman (Ed.). *History of Linguistic Thought and Contemporary Linguistics*. Berlim; Nova York: De Gruyter, 1976.

PASTINE, Dino. *Juan Caramuel*: probabilismo ed enciclopedia. Florença: La Nuova Italia, 1975.

PEIRCE, Charles S. *Collected Papers*. 8v. Cambridge, MA: Harvard University Press, 1931-1958.

PELLEREY, Roberto. *Le lingue perfette nel secolo dell'utopia*. Roma; Bari: Laterza, 1992a.

_____. La Cina e il Nuovo Mondo: il mito dell'ideografia nella lingua delle Indie. *Belfagor*, v.XLVII, n.5, p.507-22, 1992b.

_____. L'*Ars signorum* de Dalgarno: une langue philosophique. In: PELLEREY, Roberto (Ed.). Le lingue perfette. *Versus: Quaderni di Studi Semiotici*, n.61-3, ed. esp., p.147-62, 1992c.

_____. *L'azione del segno*: formazione di una teoria della pragmatica del segno attraverso la storia della teoria della percezione e della determinazione linguistica nella filosofia moderna. Bolonha, 1993. Tese (Doutorado em Pesquisa de Semiótica) – Universidade de Bolonha.

_____ (Ed.). Le lingue perfette. *Versus: Quaderni di Studi Semiotici*, n.61-3, ed. esp., 1992.

PFANN, Elvira. Il tedesco barocco. In: ECO, Umberto et al. *La ricerca della lingua perfetta nella cultura europea*. Seconda parte: XVI-XVII secolo. Bolonha: Cátedra de Semiótica; Universidade de Bolonha, 1992. p.215-29. [mimeo., 1991-1992.]

PINGREE, David (Ed.). *Picatrix*: the Latin Version. Londres: Warburg Institute, 1986.

PLATZECK, Ehrard W. La combinatoria lulliana. *Revista de Filosofía*, v.12, p.575-609, v.13, p.125-65, 1953-1954.

POIRIER, Jean-Louis et al. Le Mythe de la langue universelle. *Critique*, Paris: Minuit, v.387-8, ed. esp., ago.-set. 1979.

POLI, Diego. La metafora di Babele e le *partitiones* nella teoria grammaticale irlandese dell'*Auraicept na n-Éces*. In: _____ (Ed.). *Episteme*: in ricordo di Giorgio Raimondo Cardona. Macerata: Università di Macerata, 1989. p.179-98. [Quaderni Linguistici e Filologici, IV.]

POLIAKOV, Léon. Rêves d'origine et folie de grandeurs. *Le Genre Humaine*, p.9-23, mar. 1990. [n. monog. "Les langues mégalomanes".]

PONS, Alain. Les langues imaginaires dans le voyage utopique: un précurseur, Thomas Morus. *Revue de Littérature Comparée*, v.10, p.592-603, 1930.

_____. Le jargon de Panurge et Rabelais. *Revue de Littérature Comparée*, v.11, p.185-218, 1931.

_____. Les langues imaginaires dans le voyage utopique: les grammariens, Vairasse et Foigny. *Revue de Littérature Comparée*, v.12, p.500-32, 1932.

_____. Les langues imaginaires dans les utopies de l'âge classique. In: POIRIER, Jean-Louis et al. Le mythe de la langue universelle. *Critique*, Paris: Minuit, n.387-8, ed. esp., p.720-35, ago.-set. 1979.

PORSET, Charles. Langues nouvelles, langues philosophiques, langues auxiliaires au XIX siècle: essai de bibliographie. *Romantisme*, v.IX, n.25-6, p.209-15, 1979.

PRIETO, Luis J. *Messages et signaux*. Paris: Presses Universitaires de France, 1966. [Ed. ital.: *Lineamenti di semiologia*. Bari: Laterza, 1970.]

PRODI, Giorgio. *Le basi materiali della significazione*. Milão: Bompiani, 1977.

PRONI, Giampaolo. La terminologia scientifica e la precisione linguistica secondo C. S. Peirce. In: PELLEREY, Roberto (Ed.). Le lingue perfette. *Versus: Quaderni di Studi Semiotici*, n.61-3, ed. esp., p.247-60, 1992.

QUINE, Willard V. O. *Word and Object*. Cambridge, MA: MIT Press, 1960. [Ed. bras.: *Palavra e objeto*. Petrópolis: Vozes, 2010.]

RADETTI, Giorgio. Il teismo universalistico di Guglielmo Postel. *Annali della Regia Scuola Normale Superiore di Pisa*, v.II, n.4, p.279-95, 1936.

RASTIER, François. *Idéologie et théorie des signes*. Haia; Paris: Mouton, 1972.

RECANATI, François. La langue universelle et son "inconsistance". In: POIRIER, Jean-Louis et al. Le mythe de la langue universelle. *Critique*, Paris: Minuit, n.387-8, ed. esp., p.778-89, ago.-set. 1979.

Reilly, Conor. *Athanasius Kircher, S. J., Master of Hundred Arts*. Wiesbaden; Roma: Edizioni del Mondo, 1974.

REY-DEBOVE, Josette. *Étude linguistique et sémiotique des dictionnaires français contemporains*. Paris: Klincksieck, 1971.

RISSET, Jacqueline. *Dante écrivain*. Paris: Seuil, 1982. [Ed. ital.: *Dante Scrittore*. Milão: Mondadori, 1984.]

RIVOSECCHI, Valerio. *Esotismo in Roma barocca*: studi sul Padre Kircher. Roma: Bulzoni, 1982.

ROSIELLO, Luigi. *Linguistica illuminista*. Bolonha: Il Mulino, 1967.

ROSSI, Paolo. *"Clavis Universalis"*: arti mnemoniche e logica combinatoria da Lullo a Leibniz. Milão; Nápoles: Ricciardi, 1960. [2.ed. Bolonha: Il Mulino, 1983.]

RUSSELL, Bertrand. The Object Language. In: *An Inquiry into Meaning and Truth*. Londres: Allen and Unwin, 1940. p.62-77.

SACCO, Luigi. *Manuale di crittografia*. 3.ed. atual. ampl. Roma: Istituto Poligrafico dello Stato, 1947.

SALMON, Vivian. *The Works of Francis Lodwick*. Londres: Longman, 1972.

SALVI, Sergio. *Le lingue tagliate*. Milão: Rizzoli, 1975.

SAMARIN, William J. *Tongues of Men and Angels*: the Religious Language of Pentecostalism. Nova York: Macmillan, 1972.

SAPIR, Edward. The Function of an International Auxiliary Language. *Psyche*, v.11, n.4, p.4-15, 1931. [Ed. ital.: La funzione di una lingua internazionale ausiliare. In: Edward Sapir, *Cultura, linguaggio, personalità*. Turim: Einaudi, 1972. p.37-53.]

SAUNERON, Serge. *Les prêtes de l'ancien Égypte*. Paris: Seuil, 1957.

_____. *L'Écriture figurative dans les textes d'Esna (Esna VIII)*. Cairo: IFAO, 1982. p.45-59.

SCHANK, Roger; ABELSON, Robert P. *Scripts, Plans, Goals, and Understanding*: an Inquiry into Human Knowledge Structure. Hillsdale, NJ: Erlbaum, 1977.

SCHIPP, Arthur (Ed.). *The Philosophy of Rudolf Carnap*. Londres: Cambridge University Press, 1963. [Ed. ital.: *La filosofia di Rudolf Carnap*. Milão: Il Saggiatore, 1974.]

SCHOLEM, Gershom et al. *Kabbalistes chrétiens* ("Cahiers de l'Hermetisme"). Paris: Albin Michel, 1979.

SCOLARI, Massimo. Forma e rappresentazione della Torre di Babele. *Rassegna*, v.16, p.4-7, 1983. [n. monog. "Torre de Babel".]

SEBEOK, Thomas A. "Communication Measures to Bridge Ten Millennia". Relat. técn. Office of Nuclear Waste Isolation. Columbus: Batelle Memorial Institute, 1984.

SECRET, François. *Les Kabbalistes chrétiens de la Renaissance*. Paris: Dunod, 1964. [2.ed. Milão: Archè, 1985.]

SERRES, Michel. *Le Système de Leibniz et ses modèles mathématiques*. Paris: Presses Universitaires de France, 1968.

ŠEVORŠKIN, Vitalij (Ed.). Reconstructing Languages and Cultures. In: International Interdisciplinary Symposium on Language and Prehistory, 1, Ann Arbor, nov. 1988.

SHUMAKER, Wayne. *The Occult Sciences in the Renaissance*. Berkeley: University of California Press, 1972.

_____. *Renaissance Curiosa*. Binghamton, NY: Center for Medieval and Early Renaissance Studies, 1982.

SIMONE, Raffaele. Introduzione. In: *Grammatica e logica di Port-Royal*. Roma: Ubaldini, 1969. p.VII-L.

_____. *Seicento e Settecento*. In: LEPSCHY, Guilio C. (Ed.). *Storia della linguistica*. v.2. Bolonha: Il Mulino, 1990. p.313-95.

SLAUGHTER, Mary. *Universal Languages and Scientific Taxonomy in the Seventeenth Century*. Londres; Cambridge: Cambridge University Press, 1982.

SOTTILE, Grazia. *Postel*: la vittoria della donna e la concordia universale. Catánia, 1984. Tese – Faculdade de Ciências Políticas, Universidade de Catânia.

STANKIEWICZ, Edward. The Dithyramb to the Verb in Eighteenth and Nineteenth Century Linguistics. In: HYMES, Dell (Ed.). *Studies in History of Linguistics*. Bloomington: Indiana University Press, 1974. p.157-90.

STEINER, George. *After Babel*. Londres: Oxford University Press, 1975. [Ed. port.: *Depois de Babel*. Lisboa: Relógio D'Água, 2001.]

STEPHENS, Walter. *Giants in those Days*. Lincoln: University of Nebraska Press, 1989.

STOJAN, Petr E. *Bibliografio de Internacia Lingvo*. Genebra: Tour de I'Ile, 1929.

STRASSER, Gerhard F. *Lingua universalis*: Kryptologie und Theorie der Universalsprachen im 16. und 17. Jahrhundert. Wiesbaden: Harrassowitz, 1988.

STURLESE, Rita. Introduzione a Giordano Bruno. In: *De umbris idearum*. Florença: Olschki, 1991. p.VII-LXXVII.

TAGLIAGAMBE, Silvano. *La mediazione linguística*: il rapporto pensiero-linguaggio da Leibniz a Hegel. Milão: Feltrinelli, 1980.

TAVONI, Mirko. La linguistica rinascimentale. In: LEPSCHY, Guilio C. (Ed.). *Storia della linguistica*. v.2. Bolonha: Il Mulino, 1990. p.169-312.

TEGA, Walter. *"Arbor scientiarum"*: sistemi in Francia da Diderot a Comte. Bolonha: Il Mulino, 1984.

THORNDIKE, Lynn. *A History of Magic and Experimental Science*. 8v. Nova York: Columbia University Press, 1923-1958.

TORNITORE, Tonino. *Scambi di sensi*. Turim: Centro Scientifico Torinese, 1988.

TRABANT, Jürgen. *Apeliotes, oder der Sinn der Sprache*. Munique: Fink, 1986.

Van der Walle, Badouin; Vergote, Joseph. Traduction des *Hieroglyphica* d'Horapollon. *Chronique d'Égypte*, v.35-6, p.39-89 e 199-239, 1943.

Vasoli, Cesare. Umanesimo e simbologia nei primi scritti lulliani e mnemotecnici del Bruno. In: Castelli, Enrico (Ed.). *Umanesimo e simbolismo*. Pádua: Cedam, 1958. p.251-304.

_____. *L'enciclopedismo del Seicento*. Nápoles: Bibliopolis, 1978.

_____. Per la fortuna degli *Hieroglyphica* di Orapollo. In: Olivetti, Marco M. (Ed.). *Esistenza, mito, ermeneutica*. Pádua: Cedam, 1980. p.191-200. [Archivio di Filosofia, I.]

Viscardi, Antonio. La favella di Cacciaguida e la nozione dantesca del latino. *Cultura Neolatina*, v.II, p.311-4, 1942.

Waldman, Albert (Ed.). *Pidgin and Creole Linguistics*. Bloomington: Indiana University Press, 1977.

Walker, Daniel P. *Spiritual and Demonic Magic from Ficino to Campanella*. Londres: Warburg Institute, 1958.

_____. Leibniz and Language. *Journal of the Warburg and Courtauld Institute*, v.XXXV, p.249-307, 1972.

White, Andrew D. *A History of the Warfare of Science with Theology in Christendom*. Nova York: Appleton, 1917.

Whorf, Benjamin L. *Language, Thought, and Reality*. Cambridge, MA: MIT Press, 1956. [Ed. ital.: *Linguaggio, pensiero e realtà*. Turim: Boringhieri, 1970.]

Wirszubski, Chaim. *Pico della Mirandola's Encounter with Jewish Mysticism*. Cambridge, MA: Harvard University Press, 1989.

Worth, Sol. Pictures Can't Say "Ain't". *Versus: Quaderni di Studi Semiotici*, v.12, p.85-105, 1975.

Wright, Robert. Quest for Mother Tongue. *The Atlantic Monthly*, v.276, n.4, p.39-68, 1991.

Yaguello, Marina. *Les Fous du langage*. Paris: Seuil, 1984.

Yates, Frances. The Art of Ramon Lull: an Approach to it through Lull's Theory of the Elements. *Journal of the Warburg and Courtauld Institute*, v.XVII, p.115-73, 1954. [Reed. em: Yates, 1982. p.9-77.]

_____. Ramon Lull and John Scotus Erigena. *Journal of the Warburg and Courtauld Institute*, v.XXIII, p.1-44, 1960. [Reed. em: Yates, 1982. p.78-125.]

_____. *Giordano Bruno and the Hermetic Tradition*. Londres: Routledge and Kegan Paul, 1964. [Ed. bras.: Giordano Bruno e a tradição hermética. 2.ed. São Paulo: Cultrix, 1995.]

YATES, Frances. *The Art of Memory*. Londres: Routledge and Kegan Paul, 1966. [Ed. bras.: *A arte da memória*. Campinas: Editora da Unicamp, 2007.]

_____. *The Rosicrucian Enlightenment*. Londres: Routledge and Kegan Paul, 1972. [Ed. bras. *O iluminismo Rosa-Cruz*. São Paulo: Cultrix, 1983.]

_____. *The Occult Philosophy in the Elizabethan Age*. Londres: Routledge and Kegan Paul, 1979. [Ed. ital.: *Cabala e occultismo nell'età elisabettiana*. Turim: Einaudi, 1982.]

_____. *Lull and Bruno*. Colleted essays I. Londres: Routledge and Kegan Paul, 1982.

YOYOTTE, Jean. Jeux d'écriture: sur une statuette de la XIXe dynastie. *Revue d'Égyptologie*, v.10, p.84-9, 1955.

ZAMBELLI, Paola. Il "De Auditu Kabbalistico" e la tradizione lulliana del Rinascimento. *Atti dell'Accademia Toscana di Scienze e Lettere "La Colombaria"*, v.XXX, p.115-246, 1965.

ZINNA, Alessandro. "Glossematica dell'esperanto". Comunicação inédita ao Colégio de França, Paris, 1993.

ZOLI, Sergio. L'Oriente in Francia nell'età di Mazzarino: la teoria preadamitica di Isaac de la Peyrère e il libertinismo del Seicento. *Studi Filosofici*, v.X-XI, p.65-84, 1991.

Índice onomástico

A

Abelson, Robert P., 288

Abulafia, Abraham, 39-41, 43-5, 59-64, 138, 147

Acosta, José de, 178

Agostinho, 26-8, 90-1

Alciati, Andrea, 170

Aldrovandi, Ulisse, 183

Alemanno, Yohannan, 42, 44

Alembert, Jean Baptiste Le Rond d', 303, 313-5, 340, 363

Alexandre Magno, 23

Alexandre VII, Papa, 226

Alessio, Franco, 68

Alighieri, Dante, 47

Alsted, Johann Heinrich, 150

Ambrósio, 171

Anaximandro, 205

Andersen, Hans Christian, 354

Andreae, Johann Valentin, 199, 201, 213-4

Apolônio de Tiana, 205

Aristófanes, 170-1

Aristóteles, 22-3, 43, 90, 163, 170-1, 191, 246, 284

Armínio, 116

Arnaldez, Roger, 382

Arnim, Ludwig Achim von, 348

Arnold, Paul, 201

Artéfio, 296

Augusto de Brunswick, duque, 214

B

Bacon, Francis, 178, 231-3, 238

Baillet, Adrien, 201

Bang, Thomas, 209

Barrois, J., 127-8

Basílio, 170-1

Bassi, Bruno, 334

Bauer, Georg, 348

Bausani, Alessandro, 17

Becano, Gorópio, 114, 116, 359

Becchai, R., 100

Becher, Joaquim, 218, 221-7, 297

Beck, Cave, 221-2, 230

Benjamin, Walter, 375

Bermudo, Pedro, 226

A busca da língua perfeita na cultura europeia 403

Bernardelli, Andrea, 320
Bernini, Gian Lorenzo, 175
Bertonio, Ludovico, 376
Bettini, Maurizio, 270
Bianchi, Massimo Luigi, 136
Blasi, Giulio, 234
Blavier, André, 16, 334
Bliss, Charles B., 195
Boccalini, Traiano, 199
Boécio de Dácia, 56-7
Böhme, Jakob, 203-5
Bonerba, Giuseppina, 234
Bonet, Juan Pablo, 192
Boole, George, 309, 311, 338
Bopp, Franz, 120
Bora, Paola, 187
Borges, Jorge Luís, 160, 228, 289-90, 380
Borst, Arno, 13, 21-2, 90, 105, 113, 115, 117, 382
Bouvet, Joaquim, 309-11
Boyle, Robert, 251-2
Brosses, Charles de, 108-9, 123
Bruegel, Pieter, 373
Brunet, Gustave, 334
Bruno, Giordano, 151-9, 183
Bulwe, John, 192
Buondelmonti, Cristoforo de', 164

C
Cadmo, 114
Calimani, Ricardo, 64
Calvet, Louis-Jean, 15
Campanella, Tomás, 183, 199, 259
Canto, Monique, 341
Caramuel y Lobkowitz, Juan, 221
Carducci, Giosuè, 374

Carlos Magno, 116
Carnap, Rudolph, 339, 354, 359
Carpaccio, Júlio César, 172
Carreras y Artau, Tomás e Joaquim, 81, 150
Casaubon, Isaac, 135, 176
Casaubon, Méric, 102, 207
Casciato, Maristella, 221
Cavalli-Sforza, Luigi Luca, 133
Cellier, L., 129
Celso, 171
Ceñal, Ramón, 226
Champollion, Jean François, 166-7, 174, 176-7
Cherubini, Luigi, 332
Chlebnikov, Velimir, 15
Cícero, Marcus Tullius, 171, 191
Cirilo de Alexandria, 169
Clávio, Cristoforo (Clavius), 158, 161
Cleópatra, 167
Clulee, Nicholas H., 145, 209-10
Condorcet, Marie-Jean-Antoine Caritat (marquês de), 307
Cordovero, Moshe, 40
Corti, Maria, 56-7, 59, 63
Cosenza, Giovanna, 341
Couliano, Ioan P., 136
Coumet, Ernest, 159
Court de Gébelin, Antoine, 109-10, 123
Courtenay, Baudoin de, 354
Couturat, Louis, 13, 293, 299, 301-2, 306, 320, 326, 332-3, 345-9, 354
Cram, David, 236
Crátilo, 23-4, 100, 290
Cyrano, Hercule Savinien de, 205

404 *Umberto Eco*

D

Dalgarno, George, 192, 203, 230, 242, 251-5, 257-9, 267, 269, 274, 283, 291, 293-4, 297, 313, 349

Dascal, Marcelo, 306

De Beaufront, Louis, 355

De Cusa, Nicolau, 84-6, 92, 151, 154, 295

De Lubac, Henri, 90

De Maimieux, Joseph, 321, 323-5

De Maistre, Joseph, 130

De Mas, Enrico, 199

De Mauro, Tullio, 127, 224

De Max, St., 348

De Ria, J. P., 325

De Ryckholt, A., barão de, 113

De Sanctis, Francisco, 291

Dee, John, 142, 153, 172, 206-11

Degérando, Joseph-Marie, 125, 281, 287, 317, 369-71, 378

Della Porta, Giambatista, 146, 190

Delminio, Giulio Camillo, 192

Delormel, Jean, 320-2, 325

Demery, Paul, 12

Demonet, Marie-Lucie, 13, 91, 95, 102, 211, 368

Derrida, Jacques, 187, 372, 376

Des Vallées, 236-7

Descartes, Renè, 58, 201, 236-40, 252, 301, 328

Destutt de Tracy, Antoine-Louis-Claude, 125, 315, 360

Diderot, Denis, 193, 314-5, 340

Dietrich, Carl, 333

Diógenes Laércio, 25, 104

Dolce, Ludovico, 189

Dolgoposkij, Aron, 132

Domiciano, 175

Doré, Gustave, 374

Dormoy, Emile, 348

Douet, Jean, 178

Dragonetti, Roger, 49

Droixhe, Daniel, 108, 113, 117

Du Bos, Charles, 123

Du Marsais, César Chesneau, 124, 187

Dürer, Albrecht, 165

Duret, Claude, 97-8, 129

Dutens, Ludovicus, 309

Dyer, Frederick William, 333

E

Eckardt, E., 195

Eco, Umberto, 64, 81, 144, 253, 378

Edighoffer, Roland, 201, 214

Eleazar Ben Yudah de Worms, 40

Elisabeth I, 142

Epicuro, 104-5

Erba, Luciano, 205

Ericus, Johannes Petrus, 210-1

Erígena, João Escoto, 81

Estrabão, 23

Eusébio, 97

F

Fabre d'Olivet, Antoine, 128-9

Faiguet, Jachim, 320, 350

Falconer, John, 217

Fano, Giorgio, 109, 132

Faust, Manfred, 116, 158

Fénelon, François de Salignac de la Mothe, 321

Ferdinando III, Imperador, 182-3, 217

Fernandez, Macedônio, 14

Fichant, Michel, 158, 296

Ficino, Marsílio, 135-6, 138, 152, 163-4

Fieweger, 348
Filipe, 164, 169
Filo de Alexandria, 43
Fludd, 206
Foigny, Gabriel de, 15
Fontenelle, Bernard le Bonvier de, 363
Formigari, Lia, 17, 89, 104, 240
Foucault, Michel, 136, 228
Francisco I, 93
Francisco, São, 67
François, abade, 116
Frank, Thomas, 259, 270, 272, 275
Frederico II de Suévia, 11
Frege, Gottlob, 338
French, Peter, 149, 207
Fréret, Nicolau, 186
Freudenthal, Hans A., 334, 336

G
Galatino, Pietro, 143
Galeno, 44
Gamkrelidze, Thomas, 132
Garcilaso de la Vega, 178
Garin, Eugênio, 138, 140
Garzoni de Bagnacavalho, Tommaso, 148
Gelli, Giovan Batista, 111
Genette, Gérard, 89-90, 108-9, 374
Genot-Bismuth, Jacqueline, 62-4
Gensini, Stefano, 102, 104, 116-7, 210, 295, 300, 303, 328-9
Gerhardt, C. L., 294, 296, 299-300, 304-6, 308-9
Gessner, Konrad, 96
Giambullari, Pier Francisco, 111
Giorgi, Francesco, 143
Giovannoli, Renato, 334

Goethe, Johann Wolfgang, 372
Gombrich, Ernest, 137
Goodman, Nelson, 15, 194
Gorni, Guglielmo, 64
Granger, Gilles-Gaston, 307
Greenberg, Joseph, 131, 340
Gregoire, Abbé, 15
Gregório de Nisa, 90, 102
Grimm, Jakob von, 120, 348
Grosselin, Augustin, 332
Grócio, Ugo, 102
Grua, Gaston, 300
Guichard, Estienne, 98, 112, 129
Guldin, Pierre, 158-9, 161
Guzmán de Rojas, Iván, 377

H
Hageck, Tadeus, 190
Hagège, Claude, 367
Harris, James, 291
Harsdörffer, Georg P., 115, 158, 235
Hegel, Georg Wilhelm Friedrich, 118, 371, 374
Heilmann, Luís, 224
Helmont, Mercurius van, 98-9
Herder, Johann Gottfried, 121, 127, 291
Heródoto, 11, 62, 104
Hewes, Gordon, 132
Hilbe, Ferdinand, 333
Hildegarde di Bingen, Santa, 15
Hillel de Verona, 62-4
Hiller, Heinrich, 216
Hitler, Adolf, 360
Hjelmslev, Louis, 32, 35
Hobbes, Thomas, 103, 231
Hollander, Robert, 50
Hooke, Robert, 252

Hoole, Charles, 229
Hourwitz, Zalkind, 321, 326
Hugo, Victor, 332
Humboldt, Alexandre von, 127, 332, 377

I
Ibn Hazm, 382
Idantura, 185
Idel, Moshe, 40-2, 45, 61
Il'ič-Svitych, Vladislav, 132
Immanuel de Roma, 63
Inácio de Loyola, 93-4
Inocêncio x, Papa, 175
Isidoro de Sevilha, 27, 96, 112, 114, 163, 171
Ivanov, Vyacheslav V., 132, 368

J
Jacquemier, Myriem, 368
Jaucourt, cavalheiro de, 126, 187
Jerônimo, São, 26, 97
Jespersen, Oto, 360
João, São, 93, 286
Johanna (Madre Zuana), 93-5
Johnston, Mark D., 77
Jones, Rowland, 117
Jones, Sir, William, 119-20

K
Kalmar, Georg, 328
Kempe, Andreas, 113
Kerckhoffs, Auguste, 347
Khassaf, Atiyah, 382
Kipling, Rudyard, 122
Kircher, Athanasius, 74, 76, 100-1, 115,
    129, 173-84, 186-7, 211-2, 217-8, 220-2,
    224-6, 232-3, 240, 297-8, 319, 328, 374

Knowlson, James, 13, 217, 240, 273
Knox, Dilwyn, 178
Komensky, Jan Amos (Comenius), 150,
    161, 234-6, 239, 271, 352
Kuntz, Marion, 94-5

L
La Barre, Weston, 188
La Peyrère, Isaac de, 105
Lamartine, Alphonse de, 332
Lambert, Johann Heinrich, 305
Lamberti, Vitaliano, 352
Lamennais, Hugues-Felicité-Robert
    de, 130
Land, Stephen K., 308
Landa, Diego de, 178
Le Goff, Jacques, 64
Leau, L., 13, 320, 326, 332-3, 345-9
Leibniz, Gottfried Wilhelm, 12, 16,
    72n.1, 80, 102, 116-7, 157, 161, 210, 228,
    252, 259, 281, 293-304, 306-13, 322, 328
Lemaire, Jean de Belges, 93
Leon, Mosheh de, 39
Leopardi, Giacomo, 329
Letellier, Charles, 332
Liceti, Fortunio, 183
Lins, Urlich, 354
Lionello de Ser Daniele, 63
Llinares, Armand, 83
Locke, John, 17, 103, 124, 126, 130, 232,
    252, 302-3, 314, 316
Lodwick, Francis, 233, 251, 259, 283-91,
    352
Lohr, Charles H., 85
Longanesi, Leo, 364
Losano, Mario, 311

A busca da língua perfeita na cultura europeia 407

Lúlio, Raimundo (Lullus), 12, 67-8, 72-4, 76-81, 83-5, 87, 92, 145-50, 154, 158, 161, 184, 207, 295-8, 307
Lutero, Martinho, 114, 116, 371

M
Macchia, Giovanni, 213
Maier, Michael, 200
Maierù, Alfonso, 57
Maimonide, Moisés, 39, 44, 86, 128, 135
Maldant, Eugène, 333
Manetti, Giovanýni, 104
Maomé, 86
Marconi, Luca, 159, 239
Marigo, Aristides, 49
Marr, Nikolaj, 131
Marrone, Catarina, 224
Marrou, Henri-Irené, 26
Martinet, André, 359, 361
Massey, W., 28
Matraja, Giovan Giuseppe, 331
Maynardis, Petrus de, 148
Medici, Cósimo de', 135
Meillet, Antoine, 23, 354
Menet, Charles, 348
Mengaldo, Pier Vicenzo, 53-4
Meriggi, Cesare, 333
Mersenne, Marin, 159-61, 192, 215, 236-7, 296, 301, 330, 380
Migliorini, Bruno, 357
Minkowski, Helmuth, 29, 373-4
Mitridates, Flavio, 138-9
Monnerot-Dumaine, Marcel, 13
Montaigne, Michel de, 126
Morestel, Pierre, 148
Mugnai, Massimo, 312
Mylius, Abraham, 113

N
Nanni, Giovanin (Annio), 111
Napoleão III, 332
Nardi, Bruno, 61
Naudé Gabriel, 149
Neuhaus, Heinrich, 201
Nicolas, Adolphe Charles, 333
Nicoletti, Antonela, 328
Nida, Eugene, 378
Nodier, Charles, 374
Nöth, Winfried, 195
Nuñez Cabeza de Vaca, Álvaro, 230

O
Oldenburg, Henry, 294
Olender, Maurice, 113, 121-2
Ormsby-Lennon, Hugh, 203, 240
Orwell, George, 15
Ostroski, 116
Ota, Yukio, 195
Ottaviano, Carmelo, 67

P
Paepp, Johannes, 189
Pagani, Ileana, 57
Pallotti, Gabriele, 129
Pamfili, família, 175
Paulo, São, 93, 105, 381
Paracelso (Philipp T. Bombast von Hohernhim), 136, 142, 190, 203
Paré, Ambroise, 183
Peano, Giuseppe, 293, 351, 354
Peirce, Charles Sandres, 290, 378
Peiresc, Nicolas-Claude Fabri de, 159
Pelicanus, Konrad, 115
Pellerey, Roberto, 18, 181, 234, 236, 239, 259, 307, 319, 324-9, 359

Pico, João della Mirandola, 42, 138-41, 145, 147-8
Pictet, Adolphe, 121
Pilumno, 156
Pingree, David, 142
Pitágoras, 25, 163
Platão, 23-4, 163, 171, 244, 290
Platzeck, Ehrard W., 76, 81
Plínio, o velho, 171
Plotino, 163
Pluche, Noel Antoine, 368-9
Plutarco, 23, 171
Poli, Diego, 29
Poliakov, Léon, 113
Políbio, 23
Pons, Alain, 15
Porfírio, 171, 182, 246, 253, 263
Porset, Charles, 13
Postel, Guillame, 91-6, 111, 154, 183, 199, 208-9, 211, 295
Prisciano, 49
Prodi, Giorgio, 133
Ptolomeu, 167, 174

Q
Quine, Willard Van Orman, 34, 336

R
Rabelais, François, 15
Radetti, Giorgio, 96
Ramiro, Beltran, L., 377
Randie, Milan, 195
Ray, John, 263, 276
Réaux, Tallemant des, 236
Renan, Ernest, 121
Renouvier, Charles, 333
Reuchlin, Johann, 143, 205

Rey-Debove, Josette, 244
Reysch, Gregor, 342
Ricardo de São Victor, 137
Ricci, Matteo, 177
Richelieu, cardeal de, 236
Richer, Luis, 307
Rimbaud, Arthur, 12
Rivarol, Antoine de, 326-7, 341, 370
Rivosecchi, Valerio, 181, 183, 185
Romano, Egidio, 64
Romano, Yehuda, 63
Romberch, Johannes, 189
Rosencreutz, Christian, 199
Rosenroth, Knorr von, 143
Rosselli, Cosme, 191
Rossi, Paolo, 17, 80, 189, 234, 240, 252, 276
Rousseau, Jean-Jacques, 123, 187
Rudbeck, Olaf, 113, 116
Russell, Bertrand, 244, 270, 339, 354

S
Saint-Martin, Louis-Claude de, 130
Salimbene de Parma, 11
Salmon, Vivian, 192, 229-30, 233, 283, 285
Salomão, 205
Samarin, William, 15
Sanchez Brocense, Francisco, 340
Sapir, Edward, 359
Sauneron, Serge, 168
Scaligero, Guiseppe Giusto, 101
Schank, Roger, 288
Schilpp, Arthur, 354, 359
Schipfer, J., 350
Schlegel, Friedrich e Wihelm von, 120
Schleyer, Johann Martin, 347-8

A busca da língua perfeita na cultura europeia 409

Scholem, Gershom, 148
Schott, Gaspar, 183, 223-4, 226-7, 297
Schottel, Justus Georg, 116
Schrickius, Adrian, 113
Scolari, Massimo, 184
Sebeok, Thomas A., 196-7
Secret, François, 138
Selenus, Gustavo, 147
Serres, Michel, 303
Sérvio, 49
Sevorskin, Vitalij, 132
Shumaker, Wayne, 253, 259
Sicard, Roch-Ambroise, 324
Siger de Brabante, 56
Simon, Richard, 102, 373
Simone, Raffaele, 98, 119, 178, 341
Slaughter, Mary, 240, 248, 257, 278
Soave, Francesco, 9, 328-9
Sócrates, 23-4
Sófocles, 171
Sotos Ochando, Bonifácio, 333
Sottile, Grazia, 94
Soudre, François, 331-2
Spinoza, Baruch, 102
Stalin, Josif, 131
Stankiewicz, Edward, 291
Steiner, George, 17, 131, 376
Stephens, Walter, 93, 111
Stiernhielm, Georg, 113
Sturlese, Rita, 156
Swift, Jonathan, 12, 196

T
Tagliagambe, Silvano, 305
Talundberg, Mannus, 333
Tavoni, Mirko, 112
Tega, Walter, 150

Teodósio, 165
Thorndike, Lynn, 136, 148
Tito, 191
Tolkien, John R. R., 15
Trabant, Jürgen, 367
Trismegisto, Hermes, 118, 164-5, 176, 311
Tritêmio, Johann, 144-6, 206, 213, 215, 217
Turner, Joseph M. W., 188

U
Urquhart, Sir Thomas, 225

V
Valeriano, Pierio, 172
Valeriis, Valério de, 150
Van der Walle, Badouin, 169
Vasoli, Cesare, 153, 157
Vergote, J., 169
Vico, Giambattista, 106-8, 114, 123, 185, 291
Vidal, Etienne, 332
Viète, François, 240
Vigenère, Blaise de, 145
Villamil de Rada, Emeterio, 376
Viscardi, Antonio, 49
Vismes, Anne-Pierre-Jacques de, 329-31
Vossius, Gerhard, 239

W
Waldman, Albert, 15
Walker, Daniel P., 145
Wallis, John, 120, 193, 252
Walton, Brian, 63, 91, 180
Warburton, William, 125, 186
Ward, Seth, 240-1, 251
Webb, John, 107

410 *Umberto Eco*

Webster, John, 203, 239-40
White, Andrew Dickson, 28, 130
Whitehead, Alfred North, 339
Whorf, Benjamin Lee, 34, 129-30, 359
Wilkins, John, 18, 203, 228, 232, 240-1,
    251-3, 259, 261, 263-79, 281-3, 286-7,
    289-91, 293-5, 297, 303, 317, 322, 325,
    328
Wirszubski, Chaim, 138, 145
Wittgenstein, Ludwig, 308, 339
Worth, Sol, 194
Wren, Christopher, 252
Wright, Robert, 132

X
Xisto v, Papa, 174

Y
Yaguello, Marina, 15-6, 110, 131, 334
Yates, Frances, 81, 136, 152, 156, 189, 200,
    202, 234, 240
Yoyotte, Jean, 168

Z
Zamenhof, Lejzer Ludwik, 352-3, 355-6
Zerakhya de Barcellona, 62-4
Zinna, Alessandro, 356-7
Zoli, Sergio, 105
Zoroastro, 135, 179

A busca da língua perfeita na cultura europeia   411

SOBRE O LIVRO
Formato: 14 × 21
Mancha: 22,8 × 30 paicas
Tipologia: Arno Pro 11/14
Papel: Off-white 80 g/m²
Cartão Supremo 250 g/m² (capa)
1ª *edição Editora Unesp*: 2018

EQUIPE DE REALIZAÇÃO
Capa
Negrito Produção Editorial

Edição de texto
Maria Helena Ribeiro da Cunha (Revisão técnica)
Tulio Kawata (Copidesque)
Tomoe Moroizumi (Revisão)

Editoração eletrônica
Negrito Produção Editorial

Assistência editorial
Alberto Bononi

GRÁFICA PAYM
Tel. [11] 4392-3344
paym@graficapaym.com.br